AF341426

L'ARTE DELLA GUERRA RUSSA

Come l'Occidente ha portato l'Ucraina al fallimento

Jacques Baud

L'ARTE DELLA GUERRA RUSSA

Come l'Occidente ha portato l'Ucraina al fallimento

Max Milo

Max Milo, Parigi, 2024
www.maxmilo.com
ISBN : 978-2-31502-305-9

1. Introduzione

Nel 1973, durante una vacanza in Italia con la mia famiglia, ci fermammo al monastero di Montecassino, che fu teatro di una violenta battaglia nel 1943. Ricordo di aver passato molto tempo davanti alla tomba di un giovane canadese morto a 18 anni, la stessa età che avevo io all'epoca.

Cinquant'anni dopo, in occasione della visita del Presidente Volodymyr Zelensky[1], il Parlamento canadese ha tributato una *standing ovation* a un sopravvissuto della *14a Divisione Granatieri «1. Galizien»* delle Waffen SS, che combatté contro i sovietici e partecipò alle atrocità contro gli ebrei.[2] Anthony Rota, presidente dell'Assemblea parlamentare, sottolinea che questo veterano *«ha combattuto per l'indipendenza dell'Ucraina contro i russi e continua a sostenere la verità oggi».*[3] Pochi giorni dopo, ha tentato maldestramente di giustificarsi sostenendo di non essere a conoscenza dello status di questo veterano, il che è una menzogna, dal momento che lo aveva invitato e gli altri ospiti erano stati debitamente controllati e approvati. Per finire, il Primo Ministro Justin Trudeau non ha trovato di meglio che dare la colpa alla *«propaganda e disinformazione russa»*![4] C'è da chiedersi se lo stiano facendo di proposito o se siano solo totalmente stupidi.

Questo incidente illustra una serie di aspetti che caratterizzano l'approccio occidentale al conflitto in Ucraina.

---

1. https://forward.com/fast-forward/561927/zelenskyy-joins-canadian-parliaments-ovation-to-98-year-old-veteran-who-fought-with-nazis/
2. https://komb-a-ingwar.blogspot.com/2010/10/blog-post_4610.html
3. https://ici.radio-canada.ca/rci/en/news/2012834/house-speaker-anthony-rota-to-address-parliament-amid-ukrainian-veteran-fallout
4. https://www.opindia.com/2023/09/justin-trudeau-blames-russian-propaganda-after-canadas-parliament-faces-global-shame-for-celebrating-nazis/

Innanzitutto, le giustificazioni di Rota non cambiano nulla: tutti i parlamentari canadesi hanno glorificato coloro che hanno combattuto contro gli alleati del Canada durante la Seconda Guerra Mondiale! Anzi, hanno sputato sulla tomba di questo giovane canadese che combatteva contro lo stesso nemico dei sovietici. In loro difesa, Zelensky, che sapeva bene cosa significasse combattere i russi durante la Seconda Guerra Mondiale, ha applaudito lui stesso questo ex uomo delle Waffen SS! Non dimentichiamo che 7 milioni di ucraini hanno combattuto il Terzo Reich a fianco dell'URSS e degli Alleati...

In secondo luogo, questi parlamentari hanno tributato a un ex nazista una standing ovation senza nemmeno fare domande. Come pecore. Trascurando il loro dovere di diligenza, e agendo senza conoscenza o comprensione, sono tutti, senza eccezione, un esempio di classe politica ignorante, disonorevole, irresponsabile, profondamente incapace di riflessione e umanità. Sono una vergogna per la democrazia.

In terzo luogo, questo incidente mostra l'ambiguità della situazione degli ucraini, che devono la loro prima indipendenza al Terzo Reich, il che rende gli oppressori dell'Europa occidentale i liberatori degli ucraini. Il problema è che il mondo manicheo in cui viviamo non può accogliere queste relazioni complesse. Questo porta a una forma di negazionismo che ha preso piede nei nostri media, tra i nostri giornalisti e i nostri politici.

In quarto luogo, Anthony Rota non ha detto che i veterani avevano combattuto i «sovietici» (che sarebbe stato un riferimento alla loro ideologia, visto che si trattava dell'URSS), ma i «russi», individuando così un gruppo etnico. I parlamentari hanno tributato una standing ovation, evidenziando il terreno comune tra i nazisti di allora, i neonazisti di oggi, i parlamentari canadesi e gli altri: l'odio per i russi, motore del conflitto ucraino. Nessuno *dei* nostri giornalisti si è espresso contro le sanzioni che colpiscono la popolazione russa, gli omicidi e le uccisioni di personalità russe, le azioni che colpiscono l'arte e gli artisti russi, persino la ridenominazione dei dipinti nei nostri musei! *Tutti* i giornalisti dei media mainstream, senza eccezioni, hanno accettato una pratica che sembrava essere stata dimenticata dai tempi dell'Olocausto: condannare gli individui per quello che sono e non per quello che fanno.

Paradossalmente, non associo la stragrande maggioranza degli ucraini a questo odio, perché molti di loro non lo condividono, anche se la guerra polarizza gli animi. Noto anche che la stampa ucraina spesso contraddice quello che dicono i nostri giornalisti.

Ecco perché l'incidente nel parlamento canadese è più di un aneddoto: è l'immagine di una classe politica occidentale alla deriva, di media senza fede né legge, di politici e giornalisti che vivono del sangue degli altri e, come vedremo, in particolare di quello degli ucraini.

L'obiettivo di questo libro, come dei suoi predecessori, non è quello di dare ragione a una parte o all'altra. Non cerca di giustificare nessuna delle due parti in conflitto, ma di spiegare cosa stanno facendo e perché lo stanno facendo.

Naturalmente, in un contesto intellettuale in cui tutto ciò che fanno i russi è considerato sbagliato, stupido e cattivo, spiegare ciò che fanno è sufficiente per essere considerato un «apologeta»!

Come tutti i conflitti, anche quello in Ucraina è stato teatro di una disinformazione sfrenata. Non si tratta di un fenomeno insolito, ma in questo caso ha assunto una qualità quasi cartoonesca. Fin dall'inizio, la narrazione occidentale ha ruotato intorno all'idea che «*la Russia non può e non deve vincere questa guerra*».[5]

Lo ha dimostrato l'audizione di Michel Goya, colonnello dell'esercito francese, davanti a una commissione del Senato francese nel novembre 2022.[6] Senza la minima conoscenza della dottrina militare russa, con una comprensione molto limitata dell'arte delle operazioni e persino del funzionamento interno dell'Alleanza Atlantica, egli analizza la guerra in termini di ciò che farebbe un soldato francese! Al di là dell'ombelico, egli illustra un modo molto occidentale di intendere la guerra, basato sulla nostra logica e non su quella dell'avversario. È questo che ha portato ai disastri del 1914 e del 1940 in Francia, e al fallimento delle operazioni in Medio Oriente e nel Sahel.

In occasione dell'audizione del generale Bruno Clermont, il 7 dicembre 2022, il senatore (LR) Cédric Perrin ha illustrato perfettamente la nostra incapacità di comprendere la guerra in modo diverso da come la intendiamo noi:[7]

---

5. https://www.assemblee-nationale.fr/dyn/16/rapports/cion_def/l16b1111_rapport-information.pdf
6. https://youtu.be/CvAYOHc8sv4
7. «Guerra in Ucraina: "Questa è una guerra del 20° secolo"», *Public Sénat/YouTube*, 7 dicembre 2022 (https://youtu.be/kIJtZmzK1mc)

I russi hanno commesso un errore monumentale all'inizio [...] non operando come vorrebbe la dottrina occidentale, cioè bombardando le aree che ora permettono agli ucraini di rispondere.

In altre parole, si stupisce che la Russia non applichi i nostri principi operativi! L'incapacità di immaginare diverse soluzioni allo stesso problema e di capire che *altri* potrebbero avere una soluzione diversa, o addirittura più efficace, è espressione dell'etnocentrismo occidentale. È proprio per questo che il Mali e il Niger hanno chiesto alle truppe francesi di lasciare il loro territorio...

La particolarità di questo conflitto è che da parte occidentale l'obiettivo non è stato quello di aiutare l'Ucraina a «vincere», ma di spingere la Russia a «perdere». L'obiettivo finale non è tanto quello di riconquistare un territorio, quanto quello di provocare la caduta di Vladimir Putin. Ecco perché, nell'agosto del 2023, l'incapacità dell'Ucraina di portare a termine la sua controffensiva ha fatto temere all'Occidente di «*perdere il controllo della sua narrazione*».[8] Peggio ancora, come sottolinea il *New York Times*, «*i funzionari americani dicono di temere che l'Ucraina sia diventata riluttante a subire perdite*»![9]

Questo è ciò che Andrés Manuel López Obrador, Presidente del Messico, ha riassunto in modo così lucido nel giugno 2022 a proposito della politica della NATO e dell'UE nei confronti dell'Ucraina:[10]

Noi forniamo le armi, voi i cadaveri! È immorale!

Dal punto di vista occidentale, infatti, il corso del conflitto dipende dalla narrazione. Fin dall'inizio dell'operazione russa in Ucraina, il discorso occidentale ha creato un falso senso di superiorità, che ha portato l'Ucraina a sottovalutare la realtà della minaccia russa.

---

8. Dan De Luce & Phil McCausland, "Is Ukraine's counteroffensive failing? Kyiv and its supporters worry about losing control of the narrative", *NBC News*, 4 agosto 2023 (https://www.nbcnews.com/news/investigations/ukraine-war-counteroffensive-russia-success-failure-rcna98054).
9. Helene Cooper, Thomas Gibbons-Neff, Eric Schmitt & Julian E. Barnes, "Troop Deaths and Injuries in Ukraine War Near 500,000, U.S. Officials Say", *The New York Times*, 18 agosto 2023 (https://www.nytimes.com/2023/08/18/us/politics/ukraine-russia-war-casualties.html)
10. "Mexican president slams NATO policy in Ukraine", *AP News*, 13 giugno 2022 (https://apnews.com/article/russia-ukraine-mexico-caribbean-nato-b9aaddc8e3da3ad2b2cc013a6e8ff4bb)

Cercheremo di ristabilire un equilibrio nelle informazioni che i nostri media e i loro cosiddetti giornalisti hanno deliberatamente falsificato. Profondamente disonesti e sanguinari, riescono a contraddire le informazioni che anche i giornalisti ucraini hanno fornito. In questo conflitto, rifiutando la deontologia della Carta di Monaco, i nostri media hanno abbandonato la loro etica e il loro onore. Comodamente seduti nelle loro redazioni, hanno fatto di tutto per garantire il prolungamento del conflitto e lo spreco di vite umane. E questa responsabilità è precedente al 24 febbraio 2022...

I nostri media e i nostri «esperti» hanno letteralmente spinto l'Ucraina in un conflitto negandole qualsiasi possibilità di negoziazione, ma l'hanno convinta che la Russia è un avversario che è in grado di sconfiggere. Sono i più detestabili e spero che questo libro contribuisca a rendere ucraini e russi consapevoli di quanto siano stati disonesti nei loro confronti.

L'incomprensione del conflitto in Ucraina è in parte il risultato del pasticcio intellettuale e semantico con cui cerchiamo di spiegarlo. Le nozioni di strategia, tattica e – di recente – di «arte operativa» vengono audacemente mescolate, rendendo possibile la colpevolizzazione dell'approccio russo e la spiegazione della sua imminente «sconfitta»... che l'Occidente sta ancora aspettando!

Oggi, la narrazione occidentale è gradualmente crollata di fronte ai fatti e ciò che nel 2022 veniva descritto come una cospirazione è diventato realtà.

Come ogni conflitto, può essere compreso solo cercando di cogliere le percezioni e le logiche dei protagonisti. Nelle pagine che seguono, torniamo al modo in cui la Russia vede e conduce la guerra. L'incapacità dei nostri militari di comprendere la realtà della situazione in Ucraina non è solo preoccupante per il futuro dei nostri eserciti, ma è letteralmente una delle ragioni principali della sconfitta ucraina.

2. Il pensiero militare russo

Per tutto il periodo della Guerra Fredda, l'Unione Sovietica si è vista nel paradigma marxista-leninista come la punta di diamante di una lotta storica che avrebbe portato allo scontro tra il sistema «capitalista» e le «forze progressiste». Questa percezione di una guerra permanente e ineluttabile ha portato i sovietici a studiare la guerra in modo quasi scientifico e a strutturare questo pensiero in un'architettura di pensiero militare che non ha eguali nel mondo occidentale.

Il problema della stragrande maggioranza dei nostri cosiddetti esperti militari è la loro incapacità di comprendere l'approccio russo alla guerra. Questo è il risultato di un approccio che abbiamo già visto nelle ondate di attacchi terroristici: l'avversario è così stupidamente demonizzato che non riusciamo a capire il suo modo di pensare. Di conseguenza, non siamo in grado di sviluppare strategie, articolare le nostre forze o persino equipaggiarle per le realtà della guerra. Il corollario di questo approccio è che le nostre frustrazioni vengono tradotte dai media senza scrupoli in una narrazione che alimenta l'odio e aumenta la nostra vulnerabilità[11]. Di conseguenza, non siamo in grado di trovare soluzioni razionali ed efficaci al problema.

Il modo in cui i russi intendono il conflitto è olistico. In altre parole, vedono i processi che si sviluppano e portano alla situazione in un determinato momento. Questo spiega perché i discorsi di Vladimir Putin includono sempre un ritorno alla storia. In Occidente, tendiamo a concentrarci sul momento X e a cercare di vedere come potrebbe evolversi. Vogliamo una risposta immediata alla situazione che vediamo

---

11. https://oumma.com/jacques-baud-lancien-espion-qui-aimait-poutine/

oggi. L'idea che «*dalla comprensione di come è nata la crisi deriva il modo di risolverla*» era totalmente estranea a loro. Nel settembre del 2023, un giornalista anglosassone mi fece addirittura il «test dell'anatra»: «*se sembra un'anatra, nuota come un'anatra e starnazza come un'anatra, probabilmente è un'anatra*». In altre parole, tutto ciò di cui hanno bisogno per valutare una situazione è un'immagine che corrisponda ai loro pregiudizi.

La realtà è molto più sottile del modello dell'anatra. Su *Newsweek*, un analista della *Defense Intelligence Agency* (DIA) – l'equivalente americano della *Direction du Renseignement Militaire* (DRM) in Francia – osserva[12]:

> *Il modo in cui la Russia sta conducendo questa guerra brutale differisce dall'opinione diffusa che Vladimir Putin voglia distruggere l'Ucraina e infliggere il massimo di vittime civili, ma rivela piuttosto l'atto di bilanciamento strategico del leader russo.*

Il motivo per cui i russi sono migliori dell'Occidente in Ucraina è che vedono il conflitto come un processo, mentre noi lo vediamo come una serie di azioni separate. I russi vedono gli eventi come un film, noi come fotografie. Loro vedono la foresta, mentre noi ci concentriamo sugli alberi. Per questo motivo collochiamo l'inizio del conflitto il 24 febbraio 2022 o l'inizio del conflitto palestinese il 7 ottobre 2023. Scartiamo i contesti che ci disturbano e combattiamo conflitti che non comprendiamo. Ecco perché perdiamo le nostre guerre...

---

12. William M. Arkin, "I bombardieri di Putin potrebbero devastare l'Ucraina ma si sta trattenendo. Ecco perché", *Newsweek*, 22 marzo 2022 (https://www.newsweek.com/putins-bombers-could-devastate-ukraine-hes-holding-back-heres-why-1690494)

Architettura del pensiero militare russo

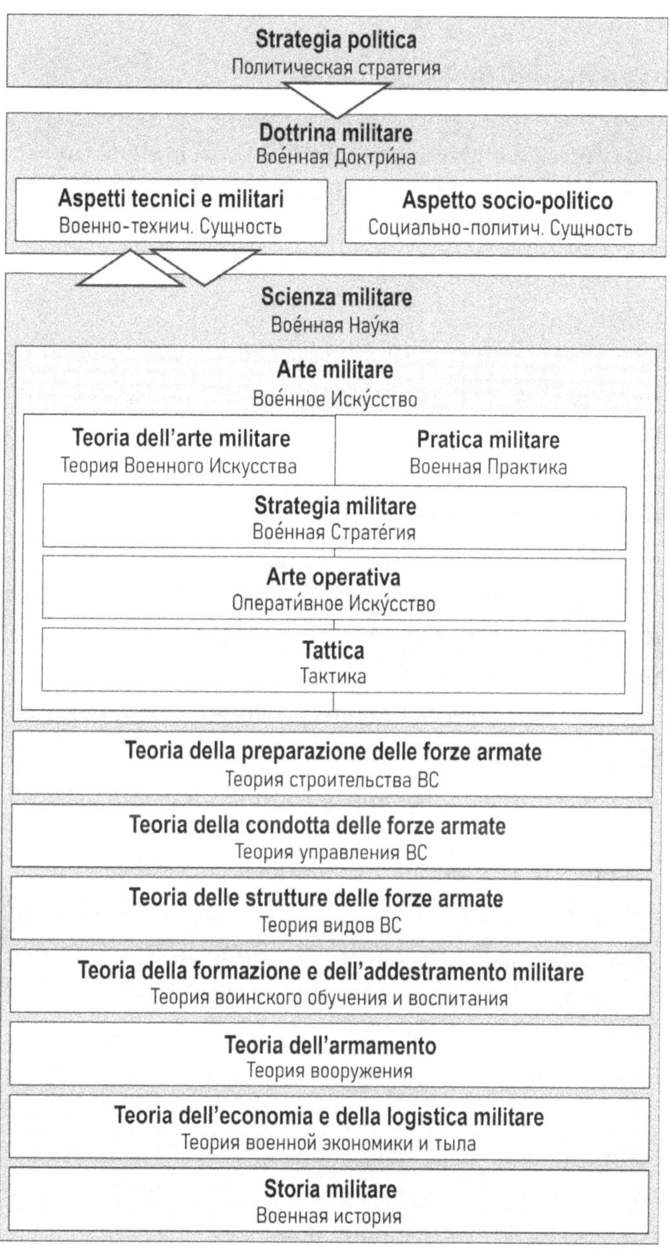

Figura 1 - L'attuale pensiero militare russo è fortemente influenzato da quello che ha avuto luogo a partire dagli anni Venti. Rimane molto logico ed è stabilito in modo quasi scientifico sulla base dell'esperienza acquisita.

2. Il pensiero militare russo

2.1. La dottrina militare russa

2.1.1. Elementi dottrinali

La dottrina militare russa è stata oggetto di numerosi studi e dibattiti nella Russia stessa. La nostra percezione occidentale di questo pensiero è estremamente semplicistica e distorta dal prisma americano. Non tratteremo qui tutti gli aspetti del pensiero e della dottrina russa. Ci concentreremo su quelli legati al conflitto ucraino e sulle lezioni che possiamo trarne.

2.1.1.1. I principi dell'arte militare

Tutti i Paesi strutturano il loro pensiero o la loro politica militare attorno a principi generali che guidano la progettazione della difesa e delle operazioni. Ne esistono una decina, a seconda del Paese, e sono molto simili tra loro. [13][14]In Russia, non sorprende che i principi dell'arte militare delle forze sovietiche abbiano ispirato quelli attualmente in uso:

- **disponibilità** a svolgere i compiti assegnati;
- **concentrare gli sforzi** per risolvere una missione specifica;
- la **sorpresa** (non convenzionalità) dell'azione militare nei confronti del nemico;
- lo **scopo** determina un insieme di compiti e il livello di risoluzione per ciascuno di essi;
- **tutte le risorse** disponibili determinano il modo in cui la missione viene risolta e l'obiettivo raggiunto (correlazione delle forze);
- coerenza della leadership (**unità di comando**);
- **economia di forze**, risorse, tempo e spazio;
- **sostenere** e ripristinare la capacità di combattimento;
- **libertà di manovra**.

Va notato che questi principi non si applicano solo all'attuazione dell'azione militare in quanto tale. Sono applicabili come sistema di pensiero anche ad altre attività non operative.

---

13. https://irp.fas.org/doddir/army/fm100-2-1.pdf
14. Васильев Е.В. «О некоторых принципах военного искусства", *Военная мысль*, 2005, № 4. pp. 23-29

Un'analisi onesta del conflitto in Ucraina avrebbe permesso di identificare questi diversi principi e di trarre conclusioni utili per l'Ucraina. Ma nessuno dei sedicenti esperti televisivi è stato intellettualmente in grado di farlo.

Così, l'Occidente viene sistematicamente sorpreso dai russi nei settori della tecnologia (ad esempio, le armi ipersoniche), della dottrina (ad esempio, l'arte operativa) e dell'economia (ad esempio, la resistenza alle sanzioni). In un certo senso, i russi stanno approfittando dei nostri pregiudizi per sfruttare il principio della sorpresa. Lo possiamo vedere nel conflitto ucraino, dove la narrazione occidentale ha portato l'Ucraina a sottovalutare totalmente le capacità russe, fattore determinante per la sua sconfitta. Ecco perché la Russia non ha cercato di contrastare questa narrazione e ha lasciato che si sviluppasse: la convinzione di essere superiori ci rende vulnerabili.

2.1.1.2. *Correlazione delle forze*

Il pensiero militare russo è tradizionalmente legato a un approccio olistico alla guerra, che prevede l'integrazione di un gran numero di fattori nello sviluppo di una strategia. Questo approccio si concretizza nel concetto di «*correlazione di forze*» (*Соотношение сил*). Spesso tradotto come «equilibrio di forze» o «rapporto di forze», questo concetto è inteso dagli occidentali solo come una quantità di natura quantitativa, limitata all'ambito militare. Tuttavia, nel pensiero sovietico, la correlazione delle forze riflette una lettura più olistica della guerra[15]:

> *Esistono diversi criteri per valutare la correlazione delle forze. In ambito economico, i fattori solitamente messi a confronto sono il prodotto nazionale lordo pro capite, la produttività del lavoro, la dinamica della crescita economica, il livello di produzione industriale, in particolare nei settori ad alta tecnologia, l'infrastruttura tecnica dello strumento di produzione, le risorse e il grado di qualificazione della forza lavoro, il numero di specialisti e il livello di sviluppo delle scienze teoriche e applicate.*

---

15. Shakhnavzarov, G., "Sul problema della correlazione delle forze nel mondo", *Kommunist,* n. 3 (febbraio 1974), p. 86.

In campo militare, i fattori messi a confronto sono la quantità e la qualità degli armamenti, la potenza di fuoco delle forze armate, le qualità combattive e morali dei soldati, il livello di formazione degli stati maggiori, l'organizzazione delle truppe e la loro esperienza di combattimento, il carattere della dottrina militare e i metodi di pensiero strategico, operativo e tattico.

Nella sfera politica, i fattori che vengono presi in considerazione sono l'ampiezza della base sociale dell'autorità statale, la sua organizzazione, la procedura costituzionale per le relazioni tra il governo e gli organi legislativi, la capacità di prendere decisioni operative e il grado e il carattere del sostegno popolare alla politica interna ed estera.

Infine, nel valutare la forza del movimento internazionale, i fattori presi in considerazione sono la sua composizione quantitativa, la sua influenza sulle masse, la sua posizione nella vita politica di ciascun Paese, i principi e le norme delle relazioni tra le sue componenti e il grado della loro coesione.

In altre parole, la valutazione della situazione non si limita all'equilibrio delle forze sul campo di battaglia, ma prende in considerazione tutti gli elementi che hanno un impatto sullo sviluppo del conflitto. Così, per la loro Operazione militare speciale, le autorità russe avevano previsto di poter sostenere lo sforzo bellico attraverso l'economia, senza passare a un regime di «economia di guerra». Quindi, a differenza dell'Ucraina, non c'è stata alcuna interruzione dei meccanismi fiscali e previdenziali.

Per questo motivo le sanzioni applicate alla Russia nel 2014 hanno avuto un duplice effetto positivo. Il primo è stata la consapevolezza che le sanzioni non erano solo un problema a breve termine, ma anche un'opportunità a medio e lungo termine. Hanno incoraggiato la Russia a produrre beni che prima preferiva acquistare all'estero. Il secondo è stato il segnale che l'Occidente avrebbe usato sempre più spesso le armi economiche come strumento di pressione in futuro. Per ragioni di indipendenza e sovranità nazionale, è diventato quindi imperativo prepararsi a sanzioni più estese che avrebbero avuto un impatto più profondo sull'economia del Paese.

In realtà, è noto da tempo che le sanzioni non funzionano[16]. A rigor di logica, hanno avuto l'effetto opposto e hanno agito come misure

---

16. https://elgar.blog/2022/02/11/do-sanctions-work/

protezionistiche per la Russia, che ha così potuto consolidare la propria economia, come è avvenuto dopo le sanzioni del 2014. Una strategia di sanzioni avrebbe potuto dare i suoi frutti se l'economia russa fosse stata l'equivalente di quella italiana o spagnola, cioè con un alto livello di debito, e se l'intero pianeta avesse agito all'unisono per isolare la Russia.

L'inclusione della correlazione di forze nel processo decisionale è una differenza fondamentale rispetto ai processi decisionali occidentali, legati più a una politica di comunicazione che a un approccio razionale ai problemi.

Questo spiega, ad esempio, gli obiettivi limitati della Russia in Ucraina, dove non sta cercando di occupare l'intero territorio, poiché la correlazione delle forze nella parte occidentale del Paese sarebbe per lei sfavorevole.

Ad ogni livello di leadership, la correlazione delle forze fa parte della valutazione della situazione. A livello operativo, è definita come segue[17]:

> *Il risultato del confronto tra le caratteristiche quantitative e quali-tative delle forze e delle risorse (sottounità, unità, armi, equipag-giamento militare, ecc.) delle proprie truppe (forze) e quelle del nemico. Viene calcolata su scala operativa e tattica in tutta l'area delle operazioni, nelle direzioni principali e in altre direzioni, al fine di determinare il grado di superiorità oggettiva di uno dei campi avversari. La valutazione della correlazione delle forze permette di prendere una decisione informata su un'operazione (battaglia), per stabilire e mantenere la necessaria superiorità sul nemico il più a lungo possibile quando le decisioni vengono ridefinite (modificate) durante le operazioni militari (di combattimento).*

Questa semplice definizione è il motivo per cui i russi si sono impegnati con forze inferiori a quelle dell'Ucraina nel febbraio 2022, o per cui si sono ritirati da Kiev, Kharkov e Kherson nel marzo, settembre e ottobre 2022.

---

17. https://encyclopedia.mil.ru/encyclopedia/dictionary/details.htm?id=10162@morfDictionary

2.1.1.3. Guerra nucleare

2.1.1.3.1. Sviluppo in corso

Nel 1945, l'URSS vinse la corsa a Berlino. Uscì vittoriosa dalla guerra, ma a differenza degli Stati Uniti, fu dissanguata. Negli Stati Uniti e in Gran Bretagna, alcuni leader videro in questo fatto l'opportunità di riprendere l'offensiva verso Mosca, perché si pensava che Stalin avesse la stessa intenzione verso l'Atlantico... Ma i tempi non erano maturi per la ripresa delle ostilità e iniziò la Guerra Fredda.

Oggi, chi sostiene che la Russia abbia intenzioni espansionistiche non fa altro che trasporre – senza tener conto del contesto – il pensiero marxista che guidava la politica sovietica. In questo schema, l'URSS si considerava la punta di diamante della lotta di classe, impegnata in una guerra permanente e sistemica con l'Occidente come parte di un processo storico di lotta contro il capitalismo. Fino alla morte di Stalin, il pensiero strategico militare dell'URSS era dominato dall'idea che la sua sicurezza sarebbe stata garantita solo da una vittoria del socialismo sul capitalismo e che un confronto tra i due sistemi era inevitabile. Gli strateghi sovietici parlavano del principio dell'«*inevitabilità della guerra*» (*неизбежность войны*). Questa idea rimase in vigore fino al XX Congresso del Partito Comunista dell'Unione Sovietica del febbraio 1956, quando, su impulso di Nikita Krusciov, l'URSS adottò il principio della «coesistenza pacifica». Da quel momento in poi, questo principio fu conosciuto come «non-invitabilità della guerra».

Ciò non ha impedito all'Occidente di prepararsi a un'eventuale aggressione sovietica, anche se i documenti americani, ora declassificati, dimostrano che i sovietici non avevano alcuna intenzione di invadere l'Europa[18]:

---

18. Dr. Mahir J. Ibrahimov, Mr. Gustav A. Otto & Col. Lee G. Gentile, Jr, "Cultural Perspectives, Geopolitics & Energy Security of Eurasia: Is the Next Global Conflict Imminent?", *US Army Command and General Staff College Press*, Fort Leavenworth, 2017 (https://www.armyupress.army.mil/Portals/7/combat-studies-institute/csi-books/cultural-perspectives.pdf).

Documenti sovietici recentemente declassificati, articoli e verbali di riunioni indicano che la leadership sovietica non aveva alcuna intenzione di invadere l'Europa[19].

D'altra parte, nell'URSS il timore di nuovi tentativi occidentali di invadere il suo territorio rimase molto reale e la portò ad adottare una politica di dissuasione[20]:

Tuttavia, le esperienze della Prima e della Seconda guerra mondiale hanno fatto temere che l'Occidente avrebbe invaso l'URSS se fosse apparsa militarmente debole.

Nel 1949, l'URSS si dotò di armi nucleari. Questo portò alla creazione della NATO nello stesso anno, con l'obiettivo di porre l'Europa occidentale sotto l'ombrello nucleare degli Stati Uniti. In questa fase, la guerra nucleare era prevista principalmente a livello strategico e non si parlava di armi nucleari tattiche. Il rischio era che le due potenze nucleari fossero spinte a un confronto diretto e a uno scambio nucleare, con conseguente *distruzione reciproca assicurata* (MAD).

2.1.1.3.2. L'indivisibilità della sicurezza

Una delle caratteristiche peculiari delle armi nucleari è che possono causare danni considerevoli, persino esistenziali, senza lasciare il tempo di trovare una risposta o addirittura di sfruttare un ultimo spazio negoziale.

La situazione asimmetrica di Stati Uniti e Russia fa sì che i primi possano utilizzare l'Europa come «zona cuscinetto», mentre la Russia potrebbe trovarsi molto rapidamente di fronte a un problema esistenziale. Per questo motivo, dalla fine della Seconda guerra mondiale, una caratteristica costante della politica di difesa russa è stata quella di mantenere una «zona cuscinetto» (detta anche «glacis» in francese e «Vorfeld» in tedesco) tra la NATO e il suo territorio, con l'obiettivo di dare

---

19. Raymond Garthoff, Deterrence and the Revolution in Soviet Military Doctrine, *The Brookings Institute*, Washington D.C., 1990, pag. 11.
20. Vladislav Zubok, *The Kremlin's Cold War: From Stalin to Khrushchev*, Harvard University Press, Boston, 1997, p. 20.

più spazio a un conflitto convenzionale ed evitare che diventi nucleare troppo rapidamente.

Durante la Guerra Fredda, l'Organizzazione del Trattato di Varsavia (nota in Occidente come Patto di Varsavia) costituiva questo spazio. Con l'estensione della NATO verso est e la progressiva denuncia dei trattati di disarmo da parte degli Stati Uniti dal 2002, questo spazio è scomparso. Per questo motivo la Russia ha modificato la sua dottrina di ingaggio nucleare, consentendo un uso più rapido delle armi nucleari.

È importante sottolineare che la Russia non teme tanto l'estensione della NATO quanto lo sfruttamento che gli Stati Uniti potrebbero farne.

Nel 1952, l'adesione della Turchia alla NATO avvicinò l'Alleanza all'URSS e mise in allarme i sovietici. Tuttavia, essi non reagirono. La crisi scoppiò solo 9 anni dopo, quando gli americani dispiegarono i missili nucleari PGM-19 JUPITER. All'epoca, gli americani non avevano ancora la tecnologia per costruire missili intercontinentali e i JUPITER erano solo una versione migliorata delle V2 tedesche, con una gittata di 2.400-2.700 km.

Agli americani non piace che si faccia a loro quello che loro fanno agli altri. I sovietici lo capirono e iniziarono a schierare missili a Cuba, scatenando una violenta reazione da parte degli Stati Uniti, nota come «crisi dei missili di Cuba», nel 1962. Alla fine gli americani, presi dal loro stesso gioco, dovettero ritirare i missili dalla Turchia... L'URSS vinse.

Fino ai primi anni 2000, i nuovi membri della NATO venivano accettati con euforia e senza alcuna riflessione strategica, perché Russia e Cina erano deboli. Oggi la situazione è radicalmente diversa: il problema è che le legittime preoccupazioni di sicurezza dei Paesi europei stanno avvicinando la potenza nucleare americana al confine russo, aumentando la probabilità di una guerra nucleare in caso di maggiori tensioni. I problemi di un paese possono rapidamente diventare quelli dell'intera Alleanza, come nel 1914.

Nel 2002, quando gli Stati Uniti si sono ritirati dal Trattato sui missili anti-balistici (ABM) e hanno avviato negoziati con Polonia, Repubblica Ceca e Romania per l'installazione di lanciatori a doppio uso (anti-balistico e nucleare), i russi hanno percepito una minaccia diretta. Questo è ciò che Vladimir Putin ha detto a Monaco nel 2007 e che ha sottolineato il 7 febbraio 2022 a Mosca durante la conferenza stampa con Emmanuel Macron. Il problema è che non ascoltiamo quello che ci dice.

Non si tratta di una questione del tutto nuova. Era già stata individuata nel 1949 dagli autori del Trattato di Washington, l'atto costitutivo della NATO, il cui articolo 10 afferma che

> *le Parti possono, di comune accordo, invitare ad aderire al Trattato qualsiasi altro Stato europeo in grado di promuovere i principi del presente Trattato e di contribuire alla sicurezza dell'area dell'Atlantico settentrionale. Ogni Stato così invitato potrà diventare Parte del Trattato depositando il proprio strumento di adesione presso il Governo degli Stati Uniti d'America. Il Governo degli Stati Uniti d'America informerà ciascuna delle Parti del deposito di ogni strumento di adesione.*

In altre parole, i Paesi sono «invitati» nella misura in cui possono «*contribuire alla sicurezza della regione dell'Atlantico del Nord*». Chiaramente, il criterio non è la sicurezza di ogni singolo Paese membro, ma la sicurezza collettiva della regione.

Questo è ciò che i Paesi della «nuova Europa» non hanno capito. Sono stati accettati nella NATO in un momento in cui la Russia era indebolita. Oggi la NATO offre loro una sorta di assicurazione, sotto la quale perseguono politiche ultranazionaliste e discriminatorie nei confronti delle loro minoranze russofone, con il chiaro intento di provocare la Russia. Di fatto, la loro adesione alla NATO e all'UE è fondamentalmente destabilizzante per il continente europeo. Inoltre, anche all'interno delle forze armate della NATO, la loro reputazione è particolarmente negativa, come ho potuto constatare.

Significa anche che, potenzialmente, ogni Paese dell'area euro-atlantica può essere un membro, ma che l'Alleanza non ha l'obbligo di accettare ogni Paese che desidera aderire. Questo è uno dei motivi per cui l'ingresso dell'Ucraina nella NATO è così discusso all'interno dell'Alleanza stessa. ´

Ma un principio chiave della politica di sicurezza russa è quello della «*indivisibilità della sicurezza*» (*неделимость безопасности*)[21]. Non è un principio esclusivamente russo ed è stato accettato dai membri dell'OSCE

---

21. http://www.kremlin.ru/acts/news/70811

e suggellato nel *Documento di Istanbul* (1999)[22] e nella *Dichiarazione di Astana* (2010)[23]:

> *La sicurezza di ogni Stato partecipante è inestricabilmente legata a quella di tutti gli altri.*

In altre parole, la sicurezza di un Paese non può essere raggiunta a spese di un altro. Un esempio è la presenza dei missili nucleari tattici francesi PLUTON, poi HADES, che minacciavano l'esistenza di popolazioni «amiche» in Germania e Svizzera[24].

Tuttavia, quando la NATO – e in particolare gli Stati Uniti – dispiegano armamenti, riducendo così i tempi di allarme e di preallarme di un Paese vicino (in questo caso la Russia), questo principio non viene rispettato.

Ciò che preoccupa i russi, quindi, non è tanto la vicinanza della NATO quanto il desiderio americano di dispiegarvi armi nucleari[25]. L'installazione di armi nucleari a «bruciapelo» rende praticamente impossibile l'attuazione di un meccanismo bilaterale di gestione delle crisi. In effetti, è a seguito della crisi cubana che è stato istituito il famoso «telefono rosso» tra Washington e Mosca, che non è né un telefono né un telefono rosso, ma un canale di comunicazione di emergenza progettato per facilitare la gestione delle crisi.

Ciò che stupisce è che l'Occidente non sembra aver percepito questo rischio. L'avanzata della NATO è stata vista come un successo geografico, ma non sono state tratte conclusioni strategiche. Tuttavia, avvicinandosi al confine russo, la NATO sta anche eliminando la sua capacità di allerta precoce. La *RAND Corporation* ha chiaramente avvertito il governo statunitense di questo problema[26]:

> *Se da un lato il posizionamento di mezzi d'attacco vicino alla Russia ridurrebbe il tempo a disposizione dei comandanti militari russi*

---

22. https://www.osce.org/files/f/documents/0/2/39570.pdf
23. https://www.osce.org/files/f/documents/b/3/74987.pdf
24. «Atomziel Württemberg», *Der Spiegel*, 20 luglio 1975 (https://magazin.spiegel.de/EpubDelivery/spiegel/pdf/41458263)
25. https://www.mid.ru/tv/?id=1744872&lang=ru
26. James Dobbins, Raphael S. Cohen, Nathan Chandler, Bryan Frederick, Edward Geist, Paul DeLuca, Forrest E. Morgan, Howard J. Shatz, Brent Williams, "Estendere la Russia: competere da un terreno vantaggioso", *RAND Corporation*, 2019.

per rilevare e rispondere ad attacchi aerei e con missili da crociera, dall'altro lascerebbe ai comandanti statunitensi e alleati ancora meno tempo per rilevare e rispondere ad attacchi missilistici russi contro i mezzi attualmente situati in queste basi. Questa combinazione di vulnerabilità reciproca e rischio di attacco a sorpresa potrebbe essere seriamente destabilizzante in caso di crisi, soprattutto se nei siti vicini sono conservate anche armi nucleari tattiche.

Quindi il dispiegamento di missili vicino al confine russo non ha assolutamente nulla a che fare con il ruolo difensivo della NATO – o la sua mancanza – perché l'Alleanza corre esattamente lo stesso rischio. È quanto ha cercato di spiegare Vladimir Putin nella conferenza stampa del 7 febbraio 2022, dopo la visita di Emmanuel Macron a Mosca.

Il 25 marzo 2023, durante una visita in Russia di Alexander Lukashenko, Vladimir Putin ha dichiarato al canale *Rossiya 24 che* il presidente bielorusso gli aveva chiesto di dispiegare «*armi nucleari tattiche*» sul suo territorio[27]. Il motivo addotto era la decisione della Gran Bretagna di fornire proiettili anticarro all'uranio impoverito. Ma – come sempre – la realtà è più complessa[28].

Innanzitutto, Vladimir Putin sta semplicemente ripetendo le parole di Lukashenko, perché i russi non fanno distinzione dottrinale tra armi nucleari tattiche, operative e strategiche. Inoltre, le armi citate hanno gittate superiori ai 1.000 km, mentre – tradizionalmente – le armi nucleari con gittate di 150-500 km sono considerate tattiche.

La richiesta bielorussa arriva dopo una serie di eventi che i nostri media hanno accuratamente evitato di menzionare. In particolare l'atteggiamento della Polonia, nostalgica della sua passata grandezza e desiderosa di ricostituire l'Intermarium[29]. Ha messo gli occhi sulla parte occidentale della Bielorussia, che considera storicamente sua e la cui riconquista fa parte della sua politica di sicurezza[30]. Per questo motivo

---

27. "Белоруссия давно просит у России ядерное оружие", *Vesti.ru*, 25 marzo 2023 (https://www.vesti.ru/article/3268612)
28. https://www.rts.ch/play/tv/redirect/detail/13894210
29. Emil Avdaliani, "La Polonia e il successo del suo progetto 'Intermarium'", *moderndiplomacy.eu*, 31 marzo 2019
30. Jacek Bartosiak, "La Bielorussia come perno della grande strategia della Polonia", *Fondazione Jamestown*, 16 dicembre 2020 (https://jamestown.org/program/belarus-as-a-pivot-of-polands-grand-strategy/).

sostiene politicamente, materialmente e apparentemente l'opposizione in Bielorussia, con la benedizione degli Stati Uniti. L'11 gennaio 2023, la firma di una dichiarazione congiunta di Polonia, Ucraina e Lituania che forma il Triangolo di Lublino, una mini-alleanza militare legata alla NATO, ha preoccupato Lukashenko[31].

Inoltre, mentre la situazione in Ucraina si deteriorava e il previsto collasso della Russia si allontanava, gli Stati Uniti hanno iniziato a lavorare al «cambio di regime» in Bielorussia, al fine di ottenere un piccolo «successo». Il 22 marzo 2023, Wendy Sherman, assistente del Segretario di Stato, ha incontrato Svetlana Tikhanovskaya, leader dell'opposizione militante bielorussa, per coordinare le loro azioni. Gli Stati Uniti stavano cercando di usare l'opposizione bielorussa a vantaggio dell'Ucraina, come ha osservato il media americano *The Atlantic Council*[32].

Tuttavia, un altro evento più significativo spiega la decisione russa: lo schieramento, alla fine di febbraio 2023, di quattro bombardieri nucleari strategici americani del tipo B-52H STRATOFORTRESS nella base aerea di Moron (Spagna) *«per inviare un messaggio alla Russia»*[33]. L'11 marzo 2023, uno di questi aerei (nome in codice: NOBLE61) ha effettuato una simulazione di attacco nucleare (*esercitazione di attacco missilistico*) contro la città di San Pietroburgo dal Golfo di Finlandia[34]. Riportata dal sito web dell'opposizione russa *Meduza lo* stesso giorno, l'informazione non è stata ovviamente ripresa dai principali media occidentali[35]. Eppure è stato probabilmente ciò che ha spinto Vladimir Putin, due settimane

---

31. "I Presidenti di Ucraina, Lituania e Polonia hanno firmato la Dichiarazione congiunta a seguito del secondo vertice del Triangolo di Lublino a Leopoli", *sito web del Presidente dell'Ucraina*, 11 gennaio 2023 (https://www.president.gov.ua/en/news/u-lvovi-prezidenti-ukrayini-litvi-ta-pol-shi-pidpisali-spilnu-80313).

32. Stephen Nix e Mark Dietzen, "L'opposizione bielorussa può aiutare a sconfiggere Putin in Ucraina", *The Atlantic Council*, 7 febbraio 2023 (https://www.atlanticcouncil.org/blogs/ukrainealert/the-belarusian-opposition-can-help-defeat-putin-in-ukraine/).

33. Tom Dunlop, "Bombardieri americani B-52 sorvolano l'Estonia in un messaggio alla Russia", *UK Defence Journal*, 3 marzo 2023 (https://ukdefencejournal.org.uk/american-b-52-bombers-overfly-estonia-in-message-to-russia/)

34. David Cenciotti, "Diamo un'occhiata alla missione del B-52 sopra i Baltici e vicino alla Russia di ieri", *The Aviationist*, 12 marzo 2023 (https://theaviationist.com/2023/03/12/lets-have-a-look-at-b-52s-mission-over-the-baltics-and-close-to-russia-yesterday/)

35. "Un bombardiere americano B-52 in grado di trasportare armi nucleari ha condotto manovre pianificate sul Mar Baltico", *Meduza.io*, 12 marzo 2023 (https://meduza.io/en/news/2023/03/12/an-american-b-52-bomber-capable-of-carrying-nuclear-weapons-conducted-planned-maneu-vers-over-the-baltic-sea)

dopo, ad accogliere la richiesta del Presidente Lukashenko di schierare armi nucleari sul territorio bielorusso[36].

La decisione della Russia è un'opportunità per i nostri «esperti» di trovare nuove delucidazioni, giocando con le parole. L'esperto svizzero Alexandre Vautravers ha dichiarato alla *RTS* che si tratta di un *trasferimento di* armi, che violerebbe il Trattato di non proliferazione nucleare (TNP)[37]. Ma questo non è vero. Come ha confermato lo stesso giorno l'organo di informazione dell'opposizione russa *Meduza*, Vladimir Putin ha specificato che non si tratta di un *trasferimento*, ma solo di un *dispiegamento*[38]. La differenza essenziale è che queste armi rimangono sotto l'autorità esclusiva della Russia. In altre parole, la Russia non è diversa dagli Stati Uniti, che hanno depositi di armi nucleari in Germania, Belgio, Paesi Bassi e Turchia.

La Russia sta riproponendo lo scenario dei missili di Cuba in Bielorussia. Le stesse cause hanno avuto gli stessi effetti, ma l'amministrazione americana ha fatto marcia indietro. Il 2 giugno 2023, Jake Sullivan, consigliere per la sicurezza nazionale di Joe Biden, ha dichiarato[39]:

> *L'amministrazione Biden è pronta a discutere **senza condizioni** con la Russia un futuro quadro per il controllo degli armamenti nucleari [...].*

Come durante la crisi cubana, gli americani hanno capito solo la strada più difficile: invece di cercare di ottenere un cambiamento attraverso la cooperazione – come era stato fatto con successo durante la Guerra Fredda – stanno cercando di farlo attraverso lo scontro e l'esclusione.

---

36. Jones Hayden, "Putin dice che la Russia dispiegherà armi nucleari tattiche in Bielorussia", *Politico*, 25 marzo 2023 (https://www.politico.eu/article/putin-says-russia-to-deploy-tactical-nuclear-weapons-in-belarus-reports/)

37. https://www.rts.ch/play/tv/redirect/detail/13894210

38. "Путин пообещал разместить тактическое ядерное оружи в Беларуси. ЕС пригрозил санкциями, Украина потребовала созвать заседание Совбеза ООН», *medusa.io*, 26 marzo 2023 (https://meduza.io/feature/2023/03/26/putin-poobeschal-razmestit-takticheskoe-yadernoe-oruzhie-v-belarusi-v-germanii-zayavili-chto-rossiya-prodolzhaet-yadernoe-zapugivanie)

39. "La Casa Bianca vuole impegnare la Russia sul controllo degli armamenti nucleari nel mondo post-trattato", *PBS News*, 2 giugno 2023 (https://www.pbs.org/newshour/politics/white-house-wants-to-engage-russia-on-nuclear-arms-control-in-post-treaty-world)

2.1.1.3.3. Dottrina nucleare russa

Il 27 ottobre 2022, in un programma su *France 5* dedicato alla «bomba sporca» che la Russia accusa l'Ucraina di aver sviluppato, il criminologo Alain Bauer ha spiegato che i russi considerano le armi nucleari tattiche come armi convenzionali[40]. Questo è completamente falso.

In realtà, la dottrina russa non esclude le armi nucleari *tattiche*. La Russia dispone di una gamma di armi nucleari di diversa potenza, che possono essere utilizzate a seconda delle circostanze e degli obiettivi. Ma ritiene che l'uso di armi nucleari – a prescindere dalla loro potenza – sia di natura strategica, perché può provocare un'escalation nucleare.

In un articolo su questo tema, Diego A. Ruiz Palmer, capo della sezione di valutazione comparativa della divisione politica di difesa e pianificazione della NATO, sottolinea che i sovietici consideravano l'uso delle armi nucleari solo come ultima risorsa[41]:

> *Già nel 1966, la Central Intelligence Agency aveva individuato un crescente interesse da parte dell'Unione Sovietica a condurre operazioni militari senza l'uso di armi nucleari.*

Ciò è stato dimostrato dalle grandi manovre DNIEPR 67 e confermato dalla «*crescente preferenza dell'Unione Sovietica per un'opzione puramente convenzionale*».

I sovietici si resero conto che l'uso di armi nucleari di teatro avrebbe potuto solo complicare le operazioni. La Russia ha sempre privilegiato la manovra e il rapido avanzamento come principi operativi e tattici principali. Per questo motivo sta gradualmente abbandonando l'idea di utilizzare armi nucleari tattiche a favore di nuove armi convenzionali[42]. Questo è ciò che vediamo oggi con i missili a velocità super o ipersonica. L'arte e la tattica operativa russa non si basano quindi sulle armi nucleari,

---

40. Programma «C dans l'air», «Bombe sale»: che preparare la Poutine? #cdanslair 27.10.2022", *France 5/YouTube*, 28 ottobre 2022 (https://youtu.be/1Ub3buKx-yg?t=153)

41. Diego A. Ruiz Palmer, "La competizione NATO-Patto di Varsavia negli anni '70 e '80: una rivoluzione negli affari militari in divenire o la fine di un'era strategica?", *Storia della Guerra Fredda*, 3 settembre 2014, (DOI: 10.1080/14682745.2014.950250)

42. James M. McConnell, "*The Soviet Shift in Emphasis from Nuclear to Conventional*", Center for Naval Analyses, Department of Navy, Monterey (CA), giugno 1983 (CRC490-VOI. II).

ma su concetti come la concentrazione delle forze sull'asse principale, la vittoria parziale e l'economia delle forze[43].

Il concetto di armi nucleari tattiche è stato sviluppato essenzialmente dagli americani negli anni '60, al fine di distinguere tra le armi che potevano essere utilizzate sul continente europeo e quelle che potevano colpire gli Stati Uniti. Per evitare di raggiungere troppo rapidamente il punto di olocausto nucleare (MAD), sono state sviluppate strategie per controllare una possibile escalation nucleare. A Est come a Ovest, furono sviluppate armi che avrebbero reso la MAD una possibilità remota.

Nel 1967, la NATO adottò la strategia della *risposta flessibile*. Il suo scopo era quello di chiarire ai sovietici che gli Stati Uniti non sarebbero passati direttamente e automaticamente a uno scambio nucleare strategico. Infatti, nonostante la sua evoluzione nel tempo e nelle tecnologie, la strategia nucleare degli Stati Uniti ha mantenuto un elemento costante: tenere l'uso delle armi nucleari lontano dal territorio nazionale. È per questo che gli americani sostengono un ritorno di queste armi nel teatro europeo, ed è anche per questo che insistono tanto sull'idea che i russi stiano cercando di usare armi nucleari tattiche in Ucraina[44].

La differenza di approccio tra le due superpotenze si spiega con le situazioni geostrategiche profondamente asimmetriche di Stati Uniti e Russia. Gli Stati Uniti possono raggiungere il territorio russo con armi nucleari tattiche/operative, mentre la Russia può raggiungere il suolo americano solo con armi strategiche o a raggio intermedio. Quindi, in caso di conflitto maggiore, per evitare uno scambio nucleare strategico che interessi il proprio territorio, gli Stati Uniti cercherebbero di mantenere un conflitto nucleare nel teatro europeo. A tal fine, eviterebbero accuratamente di colpire direttamente il territorio russo, per non innescare un «duello strategico» con la Russia.

Paradossalmente, questa situazione asimmetrica è anche asimmetrica. Mantenendo lo scambio nucleare a livello tattico, la Russia potrebbe utilizzare armi a bassa intensità in Europa, mentre gli Stati Uniti potrebbero rispondere solo colpendo il territorio dei loro alleati. Questo

---

43. https://nuke.fas.org/guide/russia/doctrine/intro.htm
44. "Nonstrategic NuclearWeapons", *Congressional Research Service (CRS)*, Washington DC, 17 gennaio 2019 (aggiornamento 7 marzo 2022) (https://fas.org/sgp/crs/nuke/RL32572.pdf)

paradosso ha portato alla crisi degli euromissili all'inizio degli anni '80 e ha dato origine al movimento pacifista e antinucleare in Germania e nel Nord Europa. Il tutto è culminato nella firma del Trattato sulle forze nucleari a raggio intermedio (Trattato INF).

La dottrina nucleare russa mette in cortocircuito il ragionamento americano affermando che non si può fare distinzione tra tattico e strategico. Pertanto, l'uso di armi nucleari sul territorio europeo (e a maggior ragione contro la Russia) potrebbe scatenare una risposta intercontinentale. Questa è l'essenza del deterrente nucleare russo.

La Russia ha adottato la coerente politica di *non primo uso* dell'URSS. Tuttavia, non ha specificato – come la Francia – come intende gestire un'escalation. Questo è il principio della deterrenza.

La dottrina nucleare russa prevede l'uso di armi nucleari solo in caso di minaccia esistenziale per lo Stato russo, come stabilito nel decreto presidenziale del 2 giugno 2020[45]:

> *La Federazione Russa si riserva il diritto di utilizzare le armi nucleari in risposta all'uso di armi nucleari e di altre armi di distruzione di massa contro di essa e/o i suoi alleati, così come in caso di aggressione contro la Federazione Russa per mezzo di armi convenzionali,* **quando l'esistenza stessa dello Stato è minacciata.**

Il problema, in uno scambio nucleare a breve distanza e quindi con tempi di preavviso brevi, è determinare quando il Paese è sotto minaccia esistenziale e quindi quando reagire. Ecco perché l'edizione 2020 della dottrina nucleare russa abbassa un po' il livello a cui la Russia può prevedere l'uso di armi nucleari. Curiosamente, è questo che Svezia e Finlandia non hanno capito: la loro richiesta di adesione alla NATO è stata ampiamente applaudita, ma in caso di guerra, questi Paesi potrebbero essere i primi a essere preventivamente nuclearizzati...

È probabilmente questo che ha motivato la decisione del presidente Joe Biden, alla fine di marzo 2022, di abbandonare il principio del *non*

---

45. Decreto presidenziale n. 355 del 2 giugno 2020 «Sulle basi della politica statale della Federazione Russa nel campo della deterrenza nucleare» (http://www.consultant.ru/document/cons_doc_LAW_354057/752b5672d30c8f49fddf240797c7daca7e53d781/).

primo uso delle armi nucleari[46]. Fino a quel momento, gli Stati Uniti avevano considerato l'uso delle armi nucleari solo come deterrente (politica dell'*unico scopo*). Ma la decisione di Joe Biden «*lascia aperta la possibilità di usare le armi nucleari non solo come rappresaglia per un attacco nucleare, ma anche per rispondere a minacce non nucleari*»[47]. Ovviamente, nessun media occidentale ha riportato questo importante cambiamento nella politica nucleare statunitense. Ad esempio, il Rapporto annuale sulla sicurezza della Svizzera[48], pubblicato nel settembre 2022 dal Servizio segreto federale svizzero (CRS), non ne parla!

Per chiarezza, utilizziamo qui la terminologia strategica anglosassone, più raffinata di quella francese[49]:

- Un attacco *preventivo* viene lanciato quando il confronto è inevitabile e si pensa che l'avversario possa colpire.

- Un attacco *preventivo* viene lanciato quando ci sono indicazioni concrete che l'avversario sta per colpire (nel caso delle armi nucleari, sulla base delle osservazioni dei satelliti di sorveglianza).

- *Il lancio su allarme è* un colpo sparato mentre l'avversario ha già lanciato un missile ed è ancora in aria.

Come ha spiegato Vladimir Putin al vertice dell'Unione Economica Eurasiatica tenutosi a Bishkek (Kirghizistan) nel dicembre 2022[50], il principio dell'impegno nucleare rimane il *Launch on Warning* (LOW). In altre parole, l'attivazione dei sistemi di sorveglianza nucleare in stato di allerta.

In altre parole, mentre i russi prevedono di usare le armi nucleari solo in caso di minaccia esistenziale, gli americani si permettono di farlo in qualsiasi momento. La Russia userebbe quindi le armi nucleari se Mosca e le istituzioni del Paese fossero direttamente minacciate. Ad esempio, un

---

46. Daryl G. Kimball, "La politica di Biden consente il primo uso delle armi nucleari", *Arms Control Today*, 29 aprile 2022 (https://www.armscontrol.org/act/2022-04/news/biden-policy-allows-first-use-nuclear-weapons)
47. Daryl G. Kimball, "La politica di Biden consente il primo uso delle armi nucleari", *Arms Control Association*, 29 aprile 2022 (https://www.armscontrol.org/act/2022-04/news/biden-policy-allows-first-use-nuclear-weapons)
48. https://www.newsd.admin.ch/newsd/message/attachments/72369.pdf
49. Karl P. Mueller... [et al], "Striking first: preemptive and preventive attack in U.S. national security policy", *RAND Corporation*, 2006 (https://www.rand.org/content/dam/rand/pubs/monographs/2006/RAND_MG403.pdf)
50. "Putin dice che la Russia potrebbe adottare il concetto di attacco preventivo degli Stati Uniti", *AP News*, 9 dicembre 2022 (https://apnews.com/article/putin-moscow-strikes-united-states-government-russia-95f1436d23b94fcbc05f1c2242472d5c)

attacco ucraino alla Crimea molto probabilmente non sarebbe considerato esistenziale per lo Stato russo. D'altra parte, gli Stati Uniti potrebbero usare le armi nucleari se una delle loro basi militari venisse attaccata.

Diagramma dei meccanismi di decisione e risposta nucleare

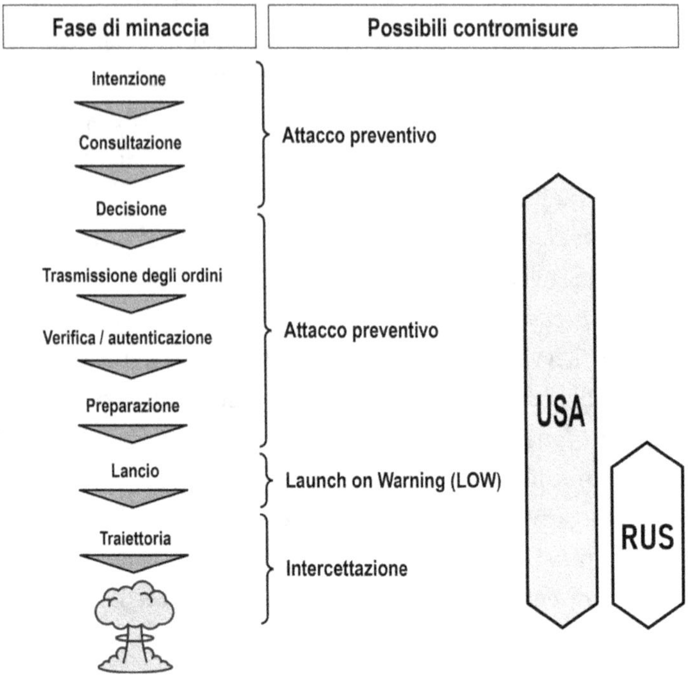

Figura 2 - La decisione di Joe Biden di abbandonare la politica del «no-first-use» consentirebbe agli Stati Uniti di effettuare attacchi preventivi (o addirittura pre-emptive), mentre la Russia si limita agli attacchi LOW, che alcuni vedono come parte degli attacchi preventivi.

Nell'ottobre del 2022, Volodymyr Zelensky infiammò le passioni proponendo di colpire la Russia per evitare l'uso di armi nucleari[51]:

Cosa dovrebbe fare la NATO? Rendere impossibile alla Russia l'uso di armi nucleari. Ma la cosa importante è che invito ancora una volta la comunità internazionale, come prima del 24 (febbraio 2022) a colpire preventivamente in modo da sapere cosa accadrà

---

51. https://www.newsweek.com/zelensky-nuclear-putin-russia-war-pre-emptive-1749781

loro se le useranno, e non, al contrario, ad aspettare gli attacchi nucleari della Russia. [...]

I nostri media e i *fact-checker* cercano poi di annacquare il discorso di Zelensky. Sul sito *20minutes.fr* l'espressione «*attacco preventivo*» (*превентивний удар*) pronunciata chiaramente da Zelensky diventa «*misure preventive*»[52], che è letteralmente disinformazione. Il fatto che Zelensky sia pronto a scatenare un conflitto nucleare viene negato dicendo che non ha parlato di «*attacchi nucleari*». Questo è vero, ma è irrilevante. Non importa che tipo di arma avesse in mente, perché la dottrina nucleare russa prevede[53]:

19. Le condizioni che determinano la possibilità di utilizzo di armi nucleari da parte della Federazione Russa sono le seguenti:
a) ricezione di informazioni affidabili sul lancio di missili balistici che attaccano i territori della Federazione Russa e/o dei suoi alleati;
b) l'uso da parte del nemico di armi nucleari o di altre armi di distruzione di massa sul territorio della Federazione Russa e/o dei suoi alleati;
*c) azione nemica su installazioni statali o militari critiche della Federazione Russa, **la cui disattivazione interromperebbe la risposta delle forze nucleari**;*
d) aggressione contro la Federazione Russa con armi convenzionali, quando è minacciata l'esistenza stessa dello Stato.

Le dichiarazioni di Zelensky rientrano chiaramente nell'ambito del paragrafo c). Infatti – probabilmente ignaro della portata del suo discorso – chiede un attacco «*che renda impossibile l'uso delle armi nucleari*». Il che, per la Russia, potrebbe essere proprio un motivo per usarle. Ancora una volta, i nostri media mentono.

Il problema è che nascondono sistematicamente le informazioni che ci aiuterebbero a capire la situazione. Ricordiamo che durante il conflitto con l'Ucraina, contrariamente a quanto sostiene Jean-Philippe

---

52. https://www.20minutes.fr/monde/ukraine/4004256-20221007-volodymyr-zelensky-appele-utiliser-arme-nucleaire-contre-russie-faux
53. http://kremlin.ru/acts/bank/45562

Schaller, un «giornalista» svizzero abituato a teorizzare cospirazioni[54], Vladimir Putin non ha mai parlato di armi nucleari prima che i leader occidentali minacciassero di usarle, come Liz Truss, allora candidata alla carica di Primo Ministro britannico, che si dichiarò pronta a scatenare un *annientamento globale»*[55]! Ma lo stesso giornalista ha suggerito che la Russia volesse usare armi chimiche in Ucraina[56] senza alcuna prova... Ecco la creazione di *fake news a* scopo di influenza.

2.1.1.4. Guerra ibrida

La guerra ibrida condotta dalla Russia è un mito accuratamente alimentato in Occidente, a cui ognuno dà la propria definizione. È diventato un «concetto» generale[57], usato dai nostri media e dai nostri politici (e persino dai nostri generali!) per dare un'apparente coerenza a eventi che, a prima vista, non hanno nulla a che fare l'uno con l'altro[58]. In termini tecnici, si tratta di cospirazionismo.

Nel 2017, Vladimir Putin ha dichiarato a *Le Figaro*[59]:

Non dovete inventare minacce immaginarie dalla Russia, guerre ibride o altri spettri del genere, li avete inventati voi stessi. Vi state spaventando da soli ed è sulla base di questi dati immaginari che state cercando di basare le vostre politiche.

L'idea che la Russia abbia sviluppato un tale concetto di «guerra ibrida» si basa sull'interpretazione di un articolo scritto nel 2013 da Valery Guerassimov, capo dello Stato Maggiore russo, in un articolo intitolato *«Il valore della scienza nella previsione»*[60].

54. https://pages.rts.ch/emissions/geopolitis/12938579-armes-la-course.html
55. https://www.independent.co.uk/news/uk/politics/liz-truss-nuclear-button-ready-b2151614.html; https://youtu.be/IvH7cgbdazU
56. https://www.rts.ch/play/tv/redirect/detail/13027609
57. François Heisbourg, «Ucraina: una 'guerra ibrida', davvero?», *Ouest-France*, 22 dicembre 2022 (https://www.ouest-france.fr/monde/guerre-en-ukraine/point-de-vue-ukraine-une-guerre-hybride-vraiment-c87142da-813d-11ed-a33c-a84555e230e2)
58. Nathalie Loiseau nel programma «C dans l'air» del 17 ottobre 2021 («Poutine, maître du jeu #cdanslair 17.10.2021», *France 5/YouTube*, 18 ottobre 2021) (1h18'07")
59. https://video.lefigaro.fr/figaro/video/vladimir-poutine-l-interview-exclusive/5453365155001/
60. Герасимов Валерий, «Ценность науки в предвидении», *vpk-news.ru*, 26 febbraio 2013 (https://vpk-news.ru/articles/14632)

In realtà, l'articolo originale è stato pubblicato sul *Journal of the Academy of Military Sciences* il 26 gennaio 2013 con il titolo «Main trends in the development of forms and methods of employing armed forces and the current tasks of military science to improve them»[61]. L'articolo descrive l'evoluzione delle guerre condotte dall'Occidente contro il mondo arabo e non contiene la parola «ibrido».

In realtà, il termine «guerra ibrida» è nato in Occidente. Pseudo-esperti e altri giornalisti hanno cercato di descriverla senza riuscire a capire cosa potesse essere, dandoci un concetto vago e impalpabile. Dopo la crisi ucraina del 2014, gli occidentali cercano di dare un senso a una «invasione russa» senza truppe russe, a una rivoluzione democratica da parte di militanti nazionalisti di estrema destra o addirittura neonazisti, alla legittimità di un governo che governa senza essere stato eletto, e così via. Costruiamo quindi una logica che riunisce la guerra informatica, il terrorismo, la guerra clandestina, la guerra convenzionale e, naturalmente, la guerra dell'informazione. L'articolo di Guerassimov diventa quindi la chiave di lettura di eventi naturalmente incoerenti.

I nostri giornalisti hanno così creato artificialmente una «base dottrinale», che la rivista *Le Point* sostiene essere stata «*convalidata da Vladimir Putin*» in persona[62]. Non sappiamo se condannare il razzismo del giornalista o la sua imbecillità!

In realtà, il concetto di «guerra ibrida» non esiste nel pensiero militare russo e la Russia non lo ha mai teorizzato o invocato. Il problema è nato dallo specialista di Russia Mark Galeotti, che per primo ha commentato l'articolo di Guerassimov e ne ha dedotto l'esistenza di una «*Dottrina Guerassimov*», che avrebbe dovuto illustrare il concetto russo di guerra ibrida[63]. Ma nel 2018, rendendosi conto del danno che aveva involontariamente causato, Galeotti si è scusato – coraggiosamente e intelligente-

---

61. Valeri V. Gerasimov. «Le principali tendenze nello sviluppo delle forme e dei metodi di impiego delle forze armate e gli attuali compiti della scienza militare per migliorarli» (Основные тенденции развития форм и способов применения Вооруженных Сил, актуальные задачи военной науки по их совершенствованию), *Giornale dell'Accademia delle Scienze Militari*, No. 1, 26 gennaio 2013
62. Marc Nexon, «Gerasimov, le général russe qui mène la guerre de l'information», *Le Point*, 2 marzo 2017.
63. Mark Galeotti, "La 'dottrina Gerasimov' e la guerra non lineare russa", *inmoscowsshadows. wordpress.com*, 7 giugno 2014.

mente – in un articolo intitolato «Mi dispiace di aver creato la Dottrina Guerassimov», pubblicato sulla rivista *Foreign Policy*[64]:

> *Sono stato il primo a scrivere della famigerata strategia militare high-tech della Russia. Un piccolo problema: non esiste.*

Per comprendere l'idea di guerra ibrida, dobbiamo tornare alla tipologia delle guerre. Senza entrare troppo nei dettagli, la guerra convenzionale è quella che conosciamo dalla Seconda guerra mondiale e per la quale i nostri eserciti si sono preparati. È una guerra che utilizza una combinazione di risorse terrestri, aeree e navali per raggiungere gli obiettivi. Le forze sono impegnate come un sistema. È la cosiddetta guerra di terza generazione, di cui la *Blitzkrieg condotta* dai tedeschi nel 1939-1940 è l'archetipo.

Tipologia di guerre in base alle tecnologie

Tipo di guerra	Breve descrizione
Prima generazione	Combattimento ravvicinato tra individui che utilizzano armi semplici (spada, scudo, ecc.).
2a generazione	Uso di armi moderne (fucile, mitragliatrice, artiglieria, aereo), ma non ancora in modo integrato (Prima guerra mondiale).
3a generazione	Integrazione delle armi in un sistema di combattimento (armi combinate) (Seconda guerra mondiale)
4a generazione	Combattimento non lineare da parte di attori non statali (guerriglia, terrorismo, ecc.) (Iraq, Afghanistan)
5a generazione	Combattimento "non cinetico" nel campo della tecnologia dell'informazione e della gestione della percezione (esercito ucraino 2022).

Figura 3 - Tipologia di guerre. Nel pensiero militare russo, non esiste un tipo di guerra ibrida. D'altra parte, il confronto di due diversi tipi di guerra può dare origine a un «confronto ibrido». In una certa misura, questo è il caso dell'Ucraina, dove si stanno confrontando una guerra di terza generazione (da parte russa) e una di quinta generazione (da parte ucraina e occidentale). Il carattere «ibrido» non è quindi una «strategia», ma uno stato di cose tra due logiche di guerra.

---

64. Mark Galeotti, "Mi dispiace di aver creato la 'dottrina Gerasimov'", *Foreign Policy*, 5 marzo 2018.

Alla fine della Guerra Fredda, quando gli eserciti occidentali sono stati impegnati in conflitti di tipo insurrezionale (contro interventi da loro stessi creati), si sono confrontati con forze più rustiche, persino con guerriglie rudimentali. Erano le guerre di quarta generazione.

Le guerre di quinta generazione sono dette «non cinetiche», cioè combattute senza alcun contatto reale con l'avversario. L'obiettivo è sottomettere l'avversario facendo crollare il suo sistema attraverso la guerra informatica, la sovversione e la guerra dell'informazione. Sebbene elementi di questo tipo di guerra siano stati presenti in ogni conflitto dal 1939, essa rimane in gran parte un'immaginazione. Questa è la visione della guerra che l'Ucraina si aspettava di intraprendere con la Russia. Tutti (e il buon senso) sapevano che l'esercito ucraino non era in grado di sconfiggere la Russia da solo. L'idea era di sconfiggere la Russia attraverso una combinazione di sanzioni, isolamento economico politico e culturale e una narrazione che avrebbe trasformato la Russia in uno Stato paria.

Per i russi, la visione è più chiara: la guerra ibrida non è una forma di guerra che scegliamo noi, ma il risultato di un confronto tra due Paesi o entità che utilizzano diversi tipi di guerra[65]. Quindi il confronto tra Russia e Ucraina è di natura ibrida, perché l'Ucraina sta cercando di condurre una guerra di quinta generazione, mentre la Russia si trova in un conflitto di terza generazione.

Nel suo articolo, Guerassimov analizza i recenti sviluppi dei conflitti guidati dall'Occidente e trae lezioni su come incorporarli nel pensiero militare. Il suo articolo è un approccio metodologico, non una descrizione di come la Russia avrebbe incorporato queste lezioni nella sua dottrina.

Il concetto di «guerra ibrida» offre uno spazio indefinito che permette a sedicenti «esperti» di ogni tipo di creare coerenza intorno ad accuse (per lo più non verificate) e di dare una «logica» alle azioni attribuite alla Russia. L'Occidente insiste a spiegare un conflitto con una dottrina che non esiste, e i nostri «esperti» immaginano conflitti chimerici, come un *«progetto di destabilizzazione dell'Unione Europea»*[66].

---

65. V. B. Andrianov & V. V. Loïko, «Domande sull'applicazione delle forze armate della Federazione Russa in situazioni di crisi in tempo di pace» (Вопросы применения ВС РФ в кризисных ситуациях мирного времени), *Voennaya Mysl*, gennaio 2015, p. 68
66. https://youtu.be/Ft9fQzjky5Q

Nel novembre 2022, l'analista di *TV5 Monde* e *CAP Europe* Christine Dugoin-Clément ci ha fornito esempi della «guerra ibrida» condotta da Mosca[67]. Ma quando confrontiamo questi esempi con la realtà, vediamo che né i media né i «ricercatori» danno uno sguardo onesto e sincero ai fatti. La nostra immagine è più cospiratoria che giornalistica o scientifica.

Complotto di TV5 Monde sulla guerra ibrida

TV5 Monde sostiene...	In realtà...
L'immigrazione clandestina dalla Bielorussia e dall'exclave di Kaliningrad è descritta dalla Polonia come «guerra ibrida».	Non ci sono fatti a sostegno di questa accusa, che si basa esclusivamente sulla «paura» del governo polacco dopo che le autorità russe hanno aperto l'aeroporto di Kaliningrad alle compagnie aeree internazionali[68]. Non solo non c'è alcuna indicazione, ma è difficile capire perché la Russia dovrebbe inviare immigrati in aereo a Kaliningrad per venire a «invadere la Polonia». In realtà, con il pretesto della «guerra ibrida», la Polonia sta legittimando la costruzione di una barriera fisica tra i due Paesi, che altrimenti sarebbe stata condannata dall'UE.
Gli attacchi ai gasdotti NORD STREAM 1 e 2 sono considerati parte della guerra ibrida condotta da Mosca «quando le truppe russe sono in difficoltà».	Al momento non ne sappiamo nulla e i nostri collaboratori si stanno inventando tutto. Dopo un articolo del famoso giornalista americano Seymour Hersh, che ha puntato il dito contro gli Stati Uniti nel febbraio 2023[69], la versione ufficiale è che gli attacchi sono stati perpetrati dall'Ucraina[70].
L'interruzione del traffico ferroviario nella Germania settentrionale a causa della rottura dei cavi dati a Berlino-Karow e Herne, nella Renania Settentrionale-Vestfalia.	I russi non c'entrano: si tratta di un furto di cavi di rame da parte di bande organizzate[71].

67. https://youtu.be/aA-yoCdingk
68. Claudia Ciobanu, "Temendo un nuovo fronte di guerra ibrida, la Polonia costruirà un muro al confine con Kaliningrad", Reporting Democracy, 2 novembre 2022 (https://balkaninsight.com/2022/11/02/fearing-new-hybrid-war-front-poland-to-build-wall-on-kaliningrad-border/).
69. Seymour Hersh, "Come l'America ha fatto fuori il gasdotto Nord Stream", Substack, 8 febbraio 2023 (https://seymourhersh.substack.com/p/how-america-took-out-the-nord-stream)
70. Shane Harris & Souad Mekhennet, "Gli Stati Uniti avevano informazioni su un piano dettagliato dell'Ucraina per attaccare il gasdotto Nord Stream", The Washington Post, 6 giugno 2023 (https://www.washingtonpost.com/national-security/2023/06/06/nord-stream-pipeline-explosion-ukraine-russia/).
71. «Keine Sabotage, sondern Gier», Tagesschau.de, 27 luglio 2023 (https://www.tagesschau.de/investigativ/bahn-ausfall-sabotage-kabel-diebstahl-100.html)

La rottura dei cavi in fibra ottica che collegano le isole Shetland alla Gran Bretagna, dove «la mano del Cremlino è nella mente di tutti».	Sappiamo già che la «mano del Cremlino» è solo un danno abbastanza frequente[72], causato da pescherecci[73] e non da sabotaggi[74].
Giovane russo arrestato in Norvegia per spionaggio dopo aver utilizzato dei droni.	In realtà, stava fotografando dei paesaggi, ma stava violando una nuova legge norvegese approvata all'inizio del 2022, che vieta ai cittadini russi di utilizzare i droni[75]. Un Paese che non è stato nemmeno in grado di impedire il sabotaggio di NORD STREAM!

Figura 4 - Dall'inizio della SVO, l'obiettivo dei media statali europei non è più l'informazione, ma la propaganda e la disinformazione. I loro giornalisti sono «agli ordini», quindi è logico. Ciò che è più sorprendente è il coinvolgimento di persone che si dichiarano accademiche, che confondono «ipotesi» con «fatti» e affermano persino cose che sappiamo già essere false.

Coloro che hanno strombazzato il fatto che i russi praticano la guerra ibrida (per esempio, in Francia, Natalie Loiseau, i generali Dominique Trinquand e Michel Yakovlev, il colonnello Pierre Servent, ecc.) ci hanno ingannato, come spiega Ofer Fridman nella rivista *PRISM*[76]:

Il tentativo di utilizzare il concetto occidentale di guerra ibrida per definire l'approccio russo alla guerra ha portato a un'analisi errata del modus operandi russo.

Di conseguenza, gli occidentali tendono a perdersi in concetti che non hanno né capo né coda e a fare false guerre. È lo stesso fenomeno del

---

72. Olivia Solon & Mark Bergen, "Le barche da pesca non possono smettere di passare sopra i cavi Internet sottomarini", Bloomberg, 24 aprile 2023 (https://www.bloomberg.com/news/articles/2023-04-24/fishing-boats-keep-running-over-ocean-internet-cables#xj4y7vzkg)
73. Derrick Bryson Taylor & Christine Chung, "Shetland tagliate fuori dal mondo dopo la rottura di un cavo sottomarino", The New York Times, 20 ottobre 2022 (aggiornato al 21 ottobre 2022) (https://www.nytimes.com/2022/10/20/world/europe/shetland-scotland-outage.html)
74. https://therecord.media/fishing-vessel-not-sabotage-to-blame-for-shetland-island-submarine-cable-cut
75. "Uomo russo incarcerato per 90 giorni in Norvegia per aver fatto volare illegalmente un drone", Euronews/AP/AFP, 23 novembre 2022 (aggiornato al 28 novembre 2022) (https://www.euronews.com/2022/11/23/russian-man-jailed-for-90-days-in-norway-for-illegally-flying-drone)
76. Ofer Fridman, "Sulla 'dottrina Gerasimov' - Perché l'Occidente non riesce a battere la Russia sul tempo", *PRISM* , Vol. 8, N° 2, Istituto per la Sicurezza Strategica Nazionale, Università della Difesa Nazionale, 2019, pp. 100-113 (https://ndupress.ndu.edu/Portals/68/Documents/prism/prism_8-2/PRISM_8-2_Fridman.pdf)

39

terrorismo, contro il quale, da oltre un quarto di secolo, nessun Paese occidentale è riuscito a sviluppare una vera strategia: abbiamo spiegato il fenomeno in modo che si «adattasse» al nostro discorso, senza cercare di capirlo. Allineando le nostre strategie alla nostra rappresentazione della realtà, e non alla realtà sul campo, non risolviamo il problema: lo perpetuiamo. Ecco perché Paesi come il Mali, il Niger e il Burkina Faso non vedono più i nostri «aiuti» come una soluzione, ma come un problema.

2.1.1.5. Il legame tra politica e guerra

I principi di Clausewitz permeano il pensiero militare russo. Non è una novità. Durante la Guerra Fredda, l'ideologia marxista alla base del sistema sovietico vedeva la guerra come una continuazione della politica con altri mezzi. Ma mentre Clausewitz vedeva questo processo nel contesto della politica estera, i sovietici lo vedevano nel contesto della lotta di classe che si estendeva dalla politica interna a quella estera.

Oggi la lotta di classe è un concetto molto lontano in Russia e i legami tra guerra e politica sono intesi, come per Clausewitz, nel quadro della politica estera. Ciò significa che l'azione militare non è fine a se stessa, ma è al servizio della politica:

> *Le vittorie tattiche, il raggiungimento degli obiettivi militari della guerra, portano alla vittoria politica.*

Pertanto, l'uso della forza e il raggiungimento di obiettivi tattici e operativi (*Ziele)* devono condurre all'obiettivo politico (*Zweck*).

Si tratta di una posizione molto diversa da quella dell'Occidente, che conduce guerre (in Afghanistan, Iraq, Siria, Libia, ecc.) scollegate da un processo politico. Si sentono addirittura in disaccordo quando cerchiamo di collegarle a un processo politico (come in Mali o in Niger). È chiaro che stiamo combattendo guerre per niente.

L'interpretazione russa della guerra implica una transizione fluida tra politica e guerra. Per questo motivo la negoziazione è parte del processo, mentre per l'Occidente è un processo separato. Questo spiega la loro riluttanza a negoziare soluzioni (o anche a rispettare gli accordi sottoscritti!).

Ad esempio, nel febbraio 2012, in risposta al peggioramento della situazione in Siria, la Russia ha proposto ai Paesi occidentali un piano in tre punti che prevedeva l'allontanamento di Bashar al-Assad, come riportato da *The Guardian*[77]. Ne hanno discusso Vitalii Churkin, ambasciatore russo alle Nazioni Unite, e Martti Ahtisaari, premio Nobel per la pace ed ex presidente finlandese[78]. Fin dall'inizio, quindi, c'era una soluzione per l'allontanamento di Bashar al-Assad senza ricorrere alla violenza. Ma la «P3» (Francia, Gran Bretagna e Stati Uniti) si è rifiutata: il loro obiettivo non era sostituire Bashar al-Assad, ma smantellare la Siria, perché Israele – e quindi gli Stati Uniti – vedevano nella Siria un bastione avanzato dell'Iran.

Il 25 febbraio 2022, dopo che l'Ucraina aveva perso gran parte del suo potenziale militare, Volodymyr Zelensky chiese l'avvio di negoziati[79]. Contattò Ignazio Cassis, ministro degli Esteri svizzero, per organizzare una mediazione e una conferenza di pace[80]. La Russia si dichiarò pronta ai colloqui e un primo round di colloqui si tenne a Gomel, vicino al confine con la Bielorussia. Ma l'Unione Europea non era d'accordo. Il 27 febbraio è arrivata con un pacchetto di 450 milioni di euro per finanziare le armi, fermare il processo negoziale e incoraggiare l'Ucraina a combattere[81].

A metà marzo 2022, Volodymyr Zelensky, rendendosi conto che la NATO non era pronta ad accettare l'Ucraina nel suo ovile e dichiarando di voler rinunciare alla sua candidatura[82], presentò le sue proposte per i negoziati di Istanbul. Le prospettive di una soluzione tra russi e ucraini sembravano

---

77. Julian Borger & Bastien Inzaurralde, "L'Occidente 'ha ignorato l'offerta russa nel 2012 per far sì che Assad in Siria si facesse da parte'", *The Guardian*, 15 settembre 2015 (https://www.theguardian. com/world/2015/sep/15/west-ignored-russian-offer-in-2012-to-have-syrias-assad-step-aside)
78. Fanny Arlandis, «En 2012, la France et ses alliés auraient ignororé un plan prévoyant le départ de Bachar el-Assad», *Slate.fr*, 15 settembre 2015
79. Olga Rudenko, "L'Ucraina è pronta a negoziare con la Russia", *The Kyiv Independent*, 25 febbraio 2022 (https://kyivindependent.com/national/ukraine-ready-to-negotiate-with-russia/).
80. Arthur Rutishauser, "La Svizzera organizzerà la Friedenskonferenz a Genf", *Tages Anzeiger*, 26 febbraio 2022 (https://www.tagesanzeiger.ch/schweiz-will-friedenskonferenz-in-genf-organisie-ren-129475547083).
81. Maïa de La Baume & Jacopo Barigazzi, "L'UE accetta di dare 500 milioni di euro in armi, aiuti all'esercito ucraino in una mossa 'spartiacque'", *Politico*, 27 febbraio 2022 (https://www.politico. eu/article/eu-ukraine-russia-funding-weapons-budget-military-aid/).
82. Zoya Sheftalovich, "Il russo Lavrov vede la speranza di un 'compromesso' con Kiev mentre Zelenskyy segnala un cambiamento nella NATO", *Politico*, 16 marzo 2022 (https://www.politico. eu/article/zelenskyy-peace-talks-russia-realistic-accept-compromise-nato/).

buone[83]. L'Unione Europea ha immediatamente sbloccato 500 milioni di euro per fornire aiuti militari letali[84] e non letali[85] all'Ucraina. Da parte sua, Boris Johnson è intervenuto e ha distrutto tutti gli sforzi negoziali, come ha osservato l'*Ukrainska Pravda*[86]. In effetti, «BoJo» non ha fatto altro che ricattare l'Ucraina durante una conversazione telefonica e poi, una settimana dopo, durante la sua visita a Kiev[87]: ha scambiato il ritiro della sua proposta per un sostegno occidentale illimitato[88].

A metà agosto 2022, durante la sua visita in Ucraina, il presidente turco Tayyip Erdogan si è offerto di organizzare un incontro con Volodymyr Zelensky e Vladimir Putin[89]. Dopo qualche esitazione, Vladimir Putin ha espresso la sua disponibilità all'incontro[90], ma Boris Johnson è intervenuto – ancora una volta – e ha messo in guardia l'Ucraina da piani di pace «frivoli»[91]. L'iniziativa turca è stata abbandonata…

Così, mentre i russi vedono un legame fluido e bidirezionale tra guerra e politica, l'Occidente tende a vedere la guerra come un fine in sé. Per questo l'Occidente fatica a uscire dai conflitti, mentre i russi hanno previsto delle vie d'uscita (a febbraio, marzo e agosto 2022). Ciò conferisce ai russi un approccio più strategico, più ponderato e meno impulsivo ai conflitti rispetto alle loro controparti occidentali.

2.1.2. *Struttura della dottrina*

I russi hanno sempre attribuito particolare importanza alla dottrina. Meglio dell'Occidente, hanno capito che «*un modo comune di vedere le*

83. Isobel Koshiw & Daniel Boffey, "Russia e Ucraina 'vicine a concordare' sullo status di neutralità, dice Sergei Lavrov", *The Guardian*, 16 marzo 2022 (https://www.theguardian.com/world/2022/mar/16/russia-and-ukraine-close-to-agreeing-on-neutral-status-says-sergei-lavrov)

84. https://eur-lex.europa.eu/legal-content/FR/TXT/PDF/?uri=CELEX:32022D0472

85. https://eur-lex.europa.eu/legal-content/FR/TXT/PDF/?uri=CELEX:32022D0471

86. Iryna Balachuk & Roman Romaniuk, "La possibilità di colloqui tra Zelenskyy e Putin si è fermata dopo la visita di Johnson", *Ukrainska Pravda*, 5 maggio 2022 (https://www.pravda.com.ua/eng/news/2022/05/5/7344206/).

87. https://peoplesdispatch.org/2022/05/09/ukrainian-news-outlet-suggests-uk-and-us-governments-are-primary-obstacles-to-peace/

88. https://www.gov.uk/government/news/pm-call-with-president-zelenskyy-of-ukraine-2-april-2022

89. "Erdoğan suggerisce di rilanciare i negoziati tra Ucraina e Russia sulla base degli accordi di marzo", *Ukrainska Pravda*, 18 agosto 2022 (https://www.pravda.com.ua/eng/news/2022/08/18/7363895/)

90. https://www.cnnturk.com/turkiye/dunyanin-gozu-uclu-zirvede

91. Tom Balmforth & Andrea Shalal, "Il britannico Boris Johnson, a Kiev, mette in guardia da un piano 'inconsistente' per i colloqui con la Russia", *Reuters*, 24 agosto 2022 (https://www.reuters.com/world/europe/uks-johnson-kyiv-warns-against-flimsy-plan-talks-with-russia-2022-08-24/).

cose, di pensare e di agire» – come disse il maresciallo Foch[92] – dà coerenza pur consentendo infinite variazioni nella progettazione delle operazioni. La dottrina militare è una sorta di «nucleo comune» che serve da riferimento per la progettazione delle operazioni.

La dottrina militare russa divide l'arte militare in tre componenti principali: *strategia* (*strategiya*), *arte operativa* (*operativnoe iskoustvo*) e *tattica* (*taktika*). Ognuna di queste componenti ha caratteristiche proprie, molto simili a quelle presenti nelle dottrine occidentali. Utilizzando la terminologia della dottrina francese sull'uso delle forze:

- Il livello strategico è quello della *concezione*. L'obiettivo dell'azione strategica è condurre l'avversario alla negoziazione o alla sconfitta.
- Il livello operativo è quello della *cooperazione e del coordinamento* delle azioni interforze, al fine di raggiungere un determinato obiettivo militare.
- Infine, il livello tattico è quello dell'*esecuzione della manovra* a livello di armi, come parte integrante della manovra operativa.

Gli obiettivi tattici devono aiutare a raggiungere gli obiettivi operativi, che devono aiutare a raggiungere gli obiettivi strategici di natura politica o militare. In realtà, nel pensiero militare russo, ogni livello gioca con fattori moltiplicatori che dovrebbero consentire il raggiungimento degli obiettivi del livello superiore: il raggiungimento degli obiettivi operativi deriva dall'effetto moltiplicatore delle sinergie inter-esercito e il raggiungimento degli obiettivi strategici deriva dall'effetto moltiplicatore del raggiungimento degli obiettivi operativi.

A differenza del pensiero militare russo, che è più olistico e collegato in rete, il pensiero militare occidentale tende a essere sequenziale e lineare. Mentre gli occidentali tendono a vedere il successo operativo come la somma dei successi tattici, i russi tendono a vederlo come il risultato di una moltiplicazione. Ecco perché, alla fine del 2023, il fallimento – per quanto prevedibile – della controffensiva ucraina lascerà le cancellerie in un vicolo cieco.

In Russia, mentre la strategia è vista come un'attività essenzialmente intellettuale di natura politica e la tattica come un'attività essenzialmente tecnica, l'»arte delle operazioni» è l'arte di sfruttare al meglio le sinergie tra le forze coinvolte.

---

92. Maréchal Foch, *Des principes de la guerre*, Economica, 2017

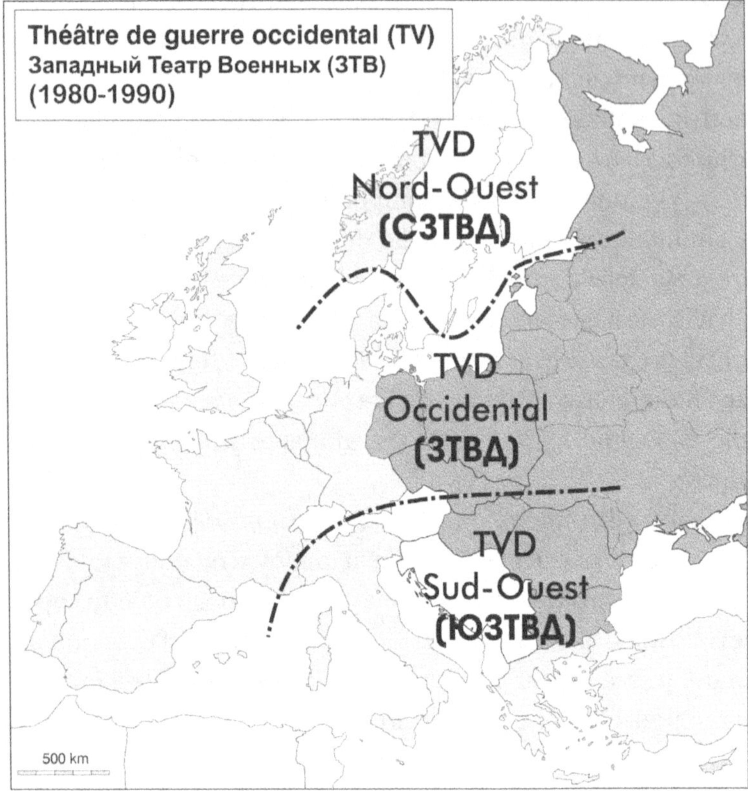

*Figura 5 - Visione sovietica del teatro di guerra occidentale durante la Guerra Fredda.
Il teatro di guerra (TV) è un concetto politico e militare di portata molto ampia.
È suddiviso in teatri di operazioni militari (TVD). Questa strutturazione dello spazio
strategico da parte della Russia illustra perché l'Ucraina è un teatro di operazioni
militari (TVD) e non un teatro di guerra (TV).*

Queste tre componenti corrispondono a livelli di leadership, che si riflettono nelle strutture di comando e nello spazio in cui vengono condotte le operazioni militari. Per semplificare, diciamo che il livello strategico prevede la gestione del *teatro di guerra* (*Театр Войны*) (TV); un'entità geograficamente molto grande, con proprie strutture di comando e controllo, all'interno della quale sono presenti una o più direzioni strategiche. Il teatro di guerra comprende un insieme di *teatri di operazioni militari* (*Театр Военных Действий*) (TVD), che rappresentano una direzione strategica e sono il dominio dell'azione operativa.

Questi vari teatri non hanno una struttura predeterminata e sono definiti in base alla situazione. Ad esempio, sebbene sia comune parlare di «guerra in Afghanistan» (1979-1989) o di «guerra in Siria» (2015-), nella terminologia russa questi Paesi sono considerati TVD e non TV.

Lo stesso vale per l'Ucraina, che la Russia considera un *teatro di operazioni militari* (TVD) e non un *teatro di guerra* (TV), il che spiega perché l'azione in Ucraina viene definita «*Operazione militare speciale*» (*Специальная Военная Операция* – *Spetsial'naya Voyennaya Operatsiya* – *SVO*) e non «guerra».

L'uso della parola «guerra» implicherebbe una struttura di condotta diversa da quella prevista dai russi in Ucraina e avrebbe altre implicazioni strutturali nella stessa Russia. Inoltre – e questo è un punto chiave – come riconosce lo stesso Segretario Generale della NATO Jens Stoltenberg, «*la guerra è iniziata nel 2014*»[93] e avrebbe dovuto terminare con gli accordi di Minsk. L'SVO è quindi una «operazione militare» e non una nuova «guerra», come sostengono molti «esperti» occidentali.

2.1.3. La strategia

In termini semplici e generici, la strategia è il modo in cui un obiettivo politico, militare o di altro tipo deve essere raggiunto.

È un termine totalmente frainteso dai nostri giornalisti, che lo usano indiscriminatamente, spesso come sinonimo di «tattica» per evitare ripetizioni, o addirittura di «dottrina». A loro merito, alcuni militari confondono essi stessi questi concetti. Aneddoticamente, questo può portare a confusione durante le presentazioni, come quella fatta dal colonnello Michel Goya il 2 novembre 2022 a una commissione del Senato[94].

Più in generale, questa confusione si riflette nell'incapacità dei militari di formulare strategie per la conduzione di un conflitto. Questa confusione deriva da un'altra confusione spesso fatta dai nostri militari tra strategia politica e strategia militare. L'incapacità dei militari di formulare strategie per combattere in conflitti con i quali non hanno familiarità li porta a dare la colpa ai politici. È un dato di fatto che i politici sono spesso incapaci di farlo. Ma – e questo l'ho constatato personalmente – i nostri generali sono molto spesso incapaci di formulare strategie. Ciò

---

93. https://www.nato.int/cps/en/natohq/opinions_211698.htm
94. https://youtu.be/aZe5diu87sk

45

che chiamiamo «strategia» spesso non è altro che un insieme di misure operative disparate a cui cerchiamo di dare coerenza. È il caso del Sahel, dove i soldati francesi stanno letteralmente morendo per niente.

Nel pensiero militare russo, come nella maggior parte degli Stati costituzionali, il livello strategico è suddiviso in strategia politica e strategia militare. La strategia politica è funzione delle decisioni prese dalle autorità politiche del Paese, mentre la strategia militare è la traduzione di queste decisioni a livello militare. Le strategie politiche e militari si completano a vicenda e devono quindi convergere verso l'obiettivo principale, che è di natura politica. Il concetto di *Grande Strategia*, che gli americani conoscono bene, consiste nel definire un approccio globale ai problemi interni ed esterni. In Russia non esiste. Anzi, non esiste più. Solo l'Unione Sovietica aveva una forma superiore di strategia, determinata dal ruolo che voleva svolgere nella sua rivalità con il mondo capitalista.

Oggi l'approccio strategico della Russia è estremamente pragmatico e molto meno dogmatico di quello occidentale. Sebbene le strategie politiche e militari siano di competenza rispettivamente del potere politico e del comando militare, esse devono essere sviluppate in consultazione e sono il risultato di un dialogo. Sarebbe sbagliato pensare che le strategie vengano elaborate in qualche oscuro ufficio del Cremlino e poi imposte ai militari. Ma queste strategie non vengono sviluppate nel vuoto. Devono tenere conto di un certo numero di condizioni determinate dal contesto e dalle capacità del Paese. Questo è il principio di «correlazione delle forze» discusso in precedenza, che determina la scelta della strategia. Come probabile conseguenza dell'eredità professionale di Vladimir Putin, e a differenza dell'Europa, le decisioni vengono prese dopo un'analisi metodica dei fatti con i servizi di intelligence.

Mentre l'Occidente lottava per convertire i suoi successi militari in successi politici (Algeria, Vietnam, Afghanistan, Iraq, Libia, Sahel, ecc.), i sovietici, e poi i russi, applicavano il principio clausewitziano secondo cui *«la guerra è la continuazione della politica con altri mezzi»*. Esiste quindi un continuum tra guerra e politica. Quindi, sebbene l'espansione della NATO verso est sia motivo di preoccupazione per la Russia, e il possibile dispiegamento di armi nucleari al suo confine ne sia un aspetto importante, *non è il* motivo per cui la Russia è intervenuta in Ucraina.

Il motivo dell'intervento era la minaccia alla popolazione del Donbass in seguito alla decisione di Volodymyr Zelensky del 24 marzo 2021 di riconquistare la Crimea e il Donbass. D'altra parte, è certo che nella mente dei leader russi l'intervento aveva lo scopo di aprire la porta a negoziati che avrebbero incluso la questione dell'adesione dell'Ucraina alla NATO. Lo stesso Zelensky lo aveva capito, come dimostra la sua proposta del marzo 2022.

In altre parole, si tratta di trasformare i successi operativi in successi strategici e i successi strategici in successi politici. A differenza dell'Occidente (che fatica a negoziare e non sa come farlo), i russi vedono l'idea di negoziazione come consustanziale alla guerra. Per questo motivo sono stati aperti alle varie proposte di negoziato avanzate da Volodymyr Zelensky (25 febbraio e metà marzo 2022) e da Tayyip Erdogan (agosto 2022). Nel novembre 2022, Zelensky ha confessato di aver ricevuto dai russi segnali di disponibilità a negoziati diretti con lui, ma di non avervi dato seguito[95].

Questo spiega anche perché la Russia non ha visto le sanzioni come un problema, ma come un'opportunità. Come la Cina, vede la crisi come un'opportunità per affrontare nuove sfide. Accecati dal nostro discorso, non abbiamo capito che le sanzioni applicate dal 2014 in poi sono state un'opportunità per dare una spinta all'economia russa. Non solo hanno avuto un effetto protezionistico, ma hanno anche aperto nuovi orizzonti, come nel caso dei prodotti agricoli che la Russia importava allora e ora esporta.

A differenza dei russi, l'Occidente intende la vittoria solo in termini di schiacciamento totale dell'avversario. Per questo motivo, a partire dal 2014, hanno gradualmente cercato di escludere la Russia da tutti i forum internazionali e hanno costretto l'Ucraina a tornare indietro sulle sue proposte di compromesso[96]. La loro incapacità di comprendere la strategia militare in un contesto politico tende a condurli in guerre infinite (Afghanistan, Iraq, Siria, Sahel, ecc.). La totale assenza di obiettivi,

---

95. "Zelensky ammette di aver ricevuto indicazioni che Putin voleva negoziare", *The Kyiv Independent*, 16 novembre 2022 (https://kyivindependent.com/zelensky-admits-receiving-hints-that-putin-wanted-to-negotiate/)
96. Roman Romaniuk, "La possibilità di colloqui tra Zelenskyy e Putin si è fermata dopo la visita di Johnson", *Ukrainska Pravda*, 5 maggio 2022 (https://www.pravda.com.ua/eng/news/2022/05/5/7344206/).

di strategie e quindi di prospettive di risoluzione dei conflitti porta a situazioni come quella del Mali o del Niger, dove i governi locali si sono resi conto che le guerre condotte dalla Francia non portano a nulla.

A differenza degli americani e dei loro alleati della NATO, i sovietici entrarono in Afghanistan con una strategia e un obiettivo! A differenza degli americani e della NATO in seguito, i sovietici furono in grado di mantenere una coerenza strategica durante tutto il loro intervento. Si sono concentrati sulla conservazione del potere comunista afghano e non sulla distruzione delle forze di resistenza. Quindi, a differenza dell'Occidente, non hanno dovuto effettuare attacchi aerei che hanno colpito massicciamente la popolazione civile. Inoltre, forti dell'esperienza acquisita durante la rivolta dei Basmatchi negli anni Venti, non cercarono di trasformare la società afghana o le sue tradizioni secolari e religiose. A differenza degli occidentali, dovevano combattere solo contro i combattenti e non contro la società afghana. Di conseguenza, l'esercito sovietico non fu costretto ad andarsene e il governo che sosteneva rimase in carica per altri due anni, mentre trent'anni dopo gli americani furono costretti ad andarsene e il governo che sostenevano durò solo... 48 ore!

In generale, dalla fine della Guerra Fredda, ci sono state due filosofie diverse nell'approccio al processo decisionale tra Russia e Occidente. Le decisioni prese a Mosca sono il risultato di un'analisi approfondita e di una visione a lungo termine, non condizionata dall'opinione pubblica. In Occidente, invece, le decisioni vengono prese in una prospettiva a breve termine, con un occhio alla comunicazione e all'opinione pubblica. Per questo motivo si escludono fin dall'inizio tutti i fattori che potrebbero turbare e si mettono a tacere le voci dissenzienti. Questo è l'opposto di un approccio olistico ed è esattamente ciò che ha portato alla sconfitta dell'Ucraina.

In Russia, la strategia si adatta all'avversario e non all'opinione pubblica. Come abbiamo visto dalle audizioni dei militari davanti alle commissioni parlamentari, essi hanno difficoltà ad allontanarsi dalla loro personale concezione della guerra e della strategia militare. La loro incapacità di adattarsi alla strategia dell'avversario porta a situazioni asimmetriche che lavorano contro di loro. È per questo che hanno perso in Afghanistan, in Iraq, nel Sahel e altrove, e per questo continueranno a perdere.

2.1.4. Arte operativa

2.1.4.1. L'essenza dell'arte operativa: la sinergia

Come spesso accade in Francia, la prosa di Jourdain viene rielaborata e alcuni ricercatori sembrano aver riscoperto l'arte delle operazioni. Se l'espressione «arte operativa» è caratteristica del vocabolario e del pensiero militare russo, l'arte delle operazioni di cui parla è nota da molti decenni. Tuttavia, preso dalla sua «guerra al terrore», l'Occidente l'ha dimenticata e il pensiero militare è rimasto confinato al dominio tattico.

L'arte delle operazioni non è un tipo di operazione (come hanno dichiarato alcuni esperti[97]), né un metodo per «*desostanzializzare*» il nemico, né un modo per «*puntare al collasso dell'avversario come sistema*[98]», ma la parte della dottrina militare che regola il livello di condotta tra il livello tattico e quello strategico. È il quadro generale all'interno del quale vengono progettate le operazioni militari. Va notato che si tratta di un'»arte», cioè di un'attività in cui sono incoraggiate l'immaginazione e la creatività, come sottolinea il *Dizionario Militare Enciclopedico* (VES)[99].

Le ragioni di questa perdita di memoria occidentale sono molteplici. Ricordiamo che i riferimenti strategici classici, come Clausewitz o Jomini, non menzionano il livello operativo. D'altra parte, il loro uso della parola «strategia» evoca la nozione moderna di «arte operativa». Questa apparente assenza può essere spiegata dalla natura della guerra all'inizio del XIX secolo e probabilmente spiega l'uso dell'espressione «*strategia operativa*», frequentemente usata nel vocabolario militare francese per designare ciò che i russi chiamano «art opératif».

È stato solo dopo la Prima Guerra Mondiale che il progresso combinato di aviazione, artiglieria, mobilità, armature e comunicazioni ha dato nuova importanza alle nozioni di «tempo» e «spazio». Questo ha portato alla concettualizzazione dell'»arte operativa» nel periodo tra le due guerre in Gran Bretagna, Germania e Russia.

Il risultato archetipico di questo pensiero fu la cosiddetta *Blitzkrieg* («guerra lampo») che i tedeschi attuarono in Europa nel 1939-1941. In Francia, il termine *Blitzkrieg* rimane associato alla propaganda antite-

---

97. https://www.rts.ch/info/monde/13135499-bernard-wicht-le-succes-de-loperation-russe-cest-davoir-reussi-a-mystifier-tout-le-monde.html
98. https://youtu.be/jWyJgFv88Mk
99. https://encyclopedia.mil.ru/encyclopedia/dictionary/details.htm?id=13724@morfDictionary

desca dell'epoca e tende a designare un modo brutale di condurre la guerra. Oggi, paragonare la SVO a una *Blitzkrieg* tende a suggerire un'analogia tra la Russia di oggi e la Germania nazista[100]. Ma ben pochi degli «esperti» e degli «strateghi» che si avvicendano sui nostri schermi televisivi sanno di cosa stanno parlando. A cominciare dal fatto che i tedeschi non hanno mai teorizzato questo tipo di guerra come una *guerra lampo*!

Il principio della guerra lampo

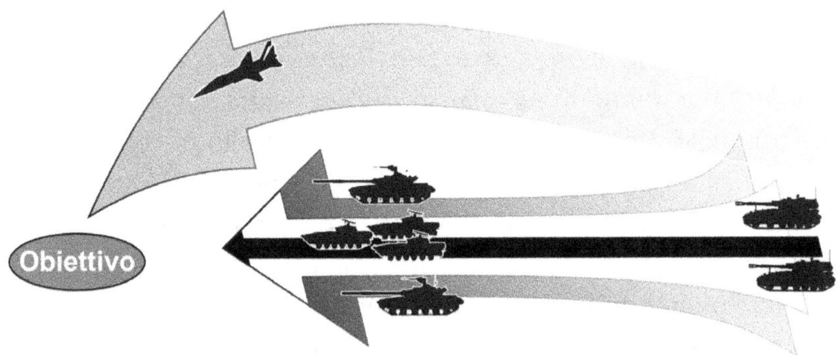

Figura 6 - Il termine «guerra lampo» è stato ampiamente frainteso. Per gli specialisti, tuttavia, la «guerra lampo» rimane il modello di azione operativa in cui la qualità supera la quantità. Questo è ciò che è accaduto nel 1940, quando il vantaggio quantitativo era chiaramente dalla parte della Francia. Ma come sempre, laddove la Francia aveva un certo numero di «solisti», i tedeschi sapevano come mettere in campo un'orchestra! Nella visione russa, l'arte delle operazioni è l'arte di mettere in gioco le sinergie tra le varie componenti delle forze, per raggiungere obiettivi che possono essere trasformati in successi strategici.

Questa «guerra lampo» non è un modo di fare la guerra, ma un modo di condurre le operazioni impegnando un avversario numericamente superiore con un numero ridotto di truppe. Si tratta di un approccio dinamico alle operazioni che combina sinergie tra forze di terra e aeree. La manovra crea superiorità locali e temporanee, consentendo di sopraffare una forza più potente.

Teorizzato da Sir Basil Liddell Hart negli anni '20 e '30, poi ripreso dai tedeschi negli anni '30, ha ispirato i sovietici Georgii S. Isserson e

---

100. Luke Harding, "Soldati russi demoralizzati raccontano la rabbia di essere stati 'ingannati' in guerra", *The Guardian*, 4 marzo 2022 (https://www.theguardian.com/world/2022/mar/04/russian-soldiers-ukraine-anger-duped-into-war)

soprattutto Mikhail Tukhachevsky, che ha sviluppato il concetto russo di «*operazioni in profondità*» nel 1936[101]:

> *Attacco simultaneo delle difese nemiche da parte dell'aviazione e dell'artiglieria nella profondità della difesa, penetrazione della zona tattica della difesa da parte delle unità attaccanti con ampio uso di forze corazzate e conversione brutale del successo tattico in successo operativo per accerchiare e distruggere completamente il nemico. Il ruolo principale è svolto dalla fanteria, e il supporto reciproco di tutti i tipi di forze è organizzato in base alle sue esigenze.*

Fu soprattutto durante gli ultimi mesi della Seconda guerra mondiale che il pensiero operativo si evolse maggiormente. Nelle vaste pianure dell'Europa orientale, i sovietici poterono sviluppare la loro arte delle operazioni militari. L'Operazione Byelorussia (23 giugno 1944 - 29 agosto 1944) (nota anche come Operazione Bagration), che permise all'Armata Rossa di estendere il suo vantaggio di oltre 600 km in due mesi, fu un passo decisivo nello sviluppo del pensiero militare sovietico e poi russo[102].

Subito dopo la Seconda guerra mondiale, gli occidentali sono stati coinvolti in conflitti coloniali, dove l'arte delle operazioni (nel senso di azione congiunta) tendeva a scomparire. Con la probabile eccezione della prima guerra del Golfo (1991), gli occidentali hanno combattuto solo guerre tattiche contro avversari numericamente e tecnologicamente inferiori.

All'inizio degli anni '80, con la graduale eliminazione delle armi nucleari di teatro, la prospettiva delle operazioni in profondità si è riaperta su entrambi i lati della cortina di ferro. L'arte delle operazioni divenne oggetto di numerosi studi e dibattiti all'interno dei servizi segreti occidentali, preoccupati per le capacità sovietiche che non avevano un reale equivalente in Occidente.

Sintomaticamente, gli americani hanno concettualizzato veramente la dimensione offensiva delle operazioni solo nelle edizioni del 1982 e del 1986 del loro manuale *operativo FM-100-5*. Più di 40 anni dopo i sovietici,

---

101. Jack D. Kem (a cura di), "Deep Operations", *Army University Press*, Fort Leavenworth, Kansas, novembre 2021.
102. https://mil.ru/winner_may/history/more.htm?id=11960765@cmsArticolo

hanno compreso l'importanza dell'interazione tra le operazioni, che si sostengono a vicenda nelle profondità del territorio nemico. Il loro concetto è stato perfezionato nella versione del 1993 dell'*FM-100-5*, con la formalizzazione dello spazio operativo.

L'esperienza insegna che gli occidentali tendono a confondere i termini «operativo» e «operativo». A differenza del francese, del tedesco e del russo, la parola «operativo» non esiste in inglese. Di conseguenza, la terminologia della NATO utilizza la parola *«operativo»* per designare entrambi gli aspetti, generando confusione.

Oggi le forze russe continuano a trarre ispirazione dalle esperienze della Seconda guerra mondiale.

Contrariamente all'opinione diffusa in Occidente, non è la massa la fonte del successo, ma la combinazione dinamica delle risorse:

> *Il principio alla base della concentrazione degli sforzi non è tanto quantitativo quanto qualitativo, ovvero la capacità di trovare una forma dinamica (...) in grado di stordire e 'saturare' il nemico attraverso la novità e la sorpresa[103].*

Il cuore di questo approccio dinamico è la manovra. In quanto elemento della capacità di combattimento, la manovra non può essere quantificata, ma spesso è importante quanto la potenza di fuoco per raggiungere il successo. Si tratta di sfruttare la vulnerabilità del nemico (un varco nel suo fronte) per penetrare nelle sue difese e assumere una posizione più favorevole per colpire[104].

I russi vedono l'arte operativa come un moltiplicatore dell'azione tattica per raggiungere gli obiettivi strategici. Ciò è possibile grazie alla sinergia che si crea a) tra le componenti congiunte e b) tra le azioni operative stesse. È questa dimensione dinamica che conferisce al concetto di *«operazione congiunta»* (*общевойсковая операция*) il significato di arte operativa.

---

103. http://tutunnikovnn.ucoz.ru/3710_1.pdf
104. http://tutunnikovnn.ucoz.ru/3710_1.pdf

2.1.4.2. *Gestione operativa*

Mentre gli americani vedono l'arte delle operazioni come una giustapposizione di operazioni all'interno di un concetto coerente, i russi tendono a vedere le operazioni come un insieme, in cui ogni componente lavora a sostegno di un altro. Per analogia con le arti marziali, i russi la vedono un po' come il karate: sono l'agilità e la velocità a dare il vantaggio, piuttosto che il peso. Non sono i numeri a conferire la superiorità, ma il modo in cui si impegnano le forze e si creano superiorità locali e temporanee, anticipando il dispiegamento delle forze avversarie.

Per questo i russi cercano il successo nella dinamica delle operazioni. Non appena il combattimento diventa statico, bisogna cambiare modello. È quello che abbiamo visto alla fine dell'estate del 2022.

Come in ogni attività commerciale, la chiave del successo è l'integrazione del processo decisionale. Ciò è particolarmente vero in Ucraina, dove i mezzi di riconoscimento di entrambe le parti lasciano poco tempo per prendere decisioni.

Nel 1940, il coordinamento e la sincronizzazione dei vari armamenti si basava molto sulla radio. Fu in gran parte per questo motivo che i carri armati francesi, pur essendo tecnicamente superiori, non riuscirono a sfruttare le loro qualità contro i loro omologhi tedeschi: solo alcuni di essi erano dotati di radio.

Oggi, la proliferazione dei mezzi di ricognizione tattica (ad esempio i mini-UAV) ha compresso il ciclo che va dall'osservazione alla distruzione di un obiettivo. Si tratta del ciclo OODA (*Observe, Orient, Decide and Act*), ben noto ai militari occidentali, che è un processo sempre più automatizzato, grazie alle connessioni di rete e all'intelligenza artificiale.

In Afghanistan, dove forze relativamente piccole erano impegnate in un terreno complicato, i sovietici iniziarono a lavorare su sistemi in rete. Per rispondere in modo rapido e preciso alle incursioni e alle imboscate dei Mujahideen, cercarono di ridurre il tempo tra l'osservazione e la reazione. Tecnicamente, ciò significava integrare le risorse di ricognizione e gli elementi di fuoco per reagire quasi in tempo reale. In pochi mesi, la struttura della 40a Armata è stata adattata a questa realtà, eliminando i carri armati, aggiungendo forze speciali e aeromobili e aumentando le risorse di artiglieria e di segnalazione.

Questi esperimenti hanno portato al concetto di «ROK/RUK»:

- Il «*Complesso di Ricognizione-Fuoco*» (*Разведывательно-огневой комплекс - Razvedivatel'no-Ognevoï Kompleks - ROK*) che integra sistemi di combattimento a livello tattico (artiglieria da 122 e 152 mm, lanciarazzi multipli e mortai)[105].

- Il «*Complesso di ricognizione e attacco*» (*Разведывательно-ударный комплекс - Razvedivatel'no-Udarnyy Kompleks - RUK*), che è la variante interservizi del concetto per il livello operativo. Include sistemi missilistici di teatro (ad esempio ipersonici), mezzi di artiglieria di grosso calibro, elicotteri da combattimento, aviazione e mezzi di guerra elettronica[106].

Già discusso all'inizio degli anni '80, il concetto è stato oggetto di innumerevoli dibattiti nella stampa specializzata russa. L'intervento della Russia nella Siria TVD ha permesso di convalidare le tecnologie che hanno portato la ROK/RUK alla maturità odierna.

Sintesi delle differenze tra ROK e RUK

	ROK	RUK
Livello di guida	Tattica	Operativo
Sistemi di guida	STRISCE DI KRUS	AKATSIYA-M SOZVEZDIYE-M2 ANDROMEDA-D
Mezzi di riconoscimento	Razvedchiki UAV leggeri : KUB ORLAN-10/30	Spetsnaz UAV medi e pesanti : ORIONE
Mezzi d'azione (esempi)	Artiglieria (122/152 mm) Droni suicidi : GERAN-2 LANCETTA-3 KUB-BLA	Artiglieria (152/203 mm) Aviazione Missili : ISKANDER KINJAL ZIRKON Sistemi di guerra elettronica (REB)

Figura 7 - Esempi di sistemi di controllo e armi associati a ROK e RUK. L'elenco non è esaustivo, ma è inteso solo a scopo illustrativo.

---

105. https://bigenc.ru/c/razvedyvatel-no-ognevoi-kompleks-ba42cf
106. https://bigenc.ru/c/razvedyvatel-no-udarnyi-kompleks-f2079c

Il conflitto ucraino ha portato una nuova dimensione a questi concetti, che sembrano aver colto di sorpresa gli osservatori.

La sua caratteristica distintiva non è la proliferazione dei droni, ma l'emergere di una moltitudine di cicli OODA sempre più brevi ai livelli tattici più bassi. Ciò significa che non solo il campo di battaglia è diventato «quasi trasparente», ma che le capacità di azione possono essere dispiegate più rapidamente.

Inoltre, l'utilizzo di sistemi d'arma come il CAESAR francese o l'HIMARS americano da parte dell'Ucraina ha comportato un drastico adattamento dei sistemi russi ROK/RUK. Le ragioni sono due: la velocità con cui questi sistemi possono essere dispiegati e sparati e – nel caso degli HIMARS, i cui missili hanno traiettorie non balistiche – il calcolo delle traiettorie per localizzare i lanciatori.

Il risultato è stato quello di due tendenze che erano già iniziate in Russia:

- sempre più automazione, grazie all'uso dell'intelligenza artificiale.
- la necessità di una gestione operativa centrata sulla rete.

Sulla base dell'esperienza acquisita con il TVD Siria, i russi hanno creato un sistema centralizzato di gestione delle operazioni per condurre tutte le forze russe, comprese quelle nucleari. Conosciuto come *Centro di Controllo della Difesa Nazionale* (*Национальный центр управления обороной - НЦУО*) (NTsUO), riunisce in un unico punto tutti gli elementi necessari alla gestione delle operazioni[107]. È da questa NTsUO che vengono emessi i bollettini informativi sul conflitto in Ucraina.

Il gasdotto russo è costruito attorno a diverse reti integrate:

- Una rete di comando operativo-strategico e operativo delle Forze Armate russe, AKATSIYA-M, che è una sorta di Internet militare, creata già nel 2005 e che è una piattaforma informativa a cui sono collegate le reti di comando operativo-tattico e tattico unificate;
- Reti unificate di controllo operativo-tattico e tattico (ESU TZ) per lo schieramento operativo delle truppe. Si tratta dei sistemi SOZVEZDIYE-M2 (per le truppe di terra) e ANDROMEDA-D (per le truppe aviotrasportate).
- ESU TZ per forze aeree e forze di difesa aerea.

---

107. https://sneg5.com/obshchestvo/armiya/centr-upravleniya-oboronoy-rf.html

Tutti questi sistemi sono stati dispiegati sul TVD Siria nel 2015 e da allora sono stati aggiornati. Integrano ricognizione, processo decisionale e risorse antincendio per ridurre i tempi di risposta.

Questi sistemi hanno la loro estensione al livello tattico più basso sotto forma di un piccolo terminale tascabile, che è la vera novità della TVD Ucraina: il Sistema di Intelligenza, Controllo e Comunicazione (*комплекс разведки, управления и связи*, KRUS STRELETS).

Il KRUS STRELETS consente la guida in combattimento, le comunicazioni vocali, la trasmissione di dati (coordinate, identificazione e designazione del bersaglio) e la navigazione sul terreno. È interoperabile con tutti i sistemi nazionali di ricognizione, sorveglianza, designazione di obiettivi, radar, telemetri, inclinometri e UAV. È uno degli elementi centrali della ROK/RUK sul terreno ucraino.

Il segmento tattico inferiore della ROK/RUK

Figura 8 - Contrariamente a quanto si crede, le forze armate russe sono altamente decentralizzate. Qui i terminali UNKV-E del sistema STRELETS per le unità tattiche di fanteria inferiori fino al livello di gruppo di battaglia.

Schierato per la prima volta nel 2015 sul TVD in Siria, il sistema STRELETS collega dal 2017 droni tattici, artiglieria meccanizzata, carri armati e fanteria russi. In particolare, ha permesso l'attacco russo del 20 settembre 2016 a un posto di comando dello Stato Islamico (di cui ho parlato nel mio libro *Governing with Fake News*), in cui sarebbero morti una trentina di ufficiali americani, israeliani, qatarioti e turchi[108]...

In Ucraina, secondo un comandante ucraino, un carro armato viene individuato dai russi in meno di 5 minuti e colpito in 3 minuti. La sopravvivenza di un carro armato sarebbe di soli 10 minuti[109]. È difficile dire se queste cifre siano realistiche, ma dimostrano che i complessi ROK/RUK funzionano molto bene. È (mezzo) sorprendente che non se ne parli nei media di lingua francese.

Esempi di ROK a livello di battaglione di artiglieria

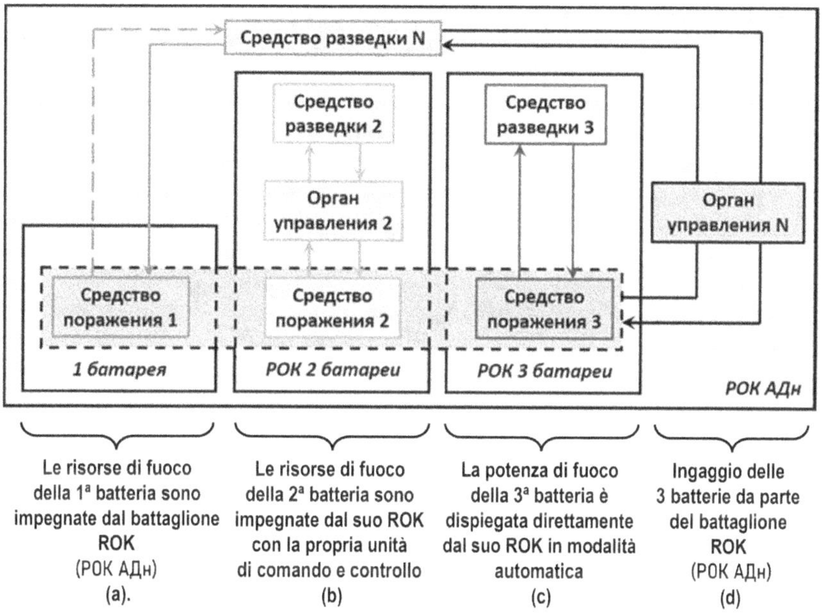

Figura 9 - Quattro esempi di integrazione ROK a livello di battaglione di artiglieria: a livello di batteria di artiglieria (b) e (c) o a livello di battaglione con una batteria (a) o con l'intero battaglione (d) [Fonte: documenti di dottrina russa presentati dall'esercito ucraino].

---

108. Judah Ari Gross, "Russia: Mossad, altri agenti stranieri uccisi in un attacco ad Aleppo", *The Times of Israel*, 22 settembre 2016 (https://www.timesofisrael.com/russia-mossad-other-foreign-agents-killed-in-aleppo-strike/)

109. Thibault Spirlet, "I carri armati e le truppe all'aperto in Ucraina non possono passare 10 minuti senza essere individuati e colpiti, dice un funzionario ucraino", *Business Insider*, 28 settembre 2023 (https://www.businessinsider.com/tanks-troops-in-the-open-are-hit-within-10-minutes-ukraine-official-2023-9).

Detto questo, nel segmento operativo superiore, l'intelligence russa mostra ancora delle debolezze. La mancanza di risorse di rilevamento e di sorveglianza del campo di battaglia a lungo raggio spiega alcuni dei successi ucraini. Le dimensioni della TVD significano che le risorse di rilevamento devono avere una profondità corrispondente. Questo è stato il caso degli attacchi ucraini alla penisola di Crimea, che non potevano essere anticipati a causa della mancanza di sistemi di allarme rapido.

In confronto, gli Stati Uniti hanno un'architettura di difesa globale. Sono l'unico Paese al mondo ad aver strutturato le proprie forze armate in comandi per ogni continente. Questa struttura ha conseguenze sulle risorse di intelligence per il monitoraggio della situazione in ciascuna delle aree di responsabilità di questi comandi.

L'M-55 MYSTIC-B

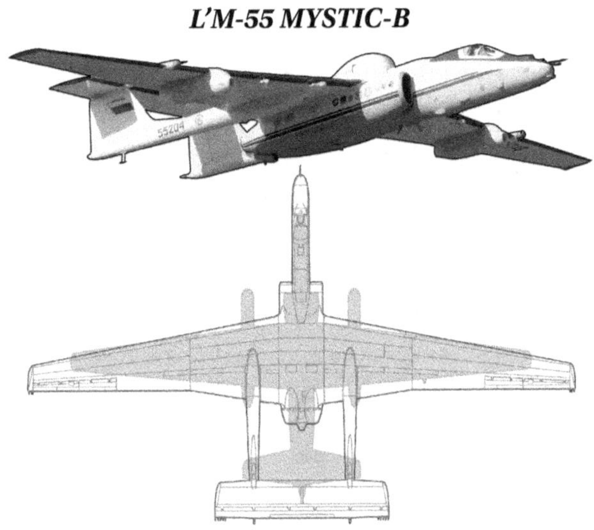

Figura 10 - L'M-55 MYSTIC-B è il successore del progetto M-17 STRATOSFERA (MYSTIC-A) degli anni Ottanta. Si tratta di un velivolo in grado di operare ad altitudini molto elevate (20.000-30.000 m), dotato di sofisticati sensori elettronici e optronici per monitorare la profondità operativa. Dovrebbe svolgere funzioni simili a quelle del famoso aereo americano U-2R (silhouette in grigio). Secondo i servizi segreti britannici, i primi M-55 stanno arrivando alla TVD ucraina[110].

La Russia non ha la stessa densità di satelliti di osservazione degli Stati Uniti. Le sue risorse di intelligence sono concentrate sull'Ucraina, ma

---

110. https://twitter.com/DefenceHQ/status/1726153057971401130

non sono sufficientemente granulari per colmare il divario tra l'intelligence strategica e la condotta delle operazioni a livello superiore. Questo spiega gli sforzi per accelerare la produzione del velivolo di allarme rapido A-50U MAINSTAY e la riattivazione del progetto dell'aereo spia M-55 MYSTIC-B[111].

2.1.4.3. *Operazioni offensive*

2.1.4.3.1. Diagramma di base

Nella concezione russa, le operazioni offensive possono essere suddivise in:

- Una «*spinta principale*» (*основное направление наступления*) diretta all'obiettivo stesso dell'azione o dell'operazione. Nella terminologia americana, si tratta di una «*operazione decisiva*».
- Una «*spinta secondaria*» (*второстепенное направление наступления*) il cui scopo è facilitare l'attuazione della spinta principale, spingendo l'avversario a dividere le sue forze. Nella terminologia della NATO, si tratta di una «*operazione di supporto*».

Mentre l'operazione decisiva è generalmente ben compresa, non si può dire lo stesso delle operazioni di supporto (spinte secondarie), che il più delle volte hanno la funzione di attirare parte della resistenza avversaria per alleggerire le forze della spinta principale. Queste operazioni di supporto o spinte secondarie possono assumere varie forme. Una di queste è quella che gli americani chiamano «*shaping operation*»[112]:

Le operazioni di formazione sono operazioni che impiegano le capacità militari per creare le condizioni necessarie all'esecuzione di operazioni decisive. Le operazioni di modellamento utilizzano l'intera gamma di capacità militari per ridurre la capacità del nemico di resistere coerentemente prima o durante l'esecuzione di un'operazione decisiva da parte del comandante. Il comandante

---

111. https://www.thedrive.com/the-war-zone/soviet-era-m-55-spy-plane-may-be-headed-to-war-in-ukraine
112. Maggiore David R. Moore, "Decisive, Shaping, Sustaining Operations: An Operational Organization For The Contemporary Mission Environment", *School of Advanced Military Studies, United States Army Command and General Staff College*, Fort Leavenworth, Kansas, 27 maggio 1999 (https://apps.dtic.mil/sti/pdfs/ADA370239.pdf).

applica il principio dell'economia della forza alle operazioni di modellamento, dotandole delle risorse militari minime essenziali necessarie per creare le condizioni affinché l'operazione decisiva possa beneficiare di capacità militari schiaccianti.

Come l'operazione decisiva, le operazioni di formazione possono essere condotte in tutta la profondità dell'area di operazioni e da qualsiasi forza. Tuttavia, il comandante deve stabilire chiaramente come le operazioni di modellamento contribuiscono all'operazione decisiva. Nelle azioni offensive o difensive, le operazioni di modellamento possono consistere nell'impedire al nemico di utilizzare un'area o lo spettro elettromagnetico, nel distruggere o degradare i suoi principali mezzi (in particolare quelli di comando e controllo, logistici, di supporto al fuoco e di difesa aerea) o nell'isolare elementi chiave delle sue forze.

La migliore illustrazione di questo concetto è stata l'Operazione militare speciale lanciata il 24 febbraio 2022, che consisteva in una *spinta principale* sul Donbass e in una *spinta secondaria* verso Kiev. Contrariamente alle affermazioni di alcuni strateghi, come Bernard Wicht sul canale algerino *AL24*, la spinta su Kiev non era una «*mistificazione*»[113]. Non si tratta di disinformazione, ma di un'operazione di «*modellamento*». L'obiettivo era quello di costringere l'Ucraina a dispiegare le proprie forze in modo tale da non essere in grado di rafforzare la propria posizione contro la principale spinta russa verso il Donbass. Torneremo su questo punto più avanti.

Un altro esempio di operazione di modellamento è stata la campagna di attacchi contro le installazioni elettriche ucraine tra l'ottobre 2022 e il maggio 2023. L'obiettivo era quello di costringere gli ucraini a usare i loro missili antiaerei, in modo che le forze aeree russe potessero poi operare liberamente in prima linea. Documenti segreti statunitensi «trapelati» nell'aprile 2023 indicano che i sistemi antiaerei e le munizioni SA-10/S-300 e SA-11/BUK ucraini sono stati esauriti in questo modo tra la fine di marzo e la fine di maggio 2023. Nell'aprile 2023, il colonnello Yuriy Ignat, portavoce dell'aeronautica militare ucraina, ha osservato che la campagna aveva avuto «*un effetto percepibile*» e che le capacità antiaeree

---

113. https://youtu.be/jWyJgFv88Mk

ucraine erano ormai insufficienti[114]. I nostri «esperti» hanno trovato tutte le spiegazioni possibili... tranne quella giusta.

Questa campagna contro le infrastrutture elettriche ha permesso alla Russia di delineare il campo di battaglia per la controffensiva ucraina del 2023, che ora non è protetto dagli aerei tattici russi[115]. Come riportano i media indiani: *«L'elicottero da combattimento Kamov Ka-52 Alligator sembra essersi affermato come il miglior killer di carri armati»*[116]. È per combattere questi elicotteri, che sono diventati uno dei principali ostacoli alla sua controffensiva, che l'Ucraina sta cercando di ottenere i caccia F-16...

2.1.4.3.2. Lo sfondamento

Ampiamente utilizzato nelle ultime grandi offensive sovietiche del 1944-1945, e nonostante la sua formidabile efficacia, il concetto di «sfondamento» scomparve per breve tempo dalla dottrina sovietica negli anni Sessanta-Settanta. La comparsa delle armi nucleari tattiche nel teatro europeo ha fatto sì che grandi concentrazioni di forze potessero essere annientate all'istante. Tuttavia, all'inizio degli anni '80, in seguito alla crisi degli euromissili e all'abbandono dell'idea di utilizzare armi nucleari di teatro in Europa, l'idea di «sfondamento» è ritornata. Nel 1984, il manuale *FM 100-2-1* dell'esercito statunitense sulle tattiche sovietiche descriveva le operazioni di sfondamento sovietiche come segue[117]:

In un caso, ad esempio, a un Corpo di fanteria della Guardia è stato assegnato un fuso di avanzamento largo 22 chilometri, ma ha concentrato l'80-90% delle sue forze su meno di un terzo della larghezza totale del suo fuso. Così, su una larghezza di 7 chilometri, il Corpo ammassava 27 battaglioni, 1.087 pezzi d'artiglieria e mortai trainati e 156 carri armati e armi d'artiglieria semoventi, ottenendo

---

114. Ellie Cook, "Russian Glider Bombs Spark New Air Defence Woes for Ukraine", *Newsweek*, 13 aprile 2023 (https://www.newsweek.com/russia-glider-bombs-ukraine-air-defense-jdams-1794155)
115. https://air-cosmos.com/article/ukraine-aviation-russe-la-contre-offensive-en-danger-65273
116. https://www.eurasiantimes.com/double-kill-russias-ka-52-alligator-hunts-2-ukrainian-tanks/
117. "Field Manual 100-2-1, The Soviet Army: Operations and Tactics", *Dipartimento dell'esercito di* Washington, 16 luglio 1984 (https://irp.fas.org/doddir/army/fm100-2-1.pdf).

una superiorità di 4 a 1 per la fanteria, 10 a 1 per l'artiglieria e 17 a 1 per i carri armati.

Questa concentrazione di forze su una linea del fronte molto stretta sembra contraria al buon senso. Qualsiasi caporale di fanteria sa che, per evitare perdite, i soldati devono essere dispersi il più possibile. Questa è stata la lezione duramente appresa dai fanti della Prima Guerra Mondiale. Ma ciò che è vero a livello tattico non è necessariamente vero a livello operativo, perché il principio che domina la nozione di sfondamento è la saturazione della difesa del nemico. In parole povere: di fronte a un'arma che può distruggere tre carri armati al minuto, l'attaccante aumenta le sue possibilità di sopravvivenza presentando più di tre carri armati al minuto.

L'idea di uno sfondamento è quella di creare una superiorità temporanea su una porzione del fronte. Supponendo un rapporto di forza medio di 3:1 per la linea del fronte nel suo complesso, si potrebbero raccogliere risorse sufficienti per creare una superiorità locale di 5-6:1 nel settore dello sfondamento. Questo concetto ha dato origine al mito delle «ondate di fanteria» o «ondate umane» utilizzate dai sovietici, secondo «esperti» male informati.

Questa leggenda è stata creata dalla propaganda ucraina per spiegare la necessità di aggrapparsi a Bakhmut per logorare l'esercito russo. Nel febbraio 2023, il canale televisivo francese *LCI* ci ha mostrato una «*onda umana» di...* 8 uomini[118]! I nostri «esperti» non hanno capito nulla. Nell'aprile 2023, Christopher Perryman, un veterano britannico che combatte per l'Ucraina, ha spiegato allo *Spectator* di non aver quasi mai visto un caccia russo. In effetti, i russi usano l'artiglieria e poi entrano per liberare il terreno. Non si espongono quasi mai al fuoco della fanteria. Egli osserva: «*Le loro squadre di artiglieria sono davvero eccellenti. Non si può paragonare l'Iraq a questo, è molto più intenso*»[119].

In realtà, il concetto di sfondamento è pienamente efficace solo contro una difesa dinamica. Le prime spinte dell'SVO nelle profondità della difesa ucraina non si configuravano come sfondamenti e i russi non hanno realmente utilizzato questo concetto in Ucraina.

---

118. https://youtu.be/pe2khpEykc4

119. Colin Freeman, "'L'Iraq non è paragonabile a questo': il soldato britannico in prima linea in Ucraina", *The Spectator*, 15 aprile 2023 (https://www.spectator.co.uk/article/iraq-does-not-compare-to-this-the-british-soldier-on-ukraines-front-line/)

D'altra parte, questo è il concetto raccomandato dagli strateghi occidentali all'Ucraina per la sua controffensiva nel 2023. Tuttavia, quando il nemico è solidamente ancorato a un sistema difensivo rinforzato, uno sfondamento è possibile solo con una chiara e massiccia superiorità aerea. Questa sarà l'amara esperienza degli ucraini. Torneremo su questo punto più avanti.

In Ucraina, né gli ucraini né i russi combattono con «*ondate di fanteria*».

2.1.4.3.3. Operazioni in profondità

Per attaccare una forza con mezzi numericamente inferiori, i russi usano la manovra per ottenere superiorità limitate nel tempo e nello spazio, sufficienti per ottenere il vantaggio, prima di ridisporre le truppe per creare un'altra superiorità locale in un altro settore. Si tratta del Gruppo di manovra operativa (OMG) (*Группа оперативного маневра - Gruppa operativnovo manevra*), che è la versione moderna dei concetti teorizzati negli anni '30 in Unione Sovietica.

Nel 1982, gli americani si ispirarono a questo concetto per abbozzare l'*Air-Land Battle*, che mirava proprio ad attaccare le retrovie sovietiche. Tuttavia, a differenza del concetto sovietico, non cercavano di impegnare realmente le forze a terra. Il loro obiettivo era quello di effettuare attacchi aerei e di artiglieria nelle profondità del nemico (*battaglia profonda*). Non si tratta di un'arte operativa, ma di una forma di azione tattica a lunga distanza.

Spesso confusa con la nozione di «arte operativa» da alcuni «esperti[120]», l'ADL è una forza *ad hoc*, altamente mobile, che si spinge in profondità nel sistema nemico. Essa avanza secondo il principio dell'»acqua che scorre», aggirando i punti di forza e le località principali del nemico, per attaccare il secondo scaglione e le riserve del nemico. In realtà, l'obiettivo dell'ADL non è distruggere il nemico, ma impedirgli di rinforzare le sue forze di primo livello.

In Ucraina, nella prima fase dell'SVO, i russi si sono impegnati in una forma di ADL per posizionarsi intorno a Kiev e realizzare un'*operazione di modellamento* volta a fissare il secondo livello ucraino in modo da impedirgli di rafforzare il Donbass e spingere Zelensky al negoziato. L'obiettivo è trasformare un successo operativo in un successo strategico.

---

120. https://www.rts.ch/info/monde/13135499-bernard-wicht-le-succes-de-loperation-russe-cest-davoir-reussi-a-mystifier-tout-le-monde.html

---

Questo è esattamente ciò che sta accadendo, con le sue richieste per la fine di febbraio, poi per la metà di marzo 2022, per iniziare i colloqui.

Alla fine di marzo 2022, in risposta alla proposta negoziale di Volodymyr Zelensky, le truppe russe saranno ritirate dal settore di Kiev. Ciò consentirà all'esercito ucraino di rafforzare le truppe nel Donbass e di preparare un'offensiva verso sud.

2.1.4.4. Operazioni difensive

Anche se in apparenza statica, la difesa trae la sua efficacia dalla sinergia del combattimento congiunto. Durante la Guerra Fredda, l'Unione Sovietica ha sempre dato per scontato che la NATO avrebbe preso per prima la decisione di attaccarla. Le grandi manovre del Patto di Varsavia iniziavano invariabilmente con un attacco a sorpresa della NATO, spesso preceduto da un attacco nucleare. Questo è stato particolarmente vero per l'esercitazione ZAPAD 77 (maggio-giugno 1977), che ha convalidato il concetto di comando di teatro operativo (TVD).

Verso la fine della Guerra Fredda, in URSS ci sono stati infiniti dibattiti sulla natura delle operazioni, se fossero «offensive difensive» o «offensive difensive». La fine della Guerra Fredda e le speranze della Russia di entrare a far parte della comunità occidentale hanno posto fine a queste dispute bizantine.

Alla SVO, i nostri «esperti» hanno preferito presentare l'esercito russo come vorrebbero che fosse, piuttosto che come è. Hanno visto il sistema difensivo messo in atto dai russi dall'ottobre 2022 come essenzialmente statico e lineare, un po' come quello che abbiamo visto nel 1914-1918. Lo hanno visto esclusivamente dal punto di vista dei tattici che sono. Naturalmente, questa analisi semplicistica era necessaria per far credere agli ucraini che avrebbero avuto successo nella loro controffensiva.

Ma la realtà è molto diversa. I russi padroneggiano l'arte delle operazioni, comprese quelle di difesa, come abbiamo visto durante la controffensiva ucraina dell'estate 2023. Le mappe del sistema difensivo russo pubblicate in Occidente sono state elaborate a partire dai dati raccolti dai sistemi di ricognizione americani, come l'MQ-9 REAPER o l'RQ-4 GLOBAL HAWK, in crociera sul Mar Nero. Tuttavia, questi non possono mostrare la dimensione dinamica della difesa russa e quindi la sua dimensione operativa.

Contrariamente all'opinione diffusa in Occidente, le forze russe non operano secondo schemi rigidi. Al contrario. Come abbiamo già visto durante la Seconda guerra mondiale e la guerra in Afghanistan, evolvono le loro pratiche operative in base alle esigenze e agli sviluppi tecnologici. Questo è in particolare il compito del Centro di addestramento e ricerca militare delle forze terrestri (VUNts SV).

Nell'aprile 2023, in un articolo pubblicato da *Voïennaya Mysl'* (*Pensiero militare*) del Ministero della Difesa russo, il colonnello generale Aleksandr Romantchuk e il colonnello A. Chigine hanno presentato tre varianti di forme di difesa[121].

2.1.4.4.1. Difesa decentrata

La prima è una «difesa decentrata». Combina una rete di punti di appoggio e un'area intermedia coperta da sistemi di combattimento robotizzati (come gli URAN-9, i NEREKHTA o i PLATFORM-M), guidati da droni e intelligenza artificiale per spezzare gli attacchi avversari. Questo concetto sarebbe stato testato durante l'esercitazione ZAPAD-21 (settembre 2021) in Bielorussia. Questa esercitazione è stata menzionata nel mio libro *Putin: Game master?*, ma nessuno vi ha prestato attenzione, perché all'epoca l'Occidente era alla ricerca di segnali di un'operazione offensiva.

2.1.4.4.2. Difesa dinamica

La seconda variante, nota come «difesa dinamica», assomiglia alla situazione dell'Ucraina meridionale nell'estate del 2023. Essa divide l'area di operazioni in tre zone:

- Una «zona di copertura», in cui combattono unità mobili che operano in modo autonomo e fanno ampio uso dei concetti di «ricognizione-fuoco» (ROK) e «ricognizione-rapporto» (RUK). Il loro scopo è quello di identificare le direzioni di attacco del nemico, indebolirlo, impedirgli di schierarsi e di usare le armi nel fuoco diretto contro le forze nella zona di difesa principale.

---

121. Colonnello generale Aleksander Romantchuk e colonnello A. Shiguin, "Перспективы повышения эффективности армейских оборонительных операций" (Prospettive di miglioramento dell'efficienza delle operazioni di difesa dell'esercito), *Voïennaya Mysl'*, n. 4-2023, 22 aprile 2023 (https://limited-vm.ric.mil.ru/Stati/item/486826/).

- La «zona di difesa principale», in cui il grosso delle forze è organizzato e preparato per contenere un attacco. Il suo scopo è fermare l'avanzata del nemico. Le risorse sono organizzate in base agli sforzi principali del nemico e possono essere rinforzate da elementi delle forze di copertura.

- La «zona di attesa», in cui le forze sono pronte per essere schierate nella zona di difesa principale, a seconda delle priorità dell'attaccante. Questa zona contiene risorse di supporto operativo, che possono essere schierate nelle altre due zone, e riserve.

Il concetto di difesa dinamica

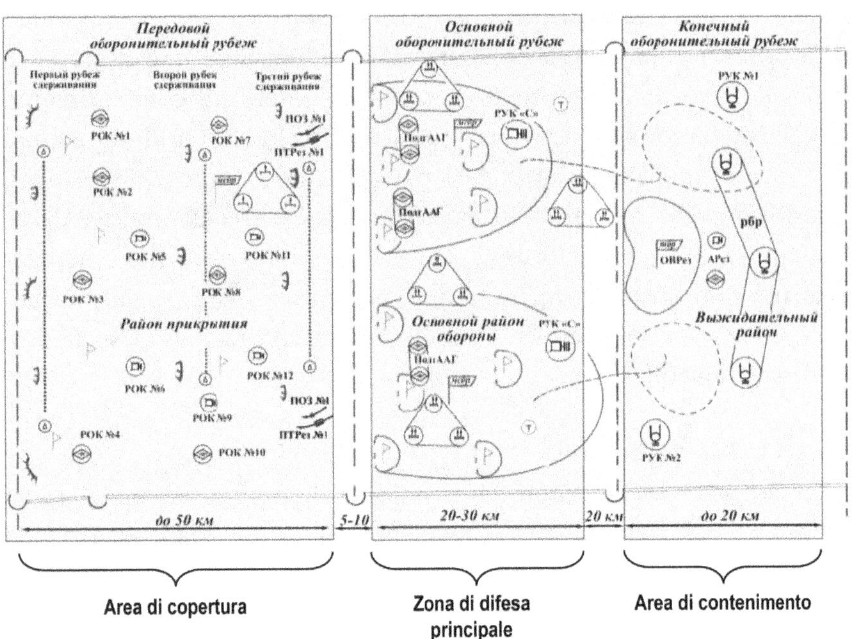

Area di copertura

Zona di difesa principale

Area di contenimento

Figura 11 - Il sistema di «difesa dinamica» è in vigore in Ucraina sotto la guida del generale Surovikin dall'ottobre 2022. Si può notare che la «zona di copertura» fa un uso massiccio di concetti ROK/RUK.

Secondo il generale di brigata ucraino Oleksandr Tarnavskiy, comandante del gruppo strategico-operativo TAVRIA, questo è il modello che i russi stanno applicando di fronte alla controffensiva ucraina. La chiave di questo sistema di difesa dinamico è l'utilizzo della ROK nella zona di copertura e della RUK nelle zone di difesa e di mantenimento. Questo sistema è stato reso possibile dalla proliferazione di sistemi UAV di ricognizione (ORION, ORLAN-10/30) e di attacco (LANCET-3 e FPV).

Nella regione di Zaporozhye, ad esempio, la zona di difesa principale è costituita da tre linee di difesa fortificate che si susseguono per una profondità di almeno 50 km[122].

2.1.4.4.3. Difesa aria-terra

La terza variante è una «difesa aria-terra», che prevede un sistema difensivo convenzionale a cui si aggiunge un grande sistema aereo-mobile che può operare nelle profondità dell'avversario e creare sforzi principali a seconda dell'evolversi della situazione.

2.1.5. Tattica

Nel giudicare un avversario, è essenziale evitare di cedere ai pregiudizi. Vediamo i russi più o meno come i francesi vedono i tedeschi ne *La Grande Vadrouille*. Ecco perché, dopo aver dichiarato *urbi et orbi* che i russi erano inefficaci, mal guidati, mal equipaggiati e demotivati, l'Occidente deve riconoscere che gli ucraini – motivati, armati e addestrati dalla NATO – non sono riusciti ad avere la meglio.

Nella terminologia russa, la tattica è l'uso di diverse formazioni militari (carri armati, fanteria meccanizzata, artiglieria, aviazione, difesa aerea, ecc.) in combattimento. È l'integrazione di questi elementi che porta all'arte delle operazioni. In questa sede non discuteremo tutti gli aspetti per concentrarci su quelli rilevanti per la comprensione del conflitto ucraino.

2.1.5.1. La difesa

Nell'ottobre 2022, per una serie di ragioni che discuteremo in seguito, la Russia è passata a una strategia difensiva in Ucraina. Ciò implica una postura più statica, in cui la superiorità è assicurata da riserve che devono intervenire su un fronte lungo più di 800 km.

Non si tratta di entrare nei dettagli della difesa russa, ma di comprenderne il principio. A livello tattico, troviamo la stessa logica del livello

---

122. https://www.bbc.com/news/world-europe-65615184

operativo. Il diagramma del sistema di difesa dei battaglioni russi[123] mostra due zone principali: una grande zona di sorveglianza, seguita da una zona di difesa.

Sistema di difesa battagliero russo

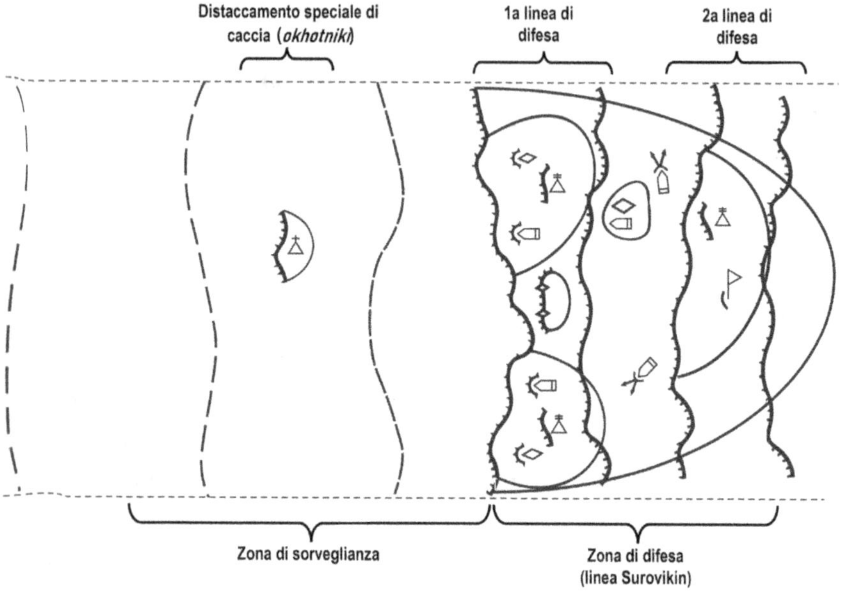

Distaccamento speciale di caccia (*okhotniki*)

1a linea di difesa

2a linea di difesa

Zona di sorveglianza

Zona di difesa (linea Surovikin)

Figura 12 - Struttura della difesa russa. La «zona di difesa» è l'area in cui le forze vengono riunite per combattere una battaglia difensiva. Comprende rinforzi e fortificazioni che si estendono lungo tutta la linea del fronte. In Ucraina è nota come «linea Surovikin». Nel settembre 2023, dopo più di tre mesi di combattimenti, la controffensiva ucraina non aveva sfondato la «zona di sorveglianza». [Fonte: «Общая Тактика», 2017, pag. 90].

Dalla linea di contatto alla prima linea di difesa, c'è una zona di sorveglianza profonda da 5 a 10 km, utilizzata per rilevare le spinte nemiche e impedirne il dispiegamento. A questo scopo, c'è una prima cortina di mine anticarro. Normalmente è profonda 120 metri, ma per adattarsi ai sistemi di sminamento d'assalto MICLIC forniti dall'Occidente e all'UR-77 ucraino, la loro profondità è stata aumentata a 500 metri. Tuttavia, poiché i russi non sempre dispongono della quantità di mine

---

123. «Общая Тактика». *Ministero della Difesa della Federazione Russa*, Krasnojarsk, 2017, pag. 90 (vii.sfu-kras.ru/images/pdf/u26_obshhaya-taktika.pdf).

necessaria per questo cambiamento, ciò ha provocato irregolarità nella struttura dei campi minati, ponendo un'ulteriore difficoltà agli ucraini.

Dietro questa prima «cortina» di mine anticarro operano unità di combattenti («*Okhotniki*»), che sono «*distaccamenti specializzati*» altamente mobili (*спецотряд*) appositamente addestrati per la lotta anticarro[124]. Non dispongono di armi pesanti, ma collaborano ampiamente con i sistemi di ROK/RUK per combattere l'avversario utilizzando artiglieria, sistemi anticarro, elicotteri da combattimento o robot[125].

In Ucraina, le forze russe hanno adottato una postura difensiva nell'ottobre 2022. L'attenzione sproporzionata prestata alla battaglia di Bakhmut ha portato a una relativa calma sul resto del fronte, permettendo l'installazione di un sistema scaglionato e particolarmente denso in profondità.

Poi viene la zona di difesa, profonda 10-20 km, che comprende il sistema difensivo vero e proprio, con ostacoli anticarro, mine, rafforzamento del terreno, ecc.[126]

Nell'agosto 2023, mentre gli sforzi ucraini si concentravano sul piccolo villaggio di Robotino, il generale di brigata Oleksandr Tarnavskiy dell'esercito ucraino affermò che le sue forze avevano sfondato la prima linea di difesa russa e raggiunto la seconda. Gli esperti occidentali suggeriscono che egli stia mentendo e che gli ucraini non abbiano mai raggiunto la prima linea di difesa.

In realtà, probabilmente hanno ragione, ma parlano di cose diverse. Il generale Tarnavskiy presume che i russi stiano applicando il modello di difesa dinamica descritto dal generale Romantchuk. Pertanto, ritiene che le sue forze si siano spinte nella zona di copertura, per toccare la zona di sorveglianza dei battaglioni della linea Sourovikine.

124. https://www.dialog.ua/russia/267455_1675683736
125. https://hromadske.radio/ru/news/2023/02/02/okhotnyky-za-leopardamy-okkupant-zavezly-na-donbass-ustroystva-kotor-e-iakob-mohut-popast-v-tanky-zapadnoho-obraztsa
126. https://studfile.net/preview/7511393/page:4/

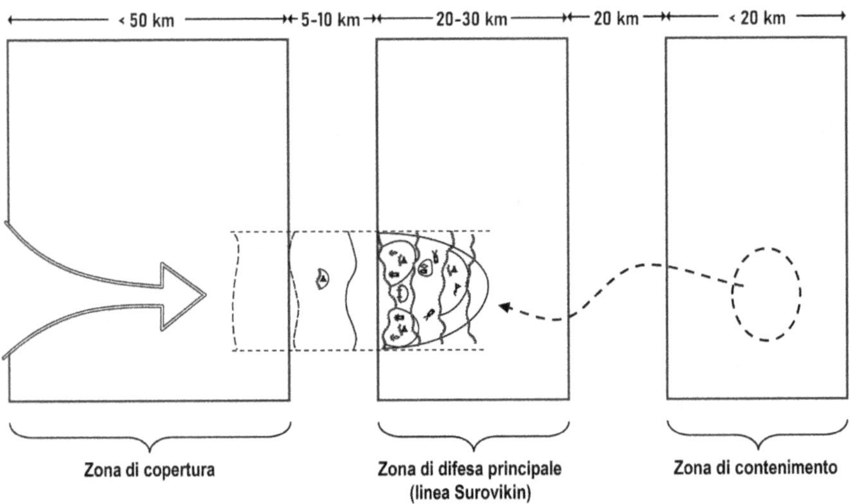

Figura 13 - Quando il generale ucraino Tarnavskiy afferma che le sue truppe hanno sfondato la prima linea di difesa russa nel settore di Rabotino, si riferisce al sistema operativo russo e considera la zona di copertura come una linea di difesa. Questo è tecnicamente falso. Dal canto loro, i commentatori occidentali - compreso l'autore - che sostengono che le truppe ucraine non hanno superato la zona di sorveglianza parlano del sistema tattico russo. Infatti, tra l'inizio di giugno e l'inizio di settembre 2023, in nessun punto del fronte le truppe ucraine hanno raggiunto la zona di difesa principale (la linea Sourovikine).

È anche importante capire che i russi vedono il campo di battaglia come dinamico. Così, quelli che noi chiamiamo «campi minati» - che sono generalmente grandi rettangoli in cui le mine sono distribuite secondo un preciso schema geometrico - sono intesi dai russi come un elemento dinamico del combattimento. Così, quando un distaccamento riesce ad entrare in un'area minata con aerei speciali, i russi proiettano immediatamente nuove mine anticarro dietro questi elementi, che isolano il distaccamento avanzato e privano gli elementi successivi dei sistemi di sminamento.

2.1.5.2. La «tasca antincendio»

Nel febbraio 2021, la rivista militare russa *Zvezda* descriveva l'addestramento delle forze del Distretto militare meridionale (che un anno dopo sarebbero state impegnate in Ucraina)[127]:

> *Durante le esercitazioni sul campo, sottounità di fucilieri motorizzati hanno effettuato un'improvvisa ritirata dalle linee occupate per attirare il nemico in una sacca di fuoco, seguita da un'offensiva intensiva con il supporto del fuoco dell'artiglieria.*

Questo è esattamente lo scenario che vedremo a Kiev (marzo 2022), Kharkov (settembre 2022) e Kherson (ottobre 2022), e che si ripeterà lungo tutta la linea del fronte durante la controffensiva ucraina del 2023! Ma i nostri «esperti» non sanno leggere. Cercando di convincere se stessi e il resto del mondo dei loro pregiudizi, hanno contribuito a diffondere una falsa immagine di questi eventi, che darà all'Ucraina l'illusione di una possibile vittoria.

Per questo motivo, dalla fine dell'estate del 2022, quando i russi hanno iniziato ad adottare una strategia difensiva, si è parlato di «controffensive» ucraine. Ma i nostri media riportano solo la notizia del loro lancio, mai l'esito.

Come spiega a *USA Today* Steven Myers, membro del panel consultivo del Dipartimento di Stato ed esperto di Russia, gli ucraini riferiscono delle loro «punture di spillo» per mostrare all'Occidente i progressi compiuti, ma «*non parlano dei contrattacchi dei russi, che non si preoccupano di guadagnare o mantenere terreno nelle 'sacche di fuoco' e sono esperti nel tendere trappole*»[128].

Questo dà l'impressione che gli ucraini stiano solo avanzando. Tuttavia, un esame della mappa mostra che la linea del fronte fluttua costantemente senza cambiare sostanzialmente. Il problema è che ogni mossa comporta perdite colossali da parte ucraina.

---

127. https://zvezdaweekly.ru/news/2021291350-Qy88G.html
128. https://eu.usatoday.com/story/news/world/ukraine/2023/09/07/ukraine-russia-war-live-updates/70783569007/

Il concetto di «tasca antincendio»

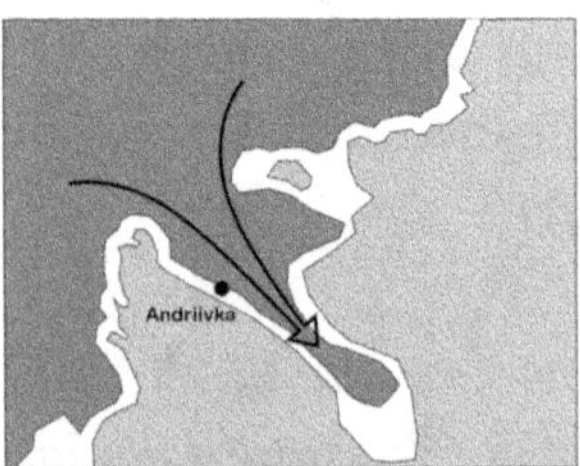

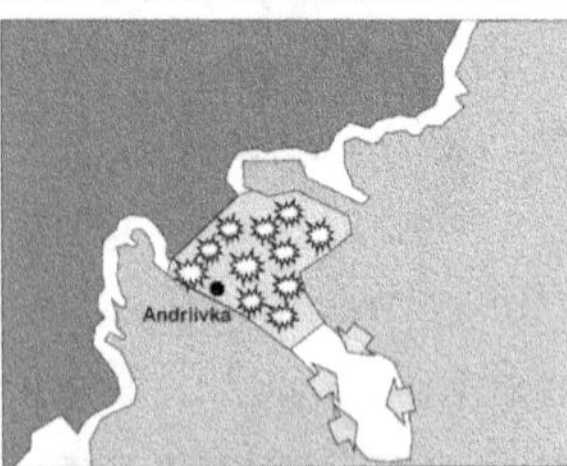

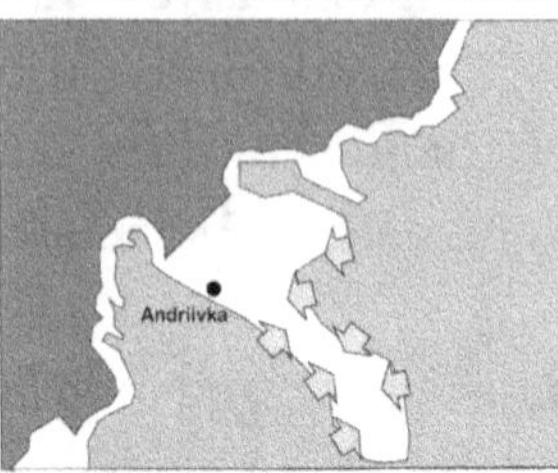

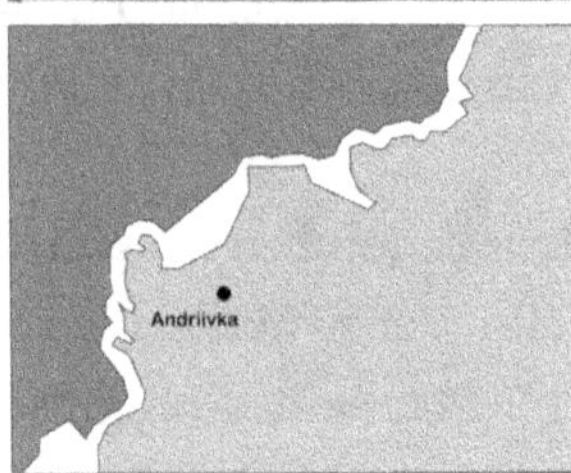

Figura 14 - Il concetto di «tasca di fuoco» consiste nel ritirarsi per spingere l'avversario a sfondare, accerchiandolo così in un «calderone» (котел) dove viene metodicamente distrutto. Questa tattica, che risale alla Seconda guerra mondiale, è stata utilizzata dagli autonomisti del Donbass nel 2014-2015, poi a Kharkov (settembre 2022), a Kherson (ottobre 2022) e in più punti lungo la linea del fronte durante la controffensiva ucraina del 2023.

Il calcolo russo è che il terreno perduto può essere riconquistato, mentre le vite umane no. Costretti all'azione dai loro sponsor occidentali, gli ucraini non hanno incorporato questo fattore nel loro pensiero operativo. Per questo motivo subiranno perdite notevolmente superiori a quelle dei russi, ma dovranno proteggere una narrazione decisiva per non scoraggiare l'Occidente.

2.1.5.3. Il gruppo di battaglia (BTG)

In Ucraina, l'azione tattica è guidata dai gruppi tattici (BTG). Si tratta di piccole forze delle dimensioni di un battaglione rinforzato, che riuniscono tutte le componenti del combattimento congiunto a livello tattico. Queste forze di circa 600-800 uomini sono altamente mobili e hanno una capacità di combattimento congiunto autonomo. La creazione dei gruppi tattici (BTG) è stata il risultato della ristrutturazione delle forze armate sovietiche e poi russe iniziata alla fine degli anni Ottanta.

In Europa, in un territorio relativamente compartimentato, l'unità di combattimento di base era la compagnia o il battaglione. Ma nell'esercito sovietico, progettato per operare su vasti territori, l'unità di manovra era il reggimento o il battaglione. Soprattutto in un'epoca in cui i mezzi di comunicazione erano altamente gerarchizzati, il grado di autonomia delle piccole unità era molto limitato. Questo spiega perché il concetto di iniziativa era diverso nell'esercito sovietico e negli eserciti occidentali.

Ma tutto è cambiato con la guerra in Afghanistan. Contrariamente a quanto si crede in Occidente, in Unione Sovietica e poi in Russia, le forze armate e la dottrina militare sono sempre state oggetto di discussione, fino ai livelli più bassi di comando. La guerra in Afghanistan non ha fatto eccezione. I militari potevano scambiarsi opinioni sulle tattiche e sulle tecniche di combattimento sulle riviste militari sovietiche come *Voïenny Vestnik*.

Le lezioni apprese sul campo sono state rapidamente incorporate nella condotta delle operazioni e nelle dottrine di impiego. Ciò spiega in particolare la completa ristrutturazione della 40a Armata, che nel 1979 era entrata in Afghanistan con una struttura «tradizionale» e che nel 1983 aveva una struttura completamente diversa, composta principalmente da fanteria leggera, forze speciali, unità a bordo di elicotteri, artiglieria e unità di segnalazione.

Nel febbraio 2023, l'esperto svizzero Alexandre Vautravers ha affermato che nel 2007 Vladimir Putin aveva affidato al suo nuovo ministro della Difesa Anatoly Serdyukov il compito di trasformare l'esercito russo in modo che fosse *«pronto per la guerra tra dieci anni»*, vedendo in questo un presagio dell'SVO nel 2022. Egli afferma inoltre che queste riforme dovrebbero seguire il modello della NATO, in modo che anche la Russia possa proiettare forze all'estero e «*creare Stati nei Balcani (...) vogliamo fare lo stesso*»[129]. Questa è una telenovela.

Infatti, secondo il filo-occidentale *Moscow Times*, la missione di Serdyukov era quella di «*ripulire il Ministero della Difesa e portare una qualche forma di trasparenza e di prontezza al combattimento nelle forze armate*»[130]. L'esercito russo ereditato dal periodo di Eltsin era profondamente corrotto, disfunzionale e ingombrante. Queste osservazioni sono state confermate dai problemi di leadership e di coordinamento osservati in Ossezia del Sud nell'agosto 2008[131]. Essi hanno fornito l'impulso per l'attuazione delle riforme di Serdyukov.

Con Serdyukov, che era un civile, Vladimir Putin ha voluto abbandonare il sistema dei *siloviki*, che rendeva il Ministero della Difesa una fonte di corruzione. L'obiettivo era quello di ridurre le dimensioni delle forze armate a una dimensione ragionevole e finanziariamente sostenibile. L'esercito russo ha subito una drastica cura dimagrante. È passato da oltre un milione di uomini nel 2008 a 845.000 nel 2013, con l'enfasi su un esercito professionale, una riduzione del 70% del numero di ufficiali superiori, sistemi non più sviluppati ma acquistati «a scatola chiusa», e così via.

In sostanza, l'esercito russo ha fatto esattamente la stessa cosa dei Paesi occidentali nell'ultimo decennio: le riforme non sono guidate da cambiamenti dottrinali, ma dalla situazione economica del Paese e dalla priorità data allo sviluppo del Paese.

Tuttavia, l'idea di ridurre le dimensioni delle unità operative, pur mantenendo un'elevata capacità di fuoco, risale a ben prima della riforma Serdyukov. Già nel 1989, sulla base dell'esperienza della guerra in Afghanistan, i sovietici avevano percepito la necessità di suddividere le loro forze in piccoli moduli con un alto grado di autonomia operativa[132]:

L'esperienza delle guerre e dei conflitti locali degli ultimi anni dimostra che un battaglione, rinforzato da artiglieria, armi di difesa

---

129. https://www.club-44.ch/mediatheque/
130. https://www.themoscowtimes.com/2012/11/13/serdyukov-leaves-big-shoes-to-fill-a19363
131. Michael Kofman, "La performance russa nella guerra russo-georgiana rivisitata", *War on the Rocks*, 4 settembre 2018 (https://warontherocks.com/2018/09/russian-performance-in-the-russo-georgian-war-revisited/)
132. LTC Lester W. Grau, "The Soviet Combined Arms Battalion Reorganization for Tactical Flexibility", *Ufficio studi dell'esercito sovietico*, Fort Leavenworth (Kansas), settembre 1989 (https://apps.dtic.mil/sti/pdfs/ADA216368.pdf).

aerea, ecc. (in tutto, fino a otto sottounità collegate), è l'entità tattica di base sul campo di battaglia. In un certo senso, ciò è dovuto al fatto che il comandante ha ancora la possibilità di osservare personalmente la situazione sul suo fronte e di reagire immediatamente.

2.1.5.3.1. Il concetto di BTG

L'idea è quella di creare formazioni in grado di combattere autonomamente. All'interno della NATO, un pensiero simile ha portato alla creazione delle *Brigade Combat Teams* (BCT) negli Stati Uniti e dei *Battlegroups* in Gran Bretagna[133].

Per la Russia, l'obiettivo era mantenere un'elevata potenza di fuoco pur avendo formazioni più piccole. Dopo aver sperimentato le brigate alla fine della Guerra Fredda, ha optato per una struttura a battaglioni.

Il battaglione è la più piccola unità militare con uno staff, quindi ha la capacità di analizzare la situazione, prendere decisioni complesse e condurre combattimenti congiunti. Inoltre, il battaglione è più agile di una struttura reggimentale. Può gestire tutti gli elementi di combattimento e di supporto necessari per la sua azione.

Ciò che rende il BTG così speciale è la sua enfasi sulla potenza di fuoco e sulla mobilità. È una formazione progettata per un conflitto dinamico come quello immaginato durante la Guerra Fredda e come si è visto nelle prime settimane dell'SVO.

2.1.5.3.2. Struttura BTG

I BTG sono una forma di battaglione di fucilieri rinforzato, motorizzato o aviotrasportato, progettato per operare in modo relativamente autonomo in un combattimento dinamico. L'idea è di potersi spingere rapidamente nelle profondità del territorio nemico, aggirando le posizioni difensive che richiedono un combattimento prolungato (come le aree urbane o forestali).

Ma questa struttura ha un lato negativo: è piccola in termini di numero di combattenti. Un BTG ha solo circa 200 fanti. Di conseguenza, quando è costretto a combattere in aree urbane o in terreni speciali, deve essere rinforzato con fanti. Ecco perché le forze russe hanno dovuto essere

---

133. http://www.armedforces.co.uk/army/listings/l0014.html

rinforzate da truppe come WAGNER (a Bakhmout) o da formazioni cecene (a Marioupol).

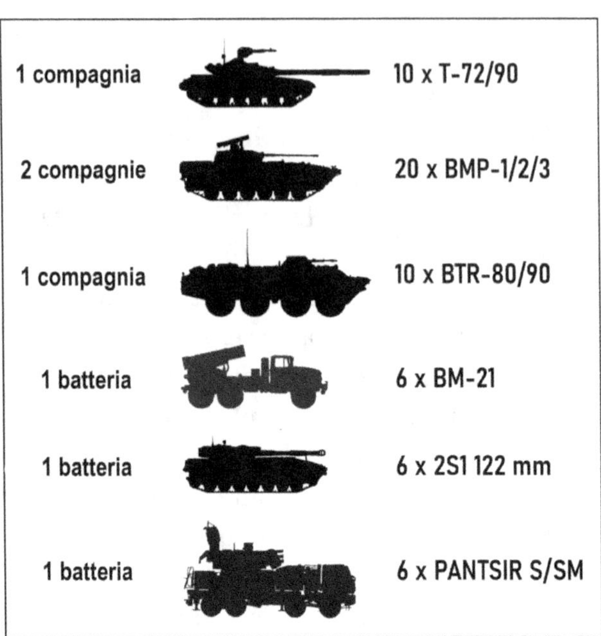

Figura 15 - Il BTG è una piccola task force con una notevole potenza di fuoco. La sua principale debolezza è la relativa mancanza di fanteria.

Questa cronica carenza di fanti ha apparentemente portato i russi a impegnare le forze speciali in alcune aree in cui sarebbe stata sufficiente la fanteria specializzata. Nelle forze russe, le «forze speciali» o *spetsnaz* (*войска специального назначения*) sono l'equivalente dei Navy SEAL americani: truppe destinate a operazioni ad alto rischio in territorio nemico, spesso per azioni di ricognizione operativa approfondita. Oggi quest'ultima funzione è stata assunta dai droni, lasciando gli *spetsnaz* un po' inattivi. Impegnarli nelle zone calde era allettante ma non ottimale.

Alcuni «esperti» hanno sottolineato la debolezza delle capacità logistiche del BTG e hanno ironizzato sulle lunghe colonne di veicoli ferme a nord di Kiev proprio all'inizio dell'offensiva. Se queste colonne erano effettivamente un malfunzionamento, i nostri «esperti» non sono stati in grado di capire i meccanismi alla base.

La logistica del BTG è organizzata secondo il «*principio di spinta*» (o *Bringprinzip* in tedesco). In altre parole, l'obiettivo è sollevare il comando del BTG dal compito, organizzare la propria logistica e fornirgli ciò di cui ha bisogno, in base a requisiti precalcolati. Questo sistema si differenzia dal «*principio pull*» (*Holprinzip* in tedesco), in cui il comando dell'unità preleva dalle retrovie ciò di cui ha bisogno. Lo svantaggio del *principio push* è che gli sforzi logistici possono essere poco sincronizzati con la situazione operativa del BTG. Questo è ciò che è accaduto a nord di Kiev e ha causato gli ingorghi, le cui immagini sono state ampiamente commentate dai nostri «esperti».

2.1.5.3.3. Rispetto delle popolazioni civili

Il 21 marzo 2022, la *RTS* svizzera ha riferito di «*bombardamenti indiscriminati*» [che] «*hanno ucciso tutti*»[134]. Ma questo non è ciò che vedono gli analisti americani. Il giorno seguente, nella rivista americana *Newsweek*, un ufficiale dell'aeronautica statunitense ha osservato: «*So che i media continuano a ripetere che Putin sta prendendo di mira i civili, ma non c'è alcuna prova che la Russia lo stia facendo intenzionalmente*». Nello stesso articolo, un analista della DIA osserva che «*la stragrande maggioranza degli attacchi aerei avviene sopra il campo di battaglia, con gli aerei russi che forniscono «supporto aereo ravvicinato» alle forze di terra. Il resto – meno del 20%, secondo gli esperti statunitensi – prende di mira campi d'aviazione militari, caserme e depositi di supporto*».

I media svizzeri contraddicono così l'analista dell'intelligence statunitense che sottolinea che «*se ci accontentiamo di convincerci che la Russia sta bombardando indiscriminatamente, o che non riesce a infliggere più danni perché il suo personale non è all'altezza del compito o perché è tecnicamente inetto, allora non vediamo il conflitto per quello che è*»[135].

Nell'ottobre 2022, Peter Maurer, presidente del *Comitato internazionale della Croce Rossa* (CICR), ha dichiarato alla rivista svizzera *Die Weltwoche*:

---

134. https://www.rts.ch/info/monde/12958379-les-relations-avec-washington-sont-au-bord-de-la-rupture-dit-moscou.html
135. William M. Arkin, "I bombardieri di Putin potrebbero devastare l'Ucraina, ma si sta trattenendo. Ecco perché", *Newsweek*, 22 marzo 2022 (https://www.newsweek.com/putins-bombers-could-devastate-ukraine-hes-holding-back-heres-why-1690494)

> *Notiamo che ci sono sforzi genuini da entrambe le parti per non permettere che il conflitto degeneri completamente. Esistono misure precauzionali nei confronti della popolazione civile.[136]*

Nell'aprile 2022, i media statali svizzeri sono tornati sull'argomento, dichiarando che la Russia stava praticando «*tattiche strategiche di terra bruciata*»[137].

In realtà, le strategie utilizzate dai difensori sono attribuite alle forze russe. L'obiettivo della «*politica della terra bruciata*», ad esempio, è quello di impedire all'attaccante di sfruttare le risorse dei territori conquistati. Ritirandoci, distruggiamo sistematicamente le infrastrutture, i depositi di carburante, ecc. in modo che l'aggressore non possa usarli a suo vantaggio e i suoi «guadagni» diventino un handicap. Questa era la strategia ordinata da Stalin durante l'avanzata tedesca nel 1941-1942.

Utilizzare la presenza di civili per impedire a un attaccante di usare le sue armi è anche una strategia difensiva, generalmente definita «*scudo umano*». La realtà è che le forze ucraine stanno cercando di compensare la loro inferiorità tattica posizionando le loro truppe vicino o al centro di obiettivi civili. Come afferma William Schabas, professore di diritto internazionale presso la Middlesex University di Londra:

> *Sono molto riluttante a dire che l'Ucraina è responsabile delle vittime civili, perché l'Ucraina sta combattendo per difendere il proprio Paese contro un aggressore, ma nella misura in cui l'Ucraina porta il campo di battaglia in aree civili, aumenta il pericolo per i civili.[138]*

---

136. «Il presidente del Roten Kreuzes Peter Maurer afferma: «La guerra in Ucraina segna una tendenza». L'umanitario diritto di guerra sarà sempre più considerato. Il ruolo dei neutrali è inverosimile. Friede sei nur durch Gespräche möglich", *Die Weltwoche*, 7 ottobre 2022 (https://weltwoche.ch/daily/praesident-des-roten-kreuzes-peter-maurer-sagt-der-ukraine-krieg-markiert-eine-trendwende-das-humanitaere-voelkerrecht-werde-wieder-staerker-beachtet-die-rolle-des-neutralen-vermittlers/)
137. «La strategia futura dell'esercito russo in Ucraina analizzata dagli esperti», *RTS Info*, 24 aprile 2022 (https://www.rts.ch/info/monde/13040980-la-strategie-future-de-larmee-russe-en-ukraine-analysee-par-des-experts.html).
138. Sudarsan Raghavan, "La Russia ha ucciso civili in Ucraina. Le tattiche di difesa di Kyiv aumentano il pericolo", *The Washington Post*, 28 marzo 2022 (https://www.washingtonpost.com/world/2022/03/28/ukraine-kyiv-russia-civilians/)

Quindi non solo i russi sono gli aggressori di oggi, ma non cercano di conquistare un territorio. Il loro obiettivo è proteggere una popolazione. È difficile capire perché dovrebbero cercare sistematicamente di distruggere le infrastrutture di queste stesse popolazioni, che sono generalmente a loro favore!

2.2. La condotta russa

2.2.1. *Una filosofia di guida pragmatica*

Nel dicembre 2022, l'audizione del generale Bruno Clermont davanti a una commissione del Senato ha illustrato la visione estremamente schematica e semplicistica del comportamento russo dei nostri generali[139]. Al di là dello stereotipo, il conflitto ucraino dimostra che il comportamento russo è estremamente flessibile e molto ben integrato. Anche all'apice della Guerra Fredda, il manuale dell'esercito statunitense *FM-100-2* sulle forze sovietiche affermava[140]:

> *Le operazioni e le tattiche sovietiche non erano così rigide come molti analisti occidentali pensavano.*

L'esercito sovietico fu organizzato sulla base delle esperienze dell'Armata Rossa durante la Grande Guerra Patriottica (22 giugno 1941 - 9 maggio 1945): operazioni su larga scala, lanciate su vaste aree con forze massicce. L'unità di manovra era il reggimento, o addirittura il battaglione. Per questo motivo l'iniziativa dei dirigenti era prevista da questo livello in su. La guerra in Afghanistan ha cambiato tutto: l'estrema compartimentazione del terreno, i numerosi piccoli scontri a livello tattico e l'impossibilità di impegnare grandi formazioni militari hanno dato nuova importanza al livello tattico inferiore. La 40a Armata, articolata come esercito congiunto convenzionale, si trasformò rapidamente in una forza composta da elicotteri e artiglieria in abbondanza, in grado di sostenere molto rapidamente una moltitudine di piccole unità indipendenti, grazie a una pletora di risorse di trasmissione.

---

139. https://youtu.be/INa_9ZzEgfM
140. https://irp.fas.org/doddir/army/fm100-2-1.pdf

Per le forze russe, la lezione principale di questo conflitto è la promozione dell'iniziativa individuale al livello tattico inferiore, con il corollario di un abbassamento del livello di applicazione di quella che chiamano «*leadership decentrata*» (*децентрализация управления - ДЦУ*) (DTsU). Meglio conosciuta con il nome tedesco *Auftragstaktik*, la DTsU è l'equivalente della «*conduite par objectifs*» nell'industria o della «*conduite par missions*» (*comando di missione*) in alcuni eserciti. È definito come il[141]:

> *principio di sviluppare una soluzione specifica in base all'incarico ricevuto.*

In Francia, questo concetto di leadership per obiettivi è molto poco compreso e viene quindi criticato da alcuni storici ed «esperti» militari che non hanno alcuna esperienza di comando[142].

Non si tratta di un elemento di tattica militare, come suggerisce il termine, ma di un metodo di leadership (*Führungstil*). Per questo motivo, sebbene il termine *Auftragstaktik sia* ancora ampiamente utilizzato nel linguaggio comune, la *Bundeswehr* preferisce l'espressione *Führen mit Auftrag* («comando per missione»). Ciò è in contrasto con la *Befehlstaktik* (*comando dettagliato*), in cui i subordinati ricevono istruzioni dettagliate su come svolgere la loro missione.

Con la gestione per obiettivi, il manager formula un'intenzione e fissa un obiettivo per il suo subordinato. Spetta al subordinato trovare la soluzione migliore per raggiungere questo obiettivo, data la situazione. Contrariamente a quanto alcuni sostengono, il subordinato non ha una libertà totale: deve agire all'interno della sua sfera di competenza, entro limiti territoriali (ad esempio, zone di attacco) e nell'allocazione delle risorse (ad esempio, risorse aeree o di artiglieria). L'interpretazione secondo cui questo significherebbe che può «*prendere iniziative da solo senza fare riferimento ai suoi superiori*» è semplicemente sbagliata. Il subordinato agisce nell'ambito dell'intenzione del suo superiore.

Questo sistema di gestione non solo evita la «microgestione», ma consente anche una maggiore flessibilità ed è più efficace quanto più si

---

141. Цепков И. В. «Терминологические основания выделения терминов-реалий и способы их перевода (рус.)», *Вестник МГЛУ*, № 19-2 (679), 2013
142. https://www.vududroit.com/2022/06/ukraine-le-temps-des-mauvais-generaux/

sale nella gerarchia. Il problema è che i manager sono generalmente poco addestrati a comandare e a dare ai subordinati i mezzi e la flessibilità per prendere decisioni. Nell'esercito britannico, che ha adottato questo stile di leadership nel 1987, uno studio interno del 2004 ha dimostrato che gli ordini impartiti in Iraq erano ancora più dettagliati di prima. Ciò significa che il principio stesso della leadership per obiettivi non è compreso. Il problema non è quindi il metodo in sé, ma la sua applicazione.

Nella TVD Ucraina, le forze ucraine e russe sono guidate secondo il principio del comando per obiettivi. All'inizio dell'operazione russa, gli esperti occidentali ritenevano che l'approccio *basato sugli obiettivi* avrebbe dato alle forze ucraine un vantaggio decisivo sulle forze russe, che si riteneva avessero un sistema di comando più centralizzato e rigido[143]. L'esperienza dimostra che è vero il contrario. In Ucraina, non sembra che il concetto sia stato realmente assimilato dalle truppe. Da parte russa, occorre distinguere tra le forze russe, sufficientemente esperte e addestrate nel DTsU, e le milizie del Donbass, meno esperte, che hanno subito gran parte delle perdite attribuite alla Russia.

2.2.2. La questione dei gradi e delle funzioni

Nel febbraio 2023, l'«esperto» militare Alexandre Vautravers cercò di dimostrare la carenza di ufficiali nell'esercito russo usando l'esempio di un primo tenente (in Francia: sous-lieutenant) che era un comandante di battaglione. Non sapeva come funzionasse l'esercito russo.

Nell'esercito russo, la funzione ha la precedenza sul grado. In altre parole, i comandi vengono assegnati in base alle effettive capacità degli ufficiali e non in base al loro grado. Si tratta di un fenomeno ampiamente osservato durante la Seconda guerra mondiale e la Guerra fredda, quando gli individui più capaci venivano promossi a posizioni più elevate, nonostante la disponibilità di «gradi».

Come spiega Viktor Suvorov, ex ufficiale del GRU, nel suo libro *Inside the Soviet Army*, quattro principi determinano la collocazione dei quadri[144]:

1. L'anzianità non dipende dal grado, ma dal tempo trascorso in una posizione;

---

143. https://www.bbc.com/russian/features-60881647
144. Viktor Suvorov, *Inside the Soviet Army*, Hamish Hamilton, Londra, 1982.

2. L'idoneità al comando superiore non è determinata dal grado, ma dalla capacità di svolgere la funzione;

3. La durata di un comando non è fissa, ma determinata in base alle necessità;

4. La posizione di un dirigente lo rende idoneo a un grado superiore, ma non viceversa.

Non esiste una correlazione automatica tra grado e funzione. Il comando non viene assegnato secondo criteri burocratici, ma in base ai risultati. Sebbene non si possa escludere che alcune nomine siano influenzate dalla mancanza di quadri, l'esercito russo è abbastanza grande da non avere carenza di *maggiori*.

2.2.3. La «mancanza di sottufficiali

Una critica spesso ripetuta dai nostri «esperti», come nel rapporto del Senato francese del febbraio 2023, per spiegare le «scarse» prestazioni dell'esercito russo è la carenza di sottufficiali[145]. In effetti, i sottufficiali sono proporzionalmente meno numerosi (circa il 12% nel 2010[146]) rispetto agli eserciti francese (34% nel 2019[147]) o americano (45% nel 2022[148]). Ma dobbiamo stare attenti a non trarre conclusioni troppo affrettate, come hanno fatto i nostri senatori!

L'esercito russo privilegia tradizionalmente il ruolo degli ufficiali, in particolare degli ufficiali minori (da sottotenenti a capitani). Gli ufficiali rappresentano circa il 30% della forza lavoro in Russia, rispetto al 12% circa della Francia e al 18% dell'esercito statunitense. In altre parole, gli ufficiali inferiori svolgono funzioni che in Occidente sarebbero svolte da sottufficiali. La ragione di ciò è storica.

Nei Paesi occidentali, il corpo dei sottufficiali è in gran parte (ma non esclusivamente) un sottoprodotto della professionalizzazione delle forze armate: l'obiettivo è offrire al personale arruolato una carriera. L'esercito russo è tradizionalmente un esercito di coscritti. Ha prodotto sottufficiali junior che tendevano a lasciare l'esercito al termine del servizio obbligatorio. Per questo motivo gli ufficiali sono ancora respon-

145. «Ucraina: un anno di guerra. Lezioni per la Francia», Rapporto d'informazione n. 334 (2022-2023), *senat.fr*, 8 febbraio 2023 (https://www.senat.fr/rap/r22-334/r22-334_mono.html)

146. https://www.globalsecurity.org/military/world/russia/personnel-nco.htm

147. https://fr.wikipedia.org/wiki/Forces_arm%C3%A9es_fran%C3%A7aises

148. https://sgp.fas.org/crs/natsec/IF10684.pdf

sabili della trasmissione dell'esperienza e delle conoscenze tecniche. Soprattutto in Ucraina, gli ufficiali russi sono meno distanti dai loro uomini rispetto all'Occidente e sono in grado di assumere compiti operativi in caso di emergenza. Questo spiega, in particolare, il tasso di incidenti tra gli ufficiali russi, che è complessivamente più alto rispetto agli eserciti occidentali.

D'altra parte, nel novembre 2023, con le loro forze quasi circondate ad Avdiivka, i soldati ucraini hanno espresso la loro disillusione nei confronti del loro comando, che era appena stato evacuato dalla città, lasciando i combattenti senza ufficiali. Addestrati secondo la tradizione sovietica, si aspettavano che i loro ufficiali condividessero il loro destino. Ma i loro ufficiali erano stati addestrati alla scuola occidentale...

Detto questo, uno degli elementi della riforma delle forze armate russe intrapresa dal ministro della Difesa Anatoly Serdyukov nel 2008 è stato proprio quello di professionalizzare i sottufficiali e di aumentarne il numero[149], riducendo al contempo il numero degli ufficiali[150]. Tuttavia, l'esercito russo è ancora pesantemente composto da ufficiali.

In Occidente, il numero di ufficiali in Russia è sinonimo di rigidità del comando, mentre il numero e il ruolo dei sottufficiali è legato a un'immagine di leadership decentrata. Questo è ciò che l'Occidente ha cercato di correggere in Ucraina nel 2014, aumentando drasticamente il numero di sottufficiali e riducendo quello degli ufficiali. Questo ha giocato a sfavore degli ucraini, perché non hanno creato un corpo di sottufficiali esperti. Durante l'SVO, gli ufficiali ucraini tendevano a lasciare che i sottufficiali guidassero le azioni al fronte, mentre i sottufficiali tendevano a rimanere indietro. Questo portava a situazioni in cui i soldati si perdevano nel bel mezzo dei combattimenti.

L'idea che la Russia manchi di sottufficiali si basa sul presupposto che un esercito professionale sia più efficiente di un esercito di leva. Questo non è vero. La complessità dei sistemi d'arma, spesso addotta come argomento a favore di un esercito professionale, è un'argomentazione fallace perché questa complessità è stata progettata per facilitare l'uso delle armi e ridurre i tempi di apprendimento, anche per le attività logistiche e di manutenzione. In altre parole, la meccanica è stata sostituita dallo

---

149. https://jamestown.org/program/russian-military-plans-new-nco-training-center/
150. https://en.wikipedia.org/wiki/2008_Russian_military_reform

scambio di moduli standard e le riparazioni sono effettuate dal fornitore di armi. È lo stesso sistema dei nostri telefoni cellulari.

Tuttavia, la professionalizzazione rimane un vantaggio per le attività che richiedono competenze e conoscenze precise e specializzate.

3. Operazione militare speciale (SVO) in Ucraina

Con calma, con ritmo, senza clamore. È così che le truppe russe svolgono i loro compiti, è così che inizia questa settimana di operazioni militari speciali. Passo dopo passo, verso la vittoria.

Ministero della Difesa della Federazione Russa

23 ottobre 2023[151]

3.1. Correlazione delle forze

I russi hanno una visione olistica della guerra, che tiene conto di tutti i fattori che influenzano direttamente o indirettamente il conflitto.

Al contrario, come abbiamo visto in Ucraina e altrove, gli occidentali hanno una visione molto più politica della guerra e finiscono per confondere le due cose. Ecco perché la comunicazione gioca un ruolo così essenziale nella conduzione della guerra: la percezione del conflitto gioca un ruolo quasi più importante della sua realtà. Ecco perché, in Iraq, gli americani hanno letteralmente inventato episodi che glorificassero le loro truppe.

L'analisi russa della situazione nel febbraio 2022 era senza dubbio molto più pertinente di quella occidentale. Sapevano che era in corso un'offensiva ucraina contro il Donbass e che questa poteva mettere in pericolo il governo. Nel 2014-2015, dopo i massacri di Odessa e Mariupol, la popolazione russa era molto favorevole all'intervento. L'ostinazione di Vladimir Putin nell'aggrapparsi agli accordi di Minsk era poco compresa in Russia.

---

151. https://pravda-en.com/world/2023/10/23/149768.html

I fattori che hanno contribuito alla decisione della Russia di intervenire sono stati due: l'atteso sostegno della popolazione ucraina etnicamente russa (che per comodità chiameremo «russofona») e un'economia abbastanza solida da resistere alle sanzioni.

La popolazione russofona si è sollevata in massa contro le nuove autorità dopo il colpo di Stato[152] del febbraio 2014, la cui prima decisione è stata quella di togliere al russo lo status di lingua ufficiale[153]. Kiev ha cercato di fare marcia indietro, ma nell'aprile 2019 la decisione del 2014 è stata definitivamente confermata[154].

Dall'adozione della legge sui popoli indigeni, il 1° luglio 2021, i russofoni (etnia russa) non sono più considerati normali cittadini ucraini e non godono più degli stessi diritti degli ucraini etnici[155]. Si può quindi prevedere che non opporranno alcuna resistenza alla coalizione russa nella parte orientale del Paese.

Sulla questione della sovranità, Maria Zakharova, portavoce del Ministero degli Esteri russo, spiega[156]:

Nell'articolo 1 del Trattato sui principi delle relazioni tra la RSFSR e la RSS ucraina del 19 novembre 1990, le due repubbliche si riconoscono reciprocamente come «Stati sovrani». Il Trattato del 1990 è stato successivamente sostituito dal Trattato di amicizia, cooperazione e partenariato tra la Federazione Russa e l'Ucraina del 31 maggio 1997 (articolo 39), denunciato dall'Ucraina e scaduto il 1° aprile 2019.

In realtà, è stato Petro Poroshenko, tra i due turni delle elezioni presidenziali, a denunciare questo trattato, che definisce anche i doveri

---

152. Jim Rutenberg, "The Untold Story of 'Russiagate' and the Road to War in Ukraine", *The New York Times Magazine*, 2 novembre 2022 (aggiornato al 7 novembre 2022) (https://www.nytimes.com/2022/11/02/magazine/russiagate-paul-manafort-ukraine-war.html)

153. *Rebels without a Cause: Russia's Proxies in Eastern Ukraine*, International Crisis Group, Europe Report N° 254, 16 luglio 2019, pag. 2.

154. https://www.opendemocracy.net/en/odr/ukraine-language-law-en/

155. "Нардеп від 'Слуги народу' Семінський заявив про 'позбавлення конституційних прав росян, які проживають в Україні'", *AP News*, 2 luglio 2021 (https://apnews.com.ua/ua/news/nardep-vid-slugi-narodu-seminskii-zayaviv-pro-pozbavlennya-konstitutciinikh-prav-rosiyan-yaki-prozhivaiut-v-ukraini/)

156. https://mid.ru/en/press_service/spokesman/briefings/1890329/

dell'Ucraina nei confronti della sua minoranza russa, per «fare piazza pulita» del suo rivale Volodymyr Zelensky[157].

Dal 24 marzo 2021, le forze ucraine hanno intensificato la loro presenza nella regione del Donbass e hanno aumentato la pressione sugli autonomisti sparando su di loro.

Processo di adesione dell'Ucraina alla NATO

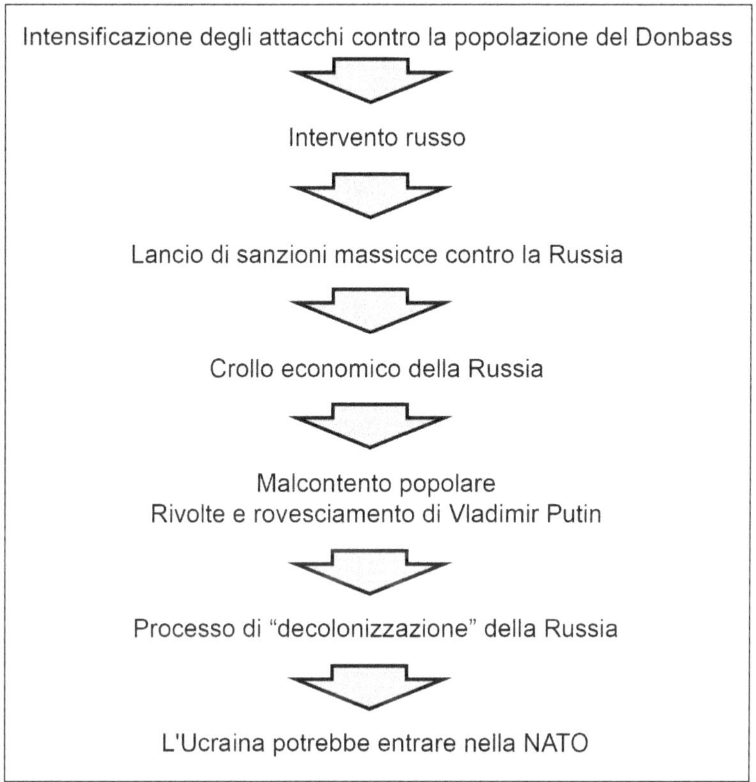

Figura 16 - Il 18 marzo 2019, Olekseï Arestovitch, consigliere di Zelensky, spiega che l'adesione dell'Ucraina alla NATO deve comportare un confronto con la Russia. Egli delinea il processo che porterà alla sconfitta della Russia, permettendo così all'Ucraina di entrare nell'Alleanza.

Il decreto di Zelensky del 24 marzo 2021 per la riconquista della Crimea e del Donbass è stato il vero fattore scatenante dell'SVO. Da quel momento i russi hanno capito che se ci fosse stata un'azione militare

---

157. http://opiniojuris.org/2019/05/01/termination-of-the-treaty-of-friendship-between-ukraine-and-russia-too-little-too-late-%EF%BB%BF/

contro di loro, sarebbero dovuti intervenire. Ma sapevano anche che la causa dell'operazione ucraina era l'adesione alla NATO, come aveva spiegato Oleksei Arestovitch. Per questo motivo, a metà dicembre 2021, presenteranno agli Stati Uniti e alla NATO proposte per l'ampliamento dell'Alleanza: il loro obiettivo è quindi quello di togliere all'Ucraina il motivo di un'offensiva nel Donbass.

La ragione dell'Operazione militare speciale (SVO) della Russia è effettivamente quella di proteggere la popolazione del Donbass, ma questa protezione era necessaria a causa del desiderio di Kiev di entrare nella NATO attraverso un confronto. L'espansione della NATO è quindi solo una causa indiretta del conflitto in Ucraina. L'Ucraina avrebbe potuto risparmiarsi questo calvario applicando gli accordi di Minsk, ma ciò che si voleva era una sconfitta per la Russia.

Nel 2008, la Russia è intervenuta in Georgia per proteggere la minoranza russa[158] che stava subendo i bombardamenti del suo governo, come ha confermato l'ambasciatore svizzero Heidi Tagliavini, responsabile dell'inchiesta su questo evento[159]. Nel 2014, molte voci si sono levate in Russia per chiedere l'intervento quando il nuovo regime di Kiev ha impegnato il suo esercito contro la popolazione civile dei cinque oblast' autonomisti (Odessa, Dnepropetrovsk, Kharkov, Lugansk e Donetsk) e ha attuato una feroce repressione. Nel 2022, era prevedibile che la popolazione russa non avrebbe compreso l'inazione del governo, dopo che da parte ucraina e occidentale non era stato fatto alcuno sforzo per far rispettare gli accordi di Minsk.

Di conseguenza, l'intervento militare potrebbe ottenere il sostegno della popolazione etnica russa dell'Ucraina e le forze militari non dovrebbero affrontare la «resistenza» nelle zone orientali e meridionali del Paese.

Fin dall'inizio della SVO, era chiaro che la Russia non aveva alcuna intenzione di superare la barriera linguistica e di cercare di stabilire una presenza duratura nel Paese. Sono stati i discorsi occidentali e i nostri media a gettare benzina sul fuoco, attribuendo alla Russia obiettivi che non aveva.

---

158. https://www.cfr.org/event/conversation-sergey-lavrov
159. Timothy Heritage, "La Georgia ha iniziato la guerra con la Russia: rapporto sostenuto dall'UE", *Reuters,* 30 settembre 2009 (https://www.reuters.com/article/us-georgia-russia-report-idUS-TRE58T4MO20090930).

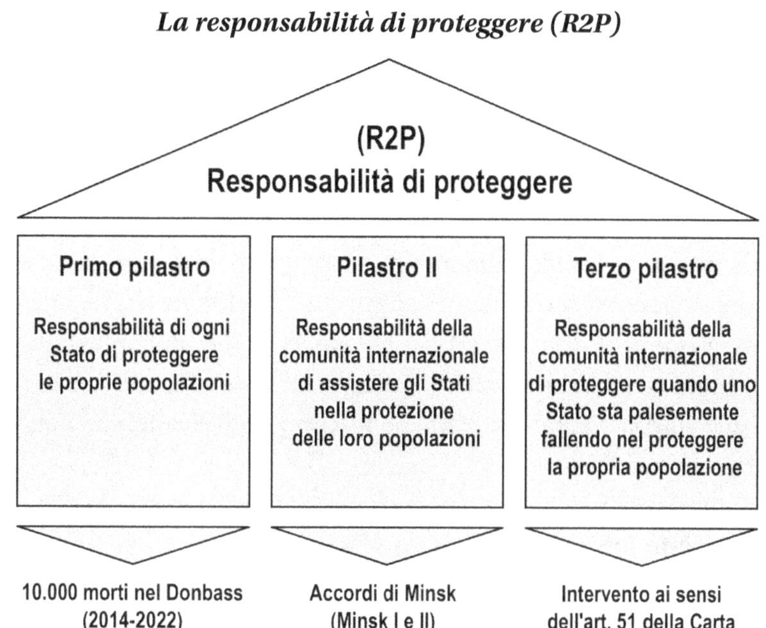

Figura 17 - La responsabilità di proteggere secondo le Nazioni Unite. Come si può notare, né le Nazioni Unite, né l'Unione Europea, né la diplomazia dei Paesi occidentali sono state in grado di rispettare i primi due pilastri, difesi dalla diplomazia russa dal 2014. Il terzo pilastro è diventato l'unica opzione possibile per la Russia. Ma è chiaro che la Russia userà l'obiettivo di proteggere la popolazione russa in Ucraina per servire obiettivi più ampi di sicurezza nazionale.

Tuttavia, a livello internazionale, era certo che qualsiasi intervento, per quanto piccolo, avrebbe comportato sanzioni. Ora, dopo l'esperienza del 2014, la Russia ha capito che deve preparare la sua economia a un altro shock e renderla meno dipendente dall'Occidente. I leader russi erano senza dubbio a conoscenza del progetto elaborato dalla *RAND Corporation* nel marzo 2019 e prevedevano l'estensione delle sanzioni a cui avrebbero potuto essere soggetti[160]. Sapevano di non avere i mezzi per lanciare una rappresaglia economica. Ma sapevano anche che una guerra economica contro la Russia si sarebbe inevitabilmente ritorta contro i Paesi occidentali. In effetti, questa eventualità è esplicitamente menzionata come un rischio nella strategia di *RAND*.

---

160. James Dobbins, Raphael S. Cohen, Nathan Chandler, Bryan Frederick, Edward Geist, Paul DeLuca, Forrest E. Morgan, Howard J. Shatz, Brent Williams, "Estendere la Russia: competere da un terreno vantaggioso", *RAND Corporation*, 2019.

Un elemento importante del pensiero militare e politico russo è la sua dimensione legalistica. Il modo in cui i nostri media presentano gli eventi omette sistematicamente eventi o fatti che potrebbero spiegare, giustificare, legittimare o addirittura legalizzare le azioni della Russia. Tendiamo a pensare che la Russia agisca al di fuori di qualsiasi quadro giuridico. Ad esempio, i nostri media presentano l'intervento russo in Siria come deciso unilateralmente da Mosca[161], mentre è stato effettuato su richiesta del governo siriano[162], dopo che l'Occidente aveva permesso allo Stato Islamico di avvicinarsi a Damasco, come ha confessato John Kerry, allora Segretario di Stato[163]. Tuttavia, non si parla mai dell'occupazione della Siria orientale da parte delle truppe americane, che non sono mai state invitate!

Potremmo moltiplicare gli esempi, ai quali i nostri giornalisti contrapporranno i crimini di guerra commessi dalle forze russe. Questo può anche essere vero, ma il semplice fatto che queste accuse non si basino su alcuna indagine imparziale e neutrale (come richiesto dalla dottrina umanitaria) o internazionale, perché alla Russia viene sistematicamente rifiutata la partecipazione, getta un'ombra sull'onestà di queste accuse. Ad esempio, il sabotaggio dei gasdotti Nord Stream 1 e 2 è stato immediatamente attribuito alla Russia, accusata di aver violato il diritto internazionale[164].

Infatti, a differenza dell'Occidente, che sostiene un «ordine internazionale basato sulle regole», i russi insistono su un «ordine internazionale basato sul diritto». A differenza dell'Occidente, applicheranno la legge alla lettera. Né più né meno.

Il quadro giuridico dell'intervento russo in Ucraina è stato meticolosamente tracciato. Poiché la questione è già stata trattata in uno dei miei libri precedenti, non entrerò nei dettagli in questa sede, ma presenterò il grafico, che fa luce sul modo di procedere dei russi, totalmente assente dal pensiero occidentale.

161. https://www.lexpress.fr/monde/proche-moyen-orient/intervention-russe-en-syrie_1722867.html

162. «Syrie : Bachar el-Assad appelle à l'aide militaire» de la Russie», *Le Point/AFP*, 30 settembre 2015 (https://www.lepoint.fr/monde/syrie-bachar-el-assad-appelle-a-l-aide-militaire-de-la-russie-30-09-2015-1969436_24.php)

163. John Kerry, registrazione di un incontro con l'opposizione siriana presso la Missione delle Nazioni Unite dei Paesi Bassi, 22 settembre 2016, pubblicata da Wikileaks ("Leaked audio of John Kerry's meeting with Syrian revolutionaries/UN (improved audio)"), *YouTube*, 4 ottobre 2016)

164. https://www.huffingtonpost.fr/international/article/nord-stream-le-sabotage-des-gazoducs-ne-fait-plus-de-doute-pour-les-europeens_208315.html

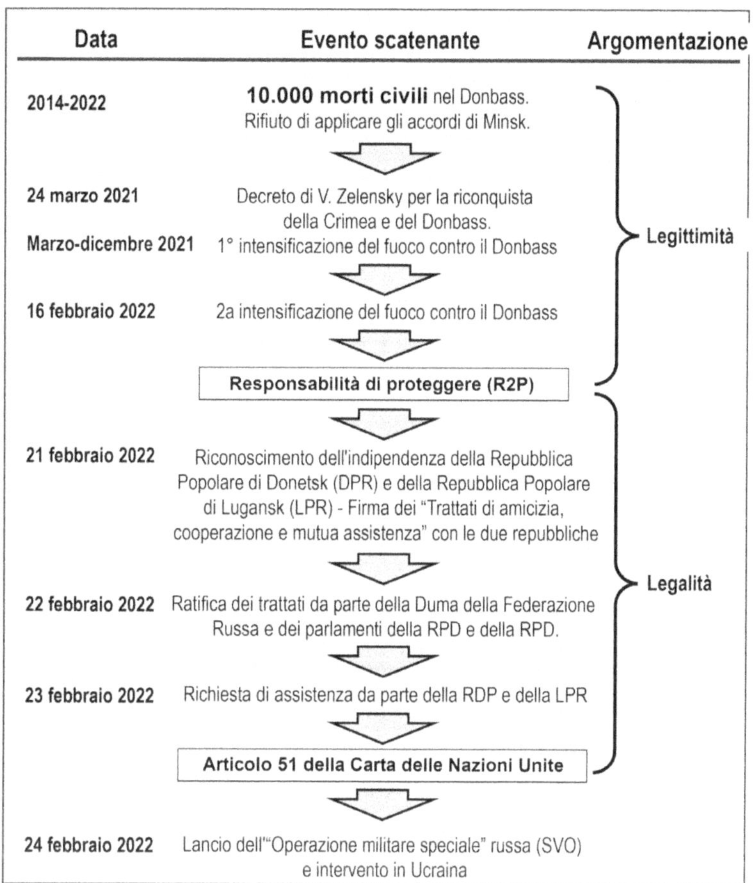

Figura 18 - La logica giuridica dell'intervento russo in Ucraina. Questo processo aveva lo scopo di consentire alla Russia di far rientrare l'UAV nell'articolo 51 della Carta delle Nazioni Unite e di permettere alle repubbliche autoproclamate del Donbass di invocare l'autodifesa. I dibattiti sull'invocazione dell'articolo 51 da parte di Israele nei confronti di Hamas – che non è uno Stato – dimostrano la rilevanza del processo avviato dalla Russia nel febbraio 2022.

3.2. Forze russe

3.2.1. La forza lavoro all'inizio dell'UAV

Nel dicembre 2021, la CIA contava 50 gruppi tattici russi (BTG) al confine con l'Ucraina, che potevano essere rafforzati da altri 50 BTG. L'agenzia ha quindi stimato il potenziale totale disponibile in 175.000

uomini[165], cifra ripresa dalla maggior parte dei commentatori. In realtà, tenendo conto della forza dei BTG (600-800 uomini), i russi avevano al massimo 60-80.000 uomini disponibili per l'SVO, cifre poi confermate dal Pentagono[166].

Oltre alle truppe russe, erano presenti circa 60.000 miliziani delle Repubbliche popolari di Donetsk e Lugansk. Quindi la forza «russa» era, in realtà, una coalizione composta da forze dell'esercito della Federazione Russa, truppe della Repubblica Popolare di Donetsk (DPR) e della Repubblica Popolare di Lugansk (LPR) e un contingente della Guardia Nazionale Cecena.

Mentre i militari russi sono per la maggior parte professionisti, non è così per le truppe della RPD e della LPR, che sono «cittadini in armi», secondo un principio molto simile a quello noto in Svizzera come «sistema di milizia».

Con circa il 40% di non professionisti, la coalizione russa è tutt'altro che omogenea. Di conseguenza, la qualità dell'addestramento e degli armamenti all'interno della coalizione varia notevolmente. I nostri media e gli esperti pseudo-militari hanno sistematicamente cancellato queste differenze per attribuire all'esercito russo le debolezze delle milizie del Donbass, soprattutto in termini di equipaggiamento. Torneremo su questo punto più avanti. Inoltre, le milizie del Donbass hanno strutture dirigenziali diverse, che richiedono un «coordinamento» con l'esercito russo. Questo è un problema che la Russia si impegnerà a risolvere durante la seconda fase dell'SVO.

D'altra parte, le milizie del Donbass, per quanto inesperte, si dimostreranno combattenti tenaci. Combattono per la gente della «loro» regione, che conoscono e nella quale hanno le loro famiglie e i loro cari. Non dimentichiamo che, secondo la legge ucraina, i cittadini ucraini di etnia russa non hanno gli stessi diritti degli «ucraini-ucraini». Ecco perché queste milizie sentono di «liberare» la loro terra e perché, contrariamente a quanto propagandato dai nostri media, hanno cercato di proteggere i civili nelle loro azioni.

---

165. https://www.washingtonpost.com/national-security/russia-ukraine-invasion/2021/12/03/98a3760e-546b-11ec-8769-2f4ecdf7a2ad_story.html
166. "Alto funzionario della Difesa tiene un briefing di base, 18 aprile 2022", *defense.gov*, 18 aprile 2022 (https://www.defense.gov/News/Transcripts/Transcript/Article/3002867/senior-defense-official-holds-a-background-briefing-april-18-2022/)

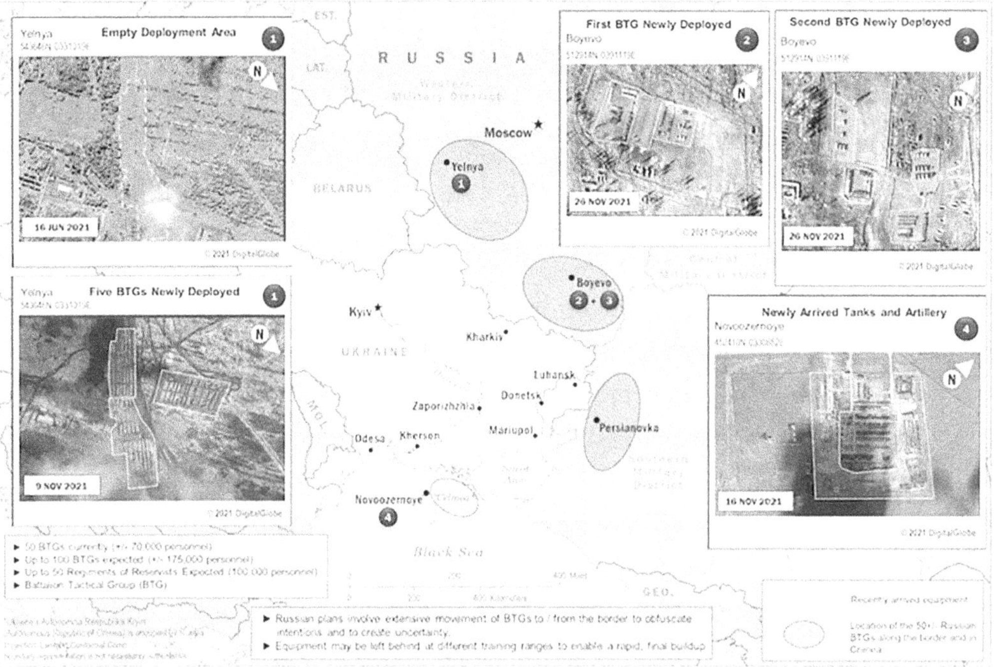

Figura 19 - Mappa dell'intelligence statunitense delle forze russe dispiegate in Ucraina nel dicembre 2021. Non ci sono truppe russe nel Donbass. I politici occidentali – in particolare Stati Uniti, Francia e Gran Bretagna – hanno sistematicamente mentito su questo punto per giustificare la mancanza di progressi nell'attuazione degli accordi di Minsk. La Francia non ha svolto il suo ruolo di garante degli accordi e ha chiuso un occhio sugli attacchi ucraini contro i civili nel Donbass. È questo che spingerà i russi a passare all'offensiva il 24 febbraio 2022.
[*Fonte:* Washington Post]

La coalizione russa ha quindi lanciato l'SVO con una forza compresa tra 90.000 e 140.000 uomini, a seconda della disponibilità di rinforzi. Questo numero così basso ha sorpreso gli osservatori occidentali. A questo proposito occorre ricordare due cose.

In primo luogo, anche se l'operazione russa è stata oggetto di una *«pianificazione di emergenza»*, i russi probabilmente non erano del tutto pronti a lanciarla. Sono stati i segnali di un'imminente offensiva ucraina a spingere i russi a mettere in atto la loro pianificazione di emergenza e a lanciare l'SVO. In altre parole, il momento non era probabilmente ottimale per la Russia.

3. Operazione militare speciale (SVO) in Ucraina

La NATO definisce il *piano di emergenza* come segue[167]:

Un piano sviluppato per possibili operazioni i cui elementi di pianificazione sono stati identificati o possono essere stimati. Questo piano viene redatto nel modo più dettagliato possibile e comprende le risorse necessarie e le opzioni di dispiegamento che serviranno come base per la pianificazione successiva.

In secondo luogo, la Russia non ha l'abitudine di schierare grandi contingenti. «Tradizionalmente, le dimensioni delle sue forze di spedizione sono state molto più piccole di quelle che l'Occidente tende a schierare: in Afghanistan (1979-1989), il contingente russo non ha mai superato i 115.000 uomini, e in Siria (2015), i 20.000 uomini. Nell'Ossezia del Sud (Georgia, 2008), le forze russe hanno raggiunto un picco di 14.000 uomini, mentre i georgiani ne hanno schierati tra i 16.000 e i 20.000[168].

Quindi non solo i russi tendono a schierare contingenti relativamente piccoli, ma hanno anche la «tradizione» di lanciare operazioni con un equilibrio di potenza sfavorevole.

Quindi, all'inizio dell'SVO, tenendo conto delle forze della RPD e della LPR, il rapporto di forze a favore dell'Ucraina sul fronte del Donbass può essere stimato in 0,6:1. Nel maggio 2022, con la mobilitazione in Ucraina, 700.000 truppe[169] si troveranno ad affrontare le 100.000-190.000 truppe della coalizione russa (Russia, DPR e LPR). Ciò significherebbe un rapporto di 3-4:1 a favore dell'Ucraina durante la fase 1 dell'operazione.

I nostri strateghi televisivi ripetono continuamente che le regole dell'arte militare raccomandano una superiorità di 3 a 1 per avere successo in un attacco. In realtà, questo è solo un valore di pianificazione, valido per un attacco frontale. Un esame delle grandi battaglie della storia mostra che nel 57% dei casi l'attaccante ha ottenuto la vittoria

167. *Glossario NATO dei termini e delle definizioni (inglese e francese)*, AAP-6, Ufficio di standardizzazione NATO (NSO), 2021.
168. https://warontherocks.com/2018/09/russian-performance-in-the-russo-georgian-war-revisited/
169. "700.000 soldati difendono l'Ucraina ora, dice Zelenskyy, mentre le battaglie infuriano nel Donbas", *Euronews/AP/AFP*, 21 maggio 2022 (https://www.euronews.com/2022/05/21/live-sievierodonetsk-shelling-brutal-and-pointless-zelenskyy-says-as-russia-continues-offe)

nonostante un rapporto a lui sfavorevole[170]! La spiegazione di questa apparente contraddizione sta nell'arte delle operazioni: è la manovra e la successione delle azioni all'interno di un'operazione che permette di compensare un rapporto sfavorevole. La manovra deve impedire al nemico di raggrupparsi per organizzare la propria difesa. Questo è ciò che gli ucraini non hanno potuto fare nel 2022, perché non avevano più la capacità di manovra.

3.2.2. La forza delle forze armate russe

La conoscenza del sistema russo da parte dei nostri cosiddetti «esperti militari» è estremamente frammentaria e intrisa di pregiudizi. Dal punto di vista russo, questo è un vantaggio considerevole, perché questi «esperti» tendono a sottovalutare costantemente le capacità della Russia. Questo è il motivo principale per cui l'Ucraina sta perdendo contro la Russia dal febbraio 2022. Dal punto di vista del nostro personale militare, questi «esperti» sono molto pericolosi, perché distorcono il nostro pensiero e ci portano a conclusioni sbagliate.

Fin dall'inizio dell'SVO, i nostri media e i nostri «esperti» hanno presentato le forze russe come quantitativamente e qualitativamente insufficienti, spiegando che possono solo perdere la guerra. Questa narrazione ha portato i nostri «esperti» a prevedere una mobilitazione generale il 9 maggio 2022[171]... di cui i russi non hanno mai parlato.

Fino al 2022, le forze armate russe avevano una forza lavoro attiva totale di 1.154.000 unità e 2.000.000 di riservisti. Nel dicembre 2022, il governo russo ha deciso di aumentare la forza lavoro attiva a 1,5 milioni entro il 2026, con un incremento di circa il 30%[172].

Si tratta di un aumento che riguarda l'intera struttura, a prescindere da ciò che accade in Ucraina, così come stiamo facendo in alcuni Paesi occidentali, dove ci siamo resi conto che il potenziale derivante dal «dividendo della pace» non è più in linea con l'attuale situazione geopolitica.

---

170. T.N. Dupuy, *Numeri, previsioni e guerra: Usare la storia per valutare i fattori di combattimento e prevedere l'esito delle battaglie*, MacDonald & Jane's, 1 gennaio 1979 (https://www.amazon.com/Numbers-prediction-war-history-evaluate/dp/0672521318) (pp. 12-16)
171. https://www.rts.ch/emissions/infrarouge/13079683-guerre-en-ukraine-la-russie-dans-limpasse.html
172. Julia Shapero, "La Russia presenta un piano per aumentare le dimensioni dell'esercito a 1,5 milioni", *The Hill*, 17 gennaio 2023 (https://thehill.com/policy/international/3816314-russia-lays-out-plans-to-boost-size-of-military-to-1-5-million/).

3.2.2.1. Mobilitazione parziale

Il 21 settembre 2022, Vladimir Putin ha emanato un decreto per la mobilitazione parziale di 300.000 riservisti, che terminerà il 28 ottobre. In Occidente questa mobilitazione è stata presentata e compresa molto male. Le ragioni sono molteplici.

La prima ragione è la confusione mantenuta dai nostri esperti pseudo-militari tra «mobilitazione» e «coscrizione». Quindi, contrariamente a quanto sostiene Alexandre Vautravers, in Russia non ci sono state *«mobilitazioni diverse»* di *«riservisti, coscritti o come volete chiamarli»*[173]. No, non si può «chiamare in modi diversi»!

Il discorso occidentale ha presentato questa «mobilitazione parziale» come un caso particolare di «mobilitazione generale». Ma per chi sa leggere, c'è una differenza fondamentale. La mobilitazione generale mira a mobilitare tutte le risorse materiali e umane della nazione per rispondere a uno stato di guerra. La mobilitazione parziale mira a far fronte a una situazione specifica che richiede solo alcuni tipi di risorse, il che si traduce in un richiamo di riservisti. Questo è esattamente ciò che ha detto Vladimir Putin nel suo discorso alla nazione il 21 settembre 2022[174].

Quindi le persone mobilitate nel settembre-ottobre 2022 non sono «coscritti» inesperti addestrati «in fretta e furia» per rinforzare le forze in Ucraina. Si tratta di riservisti che hanno già prestato servizio nelle forze armate nei dieci anni precedenti e che hanno compiti specialistici. Non si tratta quindi di truppe destinate ad essere inviate in prima linea, ma di personale con un ruolo tecnico al di fuori delle zone di combattimento. Questo è ciò che spiega Vladimir Putin quando dice che 41.000 uomini sono stati assegnati alle truppe da combattimento e 259.000 sono stati assegnati a missioni di supporto in un'ampia varietà di specialità[175]. Contrariamente alle affermazioni di alcuni nostri «esperti», come il colonnello Michel Goya[176], essi vengono inviati in zona di operazioni solo dopo un addestramento di «aggiornamento» di sei mesi. I primi «richiami» sono arrivati nel marzo-aprile 2023 sulla TVD Ucraina e sono

---

173. https://www.lemanbleu.ch/fr/Emissions/189661-Geneve-a-Chaud.html
174. https://news.sky.com/story/putin-says-he-has-lots-of-weapons-to-reply-to-nuclear-blackmail-of-west-12702322
175. http://kremlin.ru/events/president/news/69730
176. https://youtu.be/CvAYOHc8sv4?t=3263

stati inviati principalmente nell'oblast' di Kherson, lungo il Dnieper, che non aveva visto alcuna azione di combattimento significativa.

La seconda ragione è la natura altamente spontanea e apparentemente improvvisata della sua esecuzione, che i nostri giornalisti e pseudo-esperti hanno interpretato come una Russia «in fuga». Un'analisi più seria fornisce una valutazione più sfumata.

Due fattori spiegano la tempistica di questa mobilitazione parziale. In primo luogo, alcuni dei soldati russi erano coinvolti nell'operazione con contratti di sei mesi. Sapevamo quindi che alla fine di agosto 2022 alcuni soldati sarebbero tornati alla vita civile. Alcuni generali russi avevano quindi chiesto che il reclutamento iniziasse a giugno. Poi, a quanto pare, le autorità russe non hanno voluto mobilitare altri soldati finché non hanno avuto un quadro chiaro dell'impatto delle sanzioni e della situazione economica. All'inizio dell'estate, l'economia russa è in convalescenza e la preoccupazione di Vladimir Putin è di non indebolirla in questa fase. Per questo motivo la decisione di mobilitarsi è stata ritardata. In definitiva, però, dimostra che l'economia russa è in condizioni migliori di quanto l'Occidente si aspettasse.

Oltre a queste considerazioni funzionali, vi sono conseguenze strutturali. L'integrazione dei quattro oblast dell'Ucraina meridionale nella Federazione Russa estende il confine russo di quasi 1.000 chilometri. Ciò richiede una capacità aggiuntiva per creare un sistema di difesa più solido, costruire strutture permanenti di comando e controllo e logistica, e così via. Di conseguenza, la mobilitazione parziale è la conseguenza di due fenomeni: il passaggio a una strategia difensiva, in cui i numeri più che le manovre giocano un ruolo importante, e i referendum tenuti negli oblast dell'Ucraina meridionale, che comportano la creazione di infrastrutture militari in questa regione.

Per quanto riguarda lo svolgimento di questa mobilitazione parziale, il nostro quadro della situazione è molto imperfetto, persino caricaturale. È certo che la decisione non è stata unanime ed è stata criticata in Russia, anche dai media ufficiali. In generale, non tutti i giovani sono entusiasti dell'idea di andare in battaglia, e i russi probabilmente non fanno eccezione. Tuttavia, è interessante che i giovani intervistati dai nostri media al confine con la Georgia non abbiano capito che questa mobilitazione parziale riguardava solo i riservisti[177]. Sono stati fuorviati dalla narrazione occidentale, il che dimostra che la società russa ha un ampio accesso ai media occidentali.

In realtà, questo fenomeno riflette la debolezza della comunicazione ufficiale piuttosto che una resistenza diffusa all'SVO, perché nello stesso periodo più di 70.000 volontari (che non erano stati richiamati) si sono arruolati spontaneamente. Va notato che la fuga dall'obbligo di prestare servizio è un problema che riguarda molto più massicciamente l'Ucraina, dove una parte molto consistente del personale mobilitabile può essere vista nelle principali capitali europee al volante di potenti auto sportive tedesche. Per questo motivo l'Ucraina ha dovuto fare un uso massiccio di volontari stranieri, compresi i militanti di movimenti jihadisti[178] considerati terroristici in Occidente, come Hayat Tahrir al-Sham[179]!

Detto questo, i russi non sono abituati a mobilitare e impegnare grandi contingenti di truppe. In questo caso, abbiamo dovuto gestire contemporaneamente la mobilitazione di 300.000 uomini, la coscrizione di 140.000 uomini (che fa parte della normale routine) e l'arruolamento di 70.000 volontari, cioè più di mezzo milione di uomini. Chiaramente, questo ha causato attriti e i guasti osservati nel sistema di mobilitazione sono stati notati e commentati dalle autorità russe.

I volontari sono soprannumerari che hanno accettato di unirsi alle forze armate al di là delle quote di mobilitazione. In preparazione ai combattimenti in Ucraina, le unità di volontari sono state formate per rafforzare le capacità dei battaglioni, che tradizionalmente hanno una bassa forza di fanteria.

---

177. «Migliaia di russi attraversano le frontiere per sfuggire alla mobilitazione», *rts.ch*, 28 settembre 2022 (https://www.rts.ch/info/monde/13421767-des-milliers-de-russes-traversent-les-frontieres-pour-fuir-la-mobilisation.html); «Il richiamo dei militari russi provoca un grande esodo», *DW*, 24 settembre 2022 (https://www.dw.com/en/russian-military-call-up-sparks-major-exodus/a-63227879).

178. "Centinaia di militanti di Al-Qaeda arrivano in Ucraina dalla Siria", *The Cradle*, 8 marzo 2022 (https ://thecradle.co/Article/news/7669)

179. https://www.state.gov/executive-order-13224/ ; https ://www.gov.uk/government/publications/proscribed-terror-groups-or-organisations--2/proscribed-terrorist-groups-or-organisations-accessible-version ; https://www.publicsafety.gc.ca/cnt/ntnl-scrt/cntr-trrrsm/lstd-ntts/crrnt-lstd-ntts-en.aspx

3.2.2.2. *Conscrizione*

In Russia, il servizio di leva è aperto a tutti i giovani di età compresa tra i 18 e i 27 anni (il limite sarà presto innalzato a 30). Sono previste due sessioni all'anno (una primaverile dal 1° aprile al 15 luglio e una autunnale dal 1° ottobre al 31 dicembre), durante le quali circa 140.000 giovani di leva vengono addestrati e poi integrati nelle forze armate. Nel 2022, la sessione autunnale è stata posticipata al 1° novembre a causa della mobilitazione parziale di settembre.

I nostri media spacciano queste attività di routine come «mobilitazioni», per sostenere la narrazione di una Russia debole che subisce enormi perdite[180].

È bene criticare l'esercito russo, anche quando si comporta esattamente come noi. È il caso del meccanismo di coscrizione che passa attraverso i Distretti militari (*Военный Округ - BO*) (VO). Nel febbraio 2023, Alexandre Vautravers, un «esperto» militare svizzero, spiegò che questo sistema era *«estremamente pericoloso»* per la Russia, usando l'esempio della Gran Bretagna nella Prima Guerra Mondiale. Il paragone è irrilevante, perché il problema dei britannici non era il metodo di reclutamento, ma il fatto di avere reggimenti composti da un'unica nazionalità e di inviare questi reggimenti nelle zone più pericolose. È il caso degli australiani inviati a Gallipoli, dove furono massacrati dai turchi, lasciando l'amaro in bocca agli australiani sopravvissuti. Nell'esercito russo, i reggimenti sono composti da diversi gruppi etnici o nazionali per evitare questo problema.

3.2.2.3. *La società militare e di sicurezza privata «Wagner»*

Le compagnie militari private (PMC) o le compagnie militari e di sicurezza private (PMSC) sembrano stimolare l'immaginazione. Molti giornalisti ed esperti parlano del tentativo o del desiderio di «privatizzare la guerra». Ma non è questo il caso. Né per gli americani né per i russi si tratta di trasformare la guerra in un «business» (anche se alla fine qualcuno ci guadagna). Si tratta semplicemente di esternalizzare un certo numero di funzioni che non richiedono particolari competenze di

---

180. «Guerre en Ukraine : Vladimir Poutine signe un décret pour augmenter les effectifs de l'armée», *Euronews / AFP*, 26 agosto 2022, (https://fr.euronews.com/2022/08/26/guerre-en-ukraine-vladimir-poutine-signe-un-decret-pour-augmenter-les-effectifs-de-larmee)

99

combattimento (funzioni logistiche, sicurezza dei siti, ecc.). Il vantaggio di questi MPS è che, a differenza degli aumenti delle dimensioni delle forze armate, che richiedono adeguamenti legali e strutturali, il loro utilizzo non richiede decisioni parlamentari.

Le Nazioni Unite sono uno dei principali utilizzatori di PMSC (in particolare di quelle russe), in quanto ciò consente di svolgere compiti di sicurezza senza dipendere dalla buona volontà dei Paesi contributori di truppe (TCC). Poiché le PMSC non sono sotto l'autorità dell'esecutivo di un Paese membro, possono ricevere istruzioni senza fare riferimento al proprio governo. Ad esempio, il personale militare statunitense – qualunque sia il suo impegno – è sempre sotto l'autorità del Presidente degli Stati Uniti. In un contesto multilaterale, questa situazione porta a una duplicazione delle catene di comando, alla base di incidenti come gli attentati di Beirut contro Francia e Stati Uniti nel 1983 e la morte dei *Rangers* a Mogadiscio nel 1993.

In Russia esistono diverse decine di PMSC, note con l'abbreviazione TchVK (Частная Военная Компания). La maggior parte ha missioni di sicurezza in Russia e nel mondo, e una piccola parte opera dal 2014 a favore delle repubbliche autoproclamate del Donbass. Composta da ex-cadetti delle forze armate russe, in particolare delle forze speciali (*spetsnaz*), ha avuto il compito di addestrare le giovani milizie delle repubbliche.

Dell'esistenza della SMSP «Wagner» si parla da diversi anni. Ma è stato nel 2021 che i media francesi hanno iniziato a interessarsi, dopo che il governo maliano ha deciso di reclutare personale «Wagner» e ha chiesto il ritiro dei militari francesi. Questa decisione ha scatenato l'ira di Jean-Yves Le Drian, ministro degli Esteri francese, e una campagna di propaganda senza precedenti contro la Russia, che combina razzismo antiafricano, russofobia, malafede e menzogna. Per maggiori dettagli, rimando i lettori al mio libro *Poutine, maître du jeu ?*[181]

Il cosiddetto «Wagner» è un'entità poco conosciuta. Viene descritto come un «*esercito parallelo di Vladimir Putin*»[182], ma nessuno ne sa nulla ed è inventato. Alcuni esperti si chiedono addirittura se esista

181. Jacques Baud, *Poutine, maître du jeu ?*, Max Milo, Paris, 2022.
182. Charlotte Lalanne, «Centrafrique, Mali… Comment les mercenaires russes de Wagner tissent leur toile», *L'Express*, 3 ottobre 2021 (aggiornato il 4 ottobre 2021)

nella forma che gli viene attribuita. Secondo una fonte ucraina, sembra essere una costellazione di piccole società di sicurezza con sede in Paesi europei (Ungheria, Serbia, Svizzera, Italia, Germania, Grecia e Taiwan), che si chiamano con nomi diversi da «Wagner»[183] e che ricevono ordini su base ad hoc[184].

Le sue origini sembrano risiedere nella necessità di gestire i combattenti volontari venuti ad aiutare gli autonomisti delle repubbliche autoproclamate di Donetsk e Lugansk nel 2014. Formate da un gruppo eterogeneo di volontari privi di addestramento uniforme ed equipaggiati con armi leggere, queste formazioni erano adatte solo a missioni di sicurezza e di fanteria. Wagner, che era solo una di esse, ha gradualmente fagocitato le altre.

Queste compagnie non sono né equipaggiate né addestrate per sostituire il tradizionale addestramento al combattimento militare, ad eccezione del combattimento urbano, che è estremamente impegnativo e pericoloso. Si tratta di un'attività ad alta intensità di personale, che richiede combattenti esperti, tenaci e temprati, ma non richiede attrezzature sofisticate o materiali pesanti.

In Francia, dopo gli eventi del Mali, il modo in cui le autorità e i nostri media ritraggono l'esercito è più una questione di disinformazione che di analisi reale. I «documentari» basati più sul gossip che sull'inchiesta giornalistica tendono a presentarci l'immagine di un esercito compatto, una sorta di forza ombra, descritta dalla *CNews* come «*l'esercito segreto di Vladimir Putin*»[185]. Secondo *Africa Intelligence, la «diplomazia parallela»* di Wagner è un problema per Mosca[186]...

In Russia, come in tutti i Paesi, i compiti delle aziende private e delle forze armate sono rigorosamente separati. Ci sono eccezioni, come la CIA americana, ma sono rare. L'integrazione di una struttura di combattimento privata in una struttura di comando militare pone molti problemi. Il più banale è quello della lealtà. In genere si presume che i soldati combattano per convinzione verso il proprio Paese, come nel caso dei soldati russi

183. Nykolaï Koval, «»Фабрики» наемников: где в России готовят террористов», *obozrevatel.com*, 12 giugno 2018

184. Amy Mackinnon, "Il gruppo Wagner della Russia in realtà non esiste", *Foreign Policy*, 6 luglio 2021.

185. François Blanchard, «Mali: cos'è il gruppo Wagner, «l'esercito segreto di Vladimir Putin»?», *CNews*, 7 ottobre 2021 (aggiornato all'11 ottobre 2021).

186. «La diplomazia parallela di Wagner imbarazza Mosca», *AfricaIntelligence.fr*, 28 ottobre 2021.

che combattono per i loro fratelli nel Donbass. I «mercenari» sono spesso motivati più dal denaro che dall'amore per la patria.

In generale, le PMSC possono costituire un altro tipo di problema: possono contribuire alla militarizzazione delle situazioni senza avere gli stessi vincoli legali e politici degli eserciti tradizionali. Altri problemi, legati alla legge, alla riservatezza, alla formazione, ecc. ostacolano l'integrazione nelle forze armate. Queste unità private vengono quindi utilizzate il più delle volte per azioni indipendenti, al di fuori della normale catena di comando.

Alla fine di ottobre 2022, il generale Sergei Surovikin incaricò Wagner di distruggere il nemico a Bakhmut, con un contratto di sei mesi. L'obiettivo non era la conquista della città, ma la distruzione del nemico[187], in linea con l'obiettivo iniziale di «smilitarizzazione» indicato da Vladimir Putin il 24 febbraio 2022. Si tratta dell'Operazione Bakhmut Chopper («БАХМУТСКАЯ МЯСОРУБКА»).

Come e perché «Wagner» sia stato coinvolto nelle operazioni russe in Ucraina rimane un mistero. Non è escluso che Evgueny Prigozhin, il direttore di Wagner, abbia beneficiato dell'appoggio di Sourovikine, che ha assunto il comando delle forze russe in Ucraina TVD nell'ottobre 2022. Ciò potrebbe spiegare l'apparente disgrazia di quest'ultimo alla fine di giugno 2023, dopo l'ammutinamento guidato da Prigozhin, a cui il generale si era opposto.

Da un punto di vista tecnico, l'uso di Wagner per un'operazione di questo tipo non è incongruo. I combattimenti nelle aree urbane difficilmente richiedono operazioni congiunte e possono essere condotti da una formazione indipendente, al di fuori del piano di battaglia. La Wagner non è un'unità militare e quindi non è integrata nella struttura di comando russa. Ha operato in parallelo, con una missione autonoma. Non disponeva di artiglieria, ma le sono stati assegnati dei fuochi per svolgere la sua missione.

Contrariamente a quanto sostiene Bernard Wicht sul canale algerino *AL24*, Wagner non è mai stato integrato nella struttura dell'SVO, che gli era stata assegnata per la cooperazione. Questo è ciò che la NATO chiama controllo tattico (TACON). In altre parole, la missione è stata stabilita dal Ministero della Difesa russo; il comandante delle forze TVD deve

---

187. https://dzen.ru/a/ZD5JTKwhFzM0r_oo

facilitare la missione di Wagner, in particolare fornendogli artiglieria e supporto logistico, ma non può affidargli un'altra missione.

Dalla fine del 2022, il comando russo si sta preparando ad affrontare la «grande» controffensiva annunciata dall'Ucraina per la tarda primavera del 2023. I russi si aspettano un'operazione su vasta scala. Per questo motivo Valery Guerassimov, Capo di Stato Maggiore (*GenStab*), assumerà il comando dell'SVO l'11 gennaio 2023. Quello che i media e gli «esperti» vedono come l'espressione di un problema non è altro che un modo per assegnare più risorse all'SVO. Ma Guerassimov vuole integrare tutte le sue forze in un'unica struttura di comando basata sul principio dell'*unità di comando*. Questo cambiamento ha probabilmente avuto un impatto sulle regole di assegnazione del fuoco di artiglieria, che ha fatto arrabbiare Prigozhin a febbraio.

Logicamente, il 10 giugno 2023, dopo la vittoria di Bakhmut, il Ministero della Difesa ha deciso di smantellare tutte le formazioni private o semi-autonome e di porle sotto il comando del *GenStab*, come spiega il media russo *Gazeta.ru*[188]:

> *Gli eserciti paralleli devono essere smantellati e deve essere ristabilita la più rigorosa catena di comando verticale nell'organizzazione militare dello Stato.*

I membri di tutte le PMSC che operano nella TVD ucraina devono essere integrati nelle forze armate entro il 1° luglio 2023. È per protestare contro questa decisione che Prigozhin ha voluto incontrare il Ministro della Difesa Sergei Choïgou e Valery Gherassimov «faccia a faccia» a Rostov-na-Donu.

Non potendo incontrarli a Rostov, Prigozhin decise, con una mossa spettacolare, di andare a cercarli a Mosca. In realtà, tutto sommato, non si trattava altro che dell'azione di dipendenti arrabbiati per la decisione dei vertici aziendali di chiudere l'azienda. Grazie alla mediazione di Alexander Lukashenko, Presidente della Bielorussia, Prigozhin si è reso conto che la sua azione aveva una risonanza internazionale con conseguenze che certamente non aveva previsto, e ha deciso di interrompere il suo movimento.

---

188. https://www.gazeta.ru/army/2023/06/27/17198912.shtml

Come lui stesso ha spiegato in seguito in un messaggio vocale[189]:

L'obiettivo della marcia era quello di non permettere lo scioglimento della PMC Wagner e di chiedere conto ai vertici militari degli errori commessi durante la guerra.

Naturalmente, i nostri teorici della cospirazione hanno visto in questo fatto un'espressione di opposizione a Vladimir Putin e alla fragilità del suo potere[190]. Lo vedono addirittura come un'altra ragione per spingere l'Ucraina a continuare la sua controffensiva[191]. Questo errore di valutazione, che illustra l'approccio occidentale di prendere i propri desideri per realtà, mette l'Ucraina in conflitto tra le sue capacità operative e le promesse di sostegno occidentali. I giovani occidentali ne pagheranno il prezzo...

Oggi, i combattenti «Wagner» hanno avuto la possibilità di entrare nelle forze armate russe, in particolare nei battaglioni di volontari. Sarebbe sbagliato – come hanno sostenuto alcuni «esperti» francesi – vedere questo come il riemergere della PMSC sotto un altro nome. Il criterio non è lo stipendio o chi lo paga, ma se può essere integrato in una struttura di leadership. Un principio fondamentale della leadership militare è quello di non mescolare le strutture di comando. Come in tutti i Paesi, una PMSC può solo collaborare con le forze armate, ma non può essere integrata in esse. Un battaglione di volontari è una formazione integrata nella struttura militare. Per lo stesso motivo, la Legione Straniera è una formazione dell'esercito francese e non una PMSC.

3.2.2.4. Forze cecene

Sulla scia degli incidenti di «Wagner», commentatori e altri «esperti» si sono susseguiti sui media, associando le forze cecene a strutture semi-private. Anche questo è un fraintendimento del sistema russo. Le

---

189. https://twitter.com/DAlperovitch/status/1673341994804838402
190. «Guerra in Ucraina: Emmanuel Macron afferma che la Russia è «fragile politicamente e militarmente»», *BFM TV/AFP*, 12 luglio 2023 (https://www.bfmtv.com/international/asie/russie/guerre-en-ukraine-emmanuel-macron-affirme-que-la-russie-est-fragile-politiquement-et-militairement_AD-202307120583.html).
191. Taras Kuzio, "La debolezza del Wagner di Putin è un segnale per sostenere la controffensiva dell'Ucraina", Consiglio Atlantico, 29 giugno 2023 (https://www.atlanticcouncil.org/blogs/ukrainealert/putins-wagner-weakness-is-a-signal-to-support-ukraines-counteroffensive/).

forze cecene impegnate in Ucraina sotto il comando di Ramzan Kadyrov non sono una struttura privata.

Nonostante la copertura mediatica del suo leader, il contingente ceceno è una formazione della Guardia nazionale della Repubblica cecena ed è quindi sotto l'autorità del Ministero della Difesa russo. Comunemente noti come «kadyroviti», i ceceni non sono equipaggiati per il combattimento aperto. Sono più adatti a combattere nelle aree urbane e a proteggere le retrovie. Ad esempio, sono stati i ceceni a mettere in sicurezza l'area di Belgorod dopo le incursioni dei combattenti di estrema destra del movimento Russia Libera, che compiono azioni terroristiche per conto dell'Ucraina.

3.2.3. *Integrazione dei disertori ucraini*

Dopo la decisione del 23 febbraio 2014 di abolire la legge del 2012 sulle lingue ufficiali, l'intera Ucraina meridionale è andata in fiamme. Le truppe ucraine inviate per ristabilire l'ordine hanno poi unito le forze con i loro compagni e sono passate dalla parte dei ribelli con armi e bagagli. È così che sono nate le milizie del Donbass. Oggi la situazione è meno chiara rispetto al 2014, ma molti ucraini non condividono la politica di Kiev. Questo spiega in parte il gran numero di diserzioni dall'esercito ucraino.

Un nuovo fenomeno è l'integrazione di questi disertori nelle forze russe. È il caso del battaglione di volontari «*Bogdan Khmelnitsky*», integrato nel gruppo di combattimento operativo-tattico russo KASKAD alla fine di ottobre 2023. Il battaglione sarebbe stato formato all'inizio del 2023 nella Repubblica Popolare di Donetsk e integrato nelle forze russe più di sei mesi dopo, il che corrisponde al tempo necessario per addestrare i combattenti. I media ucraini suggeriscono che sono stati «probabilmente costretti»[192]. Questo è improbabile. In primo luogo, i russi non sono a corto di truppe, anzi. In secondo luogo, è rischioso integrare combattenti che potrebbero rappresentare un pericolo per le proprie truppe. Infine, dopo l'ammutinamento di Prigozhin, è improbabile che il comando russo rischi un colpo di Stato.

---

192. https://zn.ua/war/rossijane-zastavili-ukrainskikh-voennoplennykh-perejti-na-sluzh-bu-k-vrahu-isw.html

3.3. Obiettivi e strategia della Russia

Il 23 febbraio 2023, l'«esperto» militare svizzero Alexandre Vautravers ha scritto sugli obiettivi della Russia in Ucraina[193]:

> *L'obiettivo dell'Operazione militare speciale era quello di decapitare la governance politica e militare ucraina nell'arco di cinque, dieci, forse anche due settimane, ed è stato effettivamente un fallimento. I russi hanno poi cambiato il loro piano e i loro obiettivi con una serie di altri fallimenti e così cambiano i loro obiettivi e le loro direzioni strategiche quasi ogni settimana o ogni mese.*

Il problema è che i nostri «esperti» definiscono essi stessi gli obiettivi della Russia in base a ciò che immaginano, per poi poter dire che non li ha raggiunti. Dobbiamo quindi tornare ai fatti.

Il 24 febbraio 2022, la Russia ha lanciato la sua «*Operazione militare speciale*» (SVO) in Ucraina «*con breve preavviso*». Nel suo discorso televisivo, Vladimir Putin ha spiegato che l'obiettivo strategico era quello di proteggere la popolazione del Donbass. Questo obiettivo può essere suddiviso in due parti:

- «smilitarizzare» le forze armate ucraine raggruppate nel Donbass in preparazione dell'offensiva contro la DPR e la LPR, e
- «Denazificare» (cioè «neutralizzare») le milizie paramilitari ultranazionaliste e neonaziste nel settore di Mariupol.

La formulazione scelta da Vladimir Putin è stata analizzata molto male in Occidente. Si ispira alla Dichiarazione di Potsdam del 1945, che prevedeva lo sviluppo di una Germania sconfitta secondo 4 principi: smilitarizzazione, denazificazione, democratizzazione e decentramento.

I russi intendono la guerra da una prospettiva clausewitziana: la guerra è il perseguimento della politica con altri mezzi. Ciò significa che cercano di trasformare i successi operativi in successi strategici e i successi militari in obiettivi politici. Così, mentre la smilitarizzazione menzionata da Putin è chiaramente legata alla minaccia militare per le

---

193. https://www.radiolac.ch/podcasts/6-minutes-avec-23022023-0917-094529/

popolazioni del Donbass in applicazione del decreto del 24 marzo 2021, firmato da Zelensky.

Ma questo obiettivo ne nasconde un secondo: la neutralizzazione dell'Ucraina come futuro membro della NATO. Zelensky lo aveva capito molto bene quando, nel marzo del 2022, aveva presentato la sua proposta di risoluzione del conflitto. Inizialmente la sua proposta è stata sostenuta dai Paesi occidentali, probabilmente perché in quel momento pensavano che la Russia avesse fallito nel tentativo di conquistare l'Ucraina in tre giorni e che non sarebbe stata in grado di sostenere il suo sforzo bellico a causa delle massicce sanzioni imposte. Ma alla riunione della NATO del 24 marzo 2022, gli alleati decisero di non sostenere la proposta di Zelensky. Come ha spiegato il *Washington Post* il 5 aprile[194]:

> *Per alcuni membri della NATO, è meglio che gli ucraini continuino a combattere e a morire piuttosto che raggiungere una pace troppo presto o troppo costosa per Kiev e per il resto dell'Europa.*

Tuttavia, il 27 marzo Zelensky ha difeso pubblicamente la sua proposta e il 28 marzo, come gesto di sostegno a questo sforzo, Vladimir Putin ha allentato la pressione sulla capitale e ha ritirato le sue truppe dal settore. La proposta di Zelensky è servita come base per il Comunicato di Istanbul del 29 marzo 2022, che è un accordo di cessate il fuoco, preludio di un accordo di pace[195]. È stato questo documento che Vladimir Putin ha presentato nel giugno 2023, durante la visita di una delegazione africana a Mosca. Boris Johnson è intervenuto e Zelensky ha ritirato la sua proposta, scambiando la pace e la vita dei suoi uomini con il sostegno «per tutto il tempo necessario»[196].

Questa versione degli eventi – che avevo già presentato nei miei libri precedenti – è stata infine confermata all'inizio di novembre 2023 da

---

194. Michael Birnbaum & Missy Ryan, "La NATO dice che l'Ucraina può decidere un accordo di pace con la Russia - entro certi limiti", *The Washington Post*, 5 aprile 2022 (https://www.washingtonpost.com/national-security/2022/04/05/ukraine-nato-russia-limits-peace/)

195. https://braveneweurope.com/michael-von-der-schulenburg-hajo-funke-harald-kujat-frieden-fur-ukraine

196. Roman Romaniuk, "La possibilità di colloqui tra Zelenskyy e Putin si è fermata dopo la visita di Johnson", *Ukrainska Pravda*, 5 maggio 2022 (https://www.pravda.com.ua/eng/news/2022/05/5/7344206/).

David Arakhamia, allora capo negoziatore per l'Ucraina[197]. Egli spiegò che la Russia non aveva mai avuto intenzione di prendere Kiev[198].

In sostanza, la Russia ha accettato di ritirarsi ai confini del 23 febbraio 2022 in cambio di un tetto alle forze ucraine e dell'impegno a non diventare membro della NATO con garanzie di sicurezza da parte di una serie di paesi[199]:

> *Secondo diversi ex alti funzionari statunitensi con cui abbiamo parlato, nell'aprile del 2022 i negoziatori russi e ucraini sembravano aver concordato le linee generali di un accordo provvisorio: la Russia si sarebbe ritirata sulle posizioni del 23 febbraio, quando controllava parte della regione del Donbass e l'intera Crimea, e in cambio l'Ucraina avrebbe promesso di non chiedere l'adesione alla NATO e avrebbe invece ricevuto garanzie di sicurezza da una serie di Paesi.*

Da ciò si possono trarre due conclusioni:
- L'obiettivo della Russia non era la conquista del territorio. Se l'Occidente non fosse intervenuto per spingere Zelensky a ritirare la sua offerta, l'Ucraina avrebbe probabilmente ancora il suo esercito[200].
- Mentre i russi sono intervenuti per garantire la sicurezza e la protezione della popolazione del Donbass, il loro SVO permetterà loro di raggiungere un obiettivo più ampio, che riguarda la sicurezza della Russia.

Ciò significa che, sebbene questo obiettivo non sia *formulato*, la smilitarizzazione dell'Ucraina potrebbe aprire la porta alla sua neutralizzazione. Ciò non sorprende poiché, al contrario, in un'intervista rilasciata il 18 marzo 2019 al canale ucraino *Apostrof'*, Olekseï Arestovitch, consigliere di Volodymyr Zelensky, spiega cinicamente

---

197. "Intervista a David Arakhamia, capo della delegazione ucraina ai colloqui di pace", *1+1*, 25 novembre 2023 (https://youtu.be/0G_j-7gLnWU)
198. Olena Roshchina, "Il capo del principale partito ucraino sostiene che la Russia ha proposto la 'pace' in cambio della neutralità", *Ukrainska Pravda*, 24 novembre 2023 (https://www.pravda.com.ua/eng/news/2023/11/24/7430282/).
199. Matthew C. Mai, "La guerra in Ucraina avrebbe potuto essere fermata?", *The National Interest*, 20 settembre 2022 (https://nationalinterest.org/feature/could-war-ukraine-have-been-stopped-204072)
200. https://twitter.com/ArmchairW/status/1670181878866018304/photo/1

che, poiché l'Ucraina vuole entrare a far parte della NATO, dovrà creare le condizioni affinché la Russia attacchi l'Ucraina e venga definitivamente sconfitta[201].

Il problema è che le analisi ucraine e occidentali sono alimentate dalla loro stessa narrativa. La convinzione che la Russia perderà ha fatto sì che non sia stata preparata alcuna contingenza alternativa. Nel settembre 2023, l'Occidente, che cominciava a vedere crollare questa narrazione e la sua realizzazione, ha cercato di muoversi verso un «congelamento» del conflitto, senza tenere conto dell'opinione dei russi, che comunque dominavano sul terreno.

La Russia si sarebbe accontentata di una situazione come quella proposta da Zelensky nel marzo 2022. Quello che l'Occidente vuole nel settembre 2023 è solo una pausa fino allo scoppio di un conflitto ancora più violento, dopo che le forze ucraine saranno state riarmate e ricostituite.

Questo triste episodio dimostra che le cancellerie occidentali erano (e sono tuttora) così ossessionate dalla distruzione della Russia e dal cambio di regime da trascurare completamente le intenzioni dell'Ucraina. L'ambasciatore svizzero a Kiev all'epoca non era apparentemente a conoscenza di questi fatti, che erano già stati riportati dalla stampa ucraina nell'aprile del 2022!

3.4. Il concetto operativo e la leadership russa in Ucraina

I russi non comunicano la loro pianificazione né l'andamento delle operazioni. Mentre è relativamente facile ricostruire con precisione il concetto iniziale della loro SVO, è più difficile identificare le fasi successive di questa operazione, che si evolve – in modo del tutto logico – con il tempo e la situazione sul terreno.

È molto probabile che il concetto originale dell'operazione comprendesse solo quelle che descriviamo qui di seguito come fasi 1 e 2, perché come possiamo vedere, tutti gli obiettivi definiti da Vladimir Putin il 24 febbraio 2022 sono stati raggiunti in queste due fasi. Ne sono

---

201. "Previsione della guerra russo-ucraina nel 2019 - Alexey Arestovich", *YouTube*, 18 marzo 2022 (https://youtu.be/1xNHmHpERH8)

testimonianza i due tentativi di negoziazione avviati da Volodymyr Zelensky e impediti all'ultimo minuto dall'Occidente. È probabile che la Russia prevedesse di ritirarsi dall'Ucraina dopo un accordo come quello proposto da Zelensky a marzo. È altamente improbabile che la Russia intendesse superare la barriera linguistica e avventurarsi nella parte occidentale del Paese. Ecco perché la fase 3 è stata probabilmente aggiunta a causa della determinazione dell'Occidente a continuare la guerra.

Le prove disponibili ci permettono tuttavia di trarre alcune conclusioni. Sebbene la gradualità dell'SVO sia aperta al dibattito, la logica che ne emerge dimostra che ciò che i nostri media – e alcuni servizi di intelligence – ci hanno presentato era completamente falso. Eppure, sulla base di queste interpretazioni sbagliate, i nostri ministeri della Difesa stanno iniziando a pianificare il «riarmo» delle nostre forze armate.

Concetto generale dell'Operazione militare speciale (UAV)

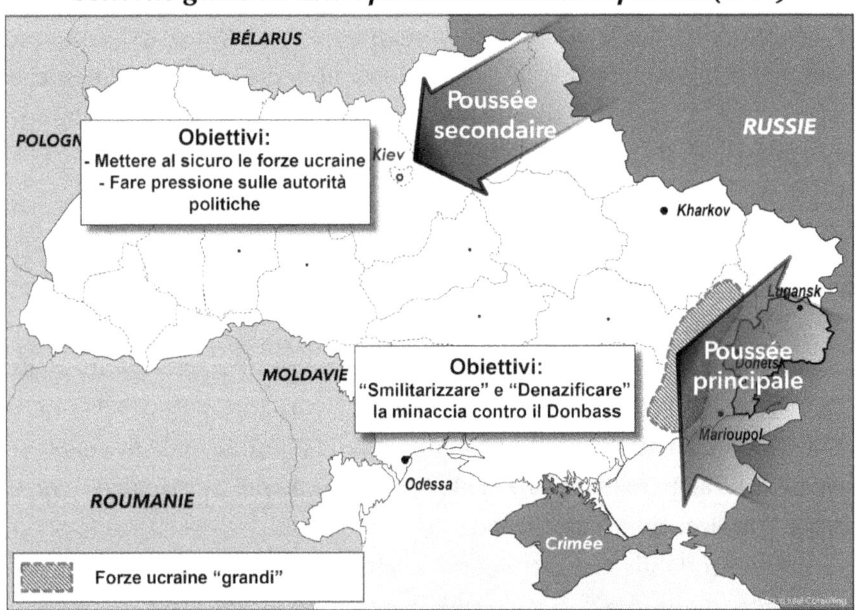

Figura 20 - La meccanica generale delle operazioni speciali russe segue fedelmente la sua dottrina operativa. Si compone di una spinta principale e di una spinta secondaria. Il ruolo della spinta secondaria è quello di creare condizioni favorevoli per la spinta principale. La spinta verso Kiev non ha lo scopo di catturare la città, ma di trattenere eventuali rinforzi a nord che potrebbero muoversi verso il Donbass.

Tra la fase 2 e la fase 3, la Russia si è trovata in una situazione simile a quella degli americani in Afghanistan, che hanno dovuto gradualmente combinare un'operazione puramente americana (ENDURING FREEDOM) con un'operazione multilaterale della NATO (ISAF). Il problema è che i nostri «esperti» non hanno capito nulla di queste questioni e non hanno saputo cogliere la situazione in Ucraina. La loro russofobia ha fatto il resto...

Gestione dell'UAV (24 febbraio 2022 - 7 ottobre 2022)

Figura 21 - All'inizio dell'SVO, la coalizione russa ha riunito le forze della Federazione Russa e le milizie delle Repubbliche popolari di Donetsk e Lugansk. Queste ultime hanno equipaggiamenti diversi, sono composte da «cittadini-soldato» e hanno un proprio comando. Questo spiega la mancanza di coordinamento all'inizio dell'SVO, che i nostri media hanno attribuito all'esercito russo.

In questo modo, le differenze tra l'esercito russo e le milizie del Donbass sono state cancellate per mettere in discussione la condotta della Russia. I cambiamenti alla guida dell'SVO sono stati interpretati dai media occidentali, come *RTS*[202] in Svizzera, *Figaro*[203] in Francia

---

202. https://www.rts.ch/play/tv/redirect/detail/13449035
203. «En pleine mobilisation, la Russie limoge le général chargé de la logistique», *Le Figaro / AFP*, 24 settembre 2022 (https://www.lefigaro.fr/flash-actu/en-pleine-mobilisation-la-russie-limoge-le-general-charge-de-la-logistique-20220924)

e *BBC*[204] nel Regno Unito, come un segno di crisi all'interno della leadership russa e del «fiasco» dell'operazione. Si tratta tecnicamente di una forma di cospirazione che si è ritorta contro l'Ucraina.

La realtà è esattamente il contrario. Il comando russo è stato rafforzato e ha una maggiore libertà d'azione rispetto al passato. Le analisi occidentali hanno portato solo a sottovalutare le capacità russe e a far abbassare la guardia agli ucraini, come abbiamo visto nei giorni successivi.

Gestione di SVO dall'8 ottobre 2022

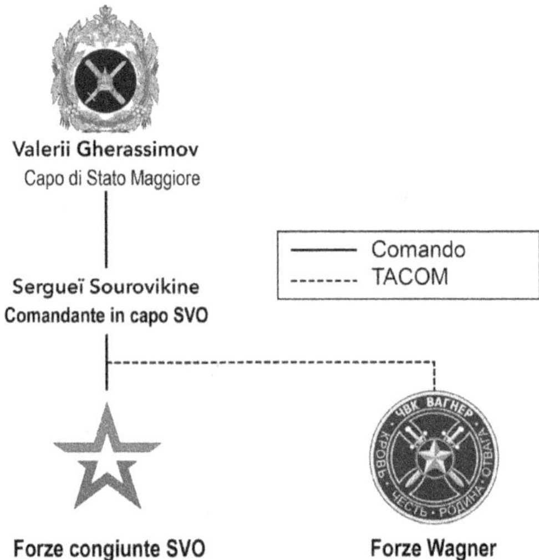

Figura 22 - Dall'ottobre 2022, le forze russe integrano le truppe delle repubbliche del Donbass (ora parte della Federazione Russa). Passano alla modalità difensiva e ingaggiano le truppe di Wagner per la battaglia di Bakhmut. Questa associazione innaturale era dovuta alla mancanza di fanteria nelle strutture russe.

---

204. Matt Murphy, "Dmitry Bulgakov: Putin licenzia il vicecapo della difesa in seguito ai fallimenti delle forniture", *BBC News,* 24 settembre 2022, (https://www.bbc.com/news/world-europe-63021117)

Gestione di SVO dall'11 gennaio 2023

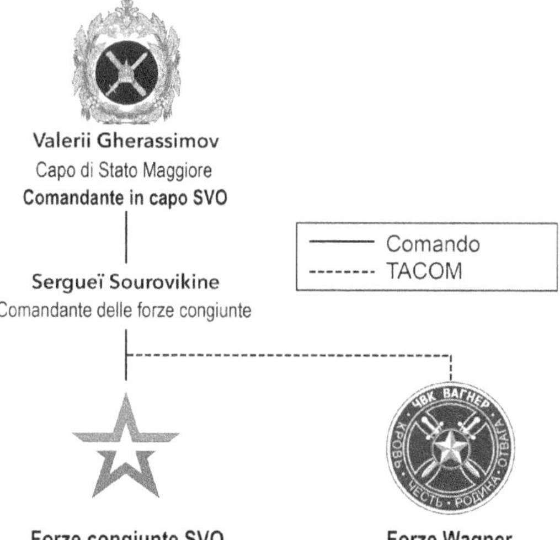

Figura 23 - A partire dal gennaio 2023, l'aumento delle azioni ucraine in territorio russo richiede un'estensione della TVD Ucraina per coordinare meglio le azioni nelle retrovie dell'SVO, in particolare per la difesa aerea. Il generale Sourovikine non è stato licenziato, come hanno strombazzato i media, ma l'area delle operazioni è stata estesa ad alcune regioni del territorio della Federazione Russa, motivo per cui il generale Gherassimov è diventato capo dell'SVO.

Gestione di SVO dall'inizio di luglio 2023

Figura 24 - Dopo la battaglia di Bakhmut, è diventato difficile integrare le milizie private nel sistema russo. Il Ministero della Difesa decise di interrompere questo tipo di collaborazione per semplificare la struttura di comando. Il colonnello generale Sourovikin fu sostituito dal colonnello generale Afzalov.

3.4.1. *Fase I*

Lo svolgimento di questa fase segue esattamente i modelli di arte operativa che conosciamo dai tempi della Guerra Fredda. Questa fase offensiva è divisa in due filoni:

- Una spinta principale («*operazione decisiva*») diretta verso il sud del Paese nella regione del Donbass[205] e lungo la costa del Mar d'Azov (Z).
- Una spinta secondaria («*operazione di supporto*») su Kiev, guidata dalle forze russe della Bielorussia (V) e della Russia (O).

La meccanica dell'operazione deriva dal fatto che la coalizione russa sta attaccando con una forza generalmente inferiore a quella ucraina. Se consideriamo solo le forze russe in Russia, le uniche in grado di condurre operazioni congiunte in profondità, il rapporto di forze è di 1 a 3-4 a favore degli ucraini.

La spiegazione di questa apparente contraddizione è che i russi compensano la loro inferiorità padroneggiando l'arte delle operazioni. Spingendosi in profondità nel territorio ucraino, possono «sfondare» creando superiorità limitate nello spazio e nel tempo, costringendo le forze ucraine nell'ovest del Paese a dividersi e impedendo loro di rinforzare il grosso delle forze già schierate nel Donbass.

Sorprendentemente, questa fine meccanica dell'arte operativa non è stata compresa in Francia, sebbene sia molto ben descritta nella dottrina per l'impiego delle forze francesi nel 2002.

3.4.1.1. *Gli obiettivi*

3.4.1.1.1. Obiettivi nell'asse di spinta principale

In linea con la dottrina militare – e abbastanza logicamente – gli obiettivi principali sono situati nell'asse della spinta principale: la neutralizzazione delle forze armate ucraine che erano state raggruppate nel Donbass in preparazione dell'offensiva contro la RPD e la LPR (obiettivo «smilitarizzazione») e la neutralizzazione delle milizie paramilitari ultranazionaliste a Mariupol (obiettivo «denazificazione»).

---

205. https://donpatriot.news/ru/article/britanska-rozvidka-nazvala-osnovniy-napryamok-nastupu-okupantiv

3.4.1.1.2. Obiettivi nell'asse di spinta secondario

L'obiettivo della spinta secondaria verso Kiev è quello di «sistemare» le forze ucraine, impedendo loro di rinforzare le forze impegnate nella spinta principale russa.

3.4.1.1.3. Conduzione delle operazioni

Nell'asse principale, l'offensiva è condotta da una coalizione (Z) composta da forze russe provenienti dalla Crimea e dal Distretto militare meridionale della Russia, da milizie delle Repubbliche popolari di Donetsk e Lugansk e da un contingente della Guardia nazionale cecena per i combattimenti nell'area urbana di Marioupol.

Con le forze ucraine ammassate nel sud del Paese in preparazione di un'offensiva contro il Donbass, il confine russo-ucraino a nord di Kharkov era praticamente indifeso. Le forze V e O e il raggruppamento settentrionale della forza Z sono state in grado di avanzare abbastanza facilmente e rapidamente verso Kiev. Con la fase 1, la Russia cercava di creare condizioni favorevoli al raggiungimento dei suoi obiettivi. Impedendo agli ucraini di concentrare le loro forze sul Donbass e di creare sforzi principali, sta permettendo alle sue forze di ottenere un punto d'appoggio su un fronte lungo quasi 1.000 km e di tenere sotto controllo un esercito più grande.

Il 24 febbraio 2022, l'aeroporto Antonov di Gostomel è stato preso dalle forze aeree. Il giornale svizzero *Neue Zürcher Zeitung* (NZZ) sostiene che i russi volevano prendere Kiev e non ci sono riusciti[206]. Questo non è vero. Un'analisi intelligente e onesta ha dimostrato già nel marzo 2022 che non hanno mai dispiegato truppe sufficienti per farlo. Era quindi logico che non raggiungessero un obiettivo che non si erano mai posti! In effetti, l'aeroporto è stato conquistato in due ore da soli 200 paracadutisti. Lo scenario è stato lo stesso della presa dell'aeroporto di Praga nel 1968: un piccolo gruppo ha preso le installazioni critiche ed è stato poi rinforzato da un distaccamento più grande. In Ucraina, questo rinforzo da 3 a 400 paracadutisti è arrivato il 26 febbraio su strada, poiché l'artiglieria ucraina impediva il rinforzo aereo. Come si vede, le forze russe erano tutt'altro che sufficienti per prendere la capitale.

---

206. https://www.nzz.ch/international/krieg-gegen-die-ukraine/warum-russland-im-kampf-um-kiew-scheiterte-ld.1679477?reduced=true

La funzione delle truppe aviotrasportate è perfettamente descritta nella dottrina russa: «*disturbare il dispiegamento delle riserve dell'avversario*»[207]. Questo è esattamente ciò che hanno fatto.

Mentre un rapporto di forze di 3 a 1 è generalmente utilizzato per pianificare un attacco, un rapporto di 6-12 a 1 è utilizzato per effettuare un attacco in un'area urbana[208]. All'epoca, Kiev era difesa da circa 60.000 uomini e, in queste condizioni, i russi avrebbero dovuto schierare circa mezzo milione di uomini per conquistarla. Si tratterebbe di un'operazione simile alla conquista di Berlino nel 1945.

Equilibrio di potere per la conquista di una città

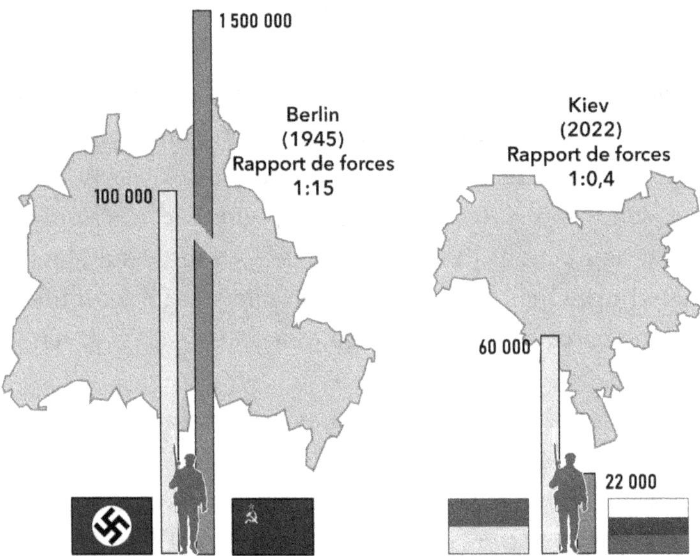

Figura 25 - Nel 1945, i sovietici conquistarono Berlino con una forza 15 volte superiore a quella dei tedeschi. Nel 2022, per una città di dimensioni comparabili, i russi avrebbero avuto un rapporto di forze 37 volte inferiore. Per la città di Marioupol, i russi avevano un rapporto di 8 a 1 a loro favore.

Alle truppe aviotrasportate si sono presto aggiunte le forze di terra: circa 22 BTG (tra i 13.200 e i 17.600 uomini), secondo il Pentagono, intorno alla capitale ucraina. Quindi abbiamo circa 20.000 uomini che

207. "Вооруженные Силы Российской Федерации: их состав и предназначение", *Армейский Сборник*, 1/2023, 2 gennaio 2023 (https://army.ric.mil.ru/Stati/item/460541/)
208. http://www.dupuyinstitute.org/blog/2018/04/25/u-s-army-force-ratios/

L'arte della guerra russa

«minacciano» la capitale. Creando questa pressione, il comando russo sta costringendo lo stato maggiore ucraino a proteggere Kiev e quindi a trascurare il rafforzamento delle sue forze nella regione del Donbass, in linea con la spinta principale russa. A titolo di confronto, si stima che abbiano schierato circa 40.000 uomini per prendere Marioupol, una città notevolmente più piccola. Quindi i russi non hanno mai avuto intenzione di prendere la capitale.

Il 29 marzo, sulla base di una proposta di Zelensky, fu pubblicato il Comunicato di Istanbul. Si trattava di una bozza di armistizio, destinata a servire da base per una soluzione duratura della crisi. Come segno di buona volontà, Vladimir Putin ha immediatamente ordinato una riduzione dell'azione militare nei settori di Chernigov e Kiev, come riportato da Michael von der Schulenburg, ex sottosegretario delle Nazioni Unite, Hajo Funke, professore di scienze politiche presso la Libera Università di Berlino e il generale Harald Kujat, ex ispettore generale della *Bundeswehr*[209], nonché dai media russi *RT*[210]. Ma la speranza è durata poco perché, ancora una volta sotto la pressione dell'Occidente, Zelensky ha ritirato la sua proposta, come riportato da *Ukrainska Pravda*[211].

Nel comunicato stampa del 30 marzo 2022, il Ministero della Difesa russo spiega questo meccanismo[212]:

> *L'obiettivo della prima fase dell'Operazione militare speciale condotta dalle forze armate russe nel Donbass e in Ucraina era quello di costringere il nemico a concentrare le proprie forze, risorse ed equipaggiamenti da combattimento per difendere le principali aree urbane di queste regioni, compresa Kiev. L'obiettivo era quello di sistemarle, senza prendere d'assalto le città, per evitare vittime tra i civili, e di infliggere alle forze armate del regime di Kiev perdite tali da impedirgli di utilizzarle nella direzione principale delle*

209. https://braveneweurope.com/michael-von-der-schulenburg-hajo-funke-harald-kujat-frieden-fur-ukraine
210. https://www.rt.com/russia/552910-istanbul-peace-talks-explainer/
211. https://www.gov.uk/government/news/pm-call-with-president-zelenskyy-of-ukraine-2-april-2022
212. https://z.mil.ru/spec_mil_oper/news/more.htm?id=12415372@egNews

operazioni delle nostre forze nel Donbass. Tutti questi obiettivi sono stati raggiunti.

La presenza russa nell'Ucraina settentrionale non era destinata a durare. Doveva essere estesa con un'offensiva nelle retrovie ucraine, oppure ritirata. Non vi è alcuna indicazione che lo Stato Maggiore russo abbia preso in considerazione la possibilità di continuare questa spinta. Il ritiro era quindi inevitabile e i negoziati di Istanbul hanno dato alla Russia l'opportunità di presentare questo ritiro come un passo verso l'Ucraina.

La conquista di Marioupol consente ai russi di raggruppare le forze nel Donbass e di concentrare gli sforzi sull'obiettivo della «smilitarizzazione». Ora in grado di godere di una superiorità nella sua zona di operazioni decisive, la Russia ha potuto ritirare le sue truppe dal settore di Kiev per rafforzare la sua posizione nel sud del Paese. Il 29 marzo 2022, i negoziati di Istanbul sembravano sul punto di concludersi. I russi hanno visto l'opportunità di fare un gesto di riappacificazione, come riportato dai media tedeschi *DW*[213]. Hanno annunciato il ritiro delle truppe russe dal settore settentrionale dell'Ucraina. In che misura il ritiro russo da Kiev era previsto o era un gesto di buona volontà per sottolineare le proposte costruttive di Zelensky a Istanbul? Questa è una domanda aperta. Resta il fatto che i russi sono riusciti a sfruttare politicamente il ritiro.

L'Ucraina sta facendo passare il ritiro russo come una vittoria, il che è giusto. Più preoccupante è il fatto che l'Occidente non abbia affatto compreso la manovra, come dimostra il generale Thierry Burkhard, capo di Stato maggiore delle Forze armate[214]. Nel maggio 2022, Claude Wild, ambasciatore svizzero a Kiev, ha dichiarato sulla *RTS* che i russi avevano «*perso la battaglia di Kiev*»[215]. In realtà, è vero il contrario. Come ha confermato David Arakhamia, all'epoca capo negoziatore per

---

213. "La Russia si impegna a ridurre le operazioni intorno a Kiev", *DW.com*, 29 marzo 2022 (https://www.dw.com/en/russia-pledges-to-scale-down-military-activity-near-kyiv-chernihiv-as-it-happened/a-61286047).

214. Laurent Lagneau, «Secondo il generale Burkhard, la Russia sta 'sviluppando una strategia a lungo termine' in Ucraina», *opex360.com*, 21 novembre 2022 (https://www.opex360.com/2022/11/21/selon-le-general-burkhard-la-russie-developpe-une-strategie-de-long-terme-en-ukraine/)

215. «Nessuno avrebbe scommesso un franco su una tale resistenza, dice l'ambasciatore svizzero in Ucraina», *RTS Info*, 24 maggio 2022 (https://www.rts.ch/info/monde/13121067-personne-naurait-parie-un-franc-sur-une-telle-resistance-estime-lambassadeur-suisse-en-ukraine.html)

l'Ucraina[216], l'obiettivo era quello di spingere l'Ucraina verso il negoziato, e questo obiettivo è stato raggiunto. Ma l'arroccamento dell'Occidente in una narrativa di sua creazione spingerà l'Ucraina verso il disastro.

L'obiettivo è semplicemente quello di confermare che «*la Russia non può e non deve vincere questa guerra*»[217]. Quindi questa cosiddetta vittoria, che viene attribuita alla competenza dello stato maggiore ucraino, è in realtà dovuta alla buona volontà dei russi. Il problema è che questo incoraggerà gli occidentali a pensare :

a) che gli ucraini sono superiori nell'arte della manovra e del

b) opporsi a qualsiasi tentativo di negoziazione da parte di Kiev.

A distanza di un anno, l'interpretazione piuttosto semplicistica del nostro ambasciatore, condivisa dagli «esperti» e dai nostri media, sarà costata all'Ucraina diverse decine o addirittura centinaia di migliaia di morti. Quando si ama, non si conta.

Schema della fase 1 di SVO

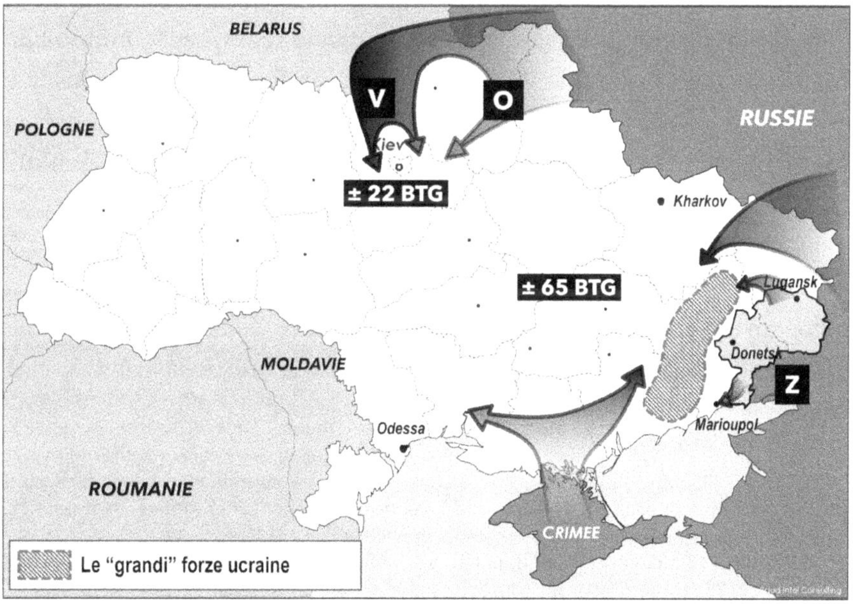

Figura 26 - Fase 1 dell'operazione russa dal 24 febbraio al 30 marzo 2022. Il numero di truppe impegnate dalla Russia dimostra che la cattura di Kiev non è mai stata un obiettivo.

---

216. "Intervista a David Arakhamia, capo della delegazione ucraina ai colloqui di pace", *1+1*, 25 novembre 2023 (https://youtu.be/0G_j-7gLnWU)

217. https://www.assemblee-nationale.fr/dyn/16/rapports/cion_def/l16b1111_rapport-information.pdf

3.4.1.2. *Valutazione della fase 1*

La Fase 1 è un esempio di applicazione dell'arte operativa russa. Nel giro di un mese, la Russia ha raggiunto la maggior parte degli obiettivi definiti il 24 febbraio:

- Dal 25 febbraio, Zelensky era pronto a negoziare con la Russia e chiese l'apertura dei negoziati[218]. I primi negoziati sono stati avviati a Gomel, ma il 27 febbraio l'Unione Europea è intervenuta con un pacchetto di armi da 450 milioni di euro per incoraggiare l'Ucraina a continuare a combattere[219].

- Il 28 marzo, con Mariupol (la culla del movimento neonazista AZOV) circondata, il colonnello generale Sergei Rudskoy, capo della Direzione delle operazioni principali dello Stato Maggiore russo (GOU), ha annunciato che gli obiettivi della prima fase dell'SVO sono stati raggiunti[220]. Il *Financial Times*[221] e *Business Insider*[222] affermano che il comando russo ritiene che l'obiettivo della «denazificazione» sia stato raggiunto e non sarà più oggetto di negoziati.

Sono stati gli europei a vanificare i tentativi di risolvere il conflitto alla fine di febbraio e alla fine di marzo 2022. I russi sanno che Zelensky è tentato di negoziare, ma è sotto l'influenza degli elementi neonazisti del suo entourage, sostenuti dall'*intellighenzia* e dai media occidentali. I russi non hanno alcun interesse a cercare di rovesciarlo, anzi.

Nel complesso, quindi, i russi hanno raggiunto i loro obiettivi, ma il massiccio intervento dell'Occidente sta costringendo i due avversari a giocare sul tempo. In termini operativi, il ritiro delle truppe russe dal nord dell'Ucraina e dalla regione di Kiev segna la fine della fase 1.

---

218. Olga Rudenko, "L'Ucraina è pronta a negoziare con la Russia", *The Kyiv Independent*, 25 febbraio 2022 (https://kyivindependent.com/national/ukraine-ready-to-negotiate-with-russia/).

219. Maïa de La Baume & Jacopo Barigazzi, "L'UE accetta di dare 500 milioni di euro in armi, aiuti all'esercito ucraino in una mossa 'spartiacque'", *Politico*, 27 febbraio 2022 (https://www.politico.eu/article/eu-ukraine-russia-funding-weapons-budget-military-aid/).

220. "Ucraina: l'UE raddoppia gli aiuti militari a 1 miliardo di euro - come è successo", *dw.com*, 23 marzo 2022 (https://www.dw.com/en-ukraine-eu-doubles-military-aid-to-1-billion-as-it-happened/a-61226171; https://p.dw.com/p/48tit)

221. "La Russia non chiede più la "denazificazione" dell'Ucraina nell'ambito dei colloqui per il cessate il fuoco", *Financial Times*, 28 marzo 2022 (https://www.ft.com/content/7f14efe8-2f4c-47a2-aa6b-9a755a39b626).

222. Matthew Loh, "La Russia è pronta a eliminare la richiesta di 'denazificazione' dell'Ucraina dalla sua lista di condizioni per il cessate il fuoco", *Business Insider*, 29 marzo 2022 (https://www.businessinsider.com/russia-nazi-demand-for-ukraine-dropped-in-ceasefire-talks-2022-3?r=US&IR=T).

3.4.2. Fase 2

Dopo la fase 1, che mirava a scuotere le forze ucraine, la fase 2 è una fase di transizione. Inizia con le proposte costruttive di Zelensky durante i negoziati di Istanbul nel marzo 2022 e termina con la nomina del nuovo comandante delle forze russe in Ucraina all'inizio di ottobre 2022.

Durante i negoziati di Istanbul, un documento di proposte firmato dalla delegazione ucraina fu inviato alla Russia, che lo considerò una promettente base di discussione. Ma all'ultimo minuto, sotto le pressioni britanniche, Zelensky ha ritirato la sua proposta: aveva scambiato la possibilità di una soluzione e le decine di migliaia di vite dei suoi soldati con un supporto illimitato e sistemi HIMARS. Nessuno dei nostri media riporta questo sviluppo, che dice alla Russia che l'Ucraina ora non ha altra scelta se non quella di combattere.

Questa fase vedrà un crescente coinvolgimento dell'Occidente per rimpiazzare il potenziale ucraino distrutto nella fase 1. In un certo senso, la smilitarizzazione dell'Ucraina, che può essere dichiarata formalmente raggiunta nel maggio-giugno 2022, viene riavviata. Da quel momento in poi, l'Ucraina dipenderà interamente dall'Occidente per combattere le sue battaglie, come riporta il quotidiano britannico *The Guardian,* molto antirusso[223]:

> *Siamo quasi senza munizioni e dipendiamo dalle armi occidentali, dice l'Ucraina [...] Il vicedirettore dell'intelligence militare dice che ora è una guerra di artiglieria e che «tutto dipende da quello che ci dà l'Occidente».*

Contrariamente a quanto dicono i nostri media, la Russia non ha intenzione di proseguire oltre il Dnieper verso Kiev e l'ovest del Paese. Sa che le forze ultranazionaliste si sono concentrate in questa regione sin dalla fine della Prima guerra mondiale e non ha intenzione di ripetere la guerra di controguerriglia che vi ha condotto tra il 1943 e il 1960. L'SVO deve quindi cambiare carattere e passare a una modalità difensiva.

---

223. https://www.theguardian.com/world/2022/jun/10/were-almost-out-of-ammunition-and-relying-on-western-arms-says-ukraine

3.4.2.1. Gli obiettivi

Gli obiettivi della fase 2 sono duplici:

- Ridurre la vulnerabilità della propria posizione in previsione della decisiva controffensiva annunciata dall'Ucraina. L'obiettivo è quello di stringere la posizione riducendo la lunghezza del fronte, al fine di aumentare la densità di truppe lungo la linea di contatto.
- Continuare a «smilitarizzare» la minaccia per la popolazione del Donbass.

3.4.2.2. Conduzione delle operazioni

Nella fase 1, i russi hanno raggiunto i loro obiettivi con una forza relativamente piccola grazie alla loro capacità di manovra. Per la fase 2, due fattori essenziali determineranno la prossima fase delle operazioni: la prospettiva di un lungo conflitto (che non vogliono condurre) se continuano in modalità offensiva; la prospettiva di una grande controffensiva con un milione di uomini.

I russi hanno quindi dovuto passare a una modalità più difensiva e statica, in cui il vantaggio era dato non tanto dalla manovra quanto dal numero e dalla densità delle truppe. Da febbraio, hanno avuto tra i 100.000 e i 150.000 km2 di territorio in più da difendere.

Meno spettacolare della prima, questa fase è impegnativa per la leadership russa e per il lavoro del personale. Gli aspetti sono molteplici:

- L'integrazione delle forze V e O ritirate dall'Ucraina settentrionale (circa 20 BTG) nella Forza Z, responsabile dello sforzo principale nel sud-est, ovvero la «smilitarizzazione» della minaccia alle popolazioni del Donbass.
- Il rafforzamento della posizione nel Donbass, garantendo al contempo la protezione dei fianchi. Nella primavera del 2022 era chiaro che i settori di Kharkov e Kherson, definiti «strategici» in Occidente, non erano una priorità per i russi. La densità di truppe schierate in questi settori (circa 1 BTG per 20 km) è troppo bassa per attacchi su larga scala. Inoltre, le forze schierate in questi settori sono tagliate fuori dalle principali forze russe dal fiume Oskol nella regione di Kharkov e dal Dnieper nel settore di Kherson.
- Potenziamento e integrazione in un'unica struttura di comando delle truppe della RPD e della LPR, nonché dei volontari dei territori recen-

temente integrati nella Federazione Russa, in modo da non avere un anello debole nel sistema di difesa.

- La mobilitazione parziale di 300.000 truppe nel settembre 2022, per tenere conto dell'allargamento del territorio russo e prepararsi alla controffensiva ucraina annunciata in estate.

Densità delle forze della coalizione russa nell'Ucraina meridionale (luglio 2022)

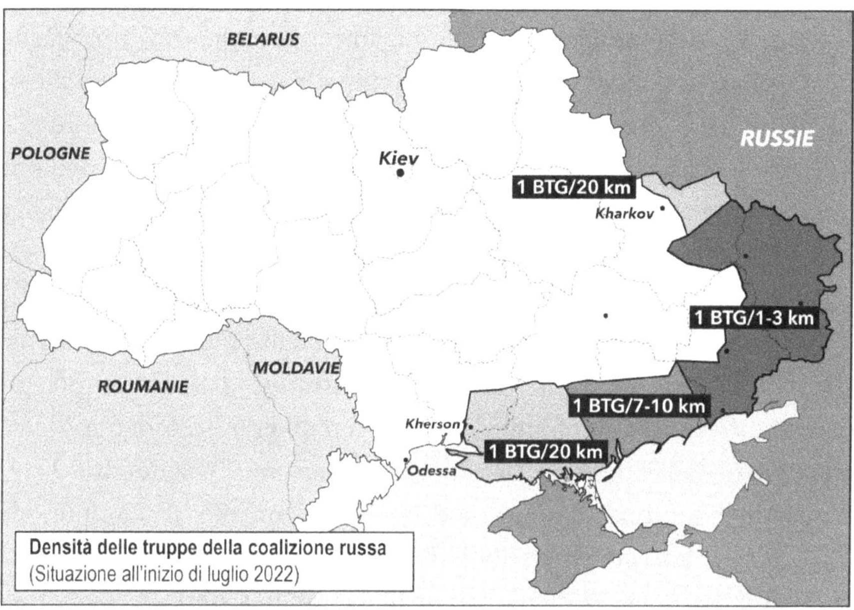

Figura 27 - La densità di BTG è un'indicazione dei principali sforzi della Russia. Il 10 giugno 2022, nei settori di Kharkov e Kherson, la densità è di un BTG ogni 20 km. Nel settore a ovest di Donetsk, la densità è di un BTG ogni 10 km. Nel settore di Lissitchansk, invece, la densità è di un BTG ogni 1-3 km di fronte. In altre parole, i settori di Kharkov e Kherson non sono aree prioritarie per la Russia.

3.4.2.2.1. Il ritiro da Kharkov

Dall'agosto 2022, gli ucraini sono sotto pressione per ottenere un successo sul campo. Joe Biden non vuole essere coinvolto nella campagna presidenziale con il disastro che incombe, mentre Volodymyr Zelensky teme che il sostegno occidentale si stia esaurendo. Gli americani stanno quindi spingendo l'Ucraina a organizzare una serie di controffensive. Disorganizzate e mal condotte, sono state sistematicamente respinte e hanno provocato enormi perdite nelle file ucraine, creando tensioni tra Zelensky e il suo staff.

Già all'inizio di agosto la stampa russa ventilava la possibilità di un'offensiva ucraina nel settore di Kharkov[224]. Questo non è un settore prioritario per i russi. Hanno solo un piccolo numero di truppe lì, la cui funzione è quella di fiancheggiare e sorvegliare la zona decisiva delle operazioni, che è il Donbass.

Piuttosto che cercare di combattere le spinte ucraine in settori secondari, i russi preferirono ritirare le loro truppe in settori più facilmente difendibili, aumentando al contempo la densità delle loro forze. È quello che è successo intorno a Kharkov all'inizio di settembre e a Kherson un mese dopo. In questi due settori la loro presenza non era direttamente utile al raggiungimento degli obiettivi e si trovavano nella stessa situazione dell'Isola dei Serpenti a giugno: l'energia necessaria per difendere questi territori era superiore alla loro importanza strategica.

Avendo rilevato l'allontanamento dei russi dalla regione di Kharkov, i servizi segreti americani videro un'opportunità di successo per gli ucraini e trasmisero l'informazione. Gli ucraini erano allora impegnati a condurre controffensive nel settore di Kherson. Il 6 settembre 2022, seguendo le indicazioni americane, lanciarono un'offensiva e ripresero un'area che i russi avevano abbandonato. L'enorme deposito di munizioni di Balaklaya era vuoto quando gli ucraini lo scoprirono, a dimostrazione che era già stato evacuato in buon ordine diversi giorni prima. I russi hanno anche lasciato aree che l'Ucraina non ha poi attaccato.

Le truppe russe si stanno quindi ritirando lungo una linea di difesa più corta, protetta dal fiume Oskol. Questa densificazione del fronte consente alla Russia di rafforzare le sue capacità offensive nel Donbass.

Per gli ucraini fu una vittoria di Pirro. Avanzarono verso Kharkov senza incontrare resistenza e praticamente senza combattere. Ma entrarono in un'enorme «*sacca di fuoco*» («*огневой мешок*») (in inglese, *zona di morte*), dove l'artiglieria russa fu in grado di distruggere circa 4.000-5.000 ucraini (circa 2 brigate), mentre la coalizione russa subì solo perdite marginali.

224. Алина Корнеева, "'СП': Президент Украины Зеленский собрал миллионую армию под Харьковом для вторжения в РФ», *RK-News*, 8 agosto 2022 (https://rk-news.com/2022/08/08/568521166248.html)

3.4.2.2.2. Ritiro da Kherson

Dal giugno 2022, la città di Kherson è stata oggetto di una moltitudine di «controffensive» ucraine, che hanno causato ingenti perdite alle forze ucraine[225]. Sono state sistematicamente respinte, ma nessuna è riuscita a sfondare le difese russe. Il 10 novembre, mentre le forze russe si stavano ritirando, è stata respinta un'ultima controffensiva ucraina.

Tuttavia, l'8 novembre 2022, il comando russo ha annunciato il ritiro delle sue truppe dalla riva orientale del Dniepr. La questione era oggetto di dibattito nella stessa Russia da settembre. I militari lo chiedevano, ma i politici erano piuttosto contrari.

Lo Stato Maggiore russo ha fatto la stessa analisi della situazione di Kharkov: l'obiettivo non è la conquista del territorio. La giunzione tra il territorio russo e la penisola di Crimea è avvenuta con la distruzione delle forze ucraine, e ora sappiamo che i russi erano pronti a negoziare il suo abbandono nel marzo 2022, prima che Zelensky ritirasse la sua proposta sotto la pressione dell'Occidente[226].

Gli ucraini avevano già lanciato diversi attacchi missilistici HIMARS contro la diga di Nova Kakhovka e i militari russi temevano che le truppe schierate sulla sponda occidentale del Dnieper potessero essere completamente isolate se la diga avesse ceduto. Inoltre, ritirando queste truppe dietro il fiume, lo stato maggiore voleva beneficiare di un bastione naturale e accorciare la lunghezza del fronte.

Per i politici russi, il territorio in questione, anche se rappresentava solo il 40% dell'oblast' di Kherson, era formalmente parte del territorio nazionale. Temevano – e a ragione – che un ritiro avrebbe dato all'Ucraina una facile vittoria che sarebbe stata sfruttata dalla propaganda occidentale. Alla fine, i militari hanno avuto la meglio.

I nostri media esultano, ma Volodymyr Zelensky è più riservato e teme giustamente una trappola[227], perché sa cosa è successo a Kharkov un mese prima: le sue truppe sono state decimate senza combattere. È quello che succederà anche a Kherson...

---

225. Jeremy Bowen, "La guerra tra Russia e Ucraina: In prima linea nella lotta ucraina per Kherson", *BBC News*, 4 novembre 2022 (https://www.bbc.com/news/world-europe-63489081)

226. Matthew C. Mai, "La guerra in Ucraina avrebbe potuto essere fermata?", *The National Interest*, 20 settembre 2022 (https://nationalinterest.org/feature/could-war-ukraine-have-been-stopped-204872)

227. https://www.dailymail.co.uk/news/article-11411551/Is-Russias-retreat-Kherson-actually-trap-laid-Ukraine.html

A differenza degli ucraini, e come ha sottolineato il generale Sourovikine, la priorità della Russia è preservare la vita dei suoi combattenti. A Kherson, nel settembre 2022, i russi si trovano nella stessa situazione in cui si trovavano sull'Isola dei Serpenti a giugno o a Kharkov ad agosto: l'energia necessaria per difendere queste aree è superiore all'interesse strategico di mantenerle. Quella che l'Occidente ha strombazzato come una sconfitta russa è solo l'espressione di un equilibrio tra l'obiettivo strategico e il costo per raggiungerlo. Come abbiamo visto fin dall'inizio dell'SVO, la condotta delle operazioni russe è estremamente efficiente.

Si tratta di un ritiro, non di una ritirata. La ritirata è un movimento effettuato sotto pressione e in costante contatto con il nemico. La ritirata è un'operazione finalizzata al raggruppamento delle forze, al rafforzamento della linea del fronte o alla preparazione di un'azione successiva.

Come si era già visto nei pressi di Kiev sei mesi prima, le truppe russe non erano in uno stato di fallimento. La Russia si sta quindi ritirando di sua iniziativa e non sotto la pressione ucraina. Va ricordato che l'obiettivo della Russia non è territoriale ma di sicurezza, a differenza dell'Ucraina che privilegia la riconquista del territorio rispetto alla vita dei suoi uomini. Questo rende il ritiro una vittoria condivisa da entrambe le parti.

Questo ritiro dimostra che la gestione russa delle operazioni è meno politica che militare: gli obiettivi operativi e tattici sono stabiliti dai militari. Ciò contrasta con l'Ucraina, dove la conduzione delle operazioni è politica, il che spiega le enormi perdite e l'inefficienza. Questa inefficienza (cioè la quantità di risorse utilizzate per raggiungere un obiettivo) può essere misurata dalla velocità con cui gli ucraini stanno perdendo le attrezzature fornite dall'Occidente. Vedremo lo stesso fenomeno a Bakhmut nella primavera del 2023 e a Rabotino nell'estate del 2023.

Tuttavia, la decisione della Russia non è priva di conseguenze in termini di politica estera e interna. Sul fronte esterno, l'Ucraina e l'Occidente si sono ovviamente affrettati a pubblicizzare la «vittoria» ucraina, con il risultato che le capacità ucraine sono state sopravvalutate e l'idea dei negoziati respinta. Sul fronte interno, ci si poteva aspettare una delusione sotto forma di sfiducia nelle autorità di Mosca. Ma lo Stato Maggiore russo ha imparato la lezione del ritiro di Kharkov: invece di spiegare le ragioni della decisione a posteriori, il generale Sourovikine ha comunicato in anticipo. In questo modo, il governo russo non sembra aver perso la fiducia dell'opinione pubblica. Anche «falchi» come Ramzan Kadyrov hanno accolto con favore il ritiro[228].

Tuttavia, anche se le sue truppe hanno lasciato la parte occidentale dell'oblast' di Kherson, la Russia la considera ancora territorio russo[229]. Ciò lascia aperta la possibilità di una successiva offensiva per recuperarlo o per usarlo come *merce di scambio* in un negoziato.

Il problema per l'Ucraina è che i media occidentali hanno trasmesso la sua propaganda e hanno presentato questo ritiro come una prova dell'indebolimento della Russia e della prospettiva di un'imminente vittoria finale. Questa è stata l'analisi fatta (tra gli altri) dal colonnello Michel Goya e dal generale Bruno Clermont davanti a una commissione del Senato in Francia, e da Alexandre Vautravers in Svizzera, che ha portato a una sopravvalutazione delle capacità dell'Ucraina e ha spinto il Paese di sconfitta in sconfitta.

È per evitare questo tipo di problemi che l'analisi dell'intelligence deve rimanere imparziale e libera da facili giudizi e propaganda. Torneremo su questo punto.

3.4.2.3. *Valutazione della fase 2*

La fase 2 è una fase di transizione poco spettacolare. Tuttavia, tra la fine di maggio e l'inizio di giugno 2022, la Russia ha raggiunto il suo secondo obiettivo: la «smilitarizzazione» delle forze ucraine.Da quel momento in poi, le forze ucraine dipenderanno dall'Occidente per le loro forniture militari[230].

I ritiri di Kharkov e Kherson possono essere interpretati in modi diversi:
- Da un punto di vista militare, si tratta di una vittoria tattica per gli ucraini e di una vittoria operativa/strategica per la coalizione russa. Gli obiettivi dichiarati da Vladimir Putin di «smilitarizzazione» e «denazificazione» non riguardano la conquista del territorio, ma la distruzione del potenziale. Gli ucraini combattono per il territorio,

228. Mark Trevelyan, "I falchi della guerra russi si schierano dietro la decisione di abbandonare la città ucraina di Kherson", *Reuters*, 10 novembre 2022 (https://www.reuters.com/world/europe/russias-war-hawks-rally-behind-decision-abandon-ukrainian-city-kherson-2022-11-09/).

229. "Peskov dice che 'Kherson rimane russa' mentre le forze ucraine entrano in città", *The Kyiv Independent*, 11 novembre 11 (https://kyivindependent.com/news-feed/peskov-says-kherson-remains-russian-as-ukrainian-forces-enter-city)

230. https://www.france24.com/en/live-news/20220610-ukraine-dependent-on-arms-from-allies-after-exhausting-soviet-era-weaponry

mentre i russi cercano di distruggere le capacità. Si può sempre riprendere il territorio, ma non si possono riprendere le vite umane.

- In termini operativi, i russi hanno ridotto la lunghezza della loro linea del fronte a 815 km[231], ottenendo una maggiore densità di truppe per rispondere all'imminente controffensiva ucraina.

- Da un punto di vista strategico, l'Occidente ha percepito il ritiro russo come un segno di indebolimento. Le «vittorie» di Kiev, Kharkov e Kherson ricorreranno nella narrazione occidentale per convincere gli ucraini a impegnarsi nella loro controffensiva.

- In termini politici, questa potrebbe essere vista come una vittoria strategica per gli ucraini. È la prima volta che gli ucraini riconquistano così tanto territorio dal 2014. La linea ufficiale è che alla fine vinceranno, suscitando aspettative e speranze senza dubbio esagerate. Il problema non è tanto che l'Ucraina rivendica la vittoria, ma che l'Occidente è convinto che la Russia sia debole. Questo successo è un calice avvelenato per l'Ucraina, che porta i nostri esperti a sopravvalutare le sue capacità. A metà settembre 2022, Ursula von der Leyen ha dichiarato che questo non è «*il* momento *dell'acquiescenza*»[232], spingendo gli ucraini a compiere ulteriori offensive e a rifiutare qualsiasi idea di negoziato. Nel settembre 2022, Volodymyr Zelensky ha dichiarato che avrebbe accettato di negoziare con la Russia solo a condizione che Vladimir Putin non fosse più al potere[233] e pochi giorni dopo ha emanato un decreto che vietava qualsiasi negoziato con la Russia finché Vladimir Putin non se ne fosse andato[234].

Alla fine, sia l'Ucraina che la Russia contano su una qualche forma di successo in questa fase. Ma per gli ucraini questi successi saranno fatali, ma l'Occidente si guarderà bene dall'avvertirli.

---

231. https://telegraf.com.ua/novosti-rossii/2022-12-22/5726885-vydal-voennuyu-taynu-glava-putinskogo-genshtaba-rasskazal-kakie-strany-bolshe-vsego-pomogayut-ukraine

232. https://www.francetvinfo.fr/monde/europe/manifestations-en-ukraine/guerre-en-ukraine-ursula-von-der-leyen-promet-la-solidarite-avec-kiev-sans-convaincre-tous-les-eurodeputes_5362294.html

233. "L'Ucraina non negozierà con la Russia finché Putin sarà al potere: Zelensky", *Barron's/AFP*, 30 settembre 2022 (https://www.barrons.com/news/ukraine-will-not-negotiate-with-russia-as-long-as-putin-is-in-power-zelensky-01664548507)

234. Vladimir Socor, "Zelenskyy vieta le trattative con Putin", *Eurasia Daily Monitor* (volume 19, n. 147), 5 ottobre 2022 (https://jamestown.org/program/zelenskyy-bans-negotiations-with-putin/)

3.4.3. Fase 3

L'SVO era un'azione congiunta delle forze armate russe e delle forze delle repubbliche del Donbass. Essendo queste ultime ufficialmente indipendenti, non erano subordinate al comando russo, ma coordinate dallo Stato Maggiore russo. Dopo i referendum del settembre 2022, tutte le forze della coalizione russa sono state integrate nella struttura di comando di Mosca. Ciò ha portato alla creazione di un comando specifico, guidato dall'8 ottobre 2022 dal generale Sergei Sourovikin, nominato comandante della Joint Task Force nell'area dell'operazione militare speciale in Ucraina. Questo è il punto di partenza della fase 3.

L'implementazione delle nuove strutture di comando è cominciata durante la fase 2. Condurre operazioni militari complesse durante la creazione di nuove strutture di comando e l'adattamento dell'intera catena di comando strategico-operativa è stata una fonte di vulnerabilità. Questa ristrutturazione è quindi la ragione fondamentale per cui i russi non hanno tentato di contrastare l'offensiva ucraina su Kharkov durante la fase 2. In questo modo, hanno scambiato il territorio con quello di Kharkov. Così facendo, hanno scambiato un territorio che non era prioritario (e che può essere recuperato) con le vite dei loro soldati e il tempo (che non può essere recuperato).

La fase 3 è caratterizzata dal passaggio a una postura difensiva, il cui scopo è logorare le forze attaccanti.

Diversi fattori importanti influenzano le decisioni dello Stato Maggiore russo durante questa fase:

- L'aumento delle forniture militari occidentali all'Ucraina e l'annuncio di una controffensiva di un milione di uomini da parte di Volodymyr Zelensky[235]
- Il contributo di 300.000 riservisti, richiamati dalla mobilitazione parziale di settembre 2022
- I referendum nei quattro oblast occupati dalla Russia e l'integrazione delle milizie della RPD e della LPR nelle forze russe. Ciò ha comportato la necessità di istituire amministrazioni locali in grado di fornire servizi agli abitanti delle regioni recentemente integrate nella Federazione Russa.

---

235. https://www.independent.co.uk/news/world/europe/ukraine-million-army-russia-weapons-b2120445.html

- Gli obiettivi definiti nel febbraio 2022 sono stati raggiunti e non c'è bisogno di conquistare nuovi territori. D'altra parte, l'aiuto occidentale significa che il nuovo potenziale ucraino deve essere combattuto nel momento in cui arriva sulla TVD. In altre parole, sarà ancora necessario poter agire nelle profondità del territorio ucraino.

Lo spostamento della strategia russa verso una modalità più difensiva è stato spiegato il 18 ottobre 2022 dal generale Sourovikine[236]:

> *Noi abbiamo una strategia diversa. [...] Non cerchiamo di avanzare ad alta velocità, ci prendiamo cura di ogni nostro soldato e «schiacciamo» metodicamente il nemico che avanza.*

La conseguenza di questo cambiamento di strategia e del passaggio a una modalità più statica è che la superiorità si ottiene meno attraverso la manovra che attraverso la densità e la flessibilità del sistema di difesa.

Questa è la strategia che rimarrà in vigore per tutto il 2023.

3.4.3.1. Gli obiettivi

Non sappiamo quali obiettivi siano stati formalmente definiti per questa fase. Possiamo solo dedurli dalle azioni osservate sul campo:

Questi sono:

- integrare le forze congiunte e consolidare le nuove strutture di comando unificate;
- consolidare le conquiste territoriali e rafforzare il terreno in vista del passaggio a una strategia più difensiva, in grado di resistere alla controffensiva ucraina;
- di riconquistare lo spazio aereo per impedire al nemico di ottenere la superiorità aerea necessaria per effettuare operazioni di sfondamento.

3.4.3.2. Conduzione delle operazioni

La battaglia di Bakhmut è emblematica della fase 3 e di per sé illustra la strategia definita dal generale Sourovikine il 18 ottobre 2022: lasciare che gli ucraini avanzino e distruggerli man mano. L'obiettivo non era pren-

---

236. "Суровикин: российская группировка на Украине методично 'перемалывает' войска противника", *TASS*, 18 ottobre 2022 (https://tass.ru/armiya-i-opk/16090805)

dere la città, ma distruggere il nemico[237]. Questa è l'applicazione letterale di ciò che Vladimir Putin ha detto il 24 febbraio 2022 e che deriva dal principio di Clausewitz:

La vittoria non sta semplicemente nella conquista di un territorio, ma nello schiacciamento fisico e morale delle forze armate del nemico.

Il combattimento urbano è una forma speciale di combattimento che non richiede un'azione congiunta. Può essere combattuto da uomini semplicemente armati, ma esperti e determinati. Per questo motivo, nell'ottobre 2022, Surovikin incaricò la compagnia «Wagner» di distruggere il nemico a Bakhmut: si trattava dell'Operazione Bakhmut Chopper («БАМУТСКАЯ МЯСОРУБКА»).

A differenza dei suoi omologhi in lingua francese, il *New York Times* sembra aver compreso molto bene la manovra russa. Nella sua edizione del 27 novembre 2022, descrive la battaglia di Bakhmut in modo molto chiaro[238]:

Anche se le speranze della Russia di espandere il proprio territorio sono diminuite, può ancora trasformare la città in un buco nero ad alta intensità di risorse per Kiev, ritirando le truppe da altre priorità, anche, potenzialmente, per future offensive.

Incoraggiato dagli europei, Zelensky non ascoltò i suoi generali e continuò a mandare i suoi uomini al macello per sei mesi[239].

Il 17 febbraio 2023, Prigozhin accusò il comando di Mosca di volere la fine di Wagner e di non avergli assegnato abbastanza munizioni di artiglieria. Il rapporto dell'intelligence del Ministero della Difesa britannico vedeva tensioni all'interno della leadership russa dovute alla difficoltà di prendere Bakhmut prima dell'anniversario dell'SVO, il

---

237. https://dzen.ru/a/ZD5JTKwhFzM0r_oo
238. https://www.nytimes.com/2022/11/27/world/europe/ukraine-war-bakhmut.html
239. Kate Tsurkan, "Zelensky, Zaluzhnyi hanno opinioni contrastanti su Bakhmut", *The Kyiv Independent*, 6 marzo 2023 (https://kyivindependent.com/bild-zaluzhnyi-and-zelensky-have-conflicting-views-on-bakhmut/)

24 febbraio[240]. I media occidentali hanno ripetuto questa analisi, che non aveva alcun fondamento[241].

Secondo fonti ucraine, le forze russe hanno ridotto il consumo di proiettili di artiglieria a 20.000 colpi al giorno[242]. Difficile da verificare, ma questo potrebbe essere spiegato dai preparativi per la grande controffensiva ucraina in primavera. L'esercito russo sta cercando di diffondere le sue capacità, finora concentrate nella regione del Donbass, su tutta la linea del fronte. Tuttavia, le accuse di Prigozhin sembrano infondate.

Il Ministero della Difesa russo sostiene di aver assegnato a Wagner 1.660 razzi per lanciarazzi multipli e 10.171 proiettili d'artiglieria per il periodo dal 18 al 20 febbraio[243], vale a dire più di 800 razzi e 5.000 proiettili al giorno. In altre parole, Wagner avrebbe avuto più munizioni di artiglieria al giorno nel solo settore di Bakhmout di quante ne avesse l'intero esercito ucraino nell'intero teatro di operazioni[244]!

Alla fine di aprile 2023, il contratto di sei mesi con Wagner è scaduto e l'obiettivo di distruggere il nemico a Bakhmout è stato raggiunto. L'esercito russo cessò quindi l'artiglieria e il supporto logistico alle truppe di Wagner, che dovettero essere ritirate e sostituite da truppe russe regolari. Ma nonostante Wagner avesse rispettato il suo contratto, una piccola parte della città rimase sotto il controllo ucraino. Prigozhin chiese allora di poter finire il lavoro, cioè di ridurre le ultime sacche di resistenza e prendere il controllo dell'intera città.

Questo è stato il motivo dello psicodramma all'inizio del maggio 2023, quando Prigozhin ha chiesto[245] che gli venissero forniti i mezzi per completare la cattura di Bakhmout[246]. I suoi toni molto virulenti e aggressivi contro Choïgou e Gherassimov hanno portato i media occidentali a

240. https://twitter.com/DefenceHQ/status/1627555726628425728

241. https://www.newsweek.com/wagner-ammo-problem-bakhmut-1783134

242. https://en.defence-ua.com/industries/russia_spends_20000_artillery_shells_per_day_pro-duction_cannot_keep_up_with_such_rates_ukraines_intelligence_chief-5312.html

243. https://function.mil.ru/news_page/country/more.htm?id=12455382@egNews

244. https://www.nytimes.com/2022/11/25/us/ukraine-artillery-breakdown.html

245. https://t.me/Prigozhin_hat/3251

246. https://www.cnn.com/2023/05/05/europe/wagner-military-group-prigozhin-ammuni-tion-tirade-intl-hnk-ml/index.html

fantasticare sulla divisione interna al campo russo[247] e su un possibile «colpo di Stato»[248] contro il «regime» di Mosca.

La Russia non ha bisogno di polemiche che alimentano la propaganda occidentale. Per calmare la situazione e soprattutto per chiudere definitivamente la questione «Bakhmout», il Ministero della Difesa russo ha accettato di prolungare il contratto di Wagner. Questo contratto terminerà il giorno successivo alla presa della città, il 21 maggio 2023, e le truppe di Wagner saranno ritirate dal teatro delle operazioni.

Contrariamente a quanto sostengono alcuni «esperti», la battaglia di Bakhmut non ha nulla a che fare con l'arte delle operazioni: è una battaglia combattuta esclusivamente a livello tattico con una truppa non integrata in una struttura di comando comune. La difficoltà di integrare una struttura privata nella struttura di comando è tale che il Ministero della Difesa russo ha deciso di porre fine alla collaborazione con Wagner e ha offerto ai suoi membri la possibilità di entrare nelle forze armate.

Tuttavia, in linea con il pensiero militare russo, questa battaglia ha contribuito alla strategia di difesa adottata nell'ottobre 2022. Come nel caso degli attacchi contro le installazioni elettriche che hanno costretto l'Ucraina a sprecare le sue difese aeree, l'obiettivo dei russi era quello di indebolire le capacità ucraine a medio e lungo termine.

3.4.3.3. *La campagna aerea contro l'infrastruttura elettrica*

La nostra propaganda si è appropriata della campagna russa contro l'infrastruttura elettrica dell'Ucraina, in modo che nessuno ne capisse una parola. Solo molto (troppo) tardi l'Occidente se ne è reso conto e ha cercato di trovare una soluzione.

All'inizio dell'SVO, la forza aerea ucraina è stata rapidamente messa a terra dai primi attacchi russi, ma le sue capacità antiaeree sono state poco intaccate. Queste si basavano principalmente sui sistemi S-300 forniti dalla Russia. L'obiettivo della Russia non era quello di conquistare l'Ucraina, quindi non aveva bisogno di controllare i cieli dell'intero Paese. I suoi missili le hanno permesso di agire in profondità senza dover rischiare i suoi aerei e i loro piloti.

---

247. https://www.cnn.com/2023/05/05/europe/wagner-prigozhin-russia-ukraine-analysis-intl/index.html
248. https://www.cnn.com/2023/05/24/europe/wagner-prigozhin-russia-manpower-ukraine-intl/index.html

Nell'estate del 2022, vedendo che l'Occidente li stava portando a una guerra di logoramento consegnando armi all'Ucraina, i russi decisero di completare la distruzione delle forze ucraine. L'obiettivo principale era quello di impedire all'Ucraina di ricostituire le proprie forze per la grande offensiva promessa dalla primavera.

Tuttavia, i russi si stanno rendendo conto che le bombe dell'aviazione sono più efficaci (e probabilmente meno costose) dei missili quando si tratta di combattere obiettivi a terra. Per raggiungere questo obiettivo, i loro aerei devono poter volare liberamente nei cieli ucraini. L'obiettivo operativo diventa l'esaurimento delle capacità antiaeree dell'Ucraina, in modo da poter effettuare missioni di bombardamento sulla linea del fronte. Ciò significa colpire obiettivi che gli ucraini sono obbligati a proteggere. Questo è il motivo della campagna di attacchi contro le infrastrutture elettriche del Paese, che non erano state colpite fino all'ottobre 2022.

Questo costringe gli ucraini a usare i loro missili S-300 e BUK e persino a spararne diversi contro un unico obiettivo. Alcuni di questi missili non hanno alcuno scopo. Vecchi e mal mantenuti, il loro meccanismo di autodistruzione spesso non funziona. Di conseguenza, finiscono per cadere su siti abitati, come a Dnipro nel gennaio 2023[249], o in Polonia, come a Przewodow nel novembre 2022[250].

Grazie ai nostri «esperti» (che hanno trovato tutte le spiegazioni possibili tranne quella giusta), la strategia russa ha funzionato. Nell'aprile 2023, Yuriy Ignat, portavoce dell'aeronautica ucraina, ha osservato che i russi avevano lanciato una vasta campagna di bombardamenti «*con un effetto percepibile*» e che le capacità antiaeree ucraine erano insufficienti per rispondere[251].

La tattica russa consiste nell'inviare una prima ondata di droni a basso costo o di missili obsoleti come esca, che inducono gli ucraini ad attivare i loro radar. Allo stesso tempo, con un aereo di allerta precoce A-50U MAINSTAY che monitora lo spazio aereo dalla Bielorussia, i russi analiz-

---

249. https://www.businessinsider.com/zelenskyy-aide-resigns-after-saying-ukraine-shot-down-dnipro-missile-2023-1

250. "Coraz bliżej prawdy o rakiecie w Przewodowie. Wiadomo czyj był pocisk», *Rzeczpospolita*, 26 settembre 2023 (https://www.rp.pl/kraj/art39165861-coraz-blizej-prawdy-o-rakiecie-w-przewodowie-wiadomo-czyj-byl-pocisk)

251. Ellie Cook, "Russian Glider Bombs Spark New Air Defence Woes for Ukraine", *Newsweek*, 13 aprile 2023 (https://www.newsweek.com/russia-glider-bombs-ukraine-air-defense-jdams-1794155)

zano i modelli di risposta ucraini. Possono quindi inviare una seconda ondata di missili da crociera in grado di distruggere le postazioni di difesa aerea ucraine.

Stato della difesa aerea ucraina

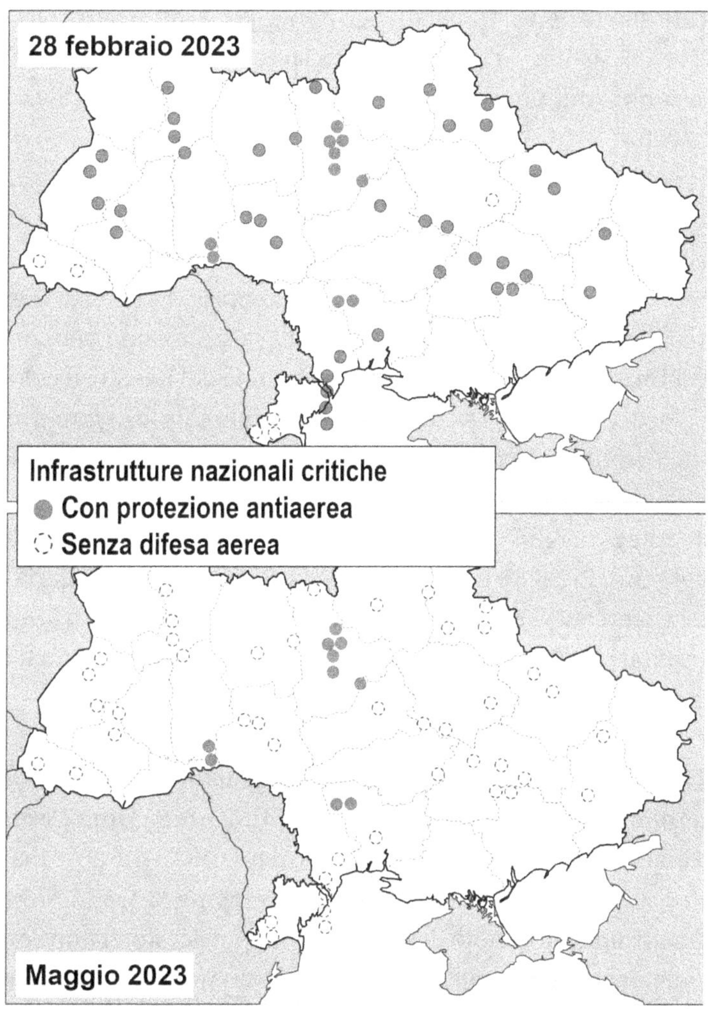

Figura 28 - Informazioni tratte da documenti classificati trapelati all'inizio di aprile 2023. Essi mostrano che, a maggio, l'Ucraina non ha più una difesa aerea operativa. Questo è il risultato della campagna russa contro l'infrastruttura elettrica del Paese e la conseguenza delle dichiarazioni fatte dalla propaganda ucraina e dai nostri media, secondo cui la Russia non disponeva più di missili o aerei.

3. Operazione militare speciale (SVO) in Ucraina

Saturando le difese aeree con una combinazione di missili, droni e esche, i russi costringono gli ucraini a utilizzare missili del costo di diverse centinaia di migliaia di dollari per colpire droni del valore di poche migliaia. Secondo la rivista americana *Forbes*, l'Ucraina disponeva di 300 sistemi SA-10/S-300 nel febbraio 2022. Un anno dopo, documenti classificati statunitensi trapelati nell'aprile 2023 mostrano che erano rimasti solo 25 sistemi e che i sistemi antiaerei SA-10/S-300 e SA-11/BUK e le loro munizioni erano stati esauriti tra la fine di marzo e la fine di maggio 2023.

I nostri media hanno strombazzato il fatto che i russi avevano esaurito i missili ed erano costretti a usarne di obsoleti. Inoltre, i risultati annunciati dalla propaganda suggerivano che le difese aeree ucraine si stavano comportando bene! Abituati a comprendere la strategia solo attraverso il nostro prisma, i nostri brillanti «esperti» non vedono nulla. Nel novembre 2022, davanti a una commissione del Senato, il colonnello Michel Goya spiegò che si trattava semplicemente di *«fare qualcosa, perché non sappiamo cosa fare»*[252]! Grazie a loro, nessuno ha capito la manovra russa.

Questo spiega perché l'Occidente ha trascurato di fornire armi antiaeree prima del gennaio 2023 e ha concentrato i suoi sforzi sull'artiglieria. Ironia della sorte, cercando di minimizzare i successi russi, i nostri media ed esperti militari hanno amplificato l'efficacia della strategia russa, contribuendo direttamente all'indebolimento delle risorse ucraine.

La strategia russa ha funzionato, perché tra la fine del 2022 e l'inizio del 2023, l'Occidente deve inviare urgentemente sistemi antiaerei all'Ucraina. Gli Stati Uniti hanno promesso un'unità di MIM-104 PATRIOT. Nel marzo 2023, la Francia ha deciso di inviare due sistemi CROTALE con una gittata di 11 km e si è unita all'Italia nell'inviare un sistema MAMBA SAMP/T in estate. Nonostante la qualità di questi sistemi, questi sforzi non sono stati sufficienti per consentire all'Ucraina di ripristinare il proprio equilibrio.

Anche in questo caso, però, gli occidentali non hanno avuto pieno successo. Il 16 maggio 2023, subito dopo il suo dispiegamento, il sistema PATRIOT fornito dagli Stati Uniti è stato danneggiato secondo loro[253] (o

---

252. https://youtu.be/aZe5diu87sk?t=1520
253. https://www.cnn.com/2023/05/16/politics/patriot-missile-damage-ukraine/index.html

distrutto secondo i russi[254]), come sembrano confermare le immagini satellitari. Maggiori informazioni in seguito.

3.4.3.4. La guerra clandestina

Oltre alle operazioni convenzionali, sembra che nei territori controllati da Kiev nel sud e nell'est del Paese (Odessa, Nikolayev, Zaporozhie, Dnepropetrovsk, Kharkov, Soumy, Chernigov) operino movimenti di resistenza molto potenti. Su di loro filtrano poche informazioni perché disturbano la narrazione occidentale, ma sono noti, come la «*Kherson russa*» (*Русский Херсон*), apparsa nell'aprile 2023. Negli oblast di Kherson, Zaporozhie e Soumy si osservano eliminazioni di mercenari stranieri, membri di milizie paramilitari neonaziste, ecc. Secondo rapporti non confermati, queste eliminazioni ammontano all'equivalente di un battaglione. Le azioni di sabotaggio hanno preso di mira anche le linee logistiche ucraine. Depositi di munizioni e installazioni militari ucraine sono stati distrutti da esplosivi al plastico.

Durante la Seconda guerra mondiale, il 30 maggio 1942, l'Alto comando sovietico (VGK) decise di creare uno Stato maggiore centrale del movimento partigiano, responsabile del coordinamento, della fornitura, dell'addestramento e dell'equipaggiamento dei movimenti partigiani nell'Europa orientale[255]. I russi fecero lo stesso in Ucraina? Non lo sappiamo. Ma sembra che alcune azioni partigiane fossero coordinate con quelle delle forze russe.

Va notato che non ci sono stati movimenti equivalenti nelle aree occupate dai russi, poiché la maggioranza della popolazione è a loro favore. Coloro che sono rimasti fedeli a Kiev se ne sono andati.

3.4.3.5. Valutazione della fase 3

La fase 3 illustra la dimensione asimmetrica in cui la narrazione occidentale ha spinto l'Ucraina. L'obiettivo della Russia è il potenziale, mentre quello dell'Ucraina è il territorio. In altre parole, più l'Ucraina si aggrappa al suo obiettivo, più la Russia può raggiungere il proprio.

---

254. Elena Teslova, "La Russia dichiara di aver distrutto 5 lanciatori e il radar del sistema di difesa missilistico statunitense Patriot in Ucraina", *aa.tr*, 18 maggio 2023 (https://www.aa.com.tr/en/russia-ukraine-war/russia-says-it-destroyed-5-launchers-radar-of-us-patriot-missile-defense-system-in-ukraine/2900064).
255. *Vtoraya Mirovaya Voïna - Itogi i uroki*, Mosca, Voenizdat, 1985, p. 161

In realtà, la Russia ha raggiunto il suo obiettivo di «denazificazione» il 28 marzo 2022. Ha raggiunto il suo secondo obiettivo di «smilitarizzazione» per la prima volta alla fine di maggio 2022: gli ucraini dipendono ora dall'Occidente per le loro armi. Lo raggiunge una seconda volta, quando l'equipaggiamento dell'ex URSS fornito dai Paesi dell'Europa orientale si esaurisce entro la fine del 2022. Lo raggiunge una terza volta, quando anche le attrezzature occidentali fornite per la controffensiva ucraina del 2023 sono esaurite e l'Occidente è costretto ad ammettere di non poter reggere il ritmo alla fine del 2023.

La fornitura di armi da parte dell'Occidente ha portato la Russia a condurre una guerra di logoramento, in cui il potenziale dell'Ucraina viene gradualmente eroso. Sacrificare le truppe per proteggere il territorio è la strategia peggiore in questa situazione. Si può riprendere il territorio, ma non si recuperano mai le vite umane perse. L'Occidente sta attualmente esortando gli ucraini a giocarsi il capitale umano rimasto. I nostri intellettuali la vedono come una grande epopea romantica (è facile fare la guerra con le vite degli altri), ma dobbiamo ricordare che l'Ucraina dovrà ricostruirsi da sola.

I nostri media possono salutare l'eroica difesa di Bakhmut da parte degli ucraini, ma questo non risolve nulla. Gli ucraini lo sanno bene, perché ci sono due approcci opposti: quello del generale Valerii Zaloujny, che preferirebbe abbandonare la città per preservare le sue truppe, e quello di Volodymyr Zelensky e del generale Oleksandr Syrskyi, capo delle forze di terra, che vedono nella difesa della città una dimensione simbolica, necessaria per ottenere il sostegno occidentale. La visione di Zelensky ha prevalso, grazie agli occidentali.

Di conseguenza, durante la controffensiva, gli ucraini hanno continuato l'assalto nella speranza di riprendere Bakhmout.

4. Il pensiero militare ucraino

Mentre il pensiero militare della Russia è perfettamente costruito e documentato, quello dell'Ucraina è molto meno strutturato. Fino al 2014, l'esercito ucraino è rimasto fortemente influenzato dalla tradizione militare derivante dal Patto di Varsavia. Nel quadro del *Partenariato per la pace* (PfP) e del *Consiglio di partenariato euro-atlantico* (EAPC) (e non all'interno della NATO, come sostengono alcuni «esperti») le sue forze armate si stanno avvicinando agli standard occidentali. Questa influenza, di cui farà buon uso durante la partecipazione alle operazioni americane in Iraq e in Afghanistan, lo bloccherà in un approccio tattico al combattimento.

Questo pensiero militare tattico fatica a coesistere con la tradizione militare più operativa emersa durante la Guerra Fredda. È quindi rimasto in una forma di transizione dottrinale che lo priva della coerenza intellettuale tra i livelli strategico, operativo e tattico di cui ha bisogno oggi.

Di fronte ai ribelli del Donbass, ha subito due gravi sconfitte che l'hanno portata a firmare gli accordi di Minsk I (settembre 2014) e II (febbraio 2015). Già all'epoca, le operazioni mostravano un deficit di pensiero operativo che è perdurato fino ad oggi: si combatte tatticamente, non operativamente. Il risultato è un'asimmetria nel modo di combattere che giocherà a favore dei russi a partire dal 2022.

Alla fine del 2014, l'Ucraina ha intrapreso un'*operazione antiterrorismo* (ATO) (dimostrando di non essere di fronte a una minaccia esterna) per la quale non era preparata né dal punto di vista dottrinale, né strutturale, né materiale. L'assistenza formativa fornita dall'Occidente si concentra sulla contro-insurrezione. Purtroppo, il loro know-how non solo non ha portato alla vittoria né in Iraq né in Afghanistan, ma si rivelerà totalmente inadatto alla natura del conflitto ucraino.

La principale debolezza delle forze ucraine deriva da questo contributo eterogeneo: l'assenza di una spina dorsale e di coerenza dottrinale.

La popolazione ucraina beneficia generalmente di un livello di istruzione molto elevato e l'Ucraina è un Paese noto per i suoi hacker altamente qualificati. È bastato questo perché i Paesi occidentali vedessero l'opportunità di preparare i propri eserciti ai cosiddetti conflitti di quinta generazione, con una forte componente «cibernetica». È stata creata l'immagine di un nemico (la Russia) che cercava di «distruggere le nostre democrazie» influenzando le elezioni negli Stati Uniti, in Francia, Germania e Regno Unito (cosa che non è mai stata provata!). Il problema è che si trattava solo di una percezione e non della realtà.

Ma la guerra condotta dalla Russia è una guerra di terza generazione! Quindi non abbiamo preparato l'esercito ucraino per la guerra giusta.

Quindi, paradossalmente, l'approccio ucraino al conflitto è totalmente... ibrido! È una combinazione frettolosa di principi di combattimento risalenti all'era sovietica, riadattati da istruttori della NATO la cui esperienza operativa è totalmente diversa da quella dell'Ucraina. A partire dal 2022, questa disomogeneità sarà accentuata da equipaggiamenti di origine diversa, progettati per dottrine d'impiego differenti, scarsamente adattati al teatro ucraino e con sistemi di controllo militari e civili compositi.

4.1. Forze ucraine

Prima del 2014, le relazioni tra ucraini-ucraini e ucraini-russi erano tradizionalmente buone. Soprattutto tra la popolazione «istruita», tutti parlavano russo e ucraino allo stesso modo. I legami tra i due gruppi etnici erano forti e stretti. L'arrivo al potere di una piccola cricca di «kieviani» di estrema destra, con l'aiuto di fanatici ultranazionalisti, è stato completamente in contrasto con il resto del Paese. Ma è stata soprattutto l'abolizione della legge Kivalov-Kolesnichenko sulle lingue ufficiali, avvenuta il 23 febbraio 2014, a essere sentita più duramente dalle popolazioni più modeste del sud del Paese e del Donbass. Il russo, precedentemente utilizzato per le interazioni tra cittadini e amministrazione e nelle scuole, è stato sostituito dall'ucraino. L'intero sud del Paese è andato in fiamme e l'esercito è stato mobilitato per sedare le manifestazioni.

Questi cambiamenti stanno avendo un effetto profondo sulle forze armate, molte delle quali simpatizzano per la minoranza russofona. Ciò ha portato a un massiccio aumento dell'indisciplina e delle diserzioni. Molte unità dell'esercito si sono unite agli autonomisti con armi e bagagli. Questo spiega il rapido armamento dei ribelli, che i nostri media attribuiscono alla Russia.

Tradizionalmente, l'esercito ucraino opera secondo il principio della coscrizione. Nell'ottobre 2013, il presidente Yanukovych ha deciso di passare a un esercito professionale a partire dal 2014. Tuttavia, il 1° maggio 2014, il nuovo governo ha deciso di tornare alla coscrizione per i giovani tra i 18 e i 25 anni in tutte le parti del Paese, comprese le regioni meridionali[256]. Nel 2015, le forze ucraine contavano 250.800 uomini.

In realtà, l'esercito è minato dalla corruzione dei suoi quadri e non gode più del sostegno della popolazione. Secondo un rapporto del Ministero degli Interni britannico, nel richiamo dei riservisti di marzo-aprile 2014, il 70% *non si è presentato* alla prima sessione, l'80% alla seconda, il 90% alla terza e il 95% alla quarta[257]. Nell'ottobre-novembre 2017, il 70% dei coscritti non si è presentato alla campagna di richiamo «*Autunno 2017*»[258]. Questo senza contare i suicidi e le diserzioni (spesso verso gli autonomisti), che hanno raggiunto il 30% della forza lavoro nell'area dell'ATO[259].

Nel 2018, secondo Anatoly Matios, procuratore militare capo, dopo quattro anni di conflitto con gli autonomisti del Donbass, 2.700 militari sono morti *al di fuori delle* situazioni di combattimento (incidenti, droga, uso improprio di armi, omicidi e suicidi)[260].

---

256. "L'Ucraina adotta la leva militare obbligatoria", *NBC News*, 1 maggio 2014 (https://www.nbcnews.com/storyline/ukraine-crisis/ukraine-enacts-compulsory-military-draft-n94906).

257. *"Country Policy and Information Note - Ukraine: Military service"*, versione 4.0, Home Office, aprile 2017 (https://www.refworld.org/docid/590748164.html).

258. "ВСУ заявили о 70% неявки во время осеннего призыва", *iPress.ua*, 13 dicembre 2017 (https://ipress.ua/ru/news/v_vsu_zayavyly_o_70_neyavky_vo_vremya_osennego_pryziva_237367.html)

259. *Fact Finding Mission Report - Ukraine*, Office français de protection des réfugiés et apatrides (OFPRA) e Bundesamt für Fremdenwesen und Asyl (BFA), maggio 2017 (pag. 36); Mikhail Klikushin, «Why Are So Many Ukrainian Soldiers Committing Suicide?», *Observer.com*, 30 giugno 2017.

260. «На Донбассе небоевые потери ВСУ составили 2700 человек, - Матиос», *focus.ua*, 27 ottobre 2018 (https://focus.ua/ukraine/410520-na-donbasse-neboevye-poteri-vsu-sostavili-2700-chelovek--matios)

Perdite dell'esercito ucraino nel Donbass (2014-2018)

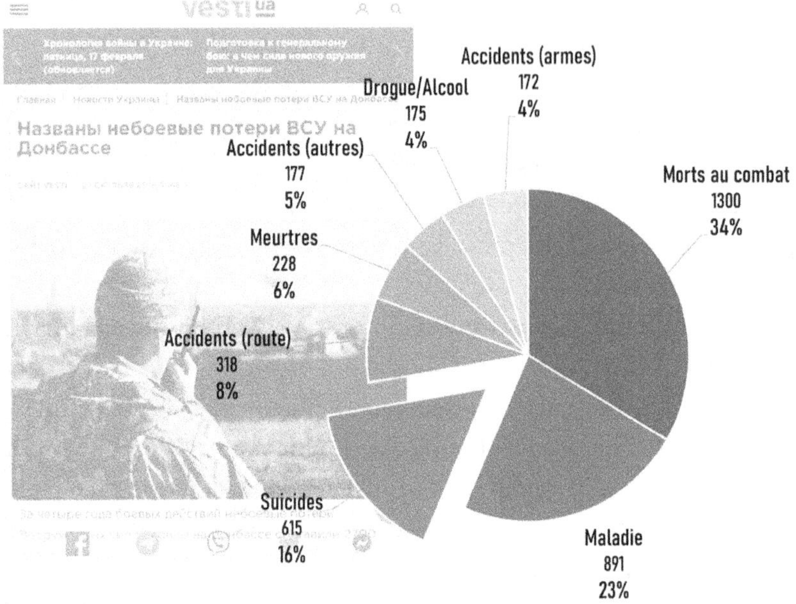

Figura 29 - Stato delle forze ucraine tra il 2014 e il 2020. Per questo motivo l'Ucraina chiede alla NATO di aiutarla a rimettersi in piedi. La NATO fornirà assistenza soprattutto per migliorare le condizioni quadro delle forze armate. Allo stesso tempo, i Paesi della NATO (in particolare Stati Uniti, Gran Bretagna, Francia e Canada) partecipano bilateralmente all'addestramento dei militari e dei paramilitari (compresi neonazisti e ultranazionalisti). [Fonte: Vesti.ua]

Le diserzioni verso le regioni ribelli sono innumerevoli. Secondo il governo britannico, ci sono stati 33.000 disertori tra il 2014 e il 2018, e 9.300 per il 2019[261]. Per affrontare questa situazione, le autorità ucraine stanno adottando un duplice approccio:

- Richiesta di aiuto alla NATO per istituire programmi sociali all'interno delle forze armate e facilitare il reinserimento del personale militare nella vita civile dopo l'arruolamento, nonché per combattere la corruzione (programma BUILDING INTEGRITY). L'obiettivo è quello di migliorare lo status della carriera militare e incoraggiare i giovani ad arruolarsi. In questo contesto mi sono occupato anche dell'Ucraina.

---

261. «Nota informativa e politica nazionale: servizio militare, Ucraina, versione 8.0, giugno 2022 (accessibile)», Home Office, giugno 2022 (aggiornato al 27 luglio 2022) (https://www.gov.uk/government/publications/ukraine-country-policy-and-information-notes/country-policy-and-information-note-military-service-ukraine-june-2022-accessible#preface).

L'obiettivo è rivitalizzare l'esercito ucraino rendendolo più attraente. Ma si è trattato di un'attività a lungo termine, che non ha dato una risposta all'urgenza della situazione.

- L'inaffidabilità dell'esercito sta spingendo le nuove autorità di Kiev a creare più unità paramilitari politiche, soprattutto di estrema destra (di matrice «neonazista» o «ultranazionalista»), che reprimeranno brutalmente le rivolte popolari in tutto il sud del Paese e provocheranno l'irrigidimento della minoranza russa. Si tratta di una soluzione a breve termine, adeguata all'urgenza del momento.

Questo tema è stato ampiamente trattato negli altri miei libri, *Operazione Z* e *Ucraina tra guerra e pace*, quindi non lo approfondiremo qui.

Disinformazione occidentale: truppe russe in Ucraina

Figura 30 - Per giustificare le sanzioni contro la Russia, si inventa un'invasione di truppe russe in Ucraina. Tuttavia, secondo il capo dello Stato Maggiore ucraino nel gennaio 2015, l'esercito ucraino non stava combattendo contro le truppe russe e, nel Kyiv Post *del 10 ottobre 2015, il capo dell'SBU, il servizio di sicurezza ucraino, ha dichiarato che solo 56 individui russi erano stati coinvolti in azioni di combattimento.*

Basti pensare che, a partire dal 2014, si sono formate una serie di unità di volontari finanziate da oligarchi come Igor Kolomoïski (che

143

sarebbe diventato il promotore della carriera artistica e poi politica di Volodymyr Zelensky), come i battaglioni AÏDAR, AZOV, DNIEPR-1, DNIEPR-2 e DONBASS. Le forze ucraine hanno quindi bisogno di una spina dorsale ideologica sufficiente a compensare la demotivazione dei soldati impegnati in una guerra contro i propri connazionali. Va inoltre ricordato che, secondo il capo dello Stato Maggiore ucraino, non c'erano truppe russe regolari nel Donbass[262]. Questa informazione è stata confermata 9 mesi dopo dal capo dell'SBU ucraino, che ha dichiarato che solo 56 singoli combattenti russi sono stati osservati nel Donbass[263].

La diserzione è un problema endemico nelle forze ucraine. Tanto che il Parlamento ucraino ha approvato una legge che autorizza gli ufficiali a usare le armi contro i loro uomini se tentano di disertare[264]. Nel maggio 2022, è stato proposto alla Rada[265] un emendamento a questa legge, che chiedeva la cancellazione della frase *«senza causare la morte»*. La proposta ha suscitato indignazione sui social network ed è stata ritirata[266]. Tuttavia, la proposta non ha cambiato realmente la legislazione attuale. I comandanti sono autorizzati a usare le armi *«per fermare un reato, se è impossibile fermarlo in altro modo»*. In situazioni di combattimento, secondo il codice di disciplina militare, questi reati sono: disobbedienza, resistenza o minaccia a un capo, violenza e diserzione[267]. Dall'inizio dell'SVO russo, le milizie estremiste sono state impegnate nelle retrovie delle forze regolari ucraine, al fine di eliminare qualsiasi combattente che potesse tentare di disertare.

---

262. https://www.dw.com/uk/генштаб-україна-не-воює-з-російськими-регулярними-військами/a-18225044

263. https://www.kyivpost.com/article/content/war-against-ukraine/sbu-registers-involvement-of-56-russian-in-military-actions-against-ukraine-since-military-conflict-in-eastern-ukraien-unfolded-399718.html

264. Damien Sharkov, "L'Ucraina approva una legge che consente ai militari di sparare ai disertori", *Newsweek*, 6 febbraio 2015 (https://www.newsweek.com/ukraine-passes-law-shoot-deserters-304911).

265. https://itd.rada.gov.ua/billInfo/Bills/Card/39562

266. "La Rada ritirerà il disegno di legge sull'uccisione dei disertori", *The News 24*, 24 maggio 2022 (https://then24.com/2022/05/24/the-rada-will-withdraw-the-bill-on-the-murder-of-deserters/)

267. Anna Stechenko & Irina Gamaliy, "З Верховної Ради відкликали законопроєкт про розстріл дезертирів", *lb.ua*, 24 maggio 2022 (https://lb.ua/pravo/2022/05/24/517817_z_verhovnoi_radi_vidklikali.html)

A prescindere dai loro simpatizzanti che cercano di dipingerli come «scomparsi», i neonazisti esistono nelle forze ucraine[268] e continuano ad avere un effetto di mobilitazione sulle truppe regolari[269].

Esistono due tipi di forze paramilitari volontarie ucraine: quelle appartenenti alla Guardia Nazionale e quelle indipendenti dal Ministero della Difesa. È il caso dell'Esercito Volontario Ucraino (UDA), guidato da Dmitro Yarosh, che è una propaggine del Settore Destro e una milizia che può essere descritta come ultranazionalista e neonazista. Unità di questo tipo sono state ritirate dalle zone di combattimento del Donbass nell'estate del 2018. Questo è ciò che i nostri giornalisti chiamano «denazificazione» dell'esercito ucraino. Ma contrariamente a quanto affermano, queste unità non sono scomparse. In realtà, sono state ritirate perché erano difficili da gestire, si rifiutavano di obbedire alla gerarchia militare ed erano responsabili di numerosi crimini di guerra[270]. Oggi l'UDA combatte a fianco delle forze ucraine, ma indipendentemente dalle decisioni dello Stato Maggiore ucraino.

Queste unità, indipendenti da un comando centralizzato, pongono una serie di problemi. Il più evidente è quello del coordinamento operativo. Numerosi esempi dimostrano che queste unità, come il Battaglione KRAKEN, noto per essere particolarmente brutale, rifiutano di attenersi alle decisioni dello Stato Maggiore di Kiev. Ciò ha portato a scontri sanguinosi tra queste milizie e l'esercito ucraino. Inoltre, queste unità, che non fanno parte di una gerarchia, non si sentono responsabili delle loro azioni e tendono a commettere più crimini di guerra di altre.

4.1.1. *L'esercito ucraino di fronte al logoramento*

Nel gennaio 2022, le forze armate ucraine avranno 200.000-250.000 soldati[271], più fino a 900.000 riservisti e miliziani. Si stanno preparando

268. Josh Cohen, "Il problema neonazista dell'Ucraina", *Reuters*, 19 marzo 2018 (https://www.reuters.com/article/us-cohen-ukraine-commentary-idUSKBN1GV2TY)
269. Thomas Gibbons-Neff, "Nazi Symbols on Ukraine's Front Lines Highlight Thorny Issues of History", *The New York Times*, 5 giugno 2023 (aggiornato al 7 giugno 2023) (https://www.nytimes.com/2023/06/05/world/europe/nazi-symbols-ukraine.html)
270. https://zn.ua/UKRAINE/pravyy-sektor-mozhet-voyti-v-sostav-vsu-lish-kak-otdelnoe-podrazdelenie-171167_.html
271. Prasanta Kumar Dutta, Samuel Granados & Michael Ovaska, "On the edge of war", *Reuters*, 26 gennaio 2022 (https://graphics.reuters.com/RUSSIA-UKRAINE/dwpkrkwkgvm/)

per un'offensiva contro il Donbass, sapendo che la Russia probabilmente interverrà.

Nell'aprile-maggio 2022, l'esercito ucraino di febbraio praticamente non esisteva più e l'Occidente intervenne per tenere a galla le difese dell'Ucraina. È stato a questo punto che l'Ucraina ha iniziato a impegnare truppe territoriali per contrastare la coalizione russa. Le manifestazioni delle mogli e delle madri dei militari ucraini sono state violentemente represse[272].

Nel luglio 2022, Zelensky ha affermato di voler lanciare un'operazione di riconquista dei territori perduti con un esercito di un milione di uomini[273]. Ma nonostante queste dichiarazioni, non sembra che l'Ucraina sia riuscita a radunare così tanti uomini. Questo perché i giovani ucraini non vogliono più andare a combattere. Nel 2022, il numero di studenti maschi nelle università è aumentato dell'82%, e in alcune università questo numero è stato moltiplicato per 12[274]!

Nel maggio 2023, mentre i russi parlavano di innalzare l'*età di leva* da 27 a 30 anni, l'Ucraina l'ha abbassata da 27 a 25 anni. Oleksiy Reznikov, Ministro della Difesa, ha giustificato questa apparente contraddizione con la necessità di ricostituire la riserva di mobilitazione. In precedenza, l'età massima per l'arruolamento era di 27 anni, quindi se un uomo raggiungeva l'età di 27 anni e non aveva prestato servizio nell'esercito, non poteva più essere mobilitato con la forza. Dopo la modifica della legge, gli uomini di età compresa tra i 25 e i 60 anni, anche quelli senza esperienza di servizio militare, potevano essere mobilitati forzatamente[275].

Nel giugno 2023, l'»esperto» militare svizzero Alexandre Vautravers dichiarò che l'esercito ucraino aveva una forza totale di 960.000 uomini, 170.000 dei quali erano «in congedo». Queste cifre sembrano del tutto fantasiose. Infatti, nel febbraio 2023, il dipartimento di ricerca di *Statista*

---

272. Paul Waldie, "Nella piccola città ucraina di Khust, una rara manifestazione pubblica di dissenso per la guerra con la Russia", *The Globe and Mail*, 2 maggio 2022 (https://www.theglobeandmail.com/world/article-russia-ukraine-war-conscription-protest/)

273. Maxim Tucker, "L'Ucraina ha un milione di persone pronte a combattere per riconquistare il sud", *The Times*, 10 luglio 2022 (https://www.thetimes.co.uk/article/ukraine-has-one-million-ready-for-fightback-to-recapture-south-3rhkrhstf).

274. https://gordonua.com/ukr/news/society/v-ukrajini-za-rik-vijni-kilkist-cholovikiv-studentiv-platnoji-formi-navchannja-zrosla-na-82-u-dejakih-vishah-u-12-raziv-zmi-1661079.html

275. https://visitukraine.today/blog/1974/conscription-age-cut-to-25-in-ukraine-what-will-change-and-how-will-it-affect-mobilisation

aveva stabilito che il potenziale massimo dell'Ucraina era di 500.000 uomini (200.000 attivi, 250.000 di riserva e 50.000 paramilitari[276]).

Pagine militari ucraine rivela che, secondo lo Stato Maggiore ucraino, dal maggio 2023 la situazione del personale delle nuove forze armate si è deteriorata in modo significativo. La situazione del personale sta diventando «particolarmente critica» a causa dell'aumento delle perdite in combattimento causate dalla controffensiva ucraina a est e a sud e dall'offensiva delle truppe russe nella regione di Kharkiv. Nel luglio 2023, solo il 50% delle truppe mobilitate si era presentato ai centri di addestramento dell'esercito ucraino[277]. Questo fenomeno di disaffezione è aggravato dalla capacità di servire, che è tra il 50% e il 60% e scende al 10% nelle formazioni d'élite, come le truppe di paracadutisti[278]. Il nostro «esperto» parlava a vanvera.

Nonostante il divieto di lasciare il Paese, migliaia di giovani ucraini stanno cercando di fuggire per evitare la mobilitazione[279]. Secondo i dati Eurostat, il 17,7% dei 4.114.320 ucraini che hanno trovato rifugio in Europa ha un'età compresa tra i 18 e i 64 anni e potrebbe essere mobilitato. Si tratta di poco meno di 730.000 uomini che potrebbero arruolarsi nelle forze armate, a condizione di soddisfare i requisiti. Per questo motivo, nell'agosto 2023, l'Ucraina ha annunciato che avrebbe modificato i propri regolamenti per ridurre il numero di casi di esenzione e che avrebbe chiesto ai Paesi europei di estradare gli uomini in età di servizio. Alcuni Paesi hanno accettato, come la Polonia[280], ma altri hanno rifiutato, come la Germania, l'Austria e la Repubblica Ceca[281].

Mentre la Russia deve affrontare un problema di *arruolamento*, dovuto all'aumento delle dimensioni del suo esercito, l'Ucraina ha un problema di *mobilitazione* per rispondere a una situazione di manodopera sempre

---

276. https://www.statista.com/statistics/1296573/russia-ukraine-military-comparison/
277. https://www.ukrmilitary.com/2023/07/mobilization-buksue.html
278. https://www.ukrmilitary.com/2023/06/50.html
279. "Migliaia di uomini ucraini evitano il servizio militare", *The Economist*, 31 agosto 2023 (https://www.economist.com/europe/2023/08/31/thousands-of-ukrainian-men-are-avoiding-military-service)
280. "La Polonia potrebbe iniziare a estradare gli ucraini che si sottraggono alla leva", *Kyiv Post*, 4 settembre 2023 (https://www.kyivpost.com/post/21242).
281. Zoltán Kottász, "L'Ucraina chiede l'estradizione dei suoi uomini di leva", *The European Conservative*, 9 settembre 2023 (https://europeanconservative.com/articles/news/ukraine-demands-extradition-of-its-draft-age-men/).

più tesa[282]. In realtà, il fallimento della controffensiva del 2023, che avrebbe dovuto essere decisiva, è servito solo ad accentuare la sfiducia della popolazione nei confronti del governo ucraino e di Zelensky in particolare. A settembre, un sondaggio ha mostrato che oltre il 78% degli ucraini lo ritiene responsabile della corruzione nel Paese[283].

Secondo la rivista americana *Time*, la guerra ha decimato le fasce di età più giovani e ha reso necessaria la mobilitazione di uomini sempre più anziani, portando l'età media di un soldato ucraino a circa 43 anni[284]. Questo significa diverse capacità operative e un maggiore onere per la catena logistica.

4.1.2. Personale militare scarsamente addestrato dalla NATO

Dalla fine della Guerra Fredda, gli eserciti occidentali non hanno mai avuto l'opportunità di implementare i concetti tattici e operativi sviluppati durante la Guerra Fredda per contrastare i sovietici. I loro equipaggiamenti, le loro dottrine e le loro procedure sono state adattate a conflitti di tipo anti-insurrezionale. Per questo motivo, oggi, ciò che gli ucraini ricevono è semplicemente il surplus di ciò che non è stato utilizzato nella «guerra al terrorismo».

In primo luogo, molte unità sono completamente nuove, create o ricreate dai resti di altre unità o composte da soldati appena reclutati. È il caso della 32ª brigata meccanizzata indipendente, che non esisteva nel 2022, composta «*per lo più da civili che non avevano mai sparato su nessuno*», «*molti dei quali non volevano far parte dell'esercito*», e che è impegnata contro russi «*esperti e ben equipaggiati, con un gran numero di proiettili di artiglieria e razzi multipli*»[285]:

---

282. Anastasia Stognei, Polina Ivanova & Christopher Miller, "Russia e Ucraina rafforzano le regole di leva in vista delle ostilità di primavera", *The Financial Times*, 11 aprile 2023 (https://www.ft.com/content/35d34148-32a9-4b95-99da-db2470817329)

283. Valentyna Romanenko, "Quasi l'80% degli ucraini considera Zelenskyy responsabile della gestione della corruzione nelle amministrazioni governative e militari", *Ukrainska Pravda*, 11 settembre 2023 (https://www.pravda.com.ua/eng/news/2023/09/11/7419343/).

284. Simon Shuster, "'Nobody Believes in Our Victory Like I Do.' Inside Volodymyr Zelensky's Struggle to Keep Ukraine in the Fight", *TIME magazine*, 30 ottobre 2023 (aggiornato al 1 novembre 2023) (https://time.com/6329188/ukraine-volodymyr-zelensky-interview/)

285. Igor Kossov, "Una nuova brigata subisce il peso dell'attacco russo nella regione di Kharkiv", *The Kyiv Independent*, 1 settembre 2023 (https://kyivindependent.com/new-brigade-bears-heavy-brunt-of-russias-onslaught-in-kharkiv-oblast/).

I fanti dicono di essere stati surclassati dai competenti e apparentemente impavidi soldati russi che hanno visto su questo asse di attacco.

Questo è l'esatto contrario di quello che ci dicono i nostri pseudo-esperti e gli altri idraulici dei media.

Fino al luglio 2023, i Paesi occidentali hanno addestrato 17 brigate e 63.000 soldati ucraini[286]. Il problema è che gli istruttori occidentali non hanno esperienza del conflitto per il quale stanno addestrando quadri e soldati ucraini[287]. Spesso attingono alla loro esperienza di operazioni in Medio Oriente e addestrano gli ucraini a fare pulizia e a identificare i ribelli, che non hanno alcun interesse nel teatro ucraino.

In realtà, l'addestramento fornito dai paesi NATO è spesso non in linea con le condizioni sul campo, altamente burocratico e inadatto al conflitto in Ucraina[288]. Gli istruttori tedeschi e britannici non sono stati in grado di comunicare efficacemente con i militari ucraini e non hanno saputo adattare la terminologia ai loro «clienti» ucraini[289]. I soldati ucraini in addestramento in Germania hanno dichiarato al *Kyiv Independent* che «*l'addestramento li ha preparati per una guerra che non esiste in Ucraina. Hanno detto che gli ufficiali della NATO non hanno capito la realtà sul campo.*[290]»

La conseguenza prevista di questa permanente e non veritiera sottovalutazione da parte dei nostri media è quella di spingere gli ucraini a combattere nonostante sappiano che la loro lotta è senza speranza. Perché il morale dei militari ucraini è molto basso. Questo è diventato un argomento per Volodymyr Zelensky, che ha dichiarato alla *CNN* che

---

286. https://www.defense.gov/News/News-Stories/Article/Article/3462714/ukraine-defense-contact-group-members-remain-unified-in-support-to-kyiv/

287. Isobel Koshiw, "L'addestramento della NATO lascia le truppe ucraine 'poco preparate' alla guerra", *openDemocracy*, 8 agosto 2023 (https://www.opendemocracy.net/en/odr/ukraine-russia-training-nato-west-military/).

288. Jack Watling, "L'Occidente deve concentrarsi sulla preparazione delle truppe ucraine - o pagheremo tutti il prezzo", *The Guardian*, 23 luglio 2023 (https://www.theguardian.com/world/2023/jul/23/west-must-focus-on-preparing-ukraines-troops-or-we-will-all-pay-the-price)

289. Laura Pitel, "Lost in translation: Germany's challenges training Ukrainian soldiers", *Financial Times*, 28 agosto 2023 (https://www.ft.com/content/5bcb359e-f0ae-475d-9773-b89c0ebe0a1b)

290. https://kyivindependent.com/new-brigade-bears-heavy-brunt-of-russias-onslaught-in-kharkiv-oblast/

un invito ad entrare nella NATO ora «*sarebbe un'enorme motivazione per i soldati ucraini*»[291].

Un problema essenziale, ma totalmente evitato dai nostri media, è l'addestramento del personale ucraino. La distruzione del potenziale umano militare delle forze ucraine ha portato alla graduale scomparsa di soldati esperti.

A ciò si aggiungono i vincoli di tempo, che fanno sì che ogni fase dell'addestramento non venga consolidata e convalidata prima di passare alla successiva. L'uso di droni durante l'addestramento è spesso difficile, o addirittura vietato in alcuni Paesi della NATO a causa del rischio di incidenti con i civili. Si ritiene che solo due plotoni (circa 60-70 uomini) per battaglione siano realmente in grado di combattere, ovvero circa il 10% della forza.

I nostri «esperti» militari ci dicono che l'esercito ucraino favorisce l'iniziativa individuale e il comando per missione. Ma la realtà non sembra essere questa. Secondo i giornalisti militari che hanno visitato il Paese, «*le forze armate ucraine non incoraggiano l'iniziativa personale, la fiducia reciproca o il comando per missione*»[292].

I russi possono benedire il fatto che l'esercito ucraino sia stato addestrato da ufficiali della NATO!

4.2. Condotta ucraina

Il problema centrale dell'esercito ucraino è che non è stato preparato per una guerra di movimento contro un avversario meccanizzato. Modernizzato e addestrato dal 2014 dalla NATO, ha sofferto della mancanza di esperienza degli occidentali, che hanno avuto a che fare con eserciti tecnologicamente inferiori solo in contesti di controinsurrezione.

Come abbiamo visto in alcune operazioni (come BARKHANE), gli occidentali hanno un chiaro deficit di comprensione del livello operativo. Ecco perché, dall'inizio dell'SVO nel febbraio 2022, non abbiamo assistito a grandi battaglie di carri armati, come a Kursk nel 1943. Gli

---

291. https://edition.cnn.com/europe/live-news/russia-ukraine-war-news-07-04-23/h_9ffed-7e97423cb666d3e0079ec06e978?embed=true
292. https://warontherocks.com/2023/06/what-the-ukrainian-armed-forces-need-to-do-to-win/

ucraini stanno combattendo una guerra di fanteria, in trincea o in aree urbane, come a Mariupol, Severodonetsk o Bakhmut.

Se ne deduce che l'arrivo di carri armati, soprattutto occidentali con cui gli ucraini non hanno molta dimestichezza, non cambierà sostanzialmente la situazione. Anche con un nuovo equipaggiamento, l'Ucraina non è più in grado di riprendersi i territori conquistati dai russi. Vorrei ricordare che mentre l'Occidente parla di territorio, i russi parlano di potenziale.

Un altro problema derivante dall'inesperienza degli eserciti della NATO è la tendenza alla «microgestione», che sta colpendo l'esercito ucraino. Questa tendenza è aumentata con la scomparsa di comandanti esperti e l'arrivo di quadri addestrati in fretta.

4.3. Strategie ucraine e occidentali

4.3.1. La strategia occidentale

A prima vista, sembrerebbe che l'Ucraina e i Paesi occidentali abbiano lo stesso obiettivo e quindi la stessa strategia. Ma non è così. Le strategie dell'Ucraina e dell'Occidente (cioè degli Stati Uniti) sono talvolta difficili da distinguere l'una dall'altra, perché si alimentano a vicenda senza riuscire a soddisfare interessi ben distinti.

Dagli anni Duemila, l'interesse primario dell'Ucraina è stato quello di avvicinarsi all'Occidente per garantire la propria prosperità. Come ho mostrato nei libri precedenti, l'Ucraina vede questo avvicinamento come raggiungibile attraverso l'adesione alla NATO, che dovrebbe aprire le porte all'UE, diventando così un membro «a pieno titolo» dell'Europa moderna. Fino al 2014, la Russia era un partner e non era percepita come una minaccia. Da quel momento in poi, la politica discriminatoria nei confronti delle minoranze, e in particolare della minoranza russa, ha aumentato la tensione tra i due Paesi (come del resto con l'Ungheria), culminando nell'SVO del 2022.

Gli Stati Uniti sono ossessionati dalla Cina, il cui rapido sviluppo tecnologico e commerciale – due settori in cui rivendicano la leadership mondiale – è ancora percepito come una minaccia. L'obiettivo degli Stati

Uniti è quindi quello di evitare che la Russia diventi il «cortile di casa» della Cina e dell'Europa per l'energia e le risorse naturali. Inizialmente, la strategia statunitense nei confronti della Russia è stata oggetto di due visioni contrastanti all'interno della stessa Casa Bianca:

- Offrire concessioni alla Russia per tenerla in Occidente e indebolire così la Cina;
- Indebolire la Russia, provocare la caduta di Vladimir Putin e un cambio di potere per renderla inutile alla Cina.

In entrambi gli approcci, l'Ucraina gioca un ruolo centrale: sia in termini di concessioni che si sarebbero potute fare alla Russia, sia usandola per attirare la Russia in un conflitto. Alla fine è stata scelta quest'ultima opzione, difesa da Victoria Nuland e Anthony Blinken, gli «ultras» dell'amministrazione Biden.

A questo doveva seguire la «decolonizzazione» della Russia[293], cioè il suo smembramento e la creazione di nuovi Paesi[294]. Ciò è stato confermato da Oleksiy Danilov, Segretario del Consiglio di Difesa e Sicurezza Nazionale dell'Ucraina, nel marzo 2022 al canale televisivo svizzero *RTS*[295]:

> *L'Occidente deve prepararsi alla decolonizzazione della Russia. La Russia cesserà presto di esistere all'interno dei suoi attuali confini. Non dipende da noi. L'inizio del crollo della Russia è stato provocato da Putin il 24 febbraio 2022. [...] I processi che hanno portato al crollo dell'URSS sono ora in corso nella Russia di oggi.*

A partire dal maggio 2022 si sono tenute non meno di cinque conferenze (di cui una in videoconferenza) a Varsavia (maggio 2022), Praga (luglio 2022), Danzica (settembre 2022) e Bruxelles (gennaio 2023). Tutto ciò è ben lontano dalla «paranoia» proclamata dai media statali svizzeri.

Per ottenere questo crollo, una strategia è stata descritta in modo molto preciso dalla *RAND Corporation*, il think tank del Pentagono, nel marzo 2019, in un documento di 300 pagine intitolato «*Extending Russia:*

293. Casey Michel, "Decolonizzare la Russia", *The Atlantic*, 27 maggio 2022 (https://www.theatlantic.com/ideas/archive/2022/05/russia-putin-colonization-ukraine-chechnya/639428/)
294. https://www.csce.gov/international-impact/events/decolonizing-russia
295. https://www.rts.ch/info/monde/13818312-lukraine-demande-des-armes-des-armes-et-encore-des-armes.html

Competing from Advantageous Ground»[296]. Gli americani applicheranno scrupolosamente questa strategia, che prevede di spingere la Russia in un conflitto[297].

È qui che entra in gioco l'Ucraina, che doveva fungere da esca per l'intervento che avrebbe permesso all'Occidente di mobilitare la comunità internazionale contro la Russia.

Ma gli analisti *del RAND* avevano avvertito che questa strategia avrebbe potuto ritorcersi contro l'Ucraina se le capacità russe non fossero state valutate correttamente. Ed è esattamente quello che è successo. Poiché il paese non era ai livelli delle economie occidentali, si pensava che la sua economia fosse fragile e che sarebbe crollata rapidamente. Poiché Vladimir Putin è stato presentato come un «dittatore»[298], abbiamo pensato che la popolazione russa stesse solo cercando un'opportunità per rovesciarlo. Poiché pensavamo che l'esercito russo fosse mal equipaggiato e rigidamente comandato, pensavamo che sarebbe stato rapidamente sconfitto sul campo da un esercito ucraino addestrato dalla NATO. In altre parole, gli «strateghi» occidentali pensavano che questa guerra sarebbe stata di breve durata, perché le massicce sanzioni[299] e l'isolamento internazionale della Russia avrebbero fatto sì che quest'ultima non fosse più in grado di sostenere il suo sforzo bellico, come ha immaginato Ursula von der Leyen davanti al Parlamento europeo il 2 marzo 2022[300].

---

296. James Dobbins, Raphael S. Cohen, Nathan Chandler, Bryan Frederick, Edward Geist, Paul DeLuca, Forrest E. Morgan, Howard J. Shatz, Brent Williams, "Extending Russia: Competing from Advantageous Ground", *RAND Corporation*, 2019, pag. 101.

297. Robert H. Wade, "Perché gli Stati Uniti e la NATO hanno voluto a lungo che la Russia attaccasse l'Ucraina", *London School of Economics and Political Science*, 30 marzo 2022 (https://blogs.lse.ac.uk/europpblog/2022/03/30/why-the-us-and-nato-have-long-wanted-russia-to-attack-ukraine/)

298. «Biden definisce Putin un 'dittatore' e dice che l'esercito russo è 'ridicolizzato'», *Euronews*, 4 maggio 2022 (https://fr.euronews.com/2022/05/04/biden-qualifie-poutine-de-dictateur-et-estime-que-l-armee-russe-est-ridiculisee)

299. Paul De Grauwe, "La Russia non può vincere la guerra", *London School of Economics and Political Science*, 2 marzo 2022 (https://blogs.lse.ac.uk/europpblog/2022/03/02/russia-cannot-win-the-war/)

300. https://www.pubaffairsbruxelles.eu/eu-institution-news/speech-by-president-von-der-leyen-at-the-european-parliament-plenary-on-the-russian-aggression-against-ukraine/

Evoluzione della strategia occidentale per il conflitto in Ucraina

Periodo approssimativo	Obiettivo	Strategia
Febbraio-maggio 2022	Far crollare l'economia russa prendendo di mira la popolazione civile, al fine di provocare una catastrofe sociale che porterebbe al rovesciamento di Vladimir Putin[301].	Sanzioni massicce
Giugno-luglio 2022	Rimuovere l'Ucraina in modo che sia in una posizione migliore per negoziare[302].	Forniture di armi e assistenza militare
Agosto-dicembre 2022	Impegnare la Russia in una guerra di logoramento per costringerla alla resa[303].	Controffensive multiple
Gennaio-estate 2023	Sfondare le linee russe e tagliare la Crimea dal territorio russo, al fine di provocare un panico che porti al rovesciamento di Vladimir Putin[304].	Massiccia controffensiva ucraina
Estate 2023	[305]Distruggere gradualmente e sistematicamente le capacità dell'esercito russo.	Guerra di logoramento contro la Russia
Agosto-settembre 2023	Congelare il conflitto in prima linea.	Spingere Zelensky a negoziare
Ottobre-novembre 2023	Trovare una soluzione allo «stallo» strategico in Ucraina, senza perdere la faccia.	Spingere Zelensky a negoziare con la Russia e ad applicare una strategia di «contenimento».
Dicembre 2023	Il risveglio del sostegno internazionale all'Ucraina	Garantire la sopravvivenza dell'Ucraina come Stato.

Figura 31 - Gli obiettivi occidentali fluttuavano in base all'evolversi degli eventi.

---

301. "Le sanzioni economiche danneggeranno i russi molto prima di fermare la guerra di Putin in Ucraina", The Conversation, 1 marzo 2022 (https://theconversation.com/economic-sanctions-will-hurt-russians-long-before-they-stop-putins-war-in-ukraine-178009)

302. Joseph R. Biden Jr, "Il presidente Biden: cosa farà e non farà l'America in Ucraina", 31 maggio 2022, The New York Times (https://www.nytimes.com/2022/05/31/opinion/biden-ukraine-strategy.html)

303. "Perché l'Ucraina sta conducendo una brutale guerra di logoramento contro la Russia per Bakhmut", PBS.org, 23 maggio 2023 (https://www.pbs.org/newshour/world/why-ukraine-is-waging-a-brutal-war-of-attrition-against-russia-over-bakhmut)

304. Kateryna Tyshchenko, "La Russia si farà prendere dal panico quando inizierà la controffensiva dell'Ucraina - il vice ministro della Difesa ucraino", Ukrainska Pravda, 7 maggio 2023 (https://www.pravda.com.ua/eng/news/2023/05/7/7401067/).

305. http://www.ukrainianjournal.com/index.php?w=article&id=37113

Il problema di queste diverse strategie è che si sono tutte basate su una percezione delle capacità russe, non sulla realtà dei fatti. Probabilmente perché hanno mantenuto una forma di libertà di espressione, gli americani sono più rapidi degli europei nel rendersi conto che le sanzioni non fermeranno la guerra[306]. Così, nell'aprile del 2022, Janet Yellen, segretario al Tesoro di Joe Biden, ha cercato di scoraggiare gli europei dall'imporre sanzioni sui prodotti petroliferi russi per non squilibrare il mercato[307]. Ma in Europa c'è una sola narrazione, che non può essere contestata. La ricerca cieca del collasso della Russia porterà al disastro economico e alla morte dell'Ucraina e degli ucraini.

L'Occidente è convinto che la Russia possa solo perdere. Ma l'azione militare non sarà sufficiente. La chiave è destabilizzare la Russia creando tensione tra la popolazione e il Cremlino. Per questo l'Occidente sosterrà la campagna terroristica ucraina in Russia diffondendo false informazioni, ad esempio su una possibile mobilitazione in Russia il 5 gennaio 2023[308].

Il problema della strategia occidentale è che sta deliberatamente utilizzando l'Ucraina per soddisfare gli obiettivi strategici degli Stati Uniti. Come ha detto il senatore democratico Richard Blumenthal alla fine di agosto 2023[309]:

> *L'Ucraina è la punta di diamante della nostra lotta per l'indipendenza e la libertà.*

Ammette che non solo l'Ucraina sta facendo il lavoro per gli Stati Uniti, ma lo sta facendo ad un costo modesto per gli americani[310]:

---

306. Christine Adams, "Possono le sanzioni economiche porre fine a una guerra?", *The Washington Post*, 1 marzo 2022 (https://www.washingtonpost.com/outlook/2022/03/01/can-economic-sanctions-end-war/)
307. "La Yellen avverte che il divieto europeo sull'energia russa potrebbe danneggiare le economie", *RFI*, 21 aprile 2022 (https://www.rfi.fr/en/yellen-warns-european-ban-on-russian-energy-could-harm-economies)
308. Veronika Melkozerova, "Il capo della difesa ucraina mette in guardia da una nuova mobilitazione russa", *Politico*, 31 dicembre 2022 (https://www.politico.eu/article/ukraine-defense-chief-oleksii-reznikov-warn-russia-mobilization/).
309. Richard Blumenthal, "Zelenskyy non vuole o ha bisogno delle nostre truppe. Ma ha profondamente e disperatamente bisogno degli strumenti per vincere", *The Connecticut Post*, 29 agosto 2023 (https://www.ctpost.com/opinion/article/sen-blumenthal-opinion-ukraine-tip-spear-18335871.php)
310. https://twitter.com/NatalkaKyiv/status/1696759802154614836

Vorrei dire ai miei colleghi americani che in Ucraina si ottiene ciò per cui si paga. Le forze armate russe sono state dimezzate. La sua forza è stata ridotta del 50% senza che un solo soldato americano sia stato ucciso, e questo con meno del 3% del nostro bilancio militare. È un vero affare militare.

Questo cinismo non è esclusivo dei democratici, ma è ampiamente sostenuto anche dai repubblicani, come testimoniato, sempre nell'agosto 2023, dal senatore repubblicano degli Stati Uniti Mitt Romney[311]:

Poter destinare un importo equivalente a circa il 5% del nostro bilancio militare [...] per aiutare gli ucraini è, a mio avviso, la migliore spesa per la difesa nazionale che abbiamo mai fatto. Non stiamo perdendo vite in Ucraina e gli ucraini stanno combattendo eroicamente contro la Russia, che ha 1.500 armi nucleari puntate contro di noi. Stiamo quindi riducendo e devastando l'esercito russo per una cifra molto piccola rispetto a quanto spendiamo per il resto della difesa.

Questo disprezzo per le vite degli ucraini è stato confermato da Kajsa Ollongren, ministro degli Esteri olandese, all'inizio di ottobre 2023[312]:

Il sostegno all'Ucraina è ovviamente un modo molto economico per garantire che la Russia, con questo regime, non rappresenti una minaccia per l'Alleanza Atlantica.

Si diceva che gli olandesi fossero parsimoniosi, ma non ci sembrava che questo si spingesse fino a descrivere il sacrificio degli ucraini come «economico».

Queste affermazioni rivelano due cose sull'approccio occidentale:
- Non si parla del recupero dei territori ucraini presi dalla Russia o del prezzo pagato dagli ucraini stessi;

---

311. https://www.youtube.com/watch?v=nXJJw9MV-ak
312. https://www.republicworld.com/world-news/russia-ukraine-crisis/ukraine-a-cheap-way-to-ensure-that-russia-is-not-a-threat-to-nato-says-dutch-minister-articleshow.html

- È una franca ammissione che gli Stati Uniti stanno sfruttando l'Ucraina per combattere la Russia in modo più economico, così da poter attaccare meglio la Cina.

Tuttavia, nel marzo 2019, la *RAND Corporation* ha avvertito il governo statunitense che l'attuazione della strategia proposta avrebbe avuto conseguenze disastrose per l'Ucraina, con il rischio di perdere territorio e molte vite umane. Quindi l'Occidente era ben consapevole dei rischi che l'Ucraina stava correndo…

L'idea che il prolungamento della guerra indebolisca la Russia è contraddetta dai fatti. In realtà, la guerra ha favorito l'economia russa e sta distruggendo l'Ucraina, senza nemmeno avvantaggiare l'Occidente. Anzi, il contrario. Nel gennaio 2023, un rapporto della *RAND Corporation*, *Avoiding a Long War*, ha messo in guardia gli Stati Uniti – ancora una volta – da una guerra prolungata con la Russia, in quanto avrebbe giocato a favore di quest'ultima[313].

Nel novembre 2023, sono stato trattato da *RTS* per averlo detto nei miei libri precedenti. Ma ora, un anno dopo, lo dice il generale ucraino Valerii Zaloujny[314].

Strategia occidentale: incoerenza al lavoro

La Germania rifiuta…	Ma accetta la…
inviare carri armati LEOPARD 2 in Ucraina[315]	25 gennaio 2023[316]
fornire elmetti e gilet antiproiettile	26 gennaio 2023[317]

---

313. https://www.rand.org/content/dam/rand/pubs/perspectives/PEA2500/PEA2510-1/RAND_PEA2510-1.pdf

314. "È stato un mio errore": il comandante in capo ucraino sulla controffensiva e sulla "polvere da sparo" per la vittoria", *RBC-Ucraina*, 2 novembre 2023 (https://newsukraine.rbc.ua/news/it-was-my-mistake-commander-in-chief-on-counteroffensive-1698929719.html).

315. Holly Ellyatt, "La Germania resiste alle forti pressioni sui carri armati per l'Ucraina, dicendo che 'la situazione non è cambiata'", CNBC, 24 gennaio 2023 (https://www.cnbc.com/2023/01/24/germany-refuses-to-shift-position-on-tanks-for-ukraine-despite-pressure.html)

316. Arne Delfs & Michael Nienaber, "La Germania aumenta la potenza di fuoco dell'Ucraina con i carri armati Leopard", Bloomberg, 25 gennaio 2023 (https://www.bloomberg.com/news/articles/2023-01-25/germany-to-send-ukraine-14-leopard-battle-tanks-in-first-step#xj4y7vzkg).

317. Hans von der Burchard, "La Germania invierà 5.000 caschi protettivi all'Ucraina", Politico, 26 gennaio 2022 (https://www.politico.eu/article/germany-export-5000-helmets-ukraine/)

la riesportazione di obici da parte dell'Estonia[318]	26 febbraio 2023[319]
Gli Stati Uniti si oppongono...	**Ma accettano la...**
attacchi di droni in territorio russo[320]	9 dicembre 2022[321]
la fornitura di carri armati M-1 ABRAMS all'Ucraina[322]	25 gennaio 2023[323]
la fornitura di aerei F-16 all'Ucraina[324]	18 agosto 2023[325]
la fornitura di missili ATACMS all'Ucraina[326]	22 settembre 2023[327]

Figura 32 - Il gioco a nascondino dell'Occidente con le armi per l'Ucraina mostra una totale mancanza di strategia coerente. È quindi inevitabile che gli ucraini siano incapaci di coerenza. Il problema per gli ucraini è che si sono affidati totalmente agli aiuti occidentali fin dalle prime ore dell'SVO.

Nel settembre 2023, sebbene il Bundestag avesse già accettato l'idea di fornire all'Ucraina missili da crociera TAURUS, il governo esitava ancora,

---

318. "La Germania blocca l'Estonia dall'esportazione di armi di origine tedesca in Ucraina -WSJ", Reuters, 21 gennaio 2022 (https://www.reuters.com/article/germany-ukraine-arms/germany-blocks-estonia-from-exporting-german-origin-weapons-to-ukraine-wsj-idUSL1N2U123W)
319. Hui Min Neo, "Germany to Send Weapons to Ukraine in Policy Reversal", The Moscow Times, 26 febbraio 2022 (https://www.themoscowtimes.com/2022/02/26/germany-to-send-weapons-to-ukraine-in-policy-reversal-a76617).
320. "Gli Stati Uniti 'non incoraggiano' gli attacchi con i droni in Russia, dice il Dipartimento di Stato", *France 24*, 6 dicembre 2022 (aggiornato al 7 dicembre 2022) (https://www.france24.com/en/europe/20221206-live-ukraine-races-to-repair-power-grid-as-country-enters-peak-frost-period)
321. Michael Evans & Marc Bennetts, "Il Pentagono dà il via libera all'Ucraina per gli attacchi con i droni all'interno della Russia", The Times, 9 dicembre 2022 (https://www.thetimes.co.uk/article/ukraine-drone-warfare-russia-732jsshpx).
322. Jeff Schogol, "Gli Stati Uniti mandano carri armati in Ucraina, ma non americani", *Task & Purpose*, 4 novembre 2022 (https://taskandpurpose.com/news/ukraine-tanks-military-assistance-russia/)
323. Joe Gould, "Inversione di rotta, gli Stati Uniti invieranno 31 carri armati Abrams all'Ucraina", Defense News, 25 gennaio 2023 (https://www.defensenews.com/pentagon/2023/01/25/in-reversal-us-to-send-31-abrams-tanks-to-ukraine/).
324. Nicola Slawson, "First Thing: Biden dice che gli Stati Uniti non forniranno jet da combattimento F-16 all'Ucraina", *The Guardian*, 31 gennaio 2023 (https://www.theguardian.com/us-news/2023/jan/31/first-thing-biden-says-us-will-not-provide-f-16-fighter-jets-to-ukraine)
325. Dan Sabbagh & Helen Sullivan, "Gli Stati Uniti hanno spianato la strada all'invio di F-16 in Ucraina, dicono Danimarca e Paesi Bassi", The Guardian, 18 agosto 2023 (https://www.theguardian.com/world/2023/aug/18/us-reportedly-approves-sending-f-16-jets-to-ukraine-from-denmark-and-netherlands).
326. John Ismay, "Il missile che l'Ucraina vuole è quello di cui gli Stati Uniti dicono che non ha bisogno", The New York Times, 6 ottobre 2023 (https://www.nytimes.com/2022/10/06/us/ukraine-war-missile.html)
327. David Martin & Olivia Gazis, "Biden dice a Zelenskyy che gli Stati Uniti forniranno all'Ucraina missili a lungo raggio ATACMS", CBS News, 22 settembre 2023 (https://www.cbsnews.com/news/biden-tells-zelenskyy-u-s-will-provide-ukraine-with-atacms-long-range-missiles/)

prima di rifiutare in ottobre. Ma il ministro degli Esteri ucraino Dmytro Kuleba ha detto alla sua controparte tedesca, Annalena Baerbock[328]: «*Lo farete comunque - è solo questione di tempo - e non capisco perché stiamo perdendo tempo!*» È chiaro che gli ucraini sanno che gli europei non hanno coerenza e finiscono per obbedire alla loro narrazione.

Nell'estate del 2023, Zelensky sembra iniziare a capire di essere stato ingannato dai suoi cosiddetti alleati. Si dice in continuazione che spetta all'Ucraina decidere se entrare o meno nei negoziati, ma questo ovviamente non è vero. Zelensky è stato costretto a ritirare la sua proposta di soluzione nel marzo 2022, che prevedeva il ritiro delle truppe russe dal territorio ucraino. Ma d'altra parte, nel settembre 2023, Olaf Scholz dichiarò che non ci sarebbero stati negoziati finché i russi non avessero lasciato il territorio ucraino...

La strategia occidentale ha due grandi debolezze. Il primo è che le nostre decisioni politiche si basano su percezioni e pregiudizi, non sui fatti. Sia i media che i decisori applicano il metodo «Coué», che gli anglosassoni chiamano *wishful thinking*. Non solo Joe Biden, Ursula von der Leyen, Emmanuel Macron, Olaf Scholz e Alexander de Croo hanno sistematicamente preso decisioni inappropriate, ma hanno deliberatamente spinto gli ucraini alla morte. Come ha detto un soldato ucraino in un articolo del *Times di Londra* intitolato «*I nostri alleati ci chiedono di avanzare con una pistola puntata alla schiena*»[329]:

> *I nostri alleati ci hanno aiutato molto, ma i loro leader politici ci chiedono di conquistare territori in condizioni in cui non penserebbero nemmeno di inviare i propri soldati.*

Questo dice tutto...

La seconda debolezza è che non siamo più in un contesto razionale. Le dichiarazioni e le spiegazioni dei nostri politici e giornalisti dimostrano che a dominare la politica occidentale oggi non sono i nostri valori, ma

---

328. "La Germania dice che l'Ucraina appartiene all'Unione Europea", *VOA News*, 11 settembre 2023 (https://www.voanews.com/a/germany-says-ukraine-belongs-in-the-european-union/7263496.html)

329. Maxim Tucker, "'I nostri alleati ci chiedono di avanzare con una pistola puntata alle spalle'", *The Times*, 4 ottobre 2023 (https://www.thetimes.co.uk/article/our-allies-ask-us-to-advance-with-a-gun-at-our-backs-vrjdnx2hv)

l'odio per i russi. Il debutto della National Gallery del dipinto che Degas chiamò *Danzatrici russe* nel 1899 come *Danzatrici ucraine* è una perfetta illustrazione dell'approccio occidentale[330]. È dominato da una dimensione irrazionale e revisionista, in cui persino l'arte è militarizzata, e dall'incapacità di risolvere i problemi attraverso un dialogo intelligente.

Come ha affermato il *Wall Street Journal* nel novembre 2023, siamo nel regno del «pensiero magico»[331], che il *Kyiv Post* evoca[332] facendo riferimento a un articolo del *Carnegie Endowment for Peace* del febbraio 2023[333]:

> *A un anno dall'inizio della guerra del Presidente russo Vladimir Putin contro l'Ucraina, la Russia ha subito una grande sconfitta strategica, l'Ucraina ha ottenuto una grande vittoria strategica e l'Occidente ha dimostrato una determinazione, un'unità e una coesione che pochi si aspettavano.*

In altre parole, sia negli Stati Uniti che in Ucraina, siamo consapevoli di aver letteralmente «fantasticato» sulla vittoria dell'Ucraina. La questione ora è come tornare alla realtà e trovare una soluzione senza perdere la faccia.

4.3.2. La strategia ucraina

L'obiettivo strategico di Volodymyr Zelensky e della sua squadra è l'adesione alla NATO, come preludio a un futuro più luminoso all'interno dell'UE. È complementare a quello degli americani (e quindi degli europei). Il problema è che le tensioni con la Russia, in particolare per la Crimea, stanno facendo sì che i membri della NATO rimandino la

---

330. https://agauche.org/2022/04/06/nihilisme-anti-russe-un-tableau-de-degas-rebaptise-ukrainien-par-la-national-gallery-de-londres/

331. Eugene Rumer e Andrew S. Weiss, "È ora di porre fine al pensiero magico sulla sconfitta della Russia", *The Wall Street Journal*, 16 novembre 2023 (https://www.wsj.com/world/russia/its-time-to-end-magical-thinking-about-russias-defeat-f6d0b8de).

332. Stash Luczkiw, "Cosa intendono gli Stati Uniti quando parlano di strategia", *Kyiv Post*, 20 novembre 2023 (https://www.kyivpost.com/opinion/24363)

333. Eugene Rumer, "La guerra di Putin contro l'Ucraina: la fine dell'inizio", *Carnegie Endowment for International Peace*, 17 febbraio 2023 (https://carnegieendowment.org/2023/02/17/putin-s-war-against-ukraine-end-of-beginning-pub-89071)

partecipazione dell'Ucraina. Nel marzo 2022, Zelensky ha rivelato alla *CNN* che questo è esattamente ciò che gli americani gli hanno detto[334].

Prima di arrivare al potere nell'aprile 2019, il discorso di Volodymyr Zelensky si divide tra due politiche antagoniste: la riconciliazione con la Russia promessa durante la campagna presidenziale e l'obiettivo di aderire alla NATO. Egli sa che queste due politiche si escludono a vicenda, poiché la Russia non vuole vedere la NATO e le sue armi nucleari installate in Ucraina e cercherà la neutralità o il non allineamento.

Inoltre, sa che i suoi alleati ultranazionalisti rifiuteranno qualsiasi negoziato con la Russia. Lo ha confermato Dmitro Yarosh, leader di *Praviy Sektor,* che lo ha apertamente minacciato di morte sui media ucraini un mese dopo la sua elezione[335]. Zelensky sapeva quindi fin dall'inizio della campagna elettorale che non sarebbe stato in grado di mantenere la sua promessa di riconciliazione e che gli rimaneva solo una soluzione: il confronto con la Russia.

Ma questo confronto non può essere condotto dall'Ucraina da sola contro la Russia, e avrà bisogno del sostegno materiale dell'Occidente. La strategia elaborata da Zelensky e dal suo team è stata rivelata prima della sua elezione nel marzo 2019 da Olekseï Arestovitch, suo consigliere personale, ai media ucraini *Apostrof'*. Arestovitch ha spiegato che la Russia avrebbe dovuto essere attaccata per provocare una mobilitazione internazionale che avrebbe permesso all'Ucraina di sconfiggere la Russia una volta per tutte, con l'aiuto dei Paesi occidentali e della NATO. Egli descrive con sorprendente precisione il corso dell'attacco russo come si svolgerà tre anni dopo, tra febbraio e marzo 2022. Non solo spiega che questo conflitto è inevitabile se l'Ucraina vuole entrare nella NATO, ma colloca questo scontro nel 2021-2022! Egli delinea le linee principali dell'aiuto occidentale[336]:

<hr>

334. Chandelis Duster, "Zelensky: 'Se fossimo un membro della NATO, la guerra non sarebbe iniziata'", *cnn.com*, 20 marzo 2022 (https://edition.cnn.com/europe/live-news/ukraine-russia-putin-news-03-20-22/h_7c08d64201fdd9d3a141e63e606a62e4)

335. Лилия Рагуцкая, «Ярош: если Зеленский предаст Украину - потеряет не должность, а жизнь», *Obozrevatel*, 27 maggio 2019, (https://incident.obozrevatel.com/crime/dmitrij-yarosh-esli-zelenskij-predast-ukrainu-poteryaet-ne-dolzhnost-a-zhizn.htm)

336. "UCRAINA 24: il Nostradamus ucraino che ha previsto la guerra con la Russia nel 2019 con un'accuratezza sbalorditiva", *YouTube*, 3 aprile 2022 (https://www.youtube.com/watch?v=RZ3G-sYPRkv4)

> *[...] In questo conflitto saremo sostenuti molto attivamente dall'Occidente. Armi. Equipaggiamento. Assistenza. Nuove sanzioni contro la Russia. Molto probabilmente, l'introduzione di un contingente NATO. Una no-fly zone, e così via. In altre parole, non lo perderemo.*

Come si vede, questa strategia ha molto in comune con quella descritta dalla *RAND Corporation nello* stesso periodo. Tanto che è difficile non vedervi una strategia fortemente ispirata dagli Stati Uniti. Nella sua intervista, Arestovitch ha individuato quattro elementi che sarebbero stati i pilastri della strategia ucraina contro la Russia e sui quali Zelensky sarebbe tornato regolarmente:

- Aiuti internazionali e forniture di armi
- Sanzioni internazionali
- L'intervento della NATO
- La creazione di una no-fly zone.

Va notato che questi quattro pilastri sono intesi da Zelensky come promesse la cui realizzazione è essenziale per il successo di questa strategia. Nel febbraio 2023, Oleksiy Danilov, Segretario del Consiglio di Difesa e Sicurezza Nazionale dell'Ucraina, ha dichiarato al *Kyiv Independent* che l'obiettivo dell'Ucraina è la disintegrazione della Russia[337]. La mobilitazione dei Paesi occidentali per fornire armi pesanti all'Ucraina sembra dare corpo a questo obiettivo, che è coerente con quanto dichiarato da Oleksei Arestovitch nel marzo 2019.

Pochi mesi dopo, tuttavia, divenne chiaro che l'equipaggiamento fornito all'Ucraina non era sufficiente a garantire il successo della sua controffensiva e Zelensky chiese un equipaggiamento aggiuntivo e più adatto[338]. All'epoca, l'Occidente era piuttosto infastidito da queste

---

337. Alexander Query, "Danilov: 'L'interesse nazionale dell'Ucraina è la disintegrazione della Russia'", *The Kyiv Independent*, 6 febbraio 2023 (https://kyivindependent.com/national/danilov-ukraines-national-interest-is-russias-disintegration)

338. Joe Barnes, "Sappiamo che l'Occidente può darci più armi, dice il capo spia dell'Ucraina", *The Telegraph*, 18 settembre 2023 (https://www.telegraph.co.uk/world-news/2023/09/18/western-allies-are-not-running-out-of-weapons-says-ukraine/)

ripetute richieste[339]. L'ex ministro della Difesa britannico Ben Wallace dichiarò che gli occidentali «*non sono amazzoni*»[340]. In effetti, l'Occidente non sta rispettando i suoi impegni.

Contrariamente a quanto ci dicono i media e gli esperti pseudo-militari, è chiaro dal febbraio 2022 che l'Ucraina non può sconfiggere la Russia da sola. Come ha detto Obama, «*la Russia sarà sempre in grado di mantenere la sua escalation dominante*»[341]. In altre parole, l'Ucraina potrà raggiungere i suoi obiettivi solo con il coinvolgimento dei Paesi della NATO. Ciò significa che il suo destino dipenderà dalla buona volontà dei Paesi occidentali. È quindi necessario mantenere una narrativa che incoraggi l'Occidente a mantenere questo sforzo. Questa narrazione diventerà ciò che chiamiamo, in termini strategici, il suo «centro di gravità». Torneremo su questo punto più avanti.

Con il passare dei mesi, il corso delle operazioni mostra che la prospettiva di una vittoria ucraina sta diventando sempre più remota, poiché la Russia, lungi dall'essere indebolita, si sta rafforzando militarmente[342] ed economicamente[343]. Persino il generale Christopher Cavoli, Comandante supremo americano per l'Europa (SACEUR), ha dichiarato a una commissione congressuale statunitense che «*le capacità aeree, navali, spaziali, digitali e strategiche della Russia non hanno subito un degrado significativo durante questa guerra*»[344].

L'Occidente, che si aspettava un conflitto breve, non è più in grado di mantenere lo sforzo promesso all'Ucraina. Il vertice NATO di Vilnius

---

339. David Averre, "Il mondo sta esaurendo la pazienza con le richieste di "assegno in bianco" di Zelensky? La Polonia smette di fornire armi e gli Stati Uniti danno una frazione di quanto chiesto dal leader ucraino che oggi visita il Canada per ottenere sostegno", *The Daily Mail*, 22 settembre 2023 (https://www.dailymail.co.uk/news/article-12548375/Is-world-running-patience-Zelenskys-blank-cheque-demands-Poland-stops-giving-arms-gives-fraction-Ukraines-leader-asked-visits-Canada-today-win-support.html).
340. Dominic McGrath, "Il Regno Unito e gli altri alleati 'non sono Amazon', Wallace dice a Kiev", *The Independent*, 12 luglio 2023 (https://www.independent.co.uk/news/uk/volodymyr-zelensky-ben-wallace-kyiv-amazon-joe-biden-b2373967.html)
341. Jeffrey Goldberg, "Obama vede l'Ucraina come uno Stato cliente di Putin", *The Atlantic*, 10 marzo 2016 (https://www.atlanticcouncil.org/blogs/natosource/obama-sees-ukraine-as-putin-s-client-state/)
342. Holly Ellyatt, "L'esercito russo si è adattato e ora è un nemico più formidabile per l'Ucraina, dicono gli analisti della difesa", *CNBC News*, 19 maggio 2023 (https://www.cnbc.com/2023/05/19/russias-military-has-adapted-is-now-a-formidable-enemy-for-ukraine.html).
343. https://www.intellinews.com/imf-improves-russia-s-2023-gdp-forecast-from-0-3-to-0-7-275604/
344. https://armedservices.house.gov/sites/republicans.armedservices.house.gov/files/04.26.23 Dichiarazione di Cavoli v2.pdf

(11-12 luglio 2023) si è concluso con un successo parziale per l'Ucraina. La sua adesione è stata rinviata a tempo indeterminato. La situazione dell'Ucraina è ancora peggiore rispetto all'inizio del 2022, perché l'adesione alla NATO non è più giustificata di quanto lo fosse prima dell'UAV.

L'Ucraina ha quindi rivolto la sua attenzione a un obiettivo più concreto: riconquistare la sovranità sull'intero territorio del 1991.

Di conseguenza, la nozione ucraina di «vittoria» si sta rapidamente evolvendo. L'idea di un «*crollo della Russia*» è rapidamente svanita, così come quella di un suo smembramento. Si è parlato di «*cambio di regime*», che Zelensky ha fissato come obiettivo vietando qualsiasi negoziato finché Vladimir Putin sarà al potere[345]. Poi c'è stata la riconquista dei territori perduti, grazie alla controffensiva del 2023. Ma anche in questo caso le speranze sono svanite abbastanza rapidamente. Il piano prevedeva semplicemente di tagliare a metà le forze russe spingendosi verso il Mar d'Azov. Ma nel settembre 2023, questo obiettivo si era ridotto alla liberazione di tre città[346].

In assenza di successi concreti, la narrazione rimane l'unico elemento su cui l'Ucraina può contare per mantenere l'attenzione e la volontà dell'Occidente di sostenerla. Perché, come ha detto Ben Wallace, ex ministro della Difesa, sul *The Telegraph* del 1° ottobre 2023: «*il bene più prezioso è la speranza*»[347]. Ed è vero. Ma la nostra valutazione della situazione deve basarsi su analisi realistiche dell'avversario. Tuttavia, sin dall'inizio della crisi ucraina, le nostre analisi si sono *basate* su pregiudizi.

4.3.2.1. Aiuti occidentali

Ora sappiamo che per convincere Zelensky a ritirare la proposta fatta alla Russia nel marzo 2022, l'Occidente si impegnò a fornire aiuti sotto forma di armi e munizioni per «*tutto il tempo necessario*». Alla fine di maggio/inizio giugno 2022, le capacità materiali dell'esercito ucraino

---

345. «Un décret de Kyiv entrench l'impossibilité de négocier avec Poutine», *Reuters*, 4 ottobre 2022 (https://www.reuters.com/article/ukraine-crise-zelensky-poutine-idFRKBN2QZ0ZD)

346. Joe Barnes, "Zelensky giura di liberare Bakhmut e altre due città in un piano segreto", *The Telegraph*, 22 settembre 2023 (https://www.telegraph.co.uk/world-news/2023/09/22/volodymyr-zelensky-secret-plan-liberate-cities-ukraine/)

347. Ben Wallace, "L'Ucraina sta vincendo. Ora finiamo il lavoro", *The Telegraph*, 1 ottobre 2023 (https://www.telegraph.co.uk/news/2023/10/01/ben-wallace-ukraine-counteroffensive-succeeding/)

erano state distrutte e l'Ucraina dipendeva dagli aiuti occidentali[348]. All'inizio del 2023, tuttavia, era chiaro che l'Occidente non era più in grado di onorare i propri impegni nei confronti dell'Ucraina. Questo spiega le ripetute richieste di Zelensky di nuove attrezzature. Non fa altro che chiedere all'Occidente di onorare i suoi impegni!

Il problema è che Zelensky continua a prospettare la vittoria al suo popolo, quando, come ha confessato il presidente Joe Biden al *New York Times,* non si tratta più di «vincere» l'Ucraina, ma semplicemente di combattere[349].

Il problema è che l'Occidente ha deliberatamente sottovalutato la potenza militare russa e sopravvalutato le capacità ucraine[350]. Per questo motivo hanno pensato che le loro armi potessero portare alla vittoria contro la Russia. Secondo il *New York Times*, le armi fornite sono spesso difettose. Alla fine di marzo 2023, Volodymyr Zelensky ha dichiarato all'*Associated Press* che i sistemi ricevuti «*da un Paese europeo*» non funzionavano e dovevano essere riparati più volte[351]. Questa informazione è stata riportata anche dal *Kyiv Independent*[352]! E questo solo quando le armi ordinate e pagate da Kiev arrivano in prima linea[353]! Qui, come altrove, l'Occidente sta inviando all'Ucraina attrezzature obsolete e spesso difettose.

Le testimonianze dei soldati ucraini[354] riferiscono di frequenti guasti e della loro incapacità di utilizzare correttamente armi troppo complicate, progettate per soldati professionisti e con cicli di addestramento molto lunghi. Scarsamente addestrati, i soldati ucraini hanno comunque diritto a manuali che ovviamente non sono scritti in ucraino, costringendoli a tradurli con *Google Translate per* poterli capire[355]!

---

348. https://www.france24.com/en/live-news/20220610-ukraine-dependent-on-arms-from-allies-after-exhausting-soviet-era-weaponry

349. Joseph R. Biden Jr, "Il presidente Biden: cosa farà e non farà l'America in Ucraina", 31 maggio 2022, *The New York Times* (https://www.nytimes.com/2022/05/31/opinion/biden-ukraine-strategy.html)

350. https://youtu.be/hxqIuzn32Fw

351. Julie Pace, Hanna Arhirova & James Jordan, "Takeaways from AP's interview with Ukraine's Zelenskyy", *AP*, 30 marzo 2023 (https://apnews.com/article/ukraine-zelenskyy-russia-putin-war-78f55fbf4fb7e57711c2fadaf914fd45)

352. https://www.businessinsider.com/zelenskyy-says-ukraine-received-faulty-air-defense-system-europe-ally-2023-3

353. https://fr.businessam.be/ukraine-armes-achat-livraison/

354. https://t.me/HersonVestnik/5489

355. Thomas Gibbons-Neff & Natalia Yermak, "Potent Weapons Reach Ukraine Faster than the Know-How to Use Them", *The New York Times*, 6 giugno 2022 (https://www.nytimes.com/2022/06/06/world/europe/ukraine-advanced-weapons-training.html)

4. Il pensiero militare ucraino

La sfida per l'Occidente è quella di essere in grado di rifornire il campo di battaglia. Non si tratta più di vincere, ma di combattere. L'idea è che la popolazione russa, stanca per la lunghezza del conflitto, possa realizzare il tanto atteso «cambio di regime». Di conseguenza, il criterio per la fornitura di armi all'Ucraina non è l'efficacia, ma la disponibilità.

Inizialmente, gli occidentali hanno raccolto vecchie attrezzature della Guerra Fredda, che erano state immagazzinate o messe in naftalina nell'Europa orientale, e le hanno inviate in Ucraina. Spesso malridotte e in cattive condizioni, venivano fornite in mancanza di qualcosa di meglio. Ma queste scorte si sono esaurite rapidamente. Gli americani stanno cercando di riavviare la produzione di munizioni d'artiglieria da 152 mm nei Paesi dell'ex Trattato di Varsavia, in Bulgaria, Romania, Repubblica Ceca e Slovacchia[356]. Ma ciò che è possibile per le munizioni è più complicato per le grandi attrezzature. In questi casi, le consegne vengono utilizzate per cannibalizzare le attrezzature ucraine superstiti. È il caso dei caccia MiG-29 forniti da Polonia e Slovacchia, che a quanto pare non sono praticamente funzionanti e che gli ucraini possono utilizzare solo per «cannibalizzare» i propri aerei danneggiati[357]. Anche l'esercito ucraino di «seconda generazione», riequipaggiato con attrezzature sovietiche e russe, sarà distrutto entro la fine del 2022.

In secondo luogo, l'Occidente sta consegnando all'Ucraina equipaggiamenti obsoleti provenienti dalle proprie riserve. Il 24 gennaio 2023, l'Estonia ha annunciato che avrebbe dato via tutti i suoi obici da 155 mm, cioè 24 FH-70, e 122 mm D-30 di origine sovietica con le relative munizioni[358]. Queste attrezzature – quando operative – sono obsolete rispetto alle armi russe. Sono stati conservati per essere utilizzati nelle guerre «coloniali», in un ambiente meno esigente dal punto di vista tecnologico. È il caso dei venerabili veicoli da trasporto truppe M-113, la cui corazza in alluminio da 40 mm equivale a quella in acciaio da 10 mm, offrendo una protezione precaria contro le armi di oggi, come dimostra il numero delle

---

356. "La NATO sta studiando la produzione di armi dell'era sovietica usate dall'Ucraina, dice Blinken", *La Nuova Voce dell'Ucraina*, 30 novembre 2022 (https://english.nv.ua/amp/nato-looking-at-production-of-soviet-era-weapons-used-by-ukraine-says-blinken-50287799.html)

357. "I top gun dell'Ucraina hanno bisogno di nuovi jet per vincere la guerra", *The Economist*, 23 aprile 2023 (https://www.economist.com/europe/2023/04/23/ukraines-top-guns-need-new-jets-to-win-the-war)

358. Joe Saballa, "L'Estonia invia tutti i suoi obici da 155 mm in Ucraina", *The Defense Post*, 24 gennaio 2023 (https://www.thedefensepost.com/2023/01/24/estonia-sending-howitzers-ukraine/)

loro carcasse in Ucraina. L'equipaggiamento fornito all'epoca consentiva all'Ucraina di combattere, ma non era sufficiente, né in numero né in qualità, per condurre una controffensiva decisiva.

I principali armamenti terrestri dell'Ucraina (ottobre 2023)

		(1) Situazione al 24.02.2022 (BBC)	(2) Equipag- giamento russo catturato il 01.10.2023 (Oryx)	(3) Fornito dall'Occidente il 01.10.2023	(1)+(2)+(3) Totale al 01.10.2023
Carri armati		987	551	1 135	2 673
Veicoli corazzati di fanteria		831	972	>2 732	>4 535
Pezzi di artiglieria		1818	204	>967	>2 989
Lanciarazzi multipli		-	52	>101	>153

Figura 33 - Principali attrezzature nelle mani dell'Ucraina dall'inizio dell'SVO. Il rinnovato fabbisogno di attrezzature dell'Ucraina mostra che la Russia ha distrutto da 2 a 5 volte il potenziale dell'Ucraina! [Fonti: (1) https://www.bbc.com/news/world-60798352; (2) https://www.oryxspioenkop.com/2022/02/attack-on-europe-documenting-equipment.html; (3) https://www.economist.com/zaluzhny-transcript].

Detto questo, «la carità comincia in casa». Perché gran parte dell'equipaggiamento fornito all'Ucraina era un'opportunità per dare una mano al destino e costringere i nostri parlamenti ad aumentare la spesa militare per mantenere i nostri eserciti aggiornati con nuove attrezzature.

In terzo luogo, l'Occidente ha dovuto attingere all'equipaggiamento delle proprie forze armate. Questo è stato il caso dei cannoni CAESAR, di cui la Francia ha offerto all'Ucraina circa 30 pezzi, presi dalle proprie scorte operative[359], e di cui la Danimarca ha dato all'Ucraina i 19 pezzi

---

359. «La France va fournir douze canons Caesar supplémentaires à l'Ukraine», *France 24*, 31 gennaio 2023 (https://www.france24.com/fr/europe/20230131-en-direct-macron-reçoit-le-ministre-de-la-défense-ukrainien-kiev-réclame-des-avions-de-combat)

ordinati dalla Francia. Questo è anche il caso dei 14 carri armati britannici CHALLENGER 2 inviati all'Ucraina. Secondo l'ammiraglio Anthony Radakin, capo dello Stato Maggiore della Difesa[360], sono stati prelevati dai 40 effettivamente operativi, riducendo del 30% la capacità operativa del Regno Unito in attesa del CHALLENGER 3[361].

Come possiamo vedere, sono pronti a spogliare i propri arsenali per soddisfare la domanda ucraina. Ad esempio, secondo il *Financial Times*, un parlamentare britannico sostiene che l'esercito britannico non potrebbe resistere più di 5 giorni in caso di guerra[362]. Ciò significa che il pericolo di un attacco russo all'Europa non è altro che retorica bellica volta a creare panico tra le nostre popolazioni.

Nella quarta fase, l'Occidente ha cercato di produrre le attrezzature necessarie all'Ucraina e di fornirle just-in-time. Ma anche in questo caso è stato un fallimento. L'industria degli armamenti occidentale – e quella europea in particolare – si è letteralmente dissolta dopo la fine della Guerra Fredda.

Nel marzo 2023, l'Unione europea ha deciso di stanziare 2 miliardi di euro per finanziare le munizioni[363]. Un miliardo era destinato a rimborsare i Paesi che avevano attinto alle proprie scorte per sostenere l'Ucraina, e un miliardo era destinato a mobilitare le risorse industriali europee per produrre 1 milione di proiettili da 155 mm per l'Ucraina in 12 mesi[364]. Sembra molto, ma è l'equivalente di quanto la Russia spara in 20-40 giorni, secondo il *Royal United Services Institute* (*RUSI*)[365]!

---

360. https://www.dailymail.co.uk/news/article-12264611/Britain-just-40-tanks-dozen-frigates-destroyers-ready-war.html

361. George Grylls, "L'invio di carri armati britannici Challenger 2 in Ucraina indebolirà il Regno Unito, avverte il generale", *The Times*, 16 gennaio 2023 (https://www.thetimes.co.uk/article/putin-british-tanks-will-burn-ukraine-war-russia-challenger-2-hsww7wtw9)

362. George Parker & John-Paul Rathbone, "Le forze armate del Regno Unito durerebbero solo 'cinque giorni' in una guerra, avverte un parlamentare senior", *Financial Times*, 10 febbraio 2023 (https://www.ft.com/content/4eb1af29-2491-458c-9f69-e065cba58bbb).

363. "L'UE approva un piano di munizioni da 2 miliardi di euro per l'Ucraina", *France 24*, 20 marzo 2023 (https://www.france24.com/en/live-news/20230320-eu-hammers-out-2-bn-euro-ammunition-plan-for-ukraine)

364. "Aggiornamenti sull'Ucraina: l'UE approva un piano di ammortamenti da 2 miliardi di euro per Kiev", *Deutsche Welle*, 20 marzo 2023 (https://www.dw.com/en/ukraine-updates-eu-agrees-2-billion-ammo-plan-for-kyiv/a-65045955).

365. Jack Watling e Nick Reynolds, "Meatgrinder: Russian Tactics in the Second Year of Its Invasion of Ukraine", *Royal United Services Institute*, 19 maggio 2023 (https://rusi.org/explore-our-research/publications/special-resources/meatgrinder-russian-tactics-second-year-its-invasion-ukraine).

Il risultato di questi sforzi occidentali è un esercito ucraino di terza generazione, riarmato e addestrato in Occidente, che dovrebbe essere in grado di condurre un'operazione decisiva contro la Russia.

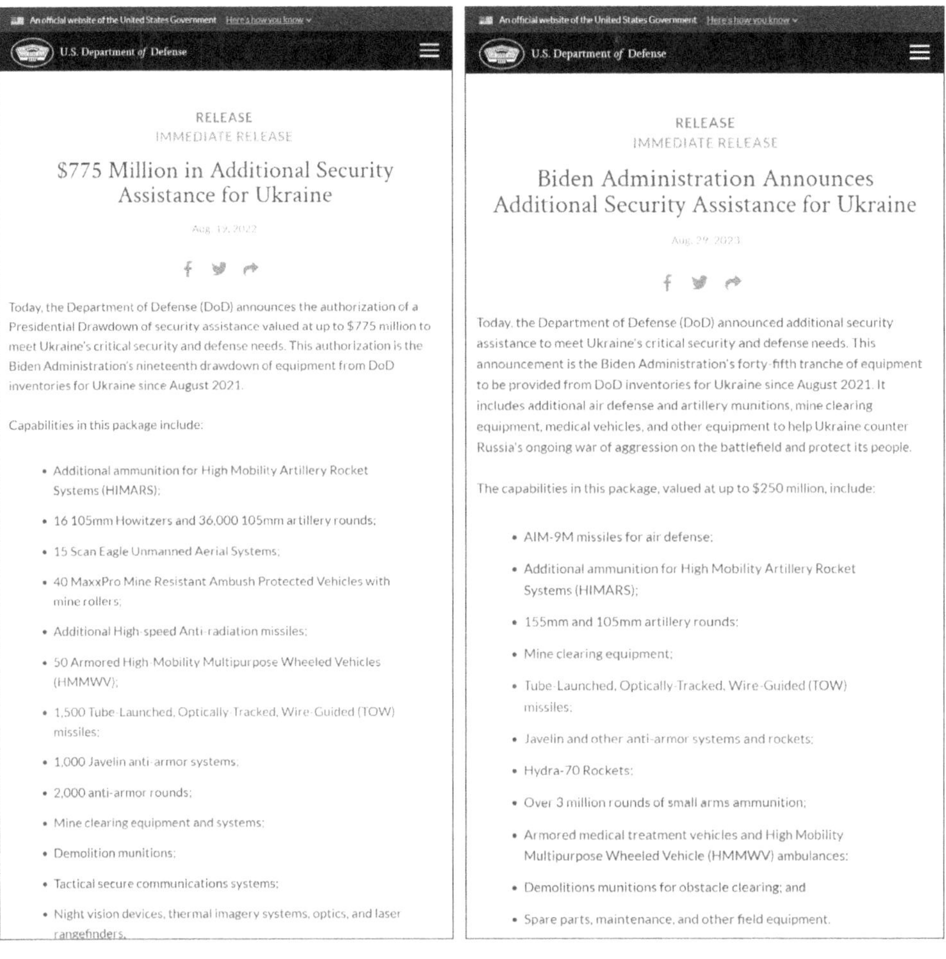

Figura 34 - Aiuti statunitensi all'Ucraina nell'agosto 2022[366] e nell'agosto 2023[367]. Non solo gli importi sono cambiati, ma l'amministrazione non fornisce più alcuna indicazione sulle quantità. Di fatto, nel 2023, gli Stati Uniti non hanno più la capacità di sostenere l'Ucraina allo stesso ritmo del 2022. I missili PATRIOT, di cui l'Ucraina avrebbe comunque grande bisogno, non sono più nella lista. [Fonte: Dipartimento della Difesa degli Stati Uniti]

---

366. https://www.defense.gov/News/Releases/Release/Article/3134457/775-million-in-additional-security-assistance-for-ukraine/
367. https://www.defense.gov/News/Releases/Release/Article/3509116/biden-administration-announces-additional-security-assistance-for-ukraine/

Nel settembre 2023, l'Occidente, e gli americani in particolare, avranno raggiunto il limite delle loro possibilità. In Belgio, le forze armate hanno esaurito le munizioni e chiedono 7 miliardi di euro per ricostituire le loro scorte[368]! L'ammiraglio Rob Bauer, che presiede il Comitato militare della NATO, afferma che «*possiamo vedere il fondo del barile*» e che dobbiamo accelerare la produzione di armi[369]. Mentre gli Stati Uniti stanno pensando di ridurre gli aiuti all'Ucraina, gli europei si accorgono di non essere in grado di compensare questa riduzione[370]. In altre parole, l'Occidente non può onorare la sua promessa e l'UE non è altro che una «tigre di carta».

Ciò sta portando gli Stati Uniti a rimescolare gli aiuti che forniscono ai loro alleati. Devono ridefinire le loro priorità: continuare a sostenere una causa persa in Ucraina o ripiegare sulla loro priorità principale, la Cina. Non potendo più sostenere entrambe le priorità, gli aiuti che dovevano andare all'Egitto vengono dirottati su Taiwan, con un effetto perverso: i Paesi del Sud sanno di essere una quantità trascurabile, quindi cercano nuovi alleati più affidabili.

Già nel giugno 2022, secondo il generale di brigata Volodymyr Karpenko, comandante della logistica delle forze terrestri, le consegne di armi occidentali coprivano solo il 10-15% del loro fabbisogno[371].

In realtà, i Paesi occidentali hanno grossolanamente sottovalutato le capacità della Russia. Il loro sostegno all'Ucraina è diventato più un esercizio di comunicazione che un aiuto effettivo.

Il problema è che l'Occidente non ha la capacità di condurre una guerra contro la Russia. Anche il loro sostegno all'Ucraina sta spingendo i Paesi della NATO in una situazione di sicurezza precaria. Il che dimostra che i Paesi occidentali non prendono sul serio la Russia come minaccia per l'Europa.

---

368. https://www.rtbf.be/article/defense-et-guerre-en-ukraine-larmee-belge-face-a-une-penu-rie-de-munitions-7-milliards-deuros-sont-demandes-11250713

369. "Il capo del Comitato militare della NATO sollecita un aumento della produzione di armi", *TVP/Reuters*, 4 ottobre 2023 (https://tvpworld.com/73184483/natos-military-committee-head-urg-es-boost-in-arms-production)

370. Nicholas Vinocur, Clea Caulcutt & Sarah Anne Aarup, "L'UE agli Stati Uniti: aiuto, non possiamo farcela senza di voi sull'Ucraina", *Politico*, 5 ottobre 2023 (https://www.politico.eu/article/josep-borell-eu-ukraine-to-us-help-we-cant-cope-without-you-on-ukraine/).

371. Stew Magnuson, "L'Ucraina all'industria della difesa statunitense: abbiamo bisogno di armi di precisione a lungo raggio", *National Defense Magazine*, 5 giugno 2022 (https://www.national-defensemagazine.org/articles/2022/6/15/ukraine-to-us-defense-industry-we-need-long-range-precision-weapons).

Negli Stati Uniti coesistono diversi meccanismi per sostenere lo sforzo bellico ucraino. I principali sono :

- l'*Iniziativa di assistenza alla sicurezza dell'Ucraina* (USAI), che è soggetta all'approvazione del Congresso. Copre attrezzature acquistate sul mercato o da Paesi alleati;
- la *Presidential Drawdown Authority* (PDA)[372], che autorizza il Presidente degli Stati Uniti, in qualità di comandante supremo delle forze armate, a prelevare attrezzature dalle scorte esistenti per rispondere a una «*emergenza imprevista*». Non è soggetta all'approvazione del Parlamento, ma può essere effettuata solo all'interno dei bilanci esistenti.

Alla fine di agosto 2023, gli Stati Uniti avevano fornito attrezzature per un valore di poco inferiore ai 24 miliardi di dollari nell'ambito del PDA[373]. In altre parole, queste attrezzature corrispondono a una riduzione delle capacità operative degli Stati Uniti. Dovrà quindi essere reintegrato. Nel gennaio 2023, il *Center for Strategic and International Studies* (*CSIS*) ha dimostrato che il tempo necessario per ricostituire le scorte di alcune attrezzature critiche raggiungerà i 7 anni![374]

Tempo di rifornimento per le apparecchiature critiche negli Stati Uniti

	Quantità fornite dall'Ucraina	Unità prodotte all'anno	Tempo di avvio (mesi)	Tempo di produzione (mesi)	Tempo di rifornimento delle scorte (mesi)
Obus 155 mm	1'074'000	93'000	12-18	44	59
Obus 155 mm Excalibur	5'200	2'400	22	23	84
Javelin	8'500	2'100	24	12	56
HIMARS	20	72	26	5	30
Stinger	1600	350?	24	55	79

Figura 35 - Tabella che mostra il tempo necessario per ricostituire le scorte statunitensi di armi fornite all'Ucraina. La tabella è stata elaborata dal CSIS. Per la produzione sono state utilizzate solo le capacità produttive massime. [Fonte: CSIS]

---

372. https://www.state.gov/use-of-presidential-drawdown-authority-for-military-assistance-for-ukraine/
373. https://crsreports.congress.gov/product/pdf/IF/IF12040
374. Mark F. Cancian, "Ricostruire le scorte degli Stati Uniti: sei sistemi critici", *CSIS*, 9 gennaio 2023 (https://www.csis.org/analysis/rebuilding-us-inventories-six-critical-systems)

Nel settembre 2023, alcuni «esperti» militari francesi hanno pubblicato un articolo sul quotidiano *La Croix in* cui si chiedeva di «intensificare» la produzione di attrezzature militari europee per mantenere gli aiuti all'Ucraina[375].

Eppure gli Stati Uniti sembrano sempre più imbarazzati da questo conflitto, che non sta mantenendo le promesse e si sta trasformando in un fiasco per la politica estera americana. Quando Volodymyr Zelensky si è recato a New York per l'Assemblea Generale delle Nazioni Unite, l'entusiasmo occidentale è apparso in calo. Zelensky ha parlato sul podio dell'ONU davanti a un pubblico sparuto, tanto che il media ucraino *1+1 ha* dovuto «arricchire» il suo reportage con immagini di sessioni precedenti... in cui Zelensky era tra il pubblico! Su una nota più seria, gli Stati Uniti hanno dato a Zelensky una lista di 4 pagine di compiti da completare se voleva continuare a ricevere assistenza[376].

4.3.2.2. Sanzioni

Uno dei pilastri della strategia occidentale per sconfiggere la Russia è stata l'applicazione di sanzioni massicce e improvvise contro la Russia. L'idea era – come profetizzato dal ministro dell'Economia francese Bruno Le Maire – di provocare il collasso della Russia, con l'idea che se la sua economia non fosse stata più in grado di sostenere l'SVO, la Russia sarebbe stata rapidamente costretta ad arrendersi.

Secondo gli esperti europei, le sanzioni hanno avuto l'effetto di una «bomba nucleare»[377] e hanno alimentato la narrativa di una vittoria ucraina. Eppure, in modo molto sintomatico, alla fine di agosto 2023, la rivista tedesca *BILD* ha rivelato che Olaf Scholz ed Emmanuel Macron, confrontando le loro esperienze di dialogo con Vladimir Putin, sono rimasti sorpresi nel constatare che in nessun momento Putin ha cercato

---

375. https://www.la-croix.com/debat/Guerre-Ukraine-Europeens-doivent-amplifier-leur-pro-duction-materiel-militaire-2023-09-20-1201283537

376. "La lettera della Casa Bianca definisce le riforme che l'Ucraina deve attuare per rice-vere gli aiuti", *Ukrainska Pravda*, 25 settembre 2023 (https://www.pravda.com.ua/eng/news/2023/09/25/7421354/).

377. Gilles Quoistiaux, «Blockage de Swift : la bombe atomique qui n'a pas explosé», *L'Écho*, 10 settembre 2022 (Aggiornato all'11 settembre 2022) (https://www.lecho.be/dossiers/conflit-ukraine-russie/blocage-de-swift-la-bombe-atomique-qui-n-a-pas-explose/10412813.html)

di discutere con loro la questione delle sanzioni contro la Russia[378]. In altre parole, non è una questione che preoccupa la Russia.

4.3.2.3. L'intervento della NATO

Come ha annunciato Olekseï Arestovitch nel marzo 2019, l'Ucraina ha ricevuto il sostegno dell'intelligence occidentale fin dall'inizio dell'SVO.

Nel luglio-agosto 2022, sapendo che la NATO non avrebbe cambiato la sua decisione di *non* istituire una *No-Fly Zone* (NFZ) in Ucraina, Zelensky ha cercato di smilitarizzare o di inviare una forza internazionale nel settore della NFZ. La NFZ è stata poi bersaglio di colpi di artiglieria – ovviamente – attribuiti alla Russia, che aveva truppe di stanza in quel settore! La narrazione occidentale era che la Russia stesse cercando di creare una minaccia nucleare per l'Europa (a quale scopo?). *France 2* arriva addirittura a presentare come missile una ciminiera danneggiata sul tetto della ZNPP[379]! In realtà, i resti di proiettili trovati sul posto sono di origine occidentale. Si tratta di missili americani HIMARS e droni kamikaze[380] e di missili britannici[381] BRIMSTONE[382]. Il loro lancio è monitorato dagli occidentali, che quindi sanno esattamente chi sta effettuando questi attacchi alla centrale Energodar.

La strategia ucraina era quella di porre la ZNPP al centro di una battaglia che avrebbe costretto la comunità internazionale a intervenire in un modo o nell'altro. Per questo motivo, il 1° settembre 2022, il giorno in cui una missione dell'Agenzia internazionale per l'energia atomica (AIEA) si recava a ispezionarla, l'Ucraina ha lanciato un attacco di commando alla centrale, ritardando l'invio degli esperti. Nel settembre-ottobre 2022 ha tentato diversi attacchi, tutti falliti, mobilitando 600 uomini e decine di chiatte per attraversare il Dniepr. Questi attacchi hanno provocato decine, se non centinaia, di morti e i nostri media non hanno visto altro

378. https://www.bild.de/politik/inland/politik-inland/ukraine-krieg-was-scholz-nach-seinem-putin-telefonat-besonders-quaelte-85191144.bild.html
379. Émilie Jehanno, «Guerre en Ukraine: Oui, France 2 a confondé une cheminée endommagée avec un missile dans un sujet», *20minutes.fr*, 23 agosto 2022 (https://www.20minutes.fr/arts-stars/medias/3340383-20220823-guerre-ukraine-oui-france-2-confondu-cheminee-endommagee-missile-sujet)
380. https://www.telegraph.co.uk/world-news/2022/07/20/ukrainian-kamikaze-drones-strike-russian-controlled-zaporizhzhia/
381. https://t.me/milinfolive/88735
382. https://mezha.media/en/2022/05/12/brimstone-in-ukraine/

che la disinformazione russa. La *RTS* ha persino suggerito che la Russia stesse cercando di usare l'impianto per «*ricattare l'industria nucleare*»[383]!

Questi «attacchi» sono stati confermati solo sei mesi dopo dal *Times* di Londra[384] e poi, nell'ottobre 2023, da Kyrylo Boudanov, capo dell'intelligence militare ucraina, che ha ammesso alla stampa ucraina di aver effettuato tre attacchi alla centrale[385]. In realtà, si trattava di una strategia ucraina per provocare l'intervento della NATO, come avevo sottolineato all'epoca. Le prove concrete della responsabilità ucraina erano note, ma i nostri media hanno preferito – ancora una volta – sviluppare teorie cospirative per preservare la loro narrativa.

Il 15 novembre 2022, un missile è esploso vicino al villaggio di Przewodów, in Polonia, uccidendo due persone. Il missile è stato rapidamente identificato come un missile antiaereo S-300 5-V-55K[386]. Il giorno dopo, Volodymyr Zelensky ha accusato la Russia: «*Missili che colpiscono il territorio della NATO… Questo è un attacco missilistico russo contro la sicurezza collettiva! È un'escalation significativa. Dobbiamo reagire!*[387]» Tuttavia, né gli Stati Uniti, né la NATO, né la Polonia accusano la Russia[388]. Questo non impedisce all'«esperto» militare Alexandre Vautravers, alla *RTS,* di affermare che «*probabilmente si è trattato di un'arma russa che si è smarrita e ha colpito oltre il confine*»[389]. In realtà, non ne sa nulla e se lo sta inventando, perché non si capisce perché la Russia dovrebbe sparare missili antiaerei, tanto meno contro la Polonia. In realtà, nel settembre 2023, la Polonia ha pubblicato i risultati delle sue indagini: si trattava di un missile antiaereo ucraino S-300 5-V-55, prodotto dalla Russia

383. https://www.rts.ch/info/monde/13300261-la-centrale-nucleaire-de-zaporijjia-cristal-lise-les-inquietudes-internationales.html
384. Maxim Tucker, "Il tentativo segreto dell'Ucraina di riprendere l'impianto nucleare di Zaporizhzhia", *The Times*, 7 aprile 2023 (https://www.thetimes.co.uk/article/ukrainian-zaporizhzhia-nuclear-power-plant-russia-putin-war-2023-fx82xz3xz)
385. https://www.rts.ch/info/monde/13300261-la-centrale-nucleaire-de-zaporijjia-cristal-lise-les-inquietudes-internationales.html
386. https://twitter.com/Osinttechnical/status/1592603808634638336
387. https://youtu.be/26lKZTgSUM4
388. Phil Mattingly, Kevin Liptak, Radina Gigova, Jim Sciutto & Sophie Tanno, "Polonia, NATO dicono che il missile che ha ucciso due persone è stato probabilmente lanciato dall'Ucraina per difendersi dall'attacco russo", *CNN*, 16 novembre 2022 (https://www.cnn.com/2022/11/16/europe/poland-missile-russia-ukraine-investigation-wednesday-intl-hnk/index.html).
389. https://www.rts.ch/info/monde/13548963-tir-de-missile-sur-la-pologne-pistes-dexpli-cation-et-consequences.html

e venduto all'Ucraina[390]. Al di là dei dettagli tecnici, si è trattato senza dubbio di un incidente che Zelensky ha cercato di sfruttare per ottenere un coinvolgimento più «fisico» della NATO nel conflitto.

4.3.2.4. La zona di interdizione al volo

Il problema dell'Ucraina è la discrepanza tra la realtà sul campo e la retorica diffusa in Occidente. L'Ucraina sta combattendo una guerra per la quale la NATO l'ha preparata male. Fin dall'inizio dell'SVO russo, l'Ucraina ha perso il controllo del suo spazio aereo e non era più in grado di coprire le controffensive su scala operativa. È riuscita a tenere a bada l'aviazione russa in alcuni settori grazie ai suoi sistemi antiaerei S-300 di origine russa, ma questo non è stato sufficiente per organizzare una difesa dinamica.

Per questo motivo, fin dall'inizio dell'SVO, Zelensky ha cercato il coinvolgimento diretto della NATO nel conflitto e le ha chiesto ripetutamente di creare delle «*no-fly zone*» o NFZ. Ma l'Occidente non era entusiasta di affrontare direttamente l'aviazione russa e le sue formidabili difese aeree.

Per questo Zelensky farà di tutto per spingere l'Occidente a correre il rischio. La situazione in Libia nel 2011 funge da modello. In questo modo, eventi reali o fittizi assumono un'importanza volutamente drammatica. All'inizio di marzo 2022, approfittando di un piccolo incidente alla centrale nucleare di Zaporijia (ZNPP), Zelensky ha parlato di un pericolo per l'Europa[391] e ha chiesto l'istituzione di una ZNF[392]. La NATO ha rifiutato[393]. Pochi giorni dopo, gli incidenti alla maternità di Marioupol (9 marzo 2022) e al teatro di Marioupol (16 marzo 2022[394]) hanno dato a Zelensky l'opportunità di rinnovare la sua richiesta, ma

---

390. "Coraz bliżej prawdy o rakiecie w Przewodowie. Wiadomo czyj był pocisk", *Rzeczpospolita*, 26 settembre 2023 (https://www.rp.pl/kraj/art39165861-coraz-blizej-prawdy-o-rakiecie-w-przewodowie-wiadomo-czyj-byl-pocisk)
391. "Impianto nucleare ucraino: la Russia in controllo dopo i bombardamenti", *BBC News*, 4 marzo 2022 (https://www.bbc.com/news/world-europe-60613438)
392. "L'ucraino Zelenskyy condanna la NATO per la decisione sulla no-fly zone", *dw.com*, 4 marzo 2022 (https://www.dw.com/en/ukraine-zelenskyy-condemns-nato-over-no-fly-zone-decision-as-it-happened/a-61007081)
393. "Zelensky colpisce la Nato per il rifiuto della no-fly zone", *BBC News*, 5 marzo 2022 (https://www.bbc.com/news/world-europe-60629175).
394. Siobhan Hughes, "Zelensky chiede di nuovo agli Stati Uniti una zona di interdizione al volo", *Wall Street Journal*, 16 marzo 2022 (https://www.wsj.com/livecoverage/russia-ukraine-latest-news-2022-03-15/card/zelensky-asks-u-s-again-for-no-fly-zone-SA6RQHFsz3NUsT9uE4ru).

la NATO ha nuovamente rifiutato[395]. Nell'estate del 2022, l'Ucraina ha cercato di provocare un intervento della NATO. Furono sparati colpi di arma da fuoco contro la centrale nucleare di Energodar, allora sotto controllo russo e protetta da un'unità della Guardia Nazionale russa. Naturalmente, le accuse ucraine sono state rilanciate senza battere ciglio dai nostri media[396]. In realtà, i resti dei proiettili ritrovati provenivano da missili HIMARS e droni kamikaze americani[397] e da missili BRIMSTONE[398] britannici[399]. I media di Stato *France 2 sono arrivati* persino a presentare come missile una ciminiera danneggiata sul tetto della ZNPP[400]!

Nel giugno 2023, quando Zelensky era sotto pressione da parte dell'Occidente per lanciare la sua decisiva «controffensiva», non aveva sufficiente copertura aerea. Ha quindi cercato di usare lo stesso stratagemma, inventando un complotto russo per far saltare in aria lo ZNPP. In un tweet, ha dichiarato che «*è responsabilità di tutti nel mondo impedirlo*»[401]!

È quindi chiaro che gli ucraini sono entrati in questo conflitto con la certezza che l'Occidente non li avrebbe lasciati perdere. Hanno accettato di provocare la Russia[402] con la garanzia che il sostegno occidentale avrebbe distrutto la risposta russa nel giro di pochi giorni. Alla fine di marzo 2022, Zelensky è stato costretto a ritirare la sua proposta negoziale in cambio di un sostegno «per tutto il tempo necessario». I suoi tentativi di spingere l'Occidente a istituire una NFZ non erano altro che un modo per ricordare all'Occidente le sue promesse.

Questo è esattamente ciò che il ministro degli Esteri ucraino Dmitro Kuleba ha dichiarato alla rivista statunitense *Foreign Affairs*, in un arti-

---

395. Siobhan Hughes, "Zelensky chiede di nuovo agli Stati Uniti una zona di interdizione al volo", *Wall Street Journal*, 16 marzo 2022 (https://www.wsj.com/livecoverage/russia-ukraine-latest-news-2022-03-15/card/zelensky-asks-u-s-again-for-no-fly-zone-SA6RQHFsz3NUsT9uE4ru).
396. https://www.rts.ch/info/monde/13291212-la-centrale-nucleaire-de-zaporijjia-bombardee-deux-fois-en-un-weekend-kiev-et-moscou-saccusent.html
397. https://www.telegraph.co.uk/world-news/2022/07/20/ukrainian-kamikaze-drones-strike-russian-controlled-zaporizhzhia/
398. https://mezha.media/en/2022/05/12/brimstone-in-ukraine/
399. https://t.me/milinfolive/88735
400. Émilie Jehanno, «Guerre en Ukraine: Oui, France 2 a confondé une cheminée endommagée avec un missile dans un sujet», *20minutes.fr*, 23 agosto 2022 (https://www.20minutes.fr/arts-stars/medias/3340383-20220823-guerre-ukraine-oui-france-2-confondu-cheminee-endommagee-missile-sujet)
401. https://twitter.com/ZelenskyyUa/status/1676336904285966336
402. https://www.president.gov.ua/documents/1172021-37533

colo intitolato «Come vincerà l'Ucraina»[403]. Egli descrive una strategia che dipende interamente dalla fornitura di armi moderne da parte dell'Occidente. Siamo nel giugno del 2022 e i nostri media ripetono incessantemente che la Russia sta perdendo[404], perché non ha più soldati né attrezzature. Ma è vero l'esatto contrario: l'esercito ucraino non ha più i mezzi per organizzare una controffensiva e ora dipende totalmente dalla buona volontà e dalla generosità dell'Occidente.

Si tratta quindi di una guerra tra Stati Uniti e Russia attraverso l'Ucraina. Di conseguenza, l'Occidente è fortemente coinvolto nelle decisioni dell'Ucraina, rendendo difficile distinguere le rispettive strategie. Questo pone una serie di problemi:

- La leadership politica ucraina ha un controllo solo parziale sulla propria strategia e dipende in larga misura dalla strategia politica dei Paesi occidentali.

- Gli interessi dell'Ucraina si scontrano con quelli dei suoi partner: la sua strategia si concentra sulla riconquista del territorio perduto, mentre l'Occidente cerca di far cadere il governo russo. Così, il progetto di accordo proposto nel marzo 2022, che prevedeva il ritorno ai confini del 23 febbraio 2022 in cambio della neutralità dell'Ucraina e che aveva suscitato una reazione positiva da parte della Russia, è stato respinto dall'Occidente, che ha costretto Zelensky a ritirare la sua proposta e a impegnarsi in un conflitto senza fine.

- La leadership militare ucraina non dispone delle risorse dottrinali, materiali o di addestramento necessarie per raggiungere i suoi obiettivi.

Questa situazione ha portato a dei «tira e molla» e a delle incongruenze nella condotta ucraina che hanno dovuto essere coperte da una narrazione. Nel mondo francofono, nessuno dei nostri media fanatici (come *RTS* in Svizzera, *LCI*, *BFM TV* o *France 5* in Francia e *RTBF* in Belgio) ha menzionato le iniziative negoziali ucraine. Questi media hanno mostrato pochissima compassione per la vita degli ucraini (e a maggior ragione dei russi) e hanno militato virulentemente contro ogni possibilità di pace, già dal 2014.

---

403. Dmytro Kuleba, "Come vincerà l'Ucraina", *Foreign Affairs*, 17 giugno 2022 (https://www.foreignaffairs.com/articles/ukraine/2022-06-17/how-ukraine-will-win)
404. https://www.rts.ch/info/monde/13145871-lukraine-affirme-avoir-fait-reculer-les-forces-russes-dans-severodonetsk.html#timeline-anchor-1654233752537

Questa situazione sarà la causa di crescenti tensioni tra l'Occidente e Kiev nel 2023. Già nel 2014 e nel 2015, un'attenta analisi delle operazioni militari ha mostrato che gli ucraini stavano applicando schemi «all'occidentale» del tutto inadatti alle circostanze, a fronte di ribelli più fantasiosi, più flessibili e con strutture di comando più leggere. La stessa cosa sta accadendo oggi.

Questa incoerenza è dovuta a due ragioni fondamentali:

- La visione parziale del campo di battaglia fornita dai nostri media ci ha reso incapaci di aiutare la leadership ucraina a prendere le decisioni giuste. L'abbiamo visto con Claude Wild, ambasciatore svizzero in Ucraina fino al febbraio 2023, le cui dichiarazioni, basate sulla propaganda ucraina, hanno mostrato una totale mancanza di comprensione della reale situazione sul campo[405].

- La sostituzione da parte dei nostri media e di sedicenti «esperti» del pensiero militare russo con un'interpretazione «occidentale» delle operazioni. Ci hanno spiegato che la Russia voleva conquistare l'Ucraina, quindi doveva prendere Kiev, che la «smilitarizzazione» era finalizzata all'ingresso dell'Ucraina nella NATO e che la «denazificazione» era finalizzata a rovesciare Zelensky.

L'impatto dei media sul processo decisionale è palesemente evidente, come dimostra il rapporto annuale del *Servizio Informazioni Federale* (SRC) sulla situazione della sicurezza in Svizzera, che non è altro che un «copia e incolla» di quanto riportato dai nostri media.

4.4. La controffensiva di primavera (2023)

Innanzitutto, bisogna capire che questa «controffensiva» è l'erede dell'offensiva pianificata e preparata dall'Ucraina sulla base del decreto di Zelensky del 24 marzo 2021 per la riconquista della Crimea e dell'Ucraina meridionale[406]. È per dissuadere l'Ucraina[407] dall'attuarla che la Russia

---

405. https://www.rts.ch/play/tv/redirect/detail/13567586?startTime=383

406. https://www.president.gov.ua/documents/1172021-37533

407. Mykola Bielieskov , "Lo spauracchio della guerra russa e ucraina della primavera 2021", *Istituto nazionale di studi strategici*, settembre 2021 (http://niss.gov.ua/sites/default/files/2021-09/210921_bielieskov_war_scene.pdf).

ha schierato le sue truppe dall'aprile 2021 sul confine[408] e per impedirne l'esecuzione che Vladimir Putin ha deciso di lanciare la sua *Operazione militare speciale* (UAV) il 24 febbraio 2022.

Nel maggio 2022, Kyrylo Boudanov, capo della *Direzione principale dell'intelligence militare* ucraina (GUR), ha dichiarato che le forze russe erano state fortemente indebolite e che le forze ucraine sarebbero state in grado di riprendere la Crimea entro la fine dell'anno[409]. Ma l'esercito ucraino ha perso la maggior parte del suo equipaggiamento e, dal giugno 2022, dipende dagli aiuti occidentali per sostituire le attrezzature distrutte[410]. Nel luglio 2022, Zelensky ha affermato che avrebbe ripreso la Crimea con un milione di uomini[411], ma non è mai stato in grado di raccogliere la forza lavoro necessaria[412]. Così, nonostante abbia dichiarato di avere 700.000 uomini a disposizione[413], non è stato in grado di lanciare la sua operazione nell'estate del 2022. Nel 2022 sono seguite numerose «controffensive», ma nessuna è riuscita a mettere in ginocchio la coalizione russa.

Nel settembre 2022, dopo il successo a Kharkov, Volodymyr Zelensky chiese al suo staff di preparare una controffensiva. Ma le simulazioni dimostrarono che le prospettive di successo erano scarse e che le perdite ucraine sarebbero state ingenti[414]. La controffensiva è stata quindi rinviata all'autunno, poi all'inverno 2022, quindi alla primavera 2023. Documenti americani classificati «trapelati» nell'aprile 2023 indicano che l'offensiva avrebbe dovuto avere luogo a fine marzo o all'inizio di aprile 2023. Come ha spiegato in seguito Volodymyr Zelensky alla

---

408. https://ria.ru/20210214/donbass-1597382842.html

409. https://www.5.ua/polityka/do-kintsia-2022-roku-armiitsi-zsu-maiut-zaity-na-terytoriiu-krymu-kerivnyk-hur-budanov-278020.html

410. https://www.lepoint.fr/monde/ayant-epuise-tout-son-armement-l-ukraine-depend-totale-ment-des-allies-09-06-2022-2478984_24.php

411. https://www.independent.co.uk/news/world/europe/ukraine-million-army-russia-weap-ons-b2120445.html

412. "L'Ucraina attacca Kherson, controllata dai russi, e progetta un contrattacco", *Al Jazeera*, 12 luglio 2022 (https://www.aljazeera.com/news/2022/7/12/ukraine-strikes-russian-held-kherson-as-kyiv-plans-counterattack).

413. Emily McGarvey, "L'Ucraina mira ad accumulare 'un esercito di un milione di persone' per combattere la Russia, dice il ministro della Difesa", *BBC News*, 11 luglio 2022 (https://www.bbc.com/news/world-europe-62118953).

414. Julian E. Barnes, Eric Schmitt & Helene Cooper, "Il momento critico dietro la rapida avanzata dell'Ucraina", *The New York Times*, 13 settembre 2022 (https://www.nytimes.com/2022/09/13/us/politics/ukraine-russia-pentagon.html)

CNN[415], questi successivi rinvii erano dovuti alla mancanza di uomini e attrezzature, a conferma del fatto che l'obiettivo di smilitarizzazione di Vladimir Putin era stato raggiunto.

Ma più passava il tempo, più Zelensky si trovava in bilico tra la richiesta di risultati da parte dell'Occidente e le scarse possibilità di successo. Per questo motivo mantenne l'illusione che l'offensiva sarebbe stata lanciata. Fin dall'inizio, né gli americani[416] né gli stessi ucraini avevano una reale fiducia nel successo della loro controffensiva. Tuttavia, essa doveva essere «decisiva» e portava con sé grandi speranze. Fu girato un film di propaganda per glorificare coloro che sarebbero andati a uccidere gli «stupratori» e gli «assassini», con il solo equipaggiamento fornito dall'Occidente[417].

All'inizio di giugno 2023, su *Ukrainska Pravda*, Oleksiy Danilov, segretario del Consiglio di sicurezza nazionale ucraino, ha dichiarato che il lancio non sarebbe stato annunciato[418]. L'idea era di annunciarlo solo quando le azioni di combattimento avessero avuto una prospettiva di successo. Per questo motivo il Presidente Zelensky ha confermato l'inizio della controffensiva solo l'11 giugno[419].

4.4.1. Gli obiettivi dell'Occidente e dell'Ucraina

4.4.1.1. Obiettivi strategici

Logicamente, l'obiettivo dichiarato dell'Ucraina è quello di riprendere i territori occupati dalla Russia (nel sud e nell'est del Paese e in Crimea) e di spingere le sue truppe a tornare ai confini del 1991, come ha dichiarato Mykhaïlo Podolyak su *RTS* il 24 febbraio 2023[420].

(Ironia della sorte, quando l'Ucraina divenne indipendente nel 1991, aveva *già* perso la Crimea in seguito al referendum del 20 gennaio, che la rese «*Repubblica Socialista Sovietica Autonoma di Crimea*»! Abolita

---

415. https://youtu.be/gIlexTCdDa0

416. Alex Horton, John Hudson, Isabelle Khurshudyan & Samuel Oakford, "U.S. doubts Ukraine counteroffensive will yield big gains, leaked document says", *The Washington Post*, 10 aprile 2023 (https://www.washingtonpost.com/national-security/2023/04/10/leaked-documents-ukraine-counteroffensive/)

417. https://cdn.jwplayer.com/previews/D2aG1luF

418. https://www.pravda.com.ua/eng/news/2023/06/4/7405242/

419. "Le azioni di controffensiva dell'Ucraina sono iniziate, dice Zelensky", *BBC News*, 11 giugno 2023 (https://www.bbc.com/news/world-europe-65866880)

420. https://www.rts.ch/play/tv/-/video/-?urn=urn:rts:video:13813494&startTime=514

nel 1945, fu ripristinata il 12 febbraio 1991 dal Soviet Supremo della RSS ucraina. Il 17 marzo, Mosca organizzò un referendum sulla permanenza nell'Unione, che fu accettato dall'Ucraina[421]. In questa fase, la Crimea era sotto il controllo di Mosca e non di Kiev, mentre l'Ucraina *non era ancora* indipendente).

È per raggiungere questo obiettivo che Volodymyr Zelensky ha chiesto di negoziare con la Russia a febbraio, avanzando poi una proposta che i russi erano pronti a negoziare nel marzo 2022. Questa prevedeva il ritiro delle forze russe dall'Ucraina (ad eccezione del Donbass e della Crimea, il cui status era ancora da negoziare) in cambio della neutralizzazione del Paese. Ma, su richiesta dell'Occidente, l'ha rapidamente ritirata, barattando una rapida fine del conflitto con l'aiuto occidentale per «tutto il tempo necessario».

Per gli occidentali, il coinvolgimento attivo nel conflitto viene generalmente posto sotto l'etichetta della difesa dei nostri «valori». Questi valori sono spesso vaghi e ognuno può capire cosa vogliono. Ad esempio, alla fine di febbraio 2022, l'*European Union Times* ha riportato che per il capo del *servizio segreto britannico* (*SIS* o *MI-6*), la guerra in Ucraina riguardava i diritti delle persone LGBT[422]! Come si vede, gli obiettivi occidentali restano poco chiari. Ciò avrà conseguenze sulla conduzione delle operazioni.

Una cosa sembra comunque chiara: per l'Occidente, l'obiettivo non è recuperare il territorio ucraino, ma provocare il collasso della Russia. Questo spiega il cambiamento nella politica di Zelensky, che richiede la sconfitta totale della Russia per raggiungere il suo obiettivo. Nel settembre 2022, ad esempio, ha dichiarato che avrebbe negoziato con la Russia solo a condizione che Vladimir Putin non fosse più al potere[423], e ha persino emanato un decreto che vieta qualsiasi trattativa con Vladimir Putin[424].

In altre parole, Volodymyr Zelensky ha escluso la possibilità – certo ormai improbabile – di tornare alla soluzione del marzo 2022, che avrebbe permesso ai russi di lasciare il territorio ucraino.

---

421. Articolo «Referendum in Crimea del 1991», *Wikipedia* (visitato il 27 novembre 2021)

422. https://www.eutimes.net/2022/02/uk-mi6-spy-chief-says-war-in-ukraine-is-about-lgbt-rights/

423. "L'Ucraina non negozierà con la Russia finché Putin sarà al potere: Zelensky", *Barron's/AFP*, 30 settembre 2022 (https://www.barrons.com/news/ukraine-will-not-negotiate-with-russia-as-long-as-putin-is-in-power-zelensky-01664548507)

424. Vladimir Socor, "Zelenskyy vieta le trattative con Putin", *Eurasia Daily Monitor* (volume 19, n. 147), 5 ottobre 2022 (https://jamestown.org/program/zelenskyy-bans-negotiations-with-putin/)

Da parte loro, in assenza di qualsiasi obiettivo concreto e realistico, gli occidentali avanzano l'idea piuttosto bizzarra che la controffensiva possa creare «panico» nelle forze russe, portando a una crisi politica e a un cambio di «regime»[425]! Ecco perché l'ammutinamento di Prigozhin (giugno 2023) ha suscitato tanto entusiasmo in Occidente, perché sembrava dimostrare che questa strategia poteva funzionare. Ma come al solito, le analisi dei nostri pseudo-esperti non si basano sulla conoscenza e sulla riflessione, bensì su professioni di fede. In realtà, questo incidente sembra aver rafforzato Vladimir Putin...

Sappiamo dal giugno 2022 che né la quantità né la qualità delle armi e degli aiuti forniti all'Ucraina le consentiranno di ottenere una vittoria sul campo. L'obiettivo è semplicemente quello di prolungare il conflitto, nella speranza che questo porti alla fine a una crisi politica in Russia e a un «cambio di regime», che sarebbe una vittoria totale per l'Ucraina.

Da parte sua, l'Ucraina sa che nel prossimo futuro dipenderà totalmente dall'Occidente. Per questo la sua strategia va oltre l'interesse nazionale: non si tratta di soddisfare i propri obiettivi a breve e medio termine, ma quelli di coloro che finanzieranno il suo futuro.

Il 27 novembre 2022, Mykhailo Podolyak, consigliere personale di Zelensky, dichiarò alla televisione ucraina che la Crimea sarebbe stata completamente liberata entro il maggio 2023[426]. Ma la controffensiva lanciata nel giugno 2023 ha faticato a raggiungere i suoi obiettivi. Lungi dal «farsi prendere dal panico», le forze russe hanno resistito molto bene, come ha osservato il media ucraino *Kyiv Independent*[427]:

> *I soldati di varie brigate hanno dichiarato al Kyiv Independent che in questa zona i russi sono soldati esperti e ben equipaggiati, con un gran numero di proiettili d'artiglieria e razzi MLRS.*
>
> *I soldati della 32ª brigata non nascondono di sentirsi spesso sopraffatti. I fanti dicono di essere surclassati dalle competenti e*

425. https://www.independent.co.uk/news/world/europe/ukraine-counteroffensive-russian-losses-putin-b2334687.html

426. https://www.ukrinform.ua/rubric-crimea/3623657-e-tam-u-mene-ulublene-misce-podolak-obicae-cerez-piv-roku-rozpovisti-z-alti-pro-vilnij-krim.html

427. https://kyivindependent.com/new-brigade-bears-heavy-brunt-of-russias-onslaught-in-kharkiv-oblast/

Per questo motivo l'obiettivo strategico è stato modificato. Nel luglio 2023, Oleksiy Danilov, che presiedeva il Consiglio di sicurezza ucraino, dichiarò che l'obiettivo non era la ripresa del territorio, ma la «smilitarizzazione» della Russia[428]! Questo è esattamente ciò che Podolyak ha detto nell'agosto 2023, dopo che il fallimento della controffensiva è diventato chiaro[429]:

L'obiettivo è la distruzione graduale e sistematica delle capacità dell'esercito nemico: la sua logistica, il suo potenziale tecnico, i suoi quadri e il suo personale.

Ironia della sorte, per mascherare il fallimento della controffensiva, si cerca di ridefinirne gli obiettivi, usando quasi le stesse parole che il generale russo Sourovikine ha usato il 18 ottobre 2022[430].

All'inizio del settembre 2023, mentre la controffensiva si stava esaurendo, la leadership ucraina cercò di dimostrare che non voleva rinunciare alla lotta. La strategia era una graduale riconquista «albero per albero», che mirava anche a logorare le forze russe[431].

In altre parole, l'Ucraina sta adottando una strategia di logoramento contro la Russia. Questo nuovo cambio di strategia è sorprendente, perché si può sperare di vincere una guerra di logoramento solo se si hanno più risorse dell'avversario. Tuttavia, è chiaro che se la Russia non ha risorse illimitate, l'Ucraina di certo non ne ha di più.

Nell'autunno del 2023, gli ucraini si troveranno di fronte a due grandi ostacoli: l'Occidente avrà esaurito la sua capacità di fornire sostegno materiale e la campagna presidenziale americana, nella quale Joe Biden non vuole essere coinvolto senza che sia stata trovata una soluzione[432].

---

428. https://twitter.com/OleksiyDanilov/status/1676118862998257664

429. http://www.ukrainianjournal.com/index.php?w=article&id=37113

430. "Суровикин: российская группировка на Украине методично 'перемалывает' войска противника", *TASS*, 18 ottobre 2022 (https://tass.ru/armiya-i-opk/16090805)

431. Roland Oliphant & Julian Simmonds, "L'Ucraina libera il territorio albero per albero dopo una svolta tattica cruciale", *The Telegraph*, 15 settembre 2023 (https://www.telegraph.co.uk/world-news/2023/09/15/how-ukraine-captured-russian-territory-orikhv/)

432. https://responsiblestatecraft.org/2023/06/13/is-the-us-military-more-intent-on-ending-ukraine-war-than-us-diplomats/

In altre parole, l'Ucraina non dispone dei due ingredienti essenziali per condurre una guerra di logoramento: risorse umane e materiali e tempo.

Il problema è come uscire dal conflitto senza perdere la faccia. A metà dicembre 2023, il *New York Times ha* riportato gli sforzi dell'amministrazione Biden e dell'Ucraina per elaborare una nuova strategia, non per sconfiggere la Russia, ma per dare all'Ucraina qualcosa su cui negoziare. A tal fine, gli Stati Uniti dispiegheranno un generale a tre stelle per lavorare su questo tema. Il rapporto mostra che gli americani stanno implicitamente ammettendo che la Russia è in una posizione di forza, che non ha più la capacità di sostenere l'Ucraina e che dovrà combattere con un budget più limitato. L'obiettivo è quello di «*creare una minaccia sufficientemente credibile perché la Russia prenda in considerazione la possibilità di avviare negoziati seri alla fine del prossimo anno o nel 2025*»[433]. In breve, l'obiettivo è mantenere l'apparenza di una possibile vittoria fino a dopo le elezioni presidenziali americane.

4.4.1.2. Obiettivi operativi

In termini operativi, l'idea era quella di sfondare il sistema difensivo russo e spingersi rapidamente verso il Mar d'Azov, tagliando così in due le forze russe, per poi spingersi verso la Crimea da un lato e Marioupol dall'altro.

Come gli «strateghi» occidentali abbiano potuto pensare che un simile piano potesse funzionare con le risorse disponibili in Ucraina all'inizio del 2023 è un mistero che rasenta il crimine deliberato. Infatti, i pianificatori occidentali e ucraini hanno finito per credere alla loro stessa narrazione sugli episodi di Kharkov e Kherson nell'autunno del 2022. Nell'aprile 2023, su *Foreign Policy*, un esperto dell'*Istituto Internazionale di Studi Strategici* (IISS) di Londra ha parlato di una svolta nelle prime 24 ore della controffensiva[434]. Mentre i nostri giornalisti sono entusiasti

---

433. Julian E. Barnes, Eric Schmitt, David E. Sanger & Thomas Gibbons-Neff, "U.S. and Ukraine Search for a New Strategy After Failed Counteroffensive", *The New York Times*, 11 dicembre 2023 (https://www.nytimes.com/2023/12/11/us/politics/us-ukraine-war-strategy.html)
434. Franz-Stefan Gady, "Il giorno più lungo dell'Ucraina", *Politica estera*, 18 aprile 2023 (https://foreignpolicy.com/2023/04/18/ukraine-russia-war-counteroffensive-attack-bakhmut-himars/)

dell'imminente battaglia[435], i servizi segreti americani sono molto meno ottimisti sul suo esito[436].

Piano iniziale per la controffensiva ucraina

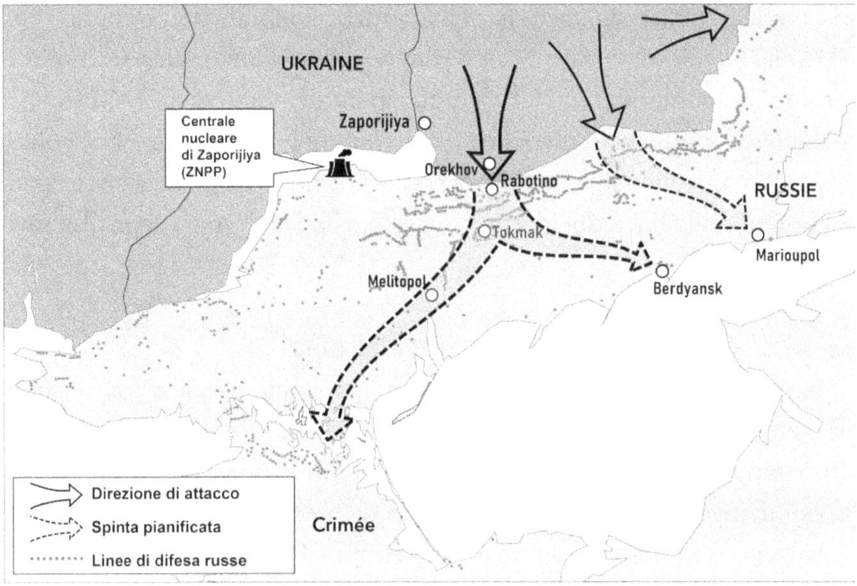

Figura 36 - La controffensiva ucraina sembra muoversi in tre direzioni: una principale (praticamente imposta dagli Stati Uniti) sull'asse Rabotino - Melitopol; una secondaria sull'asse Staromaïorsk - Marioupol e un'altra secondaria verso Bakhmout.

Il problema non è semplicemente quello di superare il sistema russo, ma di mantenere il ritmo dei progressi e consolidare i successi. Le popolazioni dell'Ucraina meridionale che sono state discriminate (in particolare dalla legge del 1° luglio 2021 sulle popolazioni indigene[437])

<hr>

435. Timothy Garton Ash, "Perché l'Occidente deve essere pronto per questo momento di opportunità e di rischio in Ucraina", *European Council on Foreign Relations*, 12 maggio 2023 (https://ecfr.eu/article/why-the-west-must-be-ready-for-this-moment-of-opportunity-and-risk-in-ukraine/)

436. Julian Borger, Manisha Ganguly, Flora Garamvolgyi & Justin McCurry, "US feared Ukraine could fall 'well short' in spring counter-offensive, leaks reveal", *The Guardian*, 11 aprile 2023 (https://www.theguardian.com/world/2023/apr/11/us-ukraine-counter-offensive-pentagon-leaks-reveal#:~:text=L'intelligence statunitense avrebbe avvertito in una serie di documenti di difesa trapelati).

437. "Нардеп від 'Слуги народу' Семінський заявив про 'позбавлення конституційних прав росян, які проживають в Україні'", *AP News*, 2 luglio 2021 (https://apnews.com.ua/ua/news/nardep-vid-slugi-narodu-seminskii-zayaviv-pro-pozbavlennya-konstitutciinikh-prav-rosiyan-ya-ki-prozhivaiut-v-ukraini/)

e che hanno subito numerosi abusi tra il 2014 e il 2022 probabilmente non hanno intenzione di tornare sotto l'autorità di Kiev. Questo è particolarmente vero in Crimea. Ci sono tutte le ragioni per credere che gli ucraini affronterebbero una forte resistenza popolare in queste regioni, così come i russi se si recassero nella parte occidentale dell'Ucraina.

Ma alla fine di settembre 2023, il generale di brigata ucraino Oleksandr Tarnavskiy, comandante del gruppo operativo-strategico TAVRIA, ha constatato l'inadeguatezza delle forze ucraine e ha dichiarato che l'obiettivo della controffensiva sarebbe stato il villaggio di Tokmak, a circa venti chilometri dalla linea del fronte[438]. Questo è ben al di sotto degli obiettivi annunciati...

4.4.2. La condotta delle operazioni ucraine

Mentre la data di lancio è rimasta riservata, la sua preparazione è stata ampiamente pubblicizzata in anticipo. Le ragioni principali sono due.

Il primo è che gli occidentali stanno diventando impazienti e gli annunci di Volodymyr Zelensky hanno lo scopo di rassicurarli. Anche prima di iniziare, la controffensiva sta sollevando dubbi. L'Occidente ha mobilitato tutte le sue capacità per fornire all'Ucraina le attrezzature (armi e munizioni) e l'addestramento necessari per questa operazione, e si aspetta un «ritorno sull'investimento»[439]. Gli ucraini, da parte loro, sono totalmente dipendenti dagli aiuti occidentali e Zelensky teme che si stanchino: l'Ucraina non ha altra scelta che agire, costretta dai suoi donatori[440].

Il secondo è che il concetto ucraino e occidentale si basa sull'idea che i russi siano mal preparati, mal comandati, demotivati e demoralizzati e che, di conseguenza, fuggiranno al primo assalto ucraino, lasciando la strada libera per lo sfondamento. Si sperava che il rumoroso annuncio di una potente controffensiva avrebbe contribuito a indebolire moralmente i russi, facilitando così gli sforzi ucraini. Questa idea deriva dalla narra-

---

438. Vasco Cotovio, Frederik Pleitgen, Daniel Hodge, Konstyantyn Gak & Yulia Kesaieva, "Le forze ucraine hanno sfondato a Verbove, dice l'alto generale", *CNN*, 23 settembre 2023 (https://edition.cnn.com/2023/09/23/europe/ukraine-biggest-counteroffensive-to-come-intl-hnk/index.html)
439. Tennyson Dearing, "La controffensiva estiva dell'Ucraina è un momento chiave, ma la determinazione a lungo termine rimane cruciale", *Consiglio Atlantico*, 6 giugno 2023 (https://www.atlanticcouncil.org/blogs/ukrainealert/ukraines-summer-counteroffensive-is-a-key-moment-but-long-term-resolve-remains-crucial/).
440. https://www.thetimes.co.uk/article/ukraine-isn-t-ready-for-its-big-offensive-but-it-has-no-choice-b7qrq3vcr

zione che ha circondato la riconquista dei settori di Kharkov e Kherson nel 2022. È un errore fatale.

Come sottolinea l'*Ukrainska Pravda*, questa controffensiva è stata pianificata congiuntamente da ucraini, americani e britannici durante ben otto sessioni di gioco di guerra[441]. Il fallimento dell'operazione è quindi dovuto anche all'incapacità degli occidentali di pianificare operazioni offensive su larga scala contro un avversario moderno[442]:

> *Con le truppe e gli armamenti disponibili in Ucraina, i militari statunitensi erano convinti che un attacco frontale meccanizzato alla linea del fronte russo fosse fattibile. Ulteriori modellizzazioni indicavano che le forze di Kiev avrebbero potuto al massimo raggiungere il Mar d'Azov e tagliare fuori le forze russe a sud in 60-90 giorni.*

Questa controffensiva doveva essere condotta da 12 brigate, di cui 3 costituite dall'Ucraina e 9 dai Paesi occidentali. Gli americani volevano lanciarla a metà aprile, per evitare che i russi rafforzassero ulteriormente le loro forze. Ma gli ucraini non si sentivano pronti, così il lancio è stato rimandato all'estate del 2023[443].

La condotta di questa controffensiva sembra essere stata oggetto di grandi divergenze tra americani e ucraini a diversi livelli. Mentre lo sforzo principale in direzione di Rabotino – Tokmak – Melitopol sembra essere stato accettato da entrambe le parti, sembra che i militari americani volessero che l'Ucraina concentrasse tutte le sue risorse su questo asse, mentre il generale Zaloujny, comandante delle forze ucraine, non voleva liberare tutta la sua linea del fronte per questa azione. D'altra parte, Zelensky insiste sulla riconquista di Bakhmout, mentre Zaloujny, dal 2022, non vuole sacrificare le sue truppe per questa città.

441. "Errori, divisioni hanno segnato la pianificazione offensiva di Stati Uniti e Ucraina", *The Washington Post*, 4 dicembre 2023 (https://www.washingtonpost.com/world/2023/12/04/ukraine-counteroffensive-us-planning-russia-war/)

442. Alona Mazurenko, "Gli Stati Uniti e l'Occidente insistono sulla controffensiva mirata dell'Ucraina per tagliare fuori la Russia dalla Crimea", *Ukrainskaya Pravda*, 4 dicembre 2023 (https://www.pravda.com.ua/eng/news/2023/12/4/7431593/).

443. "La controffensiva ucraina potrebbe iniziare in estate, dice il premier", *La Nuova Voce dell'Ucraina*, 11 aprile 2023 (https://english.nv.ua/nation/ukrainian-counteroffensive-could-begin-in-summer-pm-says-war-news-50317188.html)

Questo potrebbe spiegare la lenta caduta in disgrazia del generale Zaloujny, accusato di essere coinvolto nel sabotaggio di Nord Stream 1 e 2[444], che è sotto inchiesta ufficiale per non aver gestito la difesa del Paese all'inizio del 2022.

4.4.2.1. Partenza esitante

Nella primavera del 2023, gli ucraini sapevano di non essere pronti, ma l'Occidente li spingeva ad andare avanti. Per questo motivo, a partire da aprile, gli ucraini lanciarono tutta una serie di attacchi, senza ottenere alcun successo decisivo. Queste azioni avevano solo una funzione politica, ma dovevano avere una giustificazione operativa. Alexandre Vautravers, un «esperto» militare svizzero, giustificò queste manovre affermando che era impossibile nascondere i preparativi per una grande offensiva e sostenne che questi ripetuti annunci avevano lo scopo di ingannare i russi[445]! *La Ukrainska Pravda* conferma questo ragionamento, spiegando che si tratta di «*operazioni di modellamento*»[446]:

> *Queste operazioni di modellamento, che vanno dagli attacchi simbolici a quelli più significativi dal punto di vista strategico, fanno parte della prassi militare standard. Secondo funzionari della difesa e analisti, il loro scopo è quello di ingannare il nemico, interferire con la sua mentalità e «modellare» il campo di battaglia prima di un'offensiva su larga scala.*

Non è altro che uno stratagemma di comunicazione. Il lettore può confrontare questa «definizione» con quella dell'esercito americano discussa sopra. Si vedrà che stiamo semplicemente cercando di dare coerenza ad azioni poco coordinate, poco adatte alla missione e che sprecano vite e attrezzature.

Deve essere condotta come parte di un piano complessivo ed essere accompagnata, se non seguita rapidamente, da un'operazione decisiva.

---

444. "Sulle tracce ucraine dei sabotatori del Nord Stream 2", *Intelligence OnLine*, 26 settembre 2023 (https://www.intelligenceonline.com/government-intelligence/2023/09/26/on-the-ukrainian-trail-of-the-nord-stream-2-saboteurs,110057638-fac)
445. https://www.lemanbleu.ch/fr/Emissions/189661-Geneve-a-Chaud.html
446. Olena Roshchina, "Gli attacchi degli UAV e le violazioni dei confini sono 'operazioni di modellamento' ucraine - FT", *Ukrainska Pravda*, 30 maggio 2023 (https://www.pravda.com.ua/eng/news/2023/05/30/7404475/).

È chiaro che gli ucraini non hanno le risorse per questo tipo di operazione complessa.

Quanto all'idea che si tratterebbe di «ingannare i russi», essa si basa sull'idea che con le attuali risorse di intelligence il campo di battaglia sia diventato totalmente «trasparente». È un po' semplice. Nell'agosto del 2023, i russi lanciano un'offensiva in direzione di Kupiansk, che nessuno rileva e che sorprende gli ucraini, e quindi l'intelligence occidentale, che stava monitorando l'intero teatro a suo vantaggio[447]!

Infatti, fino all'inizio di giugno 2023, le azioni ucraine sono più simili a «ricognizioni in forze», in cui si entra in contatto con l'avversario per costringerlo a rivelare la sua posizione. Il problema è che per svolgere questo tipo di azione, in genere non si utilizzano le risorse principali, ma quelle più leggere: l'obiettivo non è distruggere il nemico, ma costringerlo a rivelarsi. Il veicolo ideale per questo tipo di missione sarebbe un AMX-10RC francese, ma con una maggiore capacità di sopravvivenza.

4.4.2.2. La controffensiva vera e propria

In *The New Voice of Ukraine*, un colonnello ucraino afferma che è iniziata alla fine di aprile 2023[448]. È generalmente accettato che sia iniziato il 4 giugno 2023, ma Volodymyr Zelensky lo ha confermato solo una settimana dopo, dopo che le sue forze avevano catturato 7-8 piccoli villaggi, tutti situati nella zona di sorveglianza, ben a monte della linea Surovikin.

Fin dai primi giorni, le immagini mostrano un disastro totale. Secondo un informatore ucraino, in un solo attacco e in poche ore, gli ucraini hanno perso più di 150 veicoli, tra cui 12 LEOPARD 2 (il 20% di quelli ricevuti) e 15 BRADLEY (circa il 15%). Sostiene inoltre che nelle prime 72 ore del loro attacco, 10 LEOPARD 2 sono stati distrutti prima ancora che potessero sparare un solo colpo[449].

La difesa russa si basa sul modello di «difesa dinamica» che abbiamo visto in precedenza. È un sistema che richiede all'attaccante di rinnovare costantemente il suo sforzo di sfondamento. L'esercito ucraino non è più

---

447. Dan Sabbagh, "'I couldn't take it any more': holdouts quit Kupiansk after renewed Russian shelting", *The Guardian*, 29 agosto 2023 (https://www.theguardian.com/world/2023/aug/29/ holdouts-quit-kupiansk-after-renewed-russian-shelling-ukraine)
448. Roman Svitan, "La controffensiva dell'Ucraina è già iniziata", *La Nuova Voce dell'Ucraina*, 1 maggio 2023 (https://english.nv.ua/opinion/ukraine-s-counteroffensive-has-already-started-opinion-50321375.html).
449. https://t.me/resident_ua/18191

in grado di farlo. In tre mesi, gli ucraini non sono riusciti a raggiungere la prima linea di difesa russa (la linea Sourovikine) in nessun punto del fronte di 900 km.

Ucraini e occidentali sono delusi. La narrazione delle «vittorie» ucraine a Kharkov e Kherson propagandata dai nostri «esperti» (e ripetuta nei rapporti ufficiali in Francia[450] e Svizzera[451], in particolare) ha portato gli ucraini a sottovalutare la difficoltà della loro operazione, contribuendo così in misura non trascurabile alla loro sconfitta. Come ha osservato il *Daily Telegraph* nel luglio 2023[452]:

> *Confrontate i faticosi e costosi progressi di oggi con le vittorie lampo a Kharkiv e Kherson dello scorso autunno. Allora le forze di Kiev avanzavano contro un nemico che si ritirava per riorganizzare le proprie truppe, scambiando lo spazio con il tempo. Avendo ora accumulato le proprie forze attraverso la mobilitazione e scavato vaste linee difensive, i russi questa volta non vanno da nessuna parte.*

Il problema è che i nostri media parlano solo degli attacchi ucraini, senza mai menzionare la rappresaglia russa. Così abbiamo sempre l'impressione che siano gli ucraini ad avanzare. Ma la realtà è molto più drammatica per gli ucraini.

Mentre l'attenzione occidentale è concentrata sulla spinta verso Melitopol, gli ucraini stanno ancora cercando di riprendere la città di Bakhmut. In effetti, nell'agosto-settembre 2023, questo è stato il settore che ha subito il maggior numero di perdite. Prive di equipaggiamento pesante, le truppe che tentavano questi attacchi venivano letteralmente decimate dall'artiglieria russa. Il motivo di questo accanimento è misterioso. Un'ipotesi è che Zelensky pensi che si tratti di un successo psicologico per l'Ucraina e che possa portare a una crisi politica in Russia. In realtà, non lo sappiamo. Ma dimostra che, contrariamente a quanto dicevano i nostri «esperti», questa città è importante per gli ucraini.

---

450. https://www.assemblee-nationale.fr/dyn/16/rapports/cion_def/l16b1111_rapport-infor-mation#
451. https://www.newsd.admin.ch/newsd/message/attachments/72369.pdf
452. https://www.telegraph.co.uk/news/2023/07/21/ukraines-counter-offensive-is-failing-with-no-easy-fixes/

Ad esempio, la cattura da parte ucraina dei villaggi di Novodarivka e Rivnopil (situati sull'asse di avanzata Staromaïorsk - Melitopol) è ampiamente considerata un successo russo. Le perdite inflitte agli ucraini hanno reso impossibile il proseguimento della loro avanzata lungo questo asse. L'istituto britannico *RUSI* osserva che[453]:

> *È anche importante riconoscere che le forze russe stanno combattendo in modo più competente e con ragionevole perseveranza in difesa. Anche quando stanno perdendo terreno, le forze russe si stanno essenzialmente ritirando dalle loro posizioni in modo ordinato per rallentare e contenere le spinte ucraine, imponendo loro notevoli costi in termini di equipaggiamento.*

A quanto pare, il piano previsto dall'Occidente e utilizzato per preparare la controffensiva era uno «sfondamento» con veicoli blindati sminatori (LEOPARD 2R) che avanzavano sotto l'appoggio di carri armati e fanteria meccanizzata che assicuravano il corridoio di sfondamento per consentire un flusso continuo di carri armati nella breccia.

Questo primo sfondamento doveva essere realizzato dalla 47ª Brigata meccanizzata, che si sarebbe spinta fino a Tokmak dopo aver catturato il piccolo villaggio di Rabotino. Spettava poi all'82ª Brigata d'assalto aviotrasportata sfondare la posizione della 47ª Brigata e spingersi fino a Melitopol. Lo schema previsto era molto simile a quello delle operazioni meccanizzate russe.

Il problema era che la resistenza russa era più dura del previsto. La pianificazione era stata fatta in previsione del panico tra le forze armate russe, che erano «male ordinate, demotivate e indebolite». Ma non è quello che è successo. Sulla scia dell'insuccesso della 47ª Brigata, una dozzina di altre brigate hanno cercato di sfondare: la 47ª brigata meccanizzata; la 65ª brigata meccanizzata; la 116ª brigata meccanizzata; la 117ª brigata meccanizzata; la 118ª brigata meccanizzata; il reggimento «SKALA»; il 78° reggimento «HERTZ»; il 73° Centro Operazioni Navali Speciali; la 46ª brigata aeromobile; la 71ª brigata di caccia; la 3ª brigata

---

453. Jack Watling e Nick Reynolds, "Stormbreak: Fighting Through Russian Defences in Ukraine's 2023 Offensive", *RUSI*, settembre 2023 (https://ik.imagekit.io/po8th4g4eqj/prod/Stormbreak-Special-Report-web-final_0.pdf).

operativa della Guardia nazionale «SPARTAN»; la 14ª brigata operativa della Guardia nazionale «Chervona Kalyna» e l'82ª brigata d'assalto aviotrasportata della Guardia, che era la formazione di 2° livello.

L'82ª Brigata era la formazione di 2ª fila, con i suoi carri armati CHALLENGER 2 che gli inglesi – proclamatisi invincibili – temevano sarebbero stati distrutti dai russi. Durante il primo ingaggio, almeno uno di essi fu distrutto...

Le tattiche ucraine nella controffensiva

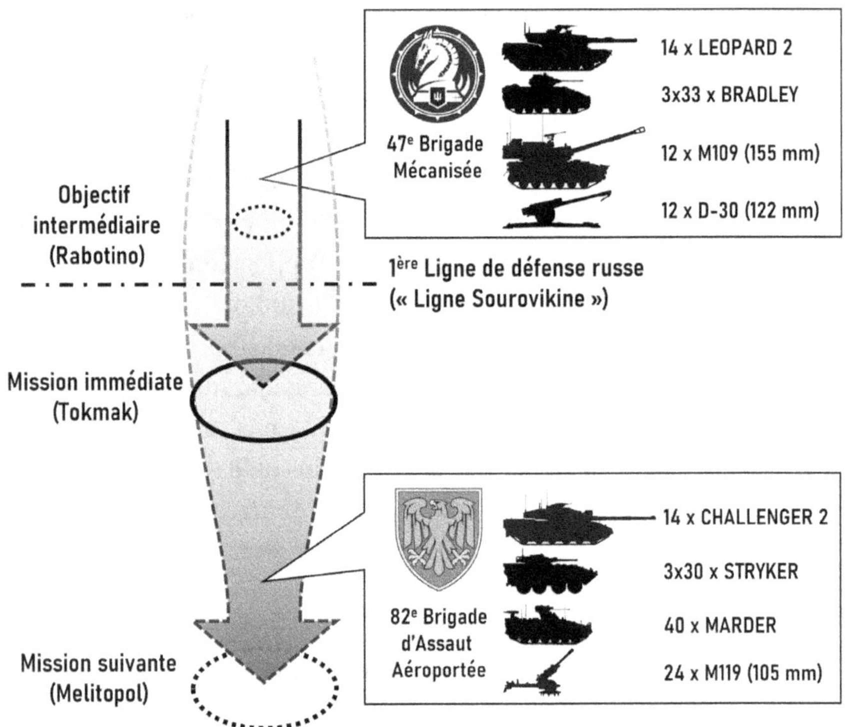

Figura 37 - Schema della pianificazione della controffensiva ucraina sulla linea operativa «Rabotino-Tokmak-Melitopol». Come sottolinea il New York Times, *l'Ucraina ha deciso di abbandonare le tattiche raccomandate dalla NATO per tornare a quelle dell'ex URSS. L'azione su Rabotino illustra questo cambiamento.*

All'inizio di settembre 2023, gli ucraini avrebbero subito più di 50.000 morti senza riuscire a fare breccia, mentre, secondo Trent Maul, direttore delle analisi della *Defense Intelligence Agency* (DIA) statunitense, i russi non avrebbero nemmeno impegnato il grosso delle loro forze[454]!

Inoltre, mentre i nostri media si concentravano sull'imminente vittoria della controffensiva[455], i russi hanno fatto un passo avanti verso Kupiansk. Lo riferisce il media ucraino *Kyiv Independent*[456]:

> *I soldati di diverse brigate hanno dichiarato al Kyiv Independent che in questa zona i russi sono soldati esperti e ben equipaggiati, con un gran numero di proiettili d'artiglieria e razzi MLRS.*
>
> *[...] Come la maggior parte delle unità, il 32° era a corto di veicoli e di munizioni d'artiglieria. La maggior parte del buon equipaggiamento era stata impiegata per la controffensiva sul fronte di Zaporizhzhia.*
>
> *Manca anche l'esperienza sul campo di battaglia, dai gradi più bassi agli ufficiali in comando. [...] L'anno 2022 ha ridotto il pool di combattenti esperti dell'Ucraina a tal punto che possiamo parlare di carenza.*

I media ucraini, come conferma un'analisi della britannica *RUSI*[457], ci dicono esattamente il contrario di quello che dicono i nostri media o gli «esperti» sui nostri schermi televisivi[458].

Infatti, senza un sufficiente supporto aereo e di artiglieria, l'esercito ucraino non può utilizzare le tattiche previste dai pianificatori occidentali e fare breccia nel sistema russo. Contrariamente a quanto sostengono alcuni «esperti», l'Ucraina non sta «tornando» alle tattiche sovietiche, ma si sta adattando al suo avversario, con tattiche che non hanno assolutamente nulla a che fare con l'URSS.

---

454. "Come il Pentagono valuta i progressi dell'Ucraina", *The Economist*, 6 settembre 2013 (https://archive.ph/1y4tn)

455. «Cédric Mas: «In Ucraina, il tempo della diplomazia non è ancora arrivato»», *rts.ch*, 23 agosto 2023 (https://www.rts.ch/info/monde/14255857-cedric-mas-en-ukraine-le-temps-de-la-diplomatie-nest-pas-encore-venu.html).

456. https://kyivindependent.com/new-brigade-bears-heavy-brunt-of-russias-onslaught-in-kharkiv-oblast/

457. Jack Watling e Nick Reynolds, "Stormbreak: Fighting Through Russian Defences in Ukraine's 2023 Offensive", *RUSI*, settembre 2023 (https://ik.imagekit.io/po8th4g4eqj/prod/Stormbreak-Special-Report-web-final_0.pdf).

458. https://www.lemanbleu.ch/fr/Emissions/189661-Geneve-a-Chaud.html

A partire dall'estate del 2023, l'esercito ucraino avrebbe attaccato in piccoli gruppi di soldati a piedi supportati da uno o due carri armati, che agivano come «cannoni d'assalto». Come ha spiegato il ministro della Difesa ucraino Oleksiy Reznikov al suo omologo americano Lloyd Austin il 15 giugno 2023 a Bruxelles[459]:

Senza supporto aereo, l'unica opzione è usare l'artiglieria per colpire le linee russe, abbattere i veicoli mirati e proseguire a piedi.

Questo è ciò che stanno facendo gli ucraini. I loro fanti sono riusciti a scivolare attraverso i campi minati anticarro e a raggiungere le prime posizioni russe. In questo modo hanno potuto dire di aver fatto progressi durante la controffensiva. Il problema era che, una volta entrati in contatto con le linee russe, non avevano più i mezzi per resistere, né tantomeno per fare un vero e proprio sfondamento. Al massimo potevano ingaggiare un combattimento ravvicinato con i russi.

Nell'ottobre 2023, dopo molte tergiversazioni, lo stesso generale Zaloujny riconobbe il fallimento della controffensiva decisiva[460]. Non aveva raggiunto nessuno dei suoi obiettivi e non aveva ottenuto né i guadagni territoriali né la sconfitta dell'esercito russo che erano stati pianificati[461]. Con il conflitto arabo-israeliano che attirava l'attenzione del mondo, Volodymyr Zelensky si rese conto che la mancanza di risultati stava portando alla disaffezione dell'Occidente. Per questo motivo ordinò alle sue truppe di avanzare di 500 metri al giorno[462]. Ancora una volta, le operazioni erano guidate dai politici piuttosto che dai militari. In nessun momento della controffensiva le forze ucraine hanno raggiunto

459. Alona Mazurenko, "Gli Stati Uniti e l'Occidente insistono sulla controffensiva mirata dell'Ucraina per tagliare fuori la Russia dalla Crimea", *Ukrainskaya Pravda*, 4 dicembre 2023 (https://www.pravda.com.ua/eng/news/2023/12/4/7431593/).
460. Tom Soufi Burridge, "Ukraine general's view of war 'stalemate' appears to be recognition of failed counteroffensive: Reporter's Notebook", *ABC News*, 3 novembre 2023 (https://abcnews.go.com/International/ukraine-generals-view-war-stalemate-appears-recognition-failed/story?id=104576525)
461. Tom Soufi Burridge, "La controffensiva ucraina sta prendendo forma nel tentativo di destabilizzare le forze russe", *ABC News*, 5 giugno 2023 (https://abcnews.go.com/International/ukrainian-counteroffensive-shaping-amid-series-meant-destabilize-russian/story?id=99789793).
462. Kateryna Tyshchenko, "Zelenskyy: abbiamo bisogno di risultati ogni giorno, per avanzare di almeno 500 metri", *Ukrainska Pravda*, 22 ottobre 2023 (https://www.pravda.com.ua/eng/news/2023/10/22/7425232/)

questo ritmo. Ordinarlo in un momento in cui le attrezzature e le truppe si stanno esaurendo dimostra che la leadership politica non è assolutamente al passo con la situazione sul campo, perché è improbabile che i militari ucraini «vogliano» avanzare. È più realistico pensare che «non possono». Questa discrepanza ricorda gli ultimi giorni del Terzo Reich, quando Berlino pensava che la ritirata delle sue truppe fosse dovuta a una mancanza di volontà.

Nell'ottobre-novembre 2023, la leadership ucraina è stata costretta a «destreggiare» le proprie unità. Sposterà le sue unità in esercitazioni antincendio su tutta la linea del fronte, impegnandole in aree critiche e attingendo a zone più tranquille.

In realtà, l'Occidente non ha mai dato all'Ucraina ciò che le serve per vincere. Le ha dato qualcosa per mantenere la Russia in uno stato di guerra, nella speranza che questo destabilizzasse il Paese.

4.4.3. Motivi del fallimento

4.4.3.1. Ragioni strategiche

Per evitare le carenze dei nostri media e determinare l'esito della controffensiva nel modo più oggettivo possibile, dobbiamo analizzarla sulla base degli obiettivi prefissati. Il problema è che i nostri giornalisti giocano con questi obiettivi per determinare da soli se sono stati raggiunti o meno. È quello che hanno fatto con i russi e che stanno facendo con gli ucraini.

Alla fine di settembre 2023, il *New York Times ha* tracciato i risultati della controffensiva ucraina[463]. Ha notato che durante l'anno la linea del fronte si è spostata solo avanti e indietro, con l'Ucraina che ha guadagnato circa 370 km^2 e la Russia circa 857 km^2. Ciò dimostra che la Russia non solo ha ottenuto un chiaro successo a livello operativo, ma anche a livello strategico. Infatti, il suo obiettivo non era quello di conquistare il territorio, ma di indebolire l'Ucraina, come ha spiegato il generale Sourovikine nell'ottobre 2022. Al contrario, l'obiettivo degli ucraini era quello di riconquistare il territorio.

---

463. Josh Holder, "Chi sta guadagnando terreno in Ucraina? Quest'anno, nessuno", *The New York Times*, 28 settembre 2023 (https://www.nytimes.com/interactive/2023/09/28/world/europe/russia-ukraine-war-map-front-line.html)

L'obiettivo dell'Ucraina era quello di riprendersi la Crimea e di ristabilire la propria sovranità sull'intero territorio attualmente occupato dalla Russia. In effetti, questa è la condizione che Zelensky ha posto per l'apertura dei negoziati[464]. Il problema è che nessuno crede più seriamente che questo obiettivo sia realistico.

Tanto che sembra che le priorità dell'esercito ucraino non siano più concentrate su questi obiettivi. Dall'inizio di settembre 2023, l'attenzione si è concentrata sugli attacchi contro la flotta del Mar Nero e la Crimea. Questi attacchi sono ovviamente acclamati dai nostri giornalisti, che gioiscono per ogni russo ucciso, ma questo indica una drammatica dispersione degli sforzi. Gli obiettivi non sembrano avere nulla a che fare con i progressi della controffensiva, e la loro unica funzione è quella di mostrare forme di successo all'opinione pubblica ucraina. La richiesta di Volodymyr Zelensky di missili per colpire l'Iran e la Siria[465] mostra fino a che punto l'Ucraina stia cercando il successo in altri teatri per compensare il fallimento della sua controffensiva.

Questa dispersione si spiega con il fatto che l'Ucraina si è posta in una situazione di totale dipendenza dall'Occidente. In altre parole, deve soddisfare sia i propri obiettivi che quelli dei suoi sponsor. Nel marzo 2023, Zelensky ha *dovuto* scambiare la sua proposta di negoziare con la Russia con il sostegno dell'Occidente per «*tutto il tempo necessario*»[466]. In altre parole, ha scambiato la prospettiva di pace con il sostegno occidentale che escludeva qualsiasi compromesso con la Russia. Come ha scritto l'esperto britannico Mark Galeotti sul *Times* nell'aprile di quest'anno: l'Ucraina non era pronta per la sua grande offensiva, ma non aveva scelta[467]. Le ragioni del successo o del fallimento di un'azione militare sono sempre molteplici. Nel caso della controffensiva ucraina, due sono state le principali: l'incapacità dell'Occidente e degli ucraini di valutare le capacità della Russia e l'inadeguatezza della strategia adottata. Questo spiega, ma non giustifica, il fatto che l'offensiva militare non abbia mai avuto un vero e proprio piano, *conditio sine qua non per il* successo, come

---

464. https://www.cnn.com/europe/live-news/russia-ukraine-war-news-06-16-23/index.html
465. "L'Ucraina chiede missili a lungo raggio per attaccare la produzione di droni kamikaze iraniani", *Kyiv Post*, 27 settembre 2023 (https://www.kyivpost.com/post/22067).
466. https://www.voanews.com/a/biden-us-will-support-ukraine-as-long-as-it-takes-/6953138.html
467. https://www.thetimes.co.uk/article/ukraine-isn-t-ready-for-its-big-offensive-but-it-has-no-choice-b7qrq3vcr

ha sottolineato la deputata Mariana Bezuhla, del partito del Presidente Zelensky[468].

Dall'inizio dell'offensiva russa, l'Occidente e gli ucraini sembrano affidarsi a una «strategia della speranza». I nostri media sostengono che i russi hanno esaurito le armi[469] e il personale, che le loro munizioni sono arrugginite[470], che il loro esercito è demoralizzato[471] e mal guidato[472]. La speranza è che i militari russi si facciano *prendere dal panico* e fuggano[473], che la Russia perda più uomini del suo avversario e che l'Ucraina possa solo vincere.

Nei media di lingua francese, un esperto militare dopo l'altro ha spiegato il conflitto non sulla base dei fatti, ma sulla base delle loro percezioni e pregiudizi sulle forze russe. La loro costante sottovalutazione delle capacità russe sembrava rendere possibile una strategia di logoramento contro la Russia. Così hanno cambiato il loro obiettivo, passando da uno sfondamento verso il Mar d'Azov a una strategia di logoramento. Ma dato che la Russia sta applicando tale strategia da ottobre, continuare a mantenere il terreno e quindi scambiare terreno per uomini è una strategia perdente fin dall'inizio!

L'immagine del campo di battaglia forgiata dai nostri media ha chiaramente contribuito a spingere l'Ucraina nella direzione sbagliata. Questo spiega il profondo risentimento di alcuni ucraini, probabilmente i più radicali, nei confronti dei nostri giornalisti. L'incapacità morale e intellettuale di questi ultimi di rimanere nel ruolo definito dalla Carta di Monaco è costata molte vite...

---

468. Alisa Orlova, "Il deputato alimenta le voci sul conflitto Zaluzhny-Zelensky e chiede un cambio di leadership militare", *Kyiv Post*, 27 novembre 2023 (https://www.kyivpost.com/post/24730).
469. https://www.liberation.fr/international/guerre-en-ukraine-a-ce-rythme-les-russes-nont-plus-de-missiles-dans-trois-semaines-20220323_LTACIYGPW5G5XGOKTQL3LJRSQQ/
470. https://www.blick.ch/ausland/ausruestung-immer-schlechter-mit-dieser-rost-muni-tion-muessen-putins-soldaten-kaempfen-id18343393.html
471. https://www.dhnet.be/actu/monde/2022/08/24/la-russie-fait-face-a-une-penurie-de-mu-nitions-de-vehicules-et-de-personnel-leur-moral-est-au-plus-bas-V7KDYW7UAJCH3MNO4BN-JUXBS6E/
472. https://nepassubir.fr/2023/06/18/loperation-de-liberation-de-lukraine-nest-encore-ni-un-echec-ni-un-succes-puisquelle-est-en-cours/
473. Kateryna Tyshchenko, "La Russia si farà prendere dal panico quando inizierà la controffen-siva dell'Ucraina - il vice ministro della Difesa ucraino", *Ukrainska Pravda*, 7 maggio 2023 (https://www.pravda.com.ua/eng/news/2023/05/7/7401067/).

4.4.3.2. Motivi operativi

Come ho sottolineato nei miei libri precedenti, gli ucraini non hanno imparato l'arte delle operazioni e del combattimento congiunto a livello di brigata e oltre. Le loro operazioni sono sequenziali e non sufficientemente integrate. Per denigrare i russi, i nostri «esperti» hanno deliberatamente nascosto la realtà della situazione, inducendo così gli ucraini a sopravvalutare le loro capacità.

Durante l'audizione davanti a una commissione del Senato nel novembre 2022, il colonnello Michel Goya ha dichiarato che dopo le offensive di Kharkov e Kherson, gli ucraini avevano «*una superiorità indiscutibile*». In realtà, questo non è vero. Gli ucraini sono vittime della loro stessa narrazione, che ha presentato gli episodi di Kharkov e Kherson come un successo e una prova della debolezza delle forze russe. Invece di imparare da questi episodi e prendere decisioni operative più appropriate, i nostri media hanno incoraggiato i nostri politici a sostenere una controffensiva di primavera sulla base di un'illusoria superiorità militare.

All'inizio di agosto 2023, il Ministero della Difesa russo ha dichiarato che 43.000 militari ucraini avevano perso la vita nel periodo giugno-luglio[474]. È difficile dire fino a che punto questa cifra rifletta la realtà, anche se l'esperienza dimostra che le cifre fornite dai russi sono relativamente affidabili. Se queste cifre fossero verificate, significherebbe che l'Ucraina avrebbe perso lo stesso numero di soldati addestrati dalla NATO per guidare la controffensiva. Ciò significherebbe un processo di logoramento accelerato.

Alla fine di luglio 2023, più di un mese e mezzo dopo l'inizio della controffensiva, il *Wall Street Journal* ha confessato[475]:

> *Quando l'Ucraina ha lanciato la sua grande controffensiva in primavera, i leader militari occidentali sapevano che Kiev non aveva l'addestramento o le armi per dislocare le forze russe, che*

---

474. https://www.theinteldrop.org/2023/08/05/ukraines-attrition-rate-suggests-counteroffensive-is-over/

475. Daniel Michaels, "Ukraine's Lack of Weaponry and Training Risks Stalemate in Fight With Russia" (La mancanza di armi e di addestramento in Ucraina rischia di creare uno stallo nella lotta con la Russia), *Wall Street Journal*, 23 luglio 2023 (https://www.wsj.com/articles/ukraines-lack-of-weaponry-and-training-risks-stalemate-in-fight-with-russia-f51ecf9).

fossero granate o aerei da guerra. Ma speravano che il coraggio e l'ingegno degli ucraini avrebbero salvato la situazione.

In realtà, gli occidentali riponevano le loro speranze nel «*coraggio e nell'ingegno ucraino*»!

Nel settembre 2023, durante la sua visita negli Stati Uniti, Volodymyr Zelensky annunciò un «*piano segreto*» per riprendere tre città. Una di queste è stata identificata come Bakhmout e le altre due sono state oggetto di speculazioni[476]: si è parlato di Tokmak, sulla strada per Melitopol, e di Soledar, alla periferia di Bakhmout.

Ma ben presto fu chiaro che anche questi obiettivi limitati erano fuori portata. In realtà, erano i russi ad essere all'offensiva lungo tutta la linea del fronte. Ma avanzavano lentamente, con l'obiettivo di non esporre le proprie truppe.

Il 1° dicembre 2023, in un'intervista all'*Associated Press*, Zelensky confessò che la controffensiva era fallita e che c'erano state molte vittime[477]. Questo lo portò ad adottare una strategia difensiva e a ordinare la costruzione di fortificazioni[478].

4.4.3.3. Motivi tattici

Nel settembre 2023, Volodymyr Zelensky spiegò che la lentezza delle consegne di armi spiegava il lento successo della controffensiva[479]. Questa scusa è stata contestata in Occidente, ma era chiaramente giustificata. Questo perché l'Occidente forniva armi a pioggia, che venivano distrutte non appena arrivavano nel teatro delle operazioni. In altre parole, a prescindere dalla qualità delle armi fornite, la loro quantità non raggiungerà mai la massa critica che consentirebbe all'Ucraina di creare una superiorità sufficiente per fare breccia. Inoltre, le armi arrivano

476. Joe Barnes, "Zelensky giura di liberare Bakhmut e altre due città in un piano segreto", *The Telegraph*, 22 settembre 2023 (https://www.telegraph.co.uk/world-news/2023/09/22/volodymyr-zelensky-secret-plan-liberate-cities-ukraine/)
477. James Jordan, Samya Kullab & Illia Novikov, "The AP Interview: Ukraine's Zelenskyy says the war with Russia is in a new phase as winter looms", *AP*, 1 dicembre 2023 (https://apnews.com/article/zelenskyy-ukraine-russia-war-interview-winter-75f1f785b17452fc23819d459e6ab64b)
478. Matthew Luxmoore, "Ukraine's Zelensky Orders Construction of Defences to Hold Back Russia", *The Wall Street Journal*, 1 dicembre 2023 (https://www.wsj.com/world/ukraines-zelensky-orders-construction-of-defenses-to-hold-back-russia-9ab87c81?mod=europe_news_article_pos1)
479. https://www.cnn.com/videos/world/2023/09/10/exp-gps-0910-zelensky-on-counteroffensive.cnn

spesso in un momento in cui gli ucraini non ne hanno più bisogno, come gli M1 ABRAMS[480]. Gli ucraini non hanno capito che l'Occidente non sta cercando di aiutare l'Ucraina a vincere, ma di prolungare la guerra per esaurire la Russia.

In effetti, gli ucraini non sono sufficientemente equipaggiati per condurre uno sfondamento in un sistema come quello russo. Non solo avrebbero avuto bisogno di maggiori risorse per lo sminamento, ma anche di più truppe per mettere in sicurezza le teste di ponte dopo ogni linea di sfondamento. Inoltre, avremmo avuto bisogno di una superiorità aerea e di artiglieria nei settori di sfondamento per impedire l'arrivo dei rinforzi russi.

In mancanza di questi elementi, l'Ucraina ha rinunciato all'idea di condurre operazioni di sfondamento meccanizzato su larga scala. I suoi primi tentativi, nel giugno 2023, si sono conclusi con uno spettacolare fallimento. Perché un'azione del genere non può essere condotta «a metà». O tutto o niente. Per questo motivo il comando ucraino ha optato per azioni di fanteria a un livello tattico inferiore (plotone e sezione), che rendono più facile scivolare attraverso i campi minati anticarro ed eludere l'artiglieria russa.

L'adozione di questa nuova tattica da parte degli ucraini è avvenuta proprio quando gli americani hanno iniziato a fornire loro munizioni a grappolo. I russi, che fino a quel momento non avevano utilizzato questo tipo di armi – almeno in questo settore – cominciarono ad usarle. Le munizioni a grappolo sono state progettate per essere utilizzate da un difensore contro attacchi come quelli effettuati dagli ucraini. Ci troviamo quindi in una situazione asimmetrica: quello che si pensava fosse un vantaggio per gli ucraini è diventato un ulteriore handicap.

La costante e fuorviante sottovalutazione delle capacità russe da parte dei nostri media e servizi di intelligence sembrava rendere il sostegno promesso all'Ucraina sufficiente a Zelensky per raggiungere i suoi obiettivi. L'aiuto per «tutto il tempo necessario» sembrava quindi avere una fine. Ma la determinazione dei nostri media, degli esperti corrotti e dei servizi di intelligence a mostrare quanto i russi siano irrazionali e

---

480. Jack Detsch, "L'Ucraina sta ottenendo il suo Abrams, ma non quello che vuole veramente", *Foreign Policy*, 19 settembre 2023 (https://foreignpolicy.com/2023/09/19/ukraine-russia-abrams-military-weapons/).

incompetenti ci ha nascosto la verità. Hanno confuso la guerra dell'informazione con la guerra sul terreno. Ma le capacità della Russia sono notevolmente superiori a quanto proclamavano gli esperti corrotti. L'Occidente si è quindi intrappolato in un «assegno in bianco» impossibile da onorare.

Alla fine di settembre 2023, l'*Institute for the Study of War* (ISW), un'organizzazione gestita da Kimberly Kagan, cognata di Victoria Nuland e vice segretario del Dipartimento di Stato, ha cercato di spiegare la mancanza di risultati della controffensiva ucraina[481]:

> *È possibile che Putin abbia ordinato al comando militare russo di mantenere tutte le posizioni difensive iniziali della Russia per creare l'illusione che le controffensive ucraine non avessero alcun impatto tattico o operativo nonostante il sostanziale sostegno occidentale.*

In altre parole, i russi mantengono le loro posizioni solo per dare l'illusione di mantenerle!

4.4.4. *Critici occidentali*

Non appena viene lanciata, diventa chiaro che la grande operazione decisiva che hanno pianificato con l'aiuto degli Stati Uniti e sbandierata dai nostri media non manterrà le sue promesse. Gli ucraini comunicano molto poco della loro pianificazione. Pertanto, a volte è difficile stabilire se gli errori osservati siano il risultato della concezione dell'operazione o della sua esecuzione. Nell'estate del 2023, tuttavia, le critiche occidentali alla controffensiva ucraina ci permettono già di trarre alcune conclusioni.

Un rapporto interno della *Bundeswehr* pubblicato alla fine di luglio 2023 dal quotidiano *Bild*[482] critica l'attuazione della controffensiva ucraina. Il rapporto insiste sul fatto che l'Ucraina non sta applicando i principi di combattimento congiunto raccomandati dalla NATO, ma sta dando priorità alla propria esperienza operativa.

Ma questa critica all'Ucraina non è realmente giustificata, per una serie di ragioni.

---

481. https://twitter.com/TheStudyofWar/status/1706157492462379203
482. Julian Röpcke, "Bundeswehr kritisiert erstmals die Ukraine-Armee", *Bild*, 25 luglio 2023 (https://www.bild.de/bild-plus/politik/ausland/politik-ausland/geheim-papier-enthuellt-bundeswehr-kritisiert-erstmals-die-ukraine-armee-84802800.bild.html)

Il primo è che il fallimento della controffensiva ucraina era perfettamente prevedibile, persino atteso. Le armi consegnate all'Ucraina erano insufficienti per qualità e quantità, come vedremo in seguito. Nonostante le «analisi» esageratamente ottimistiche e totalmente fuori tema dei nostri «esperti» militari, agli ucraini sono state fornite solo armi di scarto che non volevamo più.

La seconda è che sapevamo fin dall'inizio che la controffensiva avrebbe comportato perdite molto pesanti per gli ucraini, perché queste perdite erano calcolate[483]. Quindi i nostri politici e i nostri media sapevano perfettamente che stavamo mandando gli ucraini a morire. Questo è il ruolo perverso dei nostri media. Invece di presentare la situazione in modo corretto e magari trovare una soluzione più ragionevole, abbiamo incoraggiato l'Ucraina a portare avanti questa offensiva pur sapendo perfettamente che sarebbe stata un fallimento. Nessun esperto serio – nemmeno gli ucraini – dice ora che l'Ucraina potrebbe riprendere la Crimea o spingersi fino al Mar d'Azov.

Il terzo è che – come ha detto giustamente Zelensky[484] – le armi sono arrivate a singhiozzo. Quindi l'Ucraina non è mai stata in grado di costruire una massa critica sufficiente per poter agire a livello operativo. Questo dimostra che i russi hanno effettivamente raggiunto il loro obiettivo di smilitarizzazione e che la controffensiva ucraina si basa *esclusivamente* sugli aiuti occidentali. Tipicamente, l'Ucraina ha lanciato la sua controffensiva senza capacità aerea (o almeno senza superiorità aerea). Dopo mesi di tergiversazioni, l'accordo americano per la consegna di aerei F-16 è arrivato solo alla fine di agosto 2023, due mesi e mezzo dopo l'inizio della controffensiva[485]. Come se non bastasse, si è deciso di allungare l'addestramento dei piloti ucraini aggiungendo un corso di lingua prima di poter volare[486]. Naturalmente, la linea ufficiale dovette essere adattata per convincere gli ucraini che gli aerei non erano

---

483. https://www.defense.gov/News/Transcripts/Transcript/Article/3433535/deputy-pentagon-press-secretary-sabrina-singh-holds-a-press-briefing/

484. https://www.cnn.com/videos/world/2023/09/10/exp-gps-0910-zelensky-on-counteroffensive.cnn

485. Aamer Madhani & Lolita C. Baldor, "Il cambiamento di Biden sugli F-16 per l'Ucraina è avvenuto dopo mesi di dibattito interno", *AP News*, 25 agosto 2023 (https://apnews.com/article/biden-ukraine-f16-decision-russia-64538af7c10489d7c2243dadbad31008).

486. Luis Martinez, "Gli Stati Uniti aiuteranno ad addestrare i piloti ucraini sugli F-16", *ABC News*, 25 agosto 2023 (https://abcnews.go.com/Politics/us-train-ukrainian-16-pilots-after/story?id=102542985).

necessari per garantire il successo della controffensiva[487]! Infine, queste consegne frammentarie significavano che l'arrivo delle armi non poteva essere sincronizzato con la pianificazione delle operazioni. Così, quando gli F-16 sono stati annunciati nell'ottobre 2023, la controffensiva non era più un problema e i nuovi aerei sono stati assegnati alla difesa aerea della parte occidentale dell'Ucraina.

Perché abbiamo bisogno degli F-16

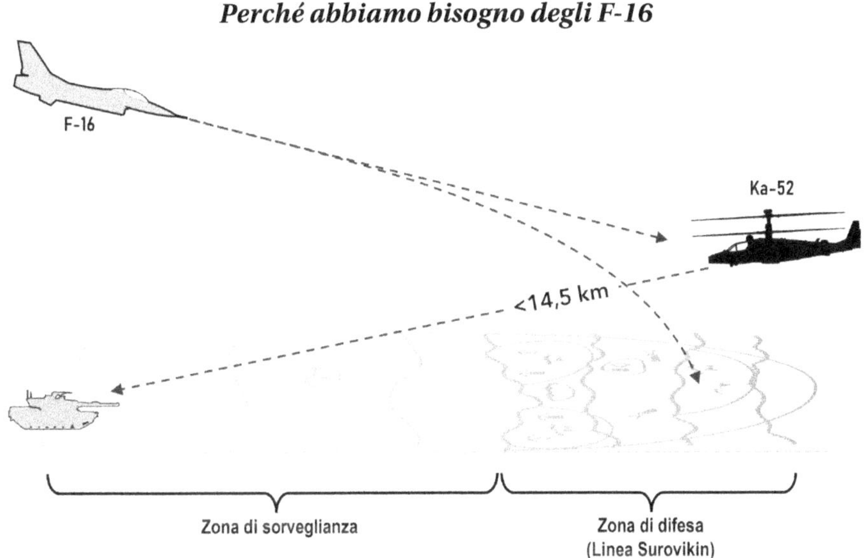

Figura 38 - Gli F-16 non sono in grado di affrontare le forze aeree russe. D'altro canto, fornirebbero copertura ai loro tentativi di sfondamento contro gli elicotteri da combattimento Ka-50/52, che - secondo la dottrina - rimangono cautamente al di sopra del sistema difensivo russo. Inoltre, l'F-16 potrebbe attaccare obiettivi terrestri fino a 500 km di profondità.

Il quarto è che l'addestramento impartito ai soldati ucraini è essenzialmente tattico. Forti dell'esperienza di combattimento in Medio Oriente e in Afghanistan, gli occidentali hanno insegnato a combattere a piccole formazioni tattiche (gruppi-sezione-peloton). D'altro canto, vi è l'incapacità di coordinare azioni congiunte di medio-alto livello.

Il quinto è che per combattere efficacemente una battaglia ad armi combinate, sono necessarie tutte le varie componenti (principalmente

---

487. Kateryna Tyshchenko, "La controffensiva dell'Ucraina può avere successo senza gli F-16", *Ukrainska Pravda*, 13 agosto 2023 (https://www.pravda.com.ua/eng/news/2023/08/13/7415420/).

intelligence, armature, fanteria, artiglieria, ingegneri, aviazione e difesa aerea). Tuttavia, non solo l'equipaggiamento ricevuto dagli ucraini è largamente inadatto al conflitto ucraino, ma è anche estremamente carente. Ad esempio, mancano l'aviazione e una difesa aerea efficace. In altre parole, mancano componenti essenziali per il combattimento congiunto.

Il sesto è che oggi non basta più coordinarsi, bisogna essere in grado di integrare le forze a livello operativo. Gli ucraini hanno le risorse di leadership necessarie per il coordinamento e sanno come farlo. Ma una forza congiunta non è semplicemente un insieme di sistemi, deve essere un sistema per funzionare efficacemente. Tuttavia, gli equipaggiamenti forniti all'Ucraina, di qualità, origine e generazione diversa, non possono essere messi insieme per formare un sistema.

In definitiva, è stata la combinazione tra l'impazienza dell'Occidente di ottenere risultati e la sua incapacità di fornire all'Ucraina la massa critica necessaria per condurre la sua controffensiva la ragione principale di questo fallimento. Ma prima ancora è stata l'incapacità dei servizi segreti occidentali di valutare l'equilibrio delle forze, la sottovalutazione delle capacità russe e la sopravvalutazione di quelle ucraine a portare a questa situazione.

4.4.5. *La questione della cobelligeranza*

Il termine «co-belligerante» si applica a un attore che prende parte a un conflitto armato senza essere formalmente vincolato da un trattato o da un'alleanza (come la NATO). Contrariamente a quanto sostengono alcuni «esperti», il termine non è definito dal diritto internazionale, il che lascia aperta la porta a ogni tipo di interpretazione.

Quando forniamo armi a un Paese e questo si impegna in un conflitto con quelle armi, non si può parlare di cobelligeranza. D'altra parte, quando un Paese è già impegnato in un conflitto e noi ci inseriamo nella sua catena logistica per sostenerlo con armi, munizioni e la loro riparazione, la questione assume un aspetto completamente diverso. Quindi l'Occidente:

- Finanzia completamente le azioni militari dell'Ucraina contro la Russia;

- Fornisce armi, da cui l'Ucraina dipende totalmente dal giugno 2022[488];

- Fornisce supporto logistico alle armi occidentali impegnate in combattimento. Le armi danneggiate vengono rimosse dal territorio ucraino, riparate nei santuari al confine e poi riportate sul campo di battaglia. Paesi come Francia, Germania e Polonia sono così pienamente integrati nella logistica operativa ucraina;

- Addestra i soldati per il campo di battaglia;

- Fornisce al comando ucraino intelligence operativa (ISR) in tempo reale, con mezzi aerei e agenti dispiegati sul campo di battaglia;

- Conducendo una guerra economica contro la Russia[489] e la sua popolazione[490], con l'obiettivo di generare conflitti sociali e provocare movimenti insurrezionali (sovversione);

- Sostiene attivamente e addirittura invita ad azioni terroristiche[491] contro la popolazione e le autorità russe.

Come dimostrano i documenti classificati statunitensi trapelati nell'aprile 2023, Francia, Svezia, Stati Uniti e Gran Bretagna forniscono intelligence operativa alle forze ucraine per l'individuazione degli obiettivi e il processo decisionale. Quindi c'è chiaramente un coinvolgimento diretto nel processo decisionale. Questo è stato rivelato durante la controffensiva del 2023, quando l'Occidente si è lamentato del fatto che l'Ucraina non stesse seguendo le loro istruzioni. Possiamo discutere la questione legale di questa «cobelligeranza», ma la cosa più grave è che l'abbiamo fatto male. Con rara incompetenza e agendo più sulla base di emozioni e politica che di fatti e razionalità militare, il nostro aiuto ha solo indebolito l'Ucraina.

488. https://www.lepoint.fr/monde/ayant-epuise-tout-son-armement-l-ukraine-depend-totalement-des-allies-09-06-2022-2478984_24.php
489. https://www.zeit.de/zustimmung?url=https://www.zeit.de/politik/ausland/2023-01/annalena-baerbock-russland-krieg-aussage
490. «Provocheremo il crollo dell'economia russa», dice Bruno Le Maire», *Ouest-France / AFP*, 1 marzo 2022 (https://www.ouest-france.fr/monde/guerre-en-ukraine/guerre-en-ukraine-nous-allons-provoquer-l-effondrement-de-l-economie-russe-lance-bruno-le-maire-8df620ec-9937-11ec-a65a-8b59a463d3c4)
491. https://lequotidien.lu/politique-societe/jean-asselborn-eliminer-physiquement-vladimir-poutine/

4.5. Ricorso al terrorismo

Un aspetto degno di nota dell'evoluzione delle tattiche e dei metodi impiegati dall'Ucraina è l'uso di assassinii e azioni terroristiche in Russia e in Europa. La particolarità di queste azioni è che sono sostenute dai governi (e dai parlamenti) europei. L'idea che stiamo difendendo «valori» è quindi pura propaganda. Condanniamo senza riserve le azioni dei palestinesi, che da 75 anni subiscono violazioni del diritto internazionale con la nostra approvazione, ma accettiamo che metodi ancora meno giustificabili vengano perpetrati sul nostro territorio.

Detto questo, l'idea di cercare di destabilizzare la Russia dall'interno è coerente con l'analisi del suo centro di gravità. Fin dall'inizio, l'Ucraina ha dichiarato che il suo obiettivo era un cambio di potere a Mosca. Tanto che nel settembre 2022 lo stesso Volodymyr Zelensky ha decretato una legge che vietava qualsiasi negoziato con la Russia finché Vladimir Putin fosse stato al potere[492]. Tuttavia, perché tale destabilizzazione sia efficace, deve basarsi sul malcontento o su una situazione sociale particolarmente negativa. Questo è ciò che sarebbe potuto accadere se le sanzioni contro la Russia fossero state efficaci. Al contrario, hanno contribuito a migliorare la situazione generale in Russia.

4.5.1. Attacchi ai civili

L'incapacità di mettere in atto e lanciare la controffensiva promessa nell'estate del 2022 ha spinto il comando ucraino a compiere incursioni in territorio russo, che secondo quanto riferito hanno provocato 13 morti tra i civili[493]. Il più grande di questi raid è stato effettuato il 22 maggio 2023 contro villaggi nell'oblast' di Belgorod, vicino al confine ucraino. L'obiettivo era duplice: dimostrare che la popolazione russa era scarsamente protetta dal suo governo[494] e più probabilmente

---

492. "L'Ucraina non negozierà con la Russia finché Putin sarà al potere: Zelensky", *Barron's/AFP*, 30 settembre 2022 (https://www.barrons.com/news/ukraine-will-not-negotiate-with-russia-as-long-as-putin-is-in-power-zelensky-01664548507)
493. https://en.wikipedia.org/wiki/2023_Belgorod_Oblast_incursions
494. "Le incursioni transfrontaliere dall'Ucraina colpiscono le difese russe", *Euractiv.com / Reuters*, 24 maggio 2023 (https://www.euractiv.com/section/global-europe/news/cross-border-incursions-from-ukraine-take-a-stab-at-russian-defences/)

– come sostiene il governo russo – creare un senso di vittoria dopo la caduta di Bakhmut[495].

I media, che diffondono informazioni volte a minimizzare il ruolo dei movimenti neonazisti e delle ideologie nauseabonde, hanno evitato di fornire dettagli sulla natura degli attentatori. Ad esempio, la *RTS* ha evitato accuratamente di dare indicazioni sul numero di morti civili, per legittimare un'azione degli estremisti volta a «*porre fine alla dittatura del Cremlino*»[496].

Con gli occhi di uno svizzero, possiamo probabilmente discutere della democrazia russa, come di quella francese. Ma è sorprendente che questo approccio accetti e riconosca che l'opposizione a Vladimir Putin sia legata all'estrema destra neonazista[497]!

Ciò che i media statali svizzeri non menzionano è che le incursioni sono state effettuate da due gruppi di estrema destra, la Legione «*Libertà della Russia*» (LLR) e il *Corpo Volontari Russi* (CVR). Il CVR è un'organizzazione neonazista il cui leader, Denis Kapoustine (nome di battaglia: Denis Nikitine), è considerato un neonazista dalla *Anti-Defamation League* (ADL)[498]. Anche l'LLR è un'organizzazione di estrema destra, ma il suo profilo appare meno marcato[499].

Il governo ucraino ha inizialmente negato ogni responsabilità per gli attacchi, sostenendo che sono stati compiuti da oppositori russi in Ucraina[500]. Sebbene l'Ucraina abbia il diritto di rispondere all'SVO intervenendo in territorio russo, anche con paramilitari di origine russa, ha scelto immediatamente di dissociarsi da questo attacco.

---

495. "Operazione di 'pulizia' russa dopo il raid su Belgorod dall'Ucraina", *Al-Jazeera*, 23 maggio 2023 (https://www.aljazeera.com/news/2023/5/23/ukraine-says-russian-armed-groups-be-hind-border-raid-on-russia)
496. https://www.rts.ch/info/monde/14042636-des-combattants-font-une-incursion-armee-en-russie-et-frappent-plusieurs-villages.html
497. «Quand des opposants russes à Poutine prennent les armes en Ukraine», *Le Point/AFP*, 31 ottobre 2023 (https://www.lepoint.fr/monde/quand-des-opposants-russes-a-poutine-prennent-les-armes-en-ukraine-31-10-2023-2541503_24.php)
498. https://extremismterms.adl.org/glossary/denis-kapustin
499. https://www.nbcnews.com/news/world/belgorod-raid-russian-volunteer-corps-freedom-russia-legion-rcna86168
500. Yuliya Talmazan, "Chi sono i gruppi anti-Putin dietro la drammatica incursione in Russia?", *NBC News*, 26 maggio 2023 (https://www.nbcnews.com/news/world/belgorod-raid-russian-vol-unteer-corps-freedom-russia-legion-rcna86168)

Figura 39 - I gruppi che hanno compiuto incursioni in territorio russo illustrano la natura dell'opposizione a Vladimir Putin, sostenuta dall'Occidente. Qualunque sia il giudizio sul governo russo, l'opposizione che sosteniamo non ha credenziali democratiche ed è un veicolo di ideologie nauseanti.

Il 24 maggio, un comandante della CVR ha dichiarato di non aver ricevuto alcun aiuto dal governo ucraino «*tranne che per l'intelligence, il carburante, il cibo e le medicine*». Secondo un portavoce dell'intelligence militare ucraina (GUR), questi gruppi hanno condotto queste operazioni «*in modo indipendente, secondo i propri obiettivi e piani*»[501]. Tuttavia, queste dichiarazioni sono contraddette dal fatto che l'LLR sostiene di essere ufficialmente riconosciuto dall'esercito ucraino e di combattere «*sotto il comando ucraino*». Inoltre, le immagini dell'incidente mostrano che i combattenti sono equipaggiati con armi e veicoli americani e ucraini.

L'European Journal of International Law (EIJL) ritiene che l'azione di questi gruppi per rovesciare il potere in Russia sia di per sé illegale, ma giustificabile nel contesto del diritto all'autodifesa dell'Ucraina[502]. Ciò che l'*EIJL* non analizza è la strategia utilizzata. Sebbene le azioni in sé

---

501. https://en.interfax.com.ua/news/general/912407.html
502. Stefan Talmon, "Il coinvolgimento dell'Ucraina nelle incursioni transfrontaliere dei gruppi paramilitari russi: uso illegale della forza e dell'intervento o legittima autodifesa?", *European Journal of International Law*, 29 maggio 2023 (https://www.ejiltalk.org/ukraines-involvement-in-cross-border-raids-by-russian-paramilitary-groups-illegal-use-of-force-and-intervention-or-lawful-self-defence/).

non fossero chiaramente progettate per rovesciare il governo di Mosca, esse miravano a fare pressione sulla popolazione e a incitarla a ribellarsi contro il proprio governo. Questa strategia è esattamente la stessa utilizzata dallo Stato Islamico per i suoi attacchi in Francia nel 2015 e 2016[503]. Possiamo quindi constatare che i nostri giuristi fanno apologia del terrorismo quando non ci riguarda. Il terrorismo è un metodo che deve essere bandito in *ogni circostanza,* anche se alcuni governi lo praticano abitualmente, come Francia, Stati Uniti, Gran Bretagna e Israele.

Raid del 22 maggio 2023 nell'oblast' di Belgorod

Figura 40 - L'incursione di unità di volontari russi di estrema destra che combattono per l'Ucraina non è andata oltre Kozinka. È possibile che il sito Belgorod-22 fosse l'obiettivo. Ma il vero obiettivo dell'operazione era comunicare con la popolazione russa.

Questi attacchi hanno permesso ai nostri media di proporre una narrazione sulla «permeabilità» del confine e sull'incapacità del governo russo di proteggere la propria popolazione. Ma questa affermazione deve essere qualificata. Il confine tra i due Paesi è lungo circa 2.300 km e la Russia non ha scelto di proteggerlo come il Vallo di Adriano dell'Impero Romano, o

---

503. Video «Francia in ginocchio», *Stato Islamico*, 21 novembre 2015.

addirittura la Cortina di Ferro, con una barriera fisica continua. Lungo tutto il confine, a intervalli regolari, ci sono forze di intervento rapido della Guardia Nazionale (Rosgvard), che possono agire contro incursioni di questo tipo. Questo è ciò che è accaduto e l'incursione ucraina è stata rapidamente messa sotto controllo dopo essere penetrata per poche centinaia di metri in territorio russo[504]. Tuttavia, l'artiglieria e i razzi dei droni hanno colpito più in profondità nel territorio russo, dando l'illusione di un'azione profonda, ma non è stato così.

Sembra che l'obiettivo degli ucraini fosse il sito Belgorod-22, che si ritiene contenga armi nucleari. In realtà, questo deposito è stato svuotato delle sue armi nucleari diversi anni fa, il che solleva la questione delle capacità dei servizi segreti ucraini[505].

4.5.2. Attacchi alle infrastrutture

La mattina dell'8 ottobre 2022, un camion suicida è esploso sul ponte di Kerch che collega la penisola di Crimea al territorio russo. I filmati delle telecamere a circuito chiuso dell'esplosione del camion sono stati rapidamente diffusi. Le immagini ricordano un po' troppo gli attacchi compiuti dallo Stato Islamico nel 2015-2016. Questo è senza dubbio il motivo per cui *Radio-Télévision Suisse* Romande ha modestamente descritto l'evento come «*un grande incendio scoppiato sul vasto ponte automobilistico e ferroviario che collega la Crimea ucraina annessa da Mosca e il territorio russo*», evitando accuratamente la parola «terrorista»[506]. I nostri giornalisti la considerano un'illustrazione di un'operazione speciale «*che sembra sempre più un vicolo cieco*».

Secondo il *Washington Post*[507], l'attacco, organizzato dai servizi speciali ucraini dell'SBU, è stato un attacco suicida sul modello degli attacchi

504. Stefan Talmon, "Operazione di 'pulizia' russa dopo il raid su Belgorod dall'Ucraina", *Al-Jazeerah*, 23 maggio 2023 (https://www.aljazeera.com/news/2023/5/23/ukraine-says-russian-armed-groups-behind-border-raid-on-russia)

505. Nick Mordowanec, "La Russia rimuove le munizioni nucleari da Belgorod nel mezzo del conflitto con l'Ucraina", *Newsweek*, 22 maggio 2023 (https://www.newsweek.com/russia-removes-nuclear-munitions-belgorod-amid-conflict-ukraine-1801940).

506. https://www.rts.ch/info/monde/13448785-au-moins-trois-morts-apres-lattentat-contre-le-pont-entre-la-crimee-et-la-russie.html#timeline-anchor-1665255710512

507. Missy Ryan, Natalia Abbakumova & Kostiantyn Khudov, "Amid Ukrainian taunts, Russia scrambles to salvage Crimean Bridge after fiery explosion", *The Washington Post*, 8 ottobre 2022 (https://www.washingtonpost.com/world/2022/10/08/crimea-kerch-bridge-attack-explosion-russia-ukraine/)

compiuti dallo Stato Islamico[508]. Esattamente come si è visto in Siria e in Iraq, è molto probabile che l'autista del camion bomba fosse all'oscuro dell'attacco e che sia stato attivato a distanza a sua insaputa.

La Crimea rimane al centro della narrazione ufficiale ucraina. Sono in corso numerose azioni contro la base navale di Sebastopoli e il ponte di Kerch. Il 17 luglio 2023, un attacco ai pilastri del ponte con droni navali causerà solo danni minori, ma dimostrerà che le infrastrutture russe sono vulnerabili.

Il media investigativo americano *Grayzone* ha reso pubblici i documenti ottenuti che dimostrano che i britannici hanno almeno contribuito a progettare e addestrare militanti per compiere attacchi terroristici, in particolare contro il ponte di Kerch[509].

Pianificazione britannica per il sabotaggio del ponte di Kerch

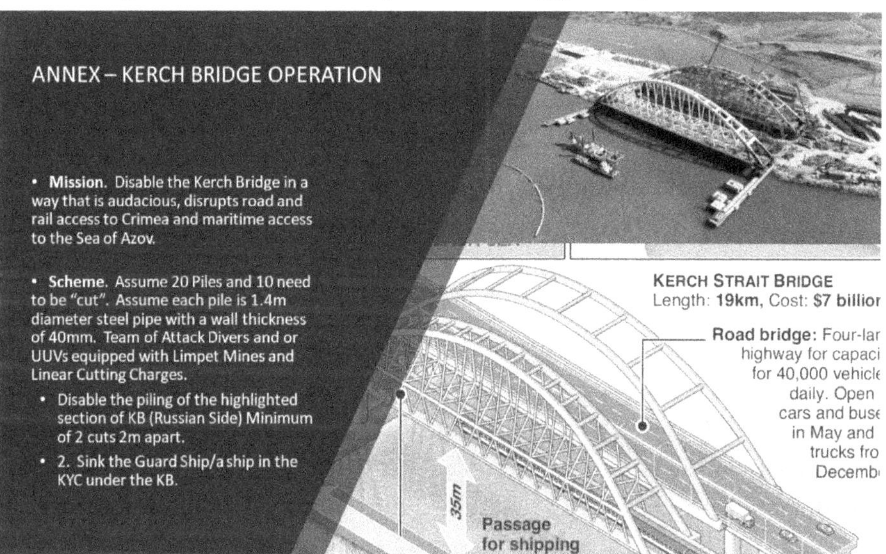

Figura 41 - Diapositiva di una presentazione dell'intelligence britannica dell'aprile 2022, che mostra il coinvolgimento dei Paesi occidentali nell'organizzazione di attacchi terroristici [riprodotta per gentile concessione di The Grayzone*].*

508. Isabel van Brugen, "How Ukraine Followed the ISIS Playbook", *Newsweek*, 31 maggio 2023 (https://www.newsweek.com/what-ukraine-russia-war-learned-isis-surveillance-drones-strikes-videos-1803199)
509. https://thegrayzone.com/2022/10/10/ukrainian-kerch-bridge/

L'impatto operativo di questi attacchi è minimo. Ci sono ovviamente danni materiali, la cui entità è naturalmente valutata in modo diverso da ciascuna parte. Ma il ponte di Kerch non è un'arteria logistica importante per l'SVO, soprattutto a causa della sua potenziale vulnerabilità. Inoltre, tra il 2014 e il 2018, il ponte non esisteva e i russi hanno altri mezzi per garantire i rifornimenti alla penisola. Si tratta quindi più di un obiettivo di comunicazione che operativo.

Inoltre, come si può notare, il teatro delle operazioni è essenzialmente terrestre. La flotta del Mar Nero non è direttamente coinvolta nel conflitto e non costituisce un «centro di gravità» per la Russia, anzi. Di conseguenza, qualsiasi successo ottenuto dall'Ucraina contro le navi russe non ha avuto alcun impatto sul corso delle operazioni. Queste azioni sembrano quindi più un'alternativa a un successo che l'Ucraina sta lottando per ottenere sul campo di battaglia.

4.5.3. *Azioni sul bagnato*

L'appello all'omicidio di Vladimir Putin da parte di alcuni politici occidentali, come il senatore repubblicano Lindsey Graham[510] e il ministro degli Esteri lussemburghese Jean Asselborn, nel marzo del 2022[511], dimostra che il nostro comportamento politico non ha più alcun valore o onore. Infatti, questi appelli all'omicidio non sono solo parole: sono l'espressione di una strategia conosciuta e ampiamente accettata dai nostri politici e giornalisti, fino a quando non ne sono direttamente colpiti.

Denis Kireyev, uno dei negoziatori ucraini a Gomel, è stato assassinato il 5 marzo dai servizi segreti ucraini (SBU) perché considerato troppo favorevole alla Russia e traditore[512]. La stessa sorte è toccata a Dmitry Demyanenko, ex vice capo della direzione principale dell'SBU per Kiev e la sua regione, assassinato il 10 marzo, anche lui perché troppo favorevole a un accordo con la Russia[513].

Ma da allora queste azioni sono continuate. Come spiega la rivista britannica *The Economist*, l'Ucraina ha attivato la quinta direzione

---

510. https://thehill.com/homenews/senate/596843-graham-calls-for-somebody-in-russia-to-take-putin-out/
511. https://lequotidien.lu/politique-societe/jean-asselborn-eliminer-physiquement-vladi-mir-poutine/
512. https://www.timesofisrael.com/ukraine-reports-claim-negotiator-shot-for-treason-offi-cials-say-he-died-in-intel-op/
513. https://www.youtube.com/watch?v=ZWHpVnrwfLY

dell'SBU, il servizio di sicurezza responsabile dell'eliminazione dei cittadini russi o di coloro che sostengono la Russia in Ucraina e nel mondo. Oggi queste azioni sono uno dei principali strumenti dell'Ucraina nella sua lotta contro la Russia[514].

Dal 24 febbraio 2022, 45 cittadini russi sono stati uccisi in tutto il mondo. Sappiamo che è opera dei servizi speciali ucraini[515], come ha ammesso nel maggio 2023 Kyrylo Boudanov, capo dell'intelligence militare ucraina (GUR)[516]:

> *Tutto ciò che dirò è che abbiamo ucciso dei russi e continueremo a farlo in tutto il mondo finché l'Ucraina non avrà la meglio.*

… con la complicità dei Paesi dell'Unione Europea e degli Stati Uniti.

Gli attentati a Darya Dugina (21 agosto 2022), a Nord Stream (26 settembre 2022), al ponte di Kerch (8 ottobre 2022) e al giornalista-blogger Vladlen Tatarsky (1° aprile 2023) non sono stati condannati da nessun media, giornalista o politico occidentale. Per loro esiste un terrorismo «buono» (quello che colpisce i russi) e un terrorismo «cattivo» (quello che colpisce noi).

Nell'ottobre 2023, il *Washington Post* ha confermato ciò che già sapevamo: i servizi ucraini stavano assassinando i loro avversari in tutto il mondo[517]. La stampa ucraina ne ha parlato[518], ma non quella svizzera e belga: la narrazione doveva essere protetta. In Francia, i media non ne parlano quasi per niente, tranne quelli che, come *LCI*, ne tessono le lodi[519]. È chiaro che è difficile ammettere di sostenere pratiche che rientrano nella categoria del terrorismo. Ma la vera domanda è: quali sono gli

---

514. https://www.economist.com/europe/2023/09/05/inside-ukraines-assassination-programme
515. https://global.espreso.tv/budanov-says-he-does-not-consider-killing-russian-citizens-to-be-terrorism
516. https://global.espreso.tv/budanov-says-he-does-not-consider-killing-russian-citizens-to-be-terrorism
517. Greg Miller & Isabelle Khurshudyan, "Le spie ucraine con profondi legami con la CIA conducono una guerra ombra contro la Russia", *The Washington Post*, 23 ottobre 2023 (https://www.washingtonpost.com/world/2023/10/23/ukraine-cia-shadow-war-russia/).
518. Martin Fornusek, "L'SBU dice 'commenti dopo la vittoria' a seguito di un rapporto dei media che la collega a omicidi all'interno della Russia", *Kyiv Independent*, 24 ottobre 2023 (https://kyivindependent.com/sbu-says-no-comment-on-media-report-linking-it-to-assassinations-of-high-profile-russians/).
519. «La stratégie d'assassinats ciblés des renseignements ukrainiens», *LCI*, 25 ottobre 2023 (https://youtu.be/otxFFsp5kyk)

obiettivi di questa «strategia», che non ha alcun impatto sul corso delle operazioni? Sono questi i valori che l'Ucraina difende per noi?

Ad esempio, nessuno dei media occidentali ha condannato il sito web *Mirotvorets*, una sorta di gogna digitale che designa coloro che sono considerati traditori per la rivendicazione popolare. Questa pratica è punibile in molti Paesi[520], ma non in Ucraina[521]. Nell'ottobre 2019, l'ONU e alcuni Paesi europei hanno chiesto la chiusura del sito web[522], ma la Rada ha rifiutato[523].

A Kherson, subito dopo l'arrivo delle truppe ucraine nell'ottobre 2022, è stata pubblicata online una lista di *«traditori e collaboratori»*[524]. Vi figuravano giornalisti, insegnanti, funzionari pubblici e altre persone accusate di aiutare la Russia. Queste pratiche, degne del periodo d'oro del collaborazionismo, si possono trovare anche qui. Jean-Philippe Schaller, un giornalista del servizio pubblico, accusa apertamente coloro che non condividono il suo punto di vista di essere *«agenti di Putin»* sul canale ufficiale svizzero (*RTS*)[525]!

4.5.4. *La campagna dei droni*

Dall'inizio del 2023, l'Ucraina utilizza droni contro Mosca e alcune città russe. Come a Belgorod (vicino al confine) e a Mosca, questi attacchi prendono di mira i civili. Come riportato dal *New York Times*[526]:

520. https://www.mirror.co.uk/news/world-news/dark-website-lists-russian-spies-26051893
521. https://www.refworld.org/docid/58ec89ad13.html
522. *"В ООН настаивают на закрытии сайта "Миротворец""* ("L'ONU insiste sulla chiusura del sito web 'Peacemaker'"), *zn.ua*, 16 ottobre 2019 (https://zn.ua/UKRAINE/v-oon-nastaivayut-na-zakrytii-sayta-mirotvorec-332863_.html); Tetiana Popova, "Benjamin Moreau, vice capo della missione di monitoraggio dei diritti umani delle Nazioni Unite in Ucraina", *Diplomat*, 16 febbraio 2019 (http://diplomat.media/it/2019/02/16/benjamin-moreau-deputy-head-of-un-human-rights-monitoring-mission-to-ukraine/); "Le Nazioni Unite chiedono di chiudere "Mirotvorets" che chiede la persecuzione dell'UOC", *Unione dei giornalisti ortodossi*, 17 ottobre 2019, (https://spzh.news/en/news/65761-v-oon-potrebovali-zakryty-mirotvorec-prizyvavshij-k-gonenijam-na-upc)
523. *"Разумков ответил на призыв ООН закрыть сайт "Миротворец""* ("Razumkov ha risposto all'invito delle Nazioni Unite a chiudere il sito web 'Peacemaker'"), *zn.ua*, 17 ottobre, 2019 (https://zn.ua/UKRAINE/razumkov-otvetil-na-prizyv-oon-zakryt-sayt-mirotvorec-332952_.html)
524. Questa è la pagina di Telegram: https://t.me/s/Kherson_kolaborant
525. https://youtu.be/bEv4-IJsl9k?t=414
526. Christiaan Triebert, Haley Willis, Yelyzaveta Kovtun & Alexander Cardia, "L'altra controffensiva dell'Ucraina: attacchi con i droni sul suolo russo", *The New York Times*, 31 luglio 2023 (https://thegrayzone.com/2023/07/28/ukraines-baby-factories-profits-war/)

«Instillare paura» è infatti sinonimo di «terrorizzare». I droni sono quindi la continuazione degli attacchi a Darya Dugina e Tatarsky e dell'eliminazione di numerose personalità russe nel mondo. Questo non è altro che terrorismo internazionale, che nessun Paese occidentale ha condannato: lo condanniamo quando viene dal Medio Oriente, ma lo tolleriamo quando lo pratichiamo noi!

Secondo *Newsweek*, questi attacchi contro la popolazione civile hanno tre obiettivi[527]:

- Ricordare alla popolazione russa che è in guerra;
- Per dimostrare che «*l'adattabilità e l'ingegnosità stanno aumentando in un modo che i russi non possono sperare di eguagliare, riducendo al minimo il rischio di vittime civili*»;
- Per dimostrare che il governo russo è incapace di proteggere la sua popolazione.

Allo stesso modo, secondo Keir Giles, esperto della *Chatham House* di Londra[528]:

L'Ucraina ha individuato nell'opinione e nell'atteggiamento della popolazione russa nei confronti della guerra uno dei settori chiave su cui puntare per porre fine al conflitto.

L'obiettivo è quindi quello di fare appello all'opinione pubblica russa, in modo che agisca sul governo per fermare l'intervento in Ucraina. Questo è esattamente lo stesso obiettivo che lo *Stato Islamico* (EI) aveva in Francia, come dimostra il comunicato dell'EI dopo l'attentato di Nizza del 14 luglio 2016[529]:

---

527. https://www.newsweek.com/russia-moscow-drone-strikes-ukraine-beaver-1816990
528. Rob Picheta, "Gli attacchi dei droni ucraini portano la guerra in Russia. Cosa significa per il conflitto?", *CNN*, 5 agosto 2023 (https://edition.cnn.com/2023/08/05/europe/russia-ukraine-drone-attacks-analysis-explainer-intl/index.html)
529. «*Operazione Nizza, Francia*», *Guida Inspire*, 17 luglio 2016.

> *Infine, stiamo dicendo che spetta al popolo francese decidere se vuole continuare a farci la guerra o se deciderà di fermare l'aggressione del suo governo contro di noi? [...] Continueremo a combattere la Francia finché non smetterà di intromettersi negli affari dei musulmani e di saccheggiare le loro ricchezze direttamente o indirettamente.*

L'Ucraina si trova nella stessa situazione strategica dell'EI: non potendo fornire una risposta operativa diretta, utilizza una strategia indiretta, che consiste nell'incitare la popolazione civile a rivoltarsi contro le decisioni del governo russo[530]. In realtà, questo è un altro modo per ottenere ciò che le sanzioni occidentali non sono riuscite a fare. Come osserva la rivista americana *Newsweek*, l'Ucraina ha seguito l'esempio dello Stato Islamico[531] in Siria.

A prima vista, si potrebbe dire che non c'è differenza tra lanciare una bomba su Kiev o su Mosca. Ma c'è: Kiev si trova in un teatro di operazioni, mentre Mosca no. Supponendo che l'Ucraina abbia definito l'intero territorio russo come teatro di operazioni, non è chiaro come queste azioni avrebbero un impatto sulla conduzione delle proprie operazioni.

Per questo motivo molti Paesi definiscono l'azione terroristica come l'attacco deliberato a obiettivi «non combattenti»[532]. Quindi, lanciare una bomba su un camion militare russo nella regione del Donbass non è un atto terroristico, ma colpire un camion civile a Mosca sì.

In effetti, la leadership ucraina si trova in un dilemma: rifiuta di riprendere i negoziati interrotti con la Russia nel marzo 2022 e deve dimostrare di rimanere attiva nonostante non abbia più i mezzi per farlo nelle operazioni militari convenzionali.

Nessun media o governo occidentale ha condannato questi metodi! Al contrario. I nostri media ufficiali li hanno esaltati. Né più né meno. Ma non esiste un terrorismo buono o cattivo. Qualunque siano le ragioni, il terrorismo è... terrorismo. È un metodo, ed è l'uso di questo metodo che dobbiamo combattere. Il terrorismo islamico e quello ucraino hanno in

---

530. Sheikh Hamd bin Hamoud Al-Tameemy, "Sentenze sulla Jihad solitaria - colpire i civili", sezione 1, parte 2, *Inspire*, n. 17, estate 2017, pag. 23.
531. Isabel van Brugen, "How Ukraine Followed the ISIS Playbook", *Newsweek*, 31 maggio 2023 (https://www.newsweek.com/what-ukraine-russia-war-learned-isis-surveillance-drones-strikes-videos-1803199)
532. https://counterterrorismethics.tudelft.nl/the-problem-of-defining-terrorism-part-1/#_Toc495482520

comune la ragione (l'intervento straniero), il metodo e l'obiettivo (incitare la popolazione a rivoltarsi contro le autorità). Combatterlo quando viene usato contro di noi, ma tollerarlo – per non dire incoraggiarlo – quando viene usato contro altri è inaccettabile.

Inventando complotti islamisti, *i nostri* giornalisti, pagati dal servizio pubblico, ispirano terroristi di estrema destra come Anders Breivik (autore della strage di Utoya del 22 luglio 2011)[533]. Ora inneggiano al terrorismo ucraino... c'è una logica in tutto questo.

4.5.5. *Le minacce di Zelensky*

L'Ucraina, che si diceva vittoriosa, è ben lontana dal vincere e si tratta di evitare la disaffezione dell'Occidente. Questo spiega la corsa a capofitto di Volodymyr Zelensky nell'agosto del 2023, quando ha dichiarato alla rivista britannica *The Economist*[534]:

> *Ridurre il sostegno all'Ucraina non farà altro che prolungare la guerra, sostiene Zelensky. E creerebbe rischi nel cortile di casa dell'Occidente. È impossibile prevedere come i milioni di rifugiati ucraini nei Paesi europei reagirebbero all'abbandono del loro Paese. Gli ucraini si sono generalmente «comportati bene» e sono «molto grati» a coloro che li hanno accolti. Non dimenticheranno questa generosità. Ma non sarebbe una «bella storia» per l'Europa se dovesse «spingere queste persone al limite».*

Molti hanno visto questa dichiarazione come un segno che l'Ucraina era pronta a usare la minaccia del terrorismo per intimidire i Paesi il cui sostegno stava diminuendo. È difficile prevedere fino a che punto tali minacce siano reali. Ma non è impossibile che a un certo punto riguardino i giornalisti che hanno sistematicamente ingannato gli ucraini facendogli credere che la minaccia russa fosse trascurabile... Una sorta di juste retour des choses.

533. Mattias Gardell, Crusader Dreams: Oslo 22/7, Islamophobia, and the Quest for a Monocultural Europe, *Terrorism and Political Violence*, 26:129-155, 2014.
534. https://www.economist.com/europe/2023/09/10/donald-trump-will-never-support-putin-says-volodymyr-zelensky

5. Analisi strategica

In Francia, nonostante l'esistenza di una documentazione dottrinale di alta qualità, i commentatori militari – quelli definiti «filo-ucraini» e quelli definiti «filo-russi» – sembrano incapaci di collegare le osservazioni dal campo a concetti chiari. C'è una certa (per non dire grande) confusione nei termini utilizzati, che porta inevitabilmente all'incapacità di comprendere le azioni dei due protagonisti. La parola «strategico» viene usata per tutto. Le nozioni di «tattica», «operazioni» e «strategia» si mescolano in pseudo-analisi che sono più figure retoriche che spiegazioni.

Da molto tempo i capi militari francesi non si confrontano con concetti che vadano oltre il livello tattico. Questo fenomeno è percepibile anche negli eserciti anglosassoni, ma in misura molto minore.

5.1. Il centro di gravità

5.1.1. Terminologia

Nel XIX secolo, Clausewitz e Jomini avevano individuato l'esistenza di una catena di causalità che collegava le varie azioni politico-militari verso un obiettivo che doveva portare alla vittoria. Ma dovevano ancora trovare i criteri per definire tale obiettivo. I due strateghi avevano individuato un «punto» o elemento decisivo da cui dipendeva la forza o l'efficacia dell'avversario. Jomini lo descrive come «*punto strategico decisivo*», mentre Clausewitz usa l'espressione «*centro di gravità*»[535], definito come[536]:

> *[...] il centro di ogni potere e movimento, da cui tutto dipende; la caratteristica, la capacità o la posizione da cui le forze nemiche e amiche traggono la loro libertà d'azione, la loro forza fisica o la loro volontà di combattere.*

Non si tratta quindi di un semplice «centro di potere». È un elemento materiale o immateriale da cui un protagonista trae la sua forza e la sua capacità di combattere o di raggiungere il suo obiettivo. Non è nemmeno il suo obiettivo strategico, come alcuni lo intendono.

5.1.2. Fattori critici

Per consentire al centro di gravità di esistere ed essere efficace, Clausewitz e Jomini avevano individuato dei «punti», una sorta di porta d'accesso al centro di gravità, che potevano essere distrutti o controllati per raggiungerlo. Clausewitz li chiamava «*punti nevralgici*» e Jomini «*punti decisivi*». Possono essere posizioni militari, sistemi d'arma, strutture di trasmissione, risorse di intelligence, ecc.

Per tenere meglio conto della complessità del campo di battaglia moderno e dell'intreccio di una vasta gamma di fattori, questi principi hanno dovuto essere perfezionati. Ad esempio, i punti nevralgici o decisivi sono stati ridefiniti come un insieme di «fattori critici» tangibili o intangibili, essenziali per lo svolgimento delle azioni o per il mantenimento della libertà di manovra, la cui combinazione consente l'esistenza del centro di gravità.

Questi fattori critici possono essere suddivisi in una combinazione di funzioni critiche, risorse critiche e vulnerabilità critiche. Nel contesto

---

535. "*[...] ein gewisser Schwerpunkt, ein Zentrum der Kraft und Bewegung bilden, von welchem das Ganze abhängt, und auf diesen Schwerpunkt des Gegners muß der gesammelte Stoß aller Kräfte gerichtet sein*", Karl von Clausewitz, *Vom Kriege*, Achtes Buch, Dümmlers Verlag, Berlin, 1832.

536. "Il fulcro di tutto il potere e del movimento da cui tutto dipende; quella caratteristica, capacità o località da cui le forze nemiche e amiche traggono la loro libertà d'azione, la forza fisica o la volontà di combattere", *Glossario*, FM 100-5 (in tedesco: *Schwerpunkt*). Troviamo anche: "... caratteristica/e, capacità o località da cui una nazione, un'alleanza, una forza militare o un altro raggruppamento trae la propria libertà d'azione, forza fisica o volontà di combattere", Office of the Joint Staff, *DOD Dictionary of Military and Associated Terms*, Joint Publication 1-02 (Washington DC, 1984) pag. 188.

della lotta al terrorismo, le loro caratteristiche generali possono essere delineate come segue:

- *Le funzioni critiche* sono quelle essenziali per l'azione. Esse comprendono, ad esempio, le comunicazioni, le capacità di comando e controllo, le capacità congiunte, ecc.
- *Le risorse critiche* sono quelle la cui assenza compromette il centro di gravità. Possono essere il sostegno popolare, la coesione nazionale, la capacità industriale e così via.
- *Le vulnerabilità critiche* sono le potenziali debolezze del sistema, il suo «tallone d'Achille». Esse comprendono, ad esempio, una rete logistica sovradimensionata (come in Somalia nel 1993), la dipendenza dal sostegno popolare in un contesto sociale difficile, infrastrutture critiche poco protette o difficili da proteggere, ecc.

Alla fine degli anni '90, il colonnello americano John A. Warden ha adattato i principi sviluppati da Clausewitz e Jomini in un modello[537] che articola genericamente i fattori critici in cinque cerchi concentrici, con al centro la leadership e la direzione, seguiti dalle infrastrutture critiche, dalle infrastrutture di comunicazione, dalla popolazione e, infine, dalle forze schierate sul terreno. Da ciò dedusse una strategia aerea basata su un catalogo di obiettivi scelti tra i fattori critici per raggiungere il centro di gravità dell'avversario. Bombardando deliberatamente i civili tedeschi tra il 1940 e il 1945 e la popolazione bulgara nel 1941, i britannici cercarono di spostare il sostegno al regime nazista e quindi di indebolirlo[538]. La stessa strategia è stata applicata contro Saddam Hussein nel 1991 e nel 2003 e contro la Serbia negli anni Novanta.

Questa è stata anche la strategia della campagna terroristica dello Stato Islamico in Europa nel 2015-2017: l'obiettivo era quello di colpire la popolazione (vulnerabilità critica) affinché chiedesse alle autorità politiche (centro di gravità) di ritirarsi dalla Siria, sulla falsariga di quanto accaduto l'11 marzo 2004 a Madrid. Gli attacchi terroristici condotti dall'Ucraina in Russia hanno esattamente lo stesso obiettivo... con il sostegno dell'Occidente! In realtà, è lo stesso obiettivo alla base

---

537. Col. John Warden (USAF), "Air Theory for the Twenty-First Century", *Air Power Journal*, 1995.
538. Contrariamente a quanto suggeriscono i manuali di storia, fu solo dopo gli attacchi britannici alle città e ai civili tedeschi nel 1940 che la Germania scatenò il suo Blitz su Londra (Richard Overy, *The Bombing War: Europe 1939-1945*, Allen Lane, 26 settembre 2013).

delle odierne sanzioni occidentali contro Iran, Venezuela e Russia[539]. In nessuno di questi casi questa strategia ha funzionato.

5.1.3. Centri di gravità in Russia e Ucraina

L'analisi dei centri di gravità, cioè di ciò che dà ai due protagonisti la capacità di mantenere il loro sforzo bellico e di ciò che devono preservare, mostra differenze abbastanza significative.

La conditio *sine qua non* perché l'Ucraina possa sperare di vincere (o anche solo di resistere) è il sostegno internazionale. E tale sostegno dipende dalla percezione che l'Occidente ha del conflitto. Si basa quindi su una narrazione basata su due assi:

- L'Ucraina è più forte della Russia e la Russia può solo perdere.
- L'Occidente sostiene senza riserve l'Ucraina.

I leader russi sanno che l'Occidente sta cercando di incoraggiare la disgregazione del Paese attraverso la sua «decolonizzazione»[540] e il suo collasso economico, al fine di destabilizzarlo[541]. La capacità della Russia di guidare il conflitto dipende quindi dalla sua stabilità. Si tratta quindi di mantenere una normale vita economica all'interno del Paese e la coesione nazionale.

Possiamo notare che il centro di gravità dell'Ucraina dipende in larga misura dal mondo esterno, mentre quello della Russia è funzione della sua politica interna.

Possiamo anche notare che i centri di gravità russo e ucraino sono di natura diversa. Da parte russa, abbiamo a che fare con elementi molto materiali, mentre da parte ucraina ci troviamo nel dominio immateriale. Qui troviamo il pensiero militare russo più orientato verso la guerra di terza generazione e quello ucraino verso la guerra di quinta generazione. Ciò conferma anche le osservazioni fatte all'inizio della SVO, che mostravano come le autorità politiche ucraine (in questo caso Volodymyr

---

539. "Intervista del *Segretario di Stato* Mike Pompeo con Hadi Nili della BBC Persian", Washington DC, 7 novembre 2018; Brendan Cole, "Mike Pompeo dice che l'Iran deve ascoltare gli Stati Uniti 'se vogliono che il loro popolo mangi'", *Newsweek*, 9 novembre 2018.
540. https://www.csce.gov/international-impact/events/decolonizing-russia
541. https://www.rts.ch/info/monde/13818312-lukraine-demande-des-armes-des-armes-et-encore-des-armes.html

Zelensky) fossero più coinvolte nelle decisioni operative rispetto alle loro controparti russe.

I nostri media sono così diventati un attore importante nella guerra dell'Occidente contro la Russia. L'idea che la sola narrazione avrebbe provocato una rivolta in Russia ha portato l'Occidente e gli ucraini a fare affidamento esclusivamente su di essa. Questo spiega la censura applicata in Occidente sui social network e sui media tradizionali. Se anche durante la Guerra Fredda la *Pravda* era disponibile nelle nostre edicole, oggi tutto ciò che potrebbe sembrare un sostegno alla Russia è vietato.

Studio dei centri di gravità

	Russia	Ucraina
Centro di gravità	Stabilità del paese	Narrazione che promuove una percezione di successo
Funzioni critiche	Mantenere l'attività economica e industriale.	Mantenere la coerenza tra l'azione militare e la narrazione.
Risorse critiche	Sostegno pubblico. Importare prodotti di consumo e controllare i prezzi.	Grandi equipaggiamenti (difesa aerea, carri armati, aviazione tattica). Potenziale umano. Sostegno militare ed economico internazionale, compresi gli investimenti esteri.
Vulnerabilità critiche	Pressioni inflazionistiche, mortalità sul campo.	Sostegno popolare Difesa aerea

Figura 42 - Il confronto dei centri di gravità mostra la debolezza intrinseca dell'Ucraina.

Come mi ha detto un giornalista di un importante quotidiano francese: «*I direttori ci hanno proibito di scrivere la verità, perché avrebbe significato sostenere Putin*». Il motivo è semplice: la narrazione aveva un ruolo strategico. Ecco perché i nostri media si sono concentrati sulla propagazione dell'odio verso i russi e non solo verso la Russia.

I nostri media non hanno osato parlare della politica dell'UE che ha deciso, nel settembre 2023, di confiscare i beni dei cittadini russi che viaggiano in Europa, dalle auto alla carta igienica (!), in modo che siano loro stessi a sopportare il peso delle sanzioni europee[542]. Questa decisione non sorprende più di tanto, visto il background familiare di Ursula von der Leyen e di altri leader europei, ma è la prima volta dalla fine della Seconda Guerra Mondiale che viene adottato un meccanismo giuridico che punisce gli individui per quello che sono e non per quello che fanno! I giornalisti di *LCI, BFM TV, RTS, RTBF e France 5* dovrebbero riflettere su questo esempio…

Logicamente, entrambi i Paesi si sono concentrati sulla protezione dei rispettivi centri di gravità e hanno cercato di raggiungere quelli degli avversari. Per questo motivo i russi si sono concentrati sulla distruzione degli equipaggiamenti forniti dall'Occidente («smilitarizzazione») e gli ucraini hanno moltiplicato le azioni spettacolari sul territorio russo, comprese quelle terroristiche, senza alcun impatto sulle operazioni sul terreno.

I russi hanno cercato di combattere la narrazione ucraina confrontandola con la realtà sul campo.

La battaglia di Bakhmut è un'ottima illustrazione del modo in cui ciascun avversario cercò di proteggere la propria narrazione: gli ucraini rifiutando di cedere terreno, anche per promuovere una manovra operativa (come suggerì all'epoca il generale Zaloujny) e i russi causando ingenti perdite tra gli ucraini, senza utilizzare i soldati del contingente. Ha svolto un ruolo essenziale nel mostrare agli ucraini che la loro narrazione ufficiale era fallace. È per questo che l'SVO continua a godere di un discreto sostegno in Russia.

La condotta del conflitto in Ucraina e le azioni dei Paesi occidentali non si basano sulla situazione operativa reale, ma sulla narrazione. In altre parole, l'Ucraina condivide lo stesso centro di gravità dei Paesi occidentali e quindi non ne ha il completo controllo. È infatti questa narrazione, così gelosamente custodita dai nostri media, la chiave del sostegno all'Ucraina. Questo spiega la censura che *di fatto* è rigorosamente applicata in Europa e sui social network. Come vedremo, questa narrazione è a doppio taglio e alla fine si rivelerà fatale per l'Ucraina. Per lei, la vittoria non è determinata tanto dalla situazione sul campo

---

542. Volodymyr Paziy, "I russi sono isterici per il divieto di viaggiare nell'UE con smartphone e altre cose: cosa verrà confiscato alla frontiera", *Obozrevatel*, 11 settembre 2023 (https://eng.obozrevatel.com/section-life/news-russians-are-hysterical-over-the-ban-on-traveling-to-the-eu-with-smartphones-and-other-things-what-will-be-confiscated-at-the-border-11-09-2023.html)

quanto dalla padronanza della narrazione, che è cruciale per mantenere la coesione occidentale a sostegno dell'Ucraina.

Da un punto di vista strategico, la situazione dell'Ucraina si è rapidamente deteriorata a partire dalla fine della primavera 2023: il suo potenziale era stato distrutto nel maggio-giugno 2022 e la sua idea di vittoria (comunque definita) dipendeva dal sostegno occidentale. La narrazione ha quindi un ruolo centrale, ma non può più mascherare il fallimento della controffensiva, in un contesto in cui l'Occidente non ha più le risorse materiali per rifornire l'esercito ucraino.

Nell'agosto 2023, *NBC News ha* rilevato il fallimento della controffensiva e ha avvertito che l'Occidente stava «*perdendo il controllo della sua narrazione*»[543]. In effetti, un sondaggio di *Eurobarometro* mostra che gli aiuti all'Ucraina non sono più sostenuti dalla maggioranza dei cittadini europei[544]. I favorevoli agli aiuti umanitari sono scesi dal 64% dell'aprile 2022 al 47%. Il sostegno ai rifugiati ucraini nell'UE è sceso dal 55% al 36% e l'approvazione del sostegno finanziario dell'UE all'Ucraina è scesa dal 42% al 26%. Il sostegno al mantenimento delle sanzioni economiche contro la Russia è sceso dal 55% al 46%, mentre solo il 24% approva la fornitura di armi a Kiev.

Nel settembre 2023, quando Zelensky contava sull'Assemblea Generale delle Nazioni Unite per dare una nuova spinta ai Paesi occidentali, l'accoglienza ricevuta fu piuttosto fredda. Per la prima volta, un importante media tradizionale – il *New York Times* – ha sfidato la narrazione ucraina pubblicando i guadagni effettivi della controffensiva[545], dimostrando che l'Ucraina aveva perso terreno, mentre il suo obiettivo era quello di riconquistare tutto il territorio perduto.

È per mantenere a galla la narrazione occidentale nonostante il fallimento della controffensiva che, il 1° ottobre 2023, Ben Wallace, ex ministro della Difesa, ha scritto un articolo sul *Telegraph* in cui dichiarava che l'Ucraina stava «*vincendo*» e che tutto ciò di cui aveva bisogno

---

543. Dan De Luce & Phil McCausland, "La controffensiva dell'Ucraina sta fallendo? Kyiv e i suoi sostenitori temono di perdere il controllo della narrazione", *NBC News*, 4 agosto 2023 (https://www.nbcnews.com/news/investigations/ukraine-war-counteroffensive-russia-success-failure-rcna98054).

544. https://europa.eu/eurobarometer/surveys/detail/3092

545. Josh Holder, "Chi sta guadagnando terreno in Ucraina? Quest'anno, nessuno", *The New York Times*, 28 settembre 2023 (https://www.nytimes.com/interactive/2023/09/28/world/europe/russia-ukraine-war-map-front-line.html)

era un piccolo sforzo in più da parte dell'Occidente per permetterle di raggiungere il suo obiettivo[546]. Si tratta di un tentativo di resuscitare la narrativa per incoraggiare l'Occidente, sempre più scettico.

Il divario tra la narrazione della vittoria e la realtà sul campo cresce di giorno in giorno. Questo è anche il motivo delle azioni spettacolari contro obiettivi periferici come la flotta del Mar Nero, contro l'Isola dei Serpenti, contro la Crimea o contro le città russe. Si tratta di operazioni che Xavier Moreau definisce «Tik-Tok», cioè operazioni militari il cui unico scopo è quello di essere pubblicate. Si sono moltiplicate da quando la controffensiva è stata considerata un fallimento. Ad esempio, l'azione delle forze speciali ucraine del 4 ottobre 2023 sulla costa della Crimea, con l'ausilio di moto d'acqua, aveva il solo scopo di sbarcare, sventolare la bandiera ucraina e andarsene[547].

L'obiettivo di queste azioni è dare una sensazione di successo. Dimostrano che l'Ucraina non rinuncia a combattere e cerca di riprendere l'iniziativa. In realtà, queste azioni in cui muoiono uomini non hanno assolutamente alcun impatto sul corso delle operazioni sul terreno. Si tratta essenzialmente di mantenere una narrazione di vittoria volta a prevenire la smobilitazione dell'Occidente.

La strategia russa è stata quella di preservare il proprio centro di gravità, ovvero la stabilità del Paese. Per questo motivo, a differenza dell'Occidente, le autorità hanno evitato di farne il fulcro delle loro attività politiche, economiche e diplomatiche. La tenuta dell'economia russa e le sue immense riserve hanno permesso di mantenere un «flusso normale» e, complessivamente, solo il 50% della popolazione ha seguito da vicino gli sviluppi del conflitto[548]. Paradossalmente, la determinazione dell'Occidente ad applicare ripetutamente sanzioni, sostenendo al contempo le attività terroristiche contro la Russia, ha rafforzato la sensazione di un Occidente ostile e ha avvicinato la popolazione ai suoi leader.

La narrazione ufficiale russa evita accuratamente di dire chi sta vincendo e chi sta perdendo, ma si concentra sui risultati misurabili

---

546. Ben Wallace, "L'Ucraina sta vincendo. Ora finiamo il lavoro", *The Telegraph*, 1 ottobre 2023 (https://www.telegraph.co.uk/news/2023/10/01/ben-wallace-ukraine-counteroffensive-succeeding/)

547. "Ultime sulla guerra in Ucraina: Kiev dice che le forze speciali conducono un'operazione nella Crimea occupata", *The Kyiv Independent*, 4 ottobre 2023 (https://kyivindependent.com/ukraine-war-latest-kyiv-says-special-forces-conducted-operation-in-occupied-crimea/).

548. https://www.levada.ru/2023/12/08/konflikt-s-ukrainoj-otsenki-noyabrya-2023-goda/

sul campo. La sfida per il governo è garantire che i cittadini russi non vedano la loro vita quotidiana influenzata dal conflitto. La capacità di trovare mercati alternativi è notevole, soprattutto grazie ai legami con la Cina. Anche la Russia ha svolto un'intensa attività diplomatica, anche su temi lontani dal conflitto ucraino, con successi che hanno contribuito a mantenere la fiducia dell'opinione pubblica nella leadership del Paese.

In Occidente, fin dall'inizio, le attività politiche, economiche e diplomatiche si sono concentrate sulla sconfitta della Russia e sulla formazione di una coalizione globale per raggiungere questo obiettivo. Si trattava di un'idea velleitaria e tutte queste attività sono state un fallimento. La diplomazia occidentale si è concentrata sulla mobilitazione delle forze contro la Russia, piuttosto che lavorare per una soluzione del conflitto e per la pace. Questa ossessione l'ha tenuta lontana da altre aree di crisi, dove la diplomazia russa e cinese è stata attiva e ha avuto successo.

5.2. Confronto tra i fattori strategici

La mancanza di un'analisi strategica sistematica porta a una mancanza di comprensione di ciò che sta accadendo sul campo. Soprattutto in Francia, la cosiddetta analisi «strategica» rimane estremamente intuitiva e sembra basarsi esclusivamente sulle ultime notizie pubblicate dai media. Questa incapacità di leggere le intenzioni degli altri, o di leggerle solo attraverso le lenti della propria logica, deriva da un etnocentrismo che è anche alla base delle tensioni che la Francia sta vivendo attualmente con i Paesi africani. Questo etnocentrismo è molto percepibile tra i giornalisti francesi, che hanno una cultura molto «metropolitana», anche tra quelli che presumibilmente sono stati all'estero.

Dobbiamo distinguere tra gli *obiettivi strategici* legati alla sicurezza nazionale, che sono generalmente a lungo termine, e lo *stato finale desiderato*, che è la situazione in cui vogliamo trovarci alla fine dell'operazione.

Il confronto tra i *centri di gravità* spiega l'insistenza dell'Occidente – e degli Stati Uniti in particolare – nel voler riunire la Cina, l'India e i Paesi del Sud del mondo dietro le risoluzioni che condannano e sanzionano la Russia. Perché è solo attraverso questa coesione internazionale che le sanzioni possono funzionare. Il problema è che i Paesi occidentali agiscono in base a quelli che ritengono essere i loro interessi nazionali, e anche i Paesi del Sud hanno questo diritto.

Strategia dei principali attori (fino alla fine del 2023)

	Russia	Ucraina	Stati Uniti
Obiettivo strategico	Per evitare l'installazione di missili nucleari in prossimità del confine[549].	Per provocare il collasso dello Stato e il cambio di regime in Russia[550].	Indebolire il cortile della Cina[551].
Stato finale desiderato	Neutralità dell'Ucraina (non partecipazione alla NATO)[552].	Ripristino della sovranità all'interno dei confini del 1991[553].	Cambio di regime e smembramento della Russia[554].
Centro di gravità	Stabilità interna.	Narrazione della vittoria ucraina.	Coesione dell'intera comunità internazionale.

Figura 43 - Confronto tra le componenti strategiche dei principali attori del conflitto ucraino, come definite dagli stessi attori. L'Unione Europea non compare in questo elenco perché non ha realmente definito alcun obiettivo (se non quello di combattere per i «valori») e si limita a trasmettere gli obiettivi americani.

Alla fine del 2023, gli obiettivi della Russia saranno andati oltre la «denazificazione» e la «smilitarizzazione». Semplicemente perché i russi hanno raggiunto questi due obiettivi. Il coinvolgimento dell'Occidente nel conflitto per prolungarlo è stata una situazione nuova che ha semplicemente spinto i russi a modificare i loro obiettivi.

549. https://www.mid.ru/tv/?id=1744872&lang=ru

550. Alexander Query, "Danilov: 'L'interesse nazionale dell'Ucraina è la disintegrazione della Russia'", *The Kyiv Independent*, 6 febbraio 2023 (https://kyivindependent.com/national/danilov-ukraines-national-interest-is-russias-disintegration)

551. Tom O'Connor, "Il capo della NATO dice che indebolire la Russia aiuterà gli Stati Uniti a concentrarsi sulla sfida alla Cina", *Newsweek*, 21 settembre 2023 (https://www.newsweek.com/nato-chief-says-weakening-russia-will-help-us-focus-challenging-china-1828914).

552. Max Seddon, Roman Olearchyk, Arash Massoudi & Neri Zilber, "Ucraina e Russia esplorano il piano di neutralità nei colloqui di pace", *Financial Times*, 16 marzo 2022 (https://www.ft.com/content/7b341e46-d375-4817-be67-802b7fa77ef1).

553. Pavel Polityuk, "Ukraine says it stands firm on recognition of 1991 borders", *Reuters*, 17 marzo 2022 (https://www.reuters.com/world/europe/ukraines-president-says-1991-borders-must-be-recognised-adviser-2022-03-17/).

554. https://www.csce.gov/international-impact/events/decolonizing-russia

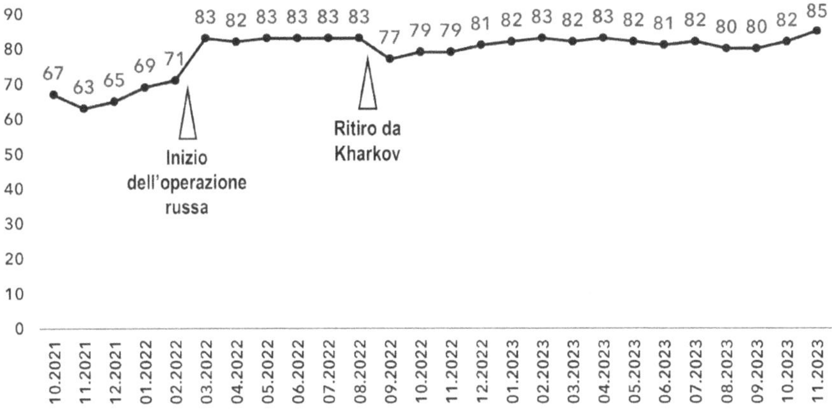

Figura 44 - Il sostegno alle politiche di Vladimir Putin è rimasto stabile dall'inizio dell'SVO. C'è sicuramente una leggera stanchezza per il conflitto, ma non ha un impatto sufficiente per suggerire un cambio di «regime». [Fonte: https://www.levada.ru/2023/10/03/ konflikt-s-ukrainoj-otsenki-sentyabrya2023-goda/]

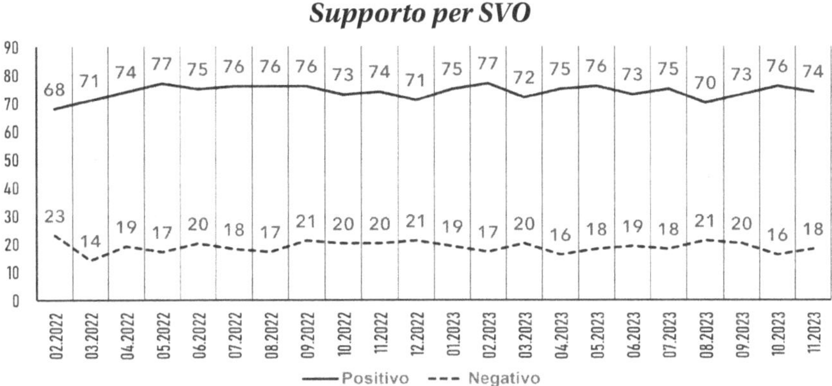

Figura 45 - L'opinione positiva sull'SVO rimane stabile tra il 70% e il 75%, così come l'opposizione all'azione militare, che si aggira intorno al 20%. [Fonte: https://www.levada. ru/2023/10/03/konflikt-s-ukrainoj-otsenki-sentyabrya2023-goda/]

Un esame delle varie componenti della strategia dei principali attori mostra che solo i russi hanno un obiettivo realistico e realizzabile. Va ricordato che la proposta di Zelensky del marzo 2023 soddisfaceva sia l'obiettivo strategico russo che lo stato finale desiderato. Solo dopo l'intervento occidentale il Presidente ucraino l'ha ritirata.

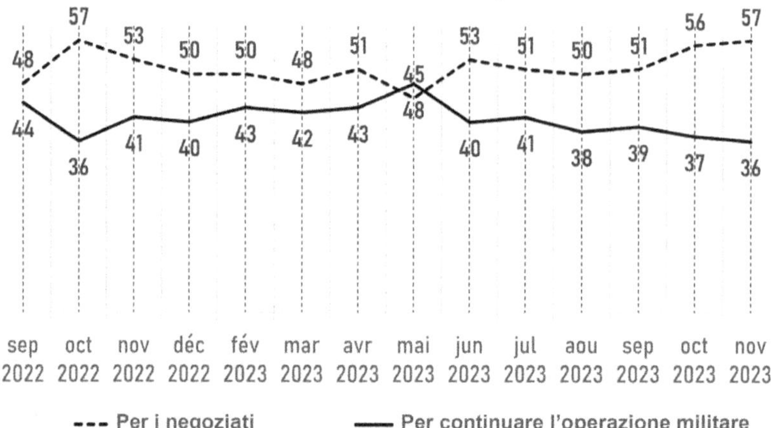

Figura 46 - Come per gli altri indicatori, il sostegno al processo negoziale rimane stabile. Questa è anche la posizione del governo russo, come indicato da Serguei Lavrov nell'ottobre 2023. Tuttavia, la posizione russa si è evoluta nel senso che non entrerà in un processo negoziale con termini più duri di quelli del 2022, che sono stati respinti dall'Occidente. È certo che, essendo stata ingannata dall'Occidente con gli accordi di Minsk, la Russia chiederà anche garanzie molto serie. [Fonte : https://www.levada.ru/2023/10/03/konflikt-s-ukrainoj-otsenki-sentyabrya2023-goda/]

Per quanto riguarda gli obiettivi ucraini e occidentali, essi si basano su ipotesi e pregiudizi che i fatti non supportano. Tra questi, la fragilità dell'economia russa e l'impopolarità di Vladimir Putin. La speranza è che ci sia un cambio di «regime» a Mosca, ma non ci sono prove che il governo sia stato indebolito.

Questa è una delle ragioni della sconfitta dell'Ucraina: i nostri politici e coloro che li influenzano – i media – fanno previsioni azzardate. Non hanno cercato di aiutare l'Ucraina (altrimenti lo avrebbero fatto prima del 2022), ma stanno cercando di soddisfare i loro pregiudizi...

Anche lo stato finale voluto dall'Ucraina è ambiguo: nel 1991, quando l'Ucraina dichiarò la propria indipendenza, la Crimea era già diventata una *Repubblica Socialista Sovietica Autonoma* sotto l'autorità di Mosca, non di Kiev. È un modo sottile per l'Ucraina di indicare che è pronta a fare una concessione senza renderla troppo evidente? È difficile dirlo in questa fase.

Questi dati provengono dall'istituto di sondaggi Levada (considerato un agente straniero in Russia). Sono citati qui perché pongono le stesse domande a intervalli regolari ed è quindi possibile confrontare i cambiamenti delle posizioni nel tempo. Come si può notare, il sostegno popolare all'operazione speciale è stabile e addirittura in leggero aumento. Questo sembra contraddire il numero di sostenitori di una soluzione negoziata, anch'esso in aumento. In realtà, non c'è una vera e propria contraddizione, perché questa è anche la posizione del governo russo, che si è sempre dichiarato aperto a una soluzione negoziale. Sono stati gli occidentali, a febbraio, marzo e agosto 2022, a opporsi a un processo negoziale.

Una narrazione in declino

Dicembre 2022   Novembre 2023

Figura 47 - Copertina della rivista TIME. Nel giro di un anno, l'Ucraina è diventata sinonimo di sconfitta. Il fatto che avesse strombazzato la vittoria del Paese quando non c'era assolutamente nulla che lo facesse pensare non faceva che accentuare il divario tra la narrazione e la realtà. All'interno del Paese, le critiche si sono moltiplicate e la fiducia in Zelensky è crollata.

In altre parole, il centro di gravità della Russia è rimasto estremamente stabile.

Per l'Ucraina, invece, la narrazione su cui ha fatto affidamento per ottenere il sostegno dell'Occidente sta crollando. Dall'estate del 2023, il divario tra la narrazione proposta dai nostri media e la realtà sul campo

231

è chiaramente osservabile. Le osservazioni fatte nei miei tre libri precedenti si stanno rivelando vere e i militari ucraini stanno perdendo fiducia nelle loro autorità. L'indagine dell'*Istituto Internazionale di Sociologia di Kiev* (KIIS) sulle vittime ucraine ha dimostrato che i nostri politici e i politici ucraini prendono i loro desideri per realtà.

Nel numero di inizio novembre 2023 del *TIME Magazine*, Zelensky confessa che[555]:

> *Alcuni comandanti di prima linea, ha proseguito, hanno iniziato a rifiutare gli ordini di avanzare, anche quando provenivano direttamente dall'ufficio del Presidente.*

All'ordine di avanzare, i comandanti rispondono:

> *Non hanno né gli uomini né le armi», ha detto l'ufficiale. «Dove sono le armi? Dov'è l'artiglieria? Dove sono le nuove reclute?».*

All'interno dell'UE, il sostegno all'Ucraina non è più unanime[556]. L'emergere del conflitto israelo-palestinese ha complicato ulteriormente le cose. Le armi americane destinate all'Ucraina sono state reindirizzate verso Israele[557], con grande disappunto di Volodymyr Zelensky, che ha cercato di visitare Israele ma è stato respinto[558]. In altre parole, la narrazione non ha più peso e il sostegno che dipende da essa comincia ad esaurirsi.

Per gli Stati Uniti, la coesione internazionale è stata la chiave di volta delle sanzioni contro la Russia. Ma non solo la retorica americana contro la Cina (sostenuta dagli alleati della NATO) ha ampliato la divisione tra l'emisfero occidentale e il «resto del mondo», ma le dichiarazioni intemperanti di Josep Borrell, capo della politica estera dell'UE, hanno

---

555. Simon Shuster, "'Nobody Believes in Our Victory Like I Do.' Inside Volodymyr Zelensky's Struggle to Keep Ukraine in the Fight" (Nessuno crede nella nostra vittoria come me), *TIME*, 30 ottobre 2023 (aggiornato al 1° novembre 2023) (https://time.com/6329188/ukraine-volodymyr-zelensky-interview/).

556. "Ungheria, Slovacchia criticano maggiori aiuti all'Ucraina mentre l'UE litiga sul bilancio", *Euractiv.com/AFP*, 27 ottobre 2023 (https://www.euractiv.com/section/global-europe/news/hungary-slovakia-criticise-more-aid-to-ukraine-as-eu-fights-over-budget/)

557. Barak Ravid, "Gli Stati Uniti invieranno a Israele proiettili d'artiglieria inizialmente destinati all'Ucraina", *Axios*, 19 ottobre 2023 (https://www.axios.com/2023/10/19/us-israel-artillery-shells-ukraine-weapons-gaza)

558. https://kyivindependent.com/media-israel-refuses-zelenskys-visit-says-time-not-right/

contribuito ad alienare il «sud globale». Di conseguenza, l'isolamento della Russia, conditio *sine qua non* per il suo collasso politico ed economico, non si è mai concretizzato. In realtà, sembra che l'Occidente, guidato dagli americani, non abbia mai pensato strategicamente al conflitto. Questo è ciò che ha permesso alla Russia di prevalere in questo conflitto.

Né l'Ucraina né gli americani sono riusciti a mantenere il loro centro di gravità. La spiegazione è che la Russia ha un centro di gravità che è in grado di controllare completamente, perché dipende in larga misura dalla sua politica interna. A differenza dell'Occidente, la Russia ha cercato di preservare il benessere dei suoi cittadini. Questo spiega perché i russi non sentono quotidianamente l'impatto del conflitto in Ucraina. Questo spiega anche i tentativi dell'Ucraina di usare il terrorismo per attaccare la stabilità interna della Russia. Tuttavia, è improbabile che tali azioni abbiano un impatto profondo, poiché non si inseriscono in un clima di malcontento generale che potrebbero amplificare.

I centri di gravità ucraino e americano hanno la particolarità di essere dipendenti dall'esterno e di non essere completamente sotto controllo politico. Questa vulnerabilità critica spiega perché la Russia aveva un vantaggio strategico sui suoi avversari. Ma significa anche che l'Occidente aveva mal valutato la situazione.

Dal punto di vista occidentale, la Russia si trova in una posizione strategica meno favorevole rispetto a prima dell'SVO e ha quindi perso. Ma questo è vero solo se si considera l'Europa come il centro del mondo. In realtà, mentre la diplomazia europea si è concentrata sull'indebolimento della Russia, la Russia si è concentrata sulla creazione di un nuovo ambiente alternativo. La chiave del successo della Russia è il suo approccio olistico alla guerra.

5.3. La nozione di vittoria

La Russia opera in un quadro di pensiero clausewitziano in cui i successi operativi sono sfruttati per fini strategici. La strategia operativa («arte operativa») gioca quindi un ruolo essenziale nel definire ciò che è considerato una vittoria.

Come abbiamo visto durante la battaglia di Bakhmut, i russi si sono adattati perfettamente alla strategia che l'Occidente ha dato all'Ucraina, che privilegia la difesa di ogni metro quadrato. Gli ucraini hanno così fatto il gioco della strategia di logoramento ufficialmente annunciata dalla Russia. Al contrario, a Kharkov e Kherson, i russi hanno preferito cedere il territorio in cambio della vita dei loro uomini. Nel contesto di una guerra di logoramento, sacrificare il potenziale in cambio del territorio, come sta facendo l'Ucraina, è la strategia peggiore di tutte.

L'importanza di determinare una strategia

a) Situazione simmetrica

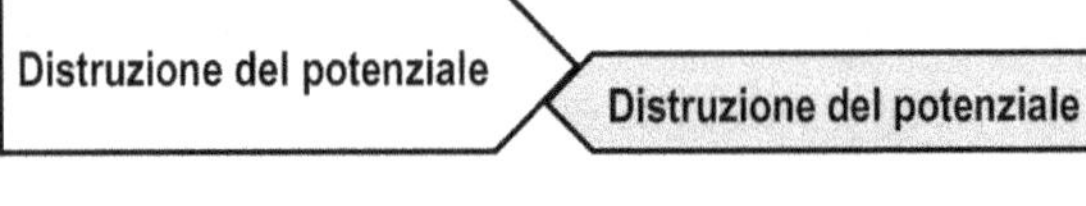

b) Situazione asimmetrica

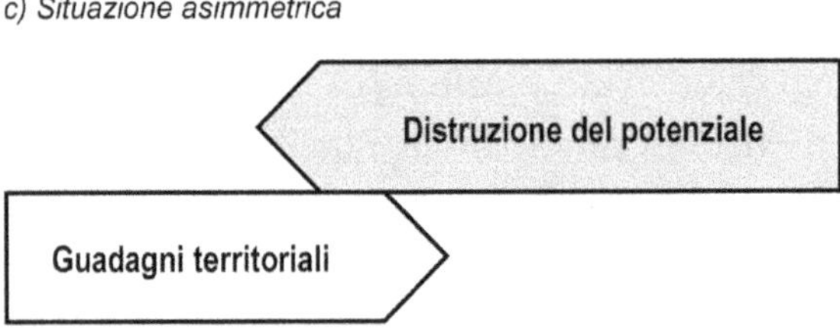

c) Situazione asimmetrica

Figura 48 - L'interpretazione occidentale della strategia russa in Ucraina è una situazione simmetrica in cui sia i russi che gli ucraini hanno come obiettivo il territorio ucraino: gli uni lo conquistano, gli altri lo difendono e lo recuperano (a). Una situazione asimmetrica è quella in cui i due avversari perseguono obiettivi simili, ma con potenzialità diverse (b). Quando il perseguimento di un obiettivo favorisce il raggiungimento degli obiettivi dell'avversario, o quando la strategia utilizzata favorisce quella dell'avversario, siamo in una situazione asimmetrica. Questa è la situazione in cui l'Occidente e i nostri media hanno spinto l'Ucraina: tenendo il terreno, gli ucraini contribuiscono a raggiungere gli obiettivi definiti da Vladimir Putin (smilitarizzazione) e dal generale Sourovikine (distruzione del potenziale) (c).

Per questo motivo il generale Zaloujny, comandante delle forze ucraine, ha cercato di opporsi a Zelensky e ha proposto di ritirare le sue forze da Bakhmout. Ma in Ucraina è la narrativa occidentale a guidare le decisioni militari. Zelensky ha preferito seguire la strada indicatagli dai nostri media, per conservare il sostegno dell'opinione pubblica occidentale. Nel novembre 2023, il generale Zaloujny dovrà ammettere apertamente che questa decisione è stata un errore, perché il prolungamento della guerra potrebbe solo favorire la Russia[559].

Il conflitto ucraino era intrinsecamente asimmetrico. L'Occidente ha voluto trasformarlo in un conflitto simmetrico proclamando che le capacità dell'Ucraina potevano essere sufficienti a rovesciare la Russia. Ma questo era chiaramente un pio desiderio fin dall'inizio, il cui unico scopo era quello di giustificare il mancato rispetto degli accordi di Minsk. Gli strateghi russi lo hanno trasformato in un conflitto asimmetrico.

Il problema dell'Ucraina in questo conflitto è che non ha un rapporto razionale con la nozione di vittoria. Al contrario, i palestinesi, consapevoli della loro inferiorità quantitativa, sono passati a un modo di pensare che attribuisce al semplice atto di resistere un senso di vittoria. Questa è la natura asimmetrica del conflitto che Israele non è mai riuscito a comprendere in 75 anni e che si è ridotto a superare con la superiorità tattica piuttosto che con la finezza strategica. La stessa cosa sta accadendo in Ucraina. Aggrappandosi a una nozione di vittoria legata al recupero del territorio, l'Ucraina si è chiusa in una logica che può portare solo alla sconfitta.

Il 20 novembre 2023, Oleksiy Danilov, segretario del Consiglio di sicurezza e difesa nazionale, ha dipinto un quadro molto cupo delle prospettive dell'Ucraina per il 2024[560]. Il suo discorso ha dimostrato che l'Ucraina non ha né un piano per uscire dal conflitto né un approccio che le dia un senso di vittoria: si è ridotto a collegare la vittoria dell'Ucraina a quella dell'Occidente. In Occidente, la fine del conflitto in Ucraina è sempre più percepita come una debacle militare, politica, umana ed economica.

In una situazione asimmetrica, ogni protagonista è libero di definire i propri criteri di vittoria e di sceglierli da una gamma che padroneggia. È per questo che l'Egitto (1973), Hezbollah (2006), lo Stato Islamico (2017), la resistenza palestinese dal 1948 e Hamas nel 2023 sono vittoriosi, nonostante le ingenti perdite. Questo può sembrare controintuitivo per

---

559. "È stato un mio errore": il comandante in capo ucraino sulla controffensiva e sulla "polvere da sparo" per la vittoria", *RBC-Ucraina*, 2 novembre 2023 (https://newsukraine.rbc.ua/news/it-was-my-mistake-commander-in-chief-on-counteroffensive-1698929719.html).
560. https://www.rnbo.gov.ua/ua/Diialnist/6714.html

una mente occidentale, ma spiega perché gli occidentali non riescono a «vincere» davvero le loro guerre.

In Ucraina, la leadership politica si è chiusa in una narrativa che impedisce di uscire dalla crisi senza perdere la faccia. La situazione asimmetrica che si sta creando contro l'Ucraina è il risultato di una narrazione che si è confusa con la realtà e che ha portato a una risposta inadeguata alla natura dell'operazione russa.

6. Una guerra tecnologica

6.1. L'industria russa della difesa

Nel giugno 2023, l'»esperto» militare Alexandre Vautravers ha dichiarato a un media svizzero che «*l'industria russa della difesa è l'ombra di quella dell'Unione Sovietica*» e che «*condanna l'esercito russo a stare sulla difensiva*»[561]. Egli interpreta l'acquisizione di equipaggiamenti dall'estero, come i veicoli blindati leggeri multiruolo (LMV) dell'azienda italiana Iveco[562] o l'acquisto di fregate MISTRAL dalla Francia[563], come un segno dell'indebolimento dell'industria russa.

In realtà, la Russia ha fatto esattamente quello che hanno fatto i Paesi occidentali, cercando di acquistare attrezzature «off-the-shelf» meno costose. Questo perché la Russia sta sviluppando sistemi d'arma altamente sofisticati come le armi ipersoniche, la piattaforma ARMATA per i veicoli blindati, i sistemi robotici e le reti di controllo che utilizzano l'intelligenza artificiale. Per questo motivo, la Russia riserva gli investimenti alla produzione interna di apparecchiature sensibili e ad alta tecnologia, preferendo rivolgersi all'estero per sistemi più semplici. Questo è esattamente ciò che è successo con i droni iraniani SHAHID-136 (noti come GERAN-2 in Russia). Vale la pena notare che gran parte di questi acquisti sono stati effettuati da Paesi della NATO, il che indica che la Russia non ha intenzione di essere coinvolta in un conflitto con gli europei.

---

561. https://www.lemanbleu.ch/fr/Emissions/189661-Geneve-a-Chaud.html
562. https://defence-blog.com/italian-made-iveco-lmvs-tactical-vehicles-spotted-during-military-parade-rehearsals-in-russia/
563. https://sldinfo.com/2023/02/the-french-mistral-the-case-of-the-russian-sale-and-its-aftermath/

Nella stessa ottica, Gina Raimondo, Segretario al Commercio degli Stati Uniti, ha dichiarato in un'audizione del Congresso nel maggio 2022 che i russi stavano raccogliendo microprocessori da lavatrici e frigoriferi per ottenere i microprocessori necessari per le loro armi[564]. È bastato questo per alimentare la follia europea. Ursula von der Leyen, presidente della Commissione europea[565], e Annalena Baerbock, ministro degli Esteri tedesco[566], ripetono il messaggio in continuazione! Perché le nostre donne politiche si ostinano a dare ragione alla previsione di Françoise Giroud: «*Le donne saranno veramente uguali agli uomini il giorno in cui nomineranno una donna incompetente a una carica importante*»?

Secondo il canale francese *TF1*, la Russia non produce semiconduttori. Come ci si aspetterebbe da un media complottista, si tratta di una menzogna. In realtà, la Russia produce il 25% del suo fabbisogno, comprese le esigenze militari, che utilizzano principalmente microprocessori da 100-150 nm e processori a medio nanometro (30-65 nm). Può contare sulla Cina per i microprocessori a nanometri inferiori (20-60 nm), utilizzati nelle apparecchiature militari. I microprocessori a basso o bassissimo nanometro (4-12 nm), presenti nei tablet e nei telefoni cellulari, non sono generalmente utilizzati per le armi perché è difficile «temprarli». Come a contraddire le nostre muse, gli stessi ucraini dichiarano che i russi non hanno carenza di microprocessori[567].

Detto questo, le sanzioni hanno evidenziato una vulnerabilità e la Russia ha deciso di istituire un programma volto a creare la capacità di produrre microprocessori a 7 nm entro il 2030[568].

Quindi, nonostante le voci diffuse dai media occidentali, non c'è nulla che dimostri che la Russia abbia dovuto acquistare sistemi d'arma dall'esterno per compensare una carenza della sua industria della difesa. Le ragioni sono molteplici. La prima è che l'industria russa della difesa è

---

564. Jeanne Whalen, "Sanctions forcing Russia to use appliance parts in military gear, U.S. says", *The Washington Post*, 11 maggio 2022 (https://www.washingtonpost.com/technology/2022/05/11/russia-sanctions-effect-military/)
565. https://www.youtube.com/shorts/eMGN-l3VHAE?feature=share
566. https://twitter.com/mazzenilsson/status/1695478885196935255
567. Chris Livesay & Erin Lyall, "La Russia sta bombardando l'Ucraina con droni guidati dalla tecnologia statunitense, e i chip continuano a scorrere", *CBS News*, 4 gennaio 2023 (https://www.cbsnews.com/news/ukraine-war-russia-iranian-drones-us-made-technology-chips/)
568. Simon Lüthje, "La Russia vuole produrre i propri chip utilizzando il processo a 7 nm", *Basic-Tutorial*, 24 ottobre 2023 (https://basic-tutorials.com/news/russia-wants-to-manufacture-its-own-chips-using-the-7-nm-process/)

in ottima forma. È innovativa ed estremamente competitiva sul mercato internazionale. A differenza dei Paesi occidentali, l'industria bellica russa, così come quella ucraina, ha continuato a esportare attrezzature militari. Oggi, le esportazioni di armi sono diminuite in modo significativo, poiché la maggior parte della produzione è stata reindirizzata verso le esigenze interne.

Acquisizione di microprocessori da parte della Russia, per paese

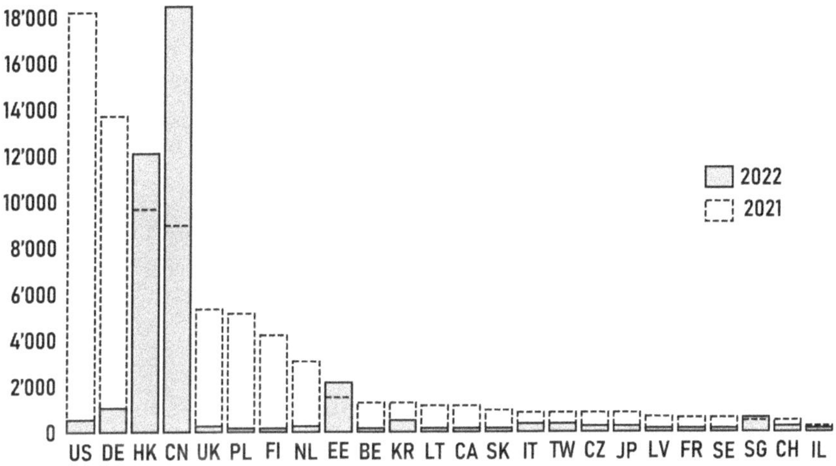

Figura 49 - Numero di transazioni per Paese per l'acquisto di microprocessori, secondo il lavoro di Elina Ribakova, ricercatrice ucraina[569]. Come si può notare, Cina e Hong Kong hanno ampiamente sostituito gli Stati Uniti. Notiamo che l'Estonia, che non perde occasione per mostrare il suo odio per i russi, sembra parlare da entrambe le parti della bocca... così come il marito del primo ministro Kaja Kallas, che non sembra brillare né per la sua integrità né per la sua intelligenza... [Fonte: Elina Ribakova].

L'industria degli armamenti in Russia rappresenta circa 800 aziende e quasi mezzo milione di posti di lavoro. Mentre durante l'era comunista l'industria operava sulla base di un'economia pianificata, oggi opera sulla base di un'economia di mercato. In effetti, l'architettura dell'industria russa degli armamenti è molto simile a quella dell'Europa degli anni '60 e '80: praticamente tutte le aziende sono di proprietà dello Stato. A differenza dei complessi militari-industriali occidentali, i cui interessi possono divergere da quelli dello Stato, in Russia c'è convergenza.

---

569. https://twitter.com/elinaribakova/status/1608260362004205569

In Occidente, soprattutto in Europa, dopo la Guerra Fredda, l'industria degli armamenti ha ceduto il passo alla produzione civile per raccogliere il «dividendo della pace». Molti, soprattutto in Francia, sono rimasti sconvolti da questa situazione, considerandola un errore strategico. Ma questo non è vero. La situazione in Europa e le buone relazioni con la Russia (almeno fino al 2014) hanno fatto sì che l'assenza di una minaccia militare fosse una realtà e non giustificasse oggettivamente il mantenimento di una grande capacità produttiva. Questo è probabilmente il motivo di fondo per cui gli Stati Uniti hanno fatto di tutto per mantenere un continuum di minacce dalla fine della Guerra Fredda. Ancora oggi, solo i neonazisti mantengono la narrativa di una minaccia russa all'Europa, per giustificare la nostra politica nei confronti dell'Ucraina.

6.2. Guerra elettronica

6.2.1. Guerra elettronica

Un campo sistematicamente ignorato dai nostri «esperti» e quasi sempre confuso con la guerra informatica è la *guerra elettronica* (EW). Sebbene le due discipline possano intersecarsi, sono tecnicamente distinte. In termini semplici, la guerra elettronica è la guerra delle onde nel cosiddetto etere, mentre la guerra cibernetica è la guerra del software.

La sua portata si è ampliata in modo esponenziale con l'informatizzazione della società. Soprattutto in un Paese vasto come l'Ucraina, le trasmissioni militari utilizzano sistemi satellitari altamente computerizzati, simili alle reti GSM utilizzate nel settore civile.

Denominata «guerra elettronica via radio» (*радиоэлектронная борьба*) (REB) in Russia, questa è un'area in cui eccelle e probabilmente è più avanti rispetto all'Occidente. È anche un'area di tranquillo successo, come riconosce la *BBC*[570]:

> *La Russia non solo supera in numero e in armamento le forze ucraine, ma ha anche una grande esperienza nella guerra elettro-*

---

570. https://www.bbc.com/news/world-europe-62090791

*nica. La Russia ha bloccato e disturbato i sistemi di comunicazione
militare dell'Ucraina.*

Il 25 maggio 2023, il Ministero della Difesa britannico ha riferito che, secondo *Geollect,* dal 14 maggio 2023 i russi hanno violato il sistema di identificazione automatica (AIS) per far sembrare che le navi commerciali si stessero muovendo, creando l'impressione di un simbolo «Z» lungo 65 km sul Mar Nero[571], visibile sul software di tracciamento open source[572]!

All'inizio del suo intervento, nel febbraio 2022, la Russia è riuscita a neutralizzare tutti i sistemi di trasmissione militare ucraini.

La distruzione dei terminali *Starlink* costringe i posti di comando a scambiare dati di fuoco a voce tramite la rete telefonica satellitare *Iridium.* Questo rallenta i tempi di reazione dell'artiglieria, rendendola più vulnerabile al fuoco di controbatteria.

Uno dei principali sforzi di GE è la lotta contro i droni. In *The Economist,* un funzionario ucraino afferma[573]:

> *I russi sono molto, molto bravi in quello che fanno [...] Fanno la magia nera quando si tratta di guerra elettromagnetica. Possono disturbare le frequenze, ingannare il sistema GPS, mandare un drone all'altitudine sbagliata in modo che cada dal cielo.*

Nell'agosto 2023, l'esercito ucraino è stato sorpreso nel settore di Kupiansk[574], nonostante la presenza di E-8 J-STAR e RQ-4 GLOBAL HAWK americani, che sorvegliavano costantemente la regione dal confine ucraino e dal Mar Nero. Il motivo per cui i preparativi per questo attacco sono passati inosservati è che i russi sono in grado di rendersi «invisibili», grazie alla guerra elettronica, che acceca i radar occidentali.

---

571. https://www.tradewindsnews.com/technology/ship-ais-data-spoofed-to-draw-pro-war-russian-z-symbol-in-black-sea/2-1-1456329
572. https://twitter.com/DefenceHQ/status/1661607073803640833
573. "L'Ucraina scommette sui droni per colpire in profondità la Russia", *The Economist,* 20 marzo 2023 (https://www.economist.com/europe/2023/03/20/ukraine-is-betting-on-drones-to-strike-deep-into-russia)
574. Dan Sabbagh, "'I couldn't take it any more': holdouts quit Kupiansk after renewed Russian shelting", *The Guardian,* 29 agosto 2023 (https://www.theguardian.com/world/2023/aug/29/holdouts-quit-kupiansk-after-renewed-russian-shelling-ukraine)

È la famiglia di sistemi KRASUKHA dispiegata in Crimea che permette ai russi di operare come dietro uno «schermo elettronico».

Sistema 1L269 KRASUKHA-2

Figura 50 - Il Krasukha-2 è un sistema progettato per disturbare i sistemi di allarme a distanza, come gli E-3 SENTRY AWACS utilizzati dalla NATO, fino a una distanza di 250 km. Può anche disturbare i sistemi missilistici a guida radar. Per questo motivo viene utilizzato anche per proteggere i siti di lancio dei missili di tipo ISKANDER, ad esempio. Trasmette dati falsi al missile attaccante per mandarlo fuori rotta.

Sistema 1RL257 KRASUKHA-4

Figura 51 - Il Krasukha-4 è un sistema di disturbo per i radar di bordo americani del tipo J-STARS, utilizzati per tracciare i movimenti del nemico a terra. Tali sistemi sono utilizzati, ad esempio, in Crimea per deviare gli attacchi ucraini guidati dai sistemi di guida americani.

6.2.2. La guerra contro i satelliti

Fin dall'inizio dell'SVO, le strutture di controllo ucraine sono state gravemente danneggiate dagli attacchi russi. L'Ucraina ha dovuto ricorrere alla rete *Starlink*, con circa 20.000 terminali finanziati dai governi americano, britannico e polacco. Realizzato dalla società SpaceX di Elon Musk, il sistema *Starlink* consente la trasmissione di dati attraverso una rete di satelliti ed è rapidamente diventato fondamentale per la trasmissione di dati operativi, tra cui il pilotaggio dei droni e la designazione dei bersagli. È quindi diventato uno degli obiettivi prioritari della guerra elettronica russa. Il funzionamento di questa rete in Ucraina costa circa 400 milioni di dollari all'anno.

Starlink è quindi diventato rapidamente uno degli obiettivi prioritari della guerra elettronica russa. Inizialmente SpaceX è riuscita a impedire l'inceppamento dei suoi satelliti[575], ma nell'ottobre del 2022 i massicci guasti *di Starlink stavano avendo* conseguenze «catastrofiche» per le trasmissioni operative ucraine[576]. Secondo il generale Valeriy Zaloujny, capo delle forze ucraine, i russi distruggono 500 terminali *Starlink* al mese[577]. Questo costringe i posti di comando a scambiarsi dati di fuoco a voce attraverso la rete telefonica satellitare *Iridium* e rallenta i tempi di reazione dell'artiglieria, rendendola più vulnerabile al fuoco di controbatteria.

L'uso di reti satellitari civili per scopi militari potrebbe portare la Russia a considerare i satelliti come obiettivi legittimi[578].

6.2.3. Sistemi antidrone

I russi hanno sviluppato un'intera gamma di strumenti per eliminare la minaccia dei droni ucraini. Il primo e più ovvio aspetto è la difesa aerea. Il problema dei sistemi antiaerei occidentali è che si affidano a

---

575. Michael Kan, "Il Pentagono è impressionato dalla rapida soluzione di disturbo del segnale di Starlink in Ucraina", *PC Magazine*, 21 aprile 2022 (https://www.pcmag.com/news/pentagon-impressed-by-starlinks-fast-signal-jamming-workaround-in-ukraine).
576. Elizabeth Howell, "Elon Musk dice che la Russia sta intensificando i cyberattacchi ai sistemi Starlink di SpaceX in Ucraina", *Spazio*, 14 ottobre 2022 (https://www.space.com/starlink-russian-cyberattacks-ramp-up-efforts-elon-musk)
577. Xander Landen, "Starlink Outages Put 'Dent' in Ukrainian Counteroffensive Against Putin", *Newsweek*, 8 ottobre 2022 (https://www.newsweek.com/starlink-outages-put-dent-ukrainian-counteroffensive-against-putin-1750116)
578. "La Russia dice che i satelliti statunitensi che assistono l'Ucraina sono obiettivi 'legittimi'", *The Moscow Tmes*, 27 ottobre 2022 (https://www.themoscowtimes.com/2022/10/27/russia-says-us-satellites-assisting-ukraine-are-legitimate-targets-a79208).

un numero limitato di sistemi per tutte le minacce aeree. È il caso dei PATRIOT che l'Ucraina utilizza, ma che diventano estremamente costosi se usati contro droni economici con effetti limitati. I russi hanno una filosofia diversa, adottando una difesa a più livelli con più sistemi le cui prestazioni si sovrappongono parzialmente.

Il perno della lotta contro i droni è il sistema PANTSIR SM, che è l'ultima iterazione del sistema creato all'inizio degli anni Novanta. Si tratta di un sistema di difesa puntuale, ottimizzato per combattere droni di piccole dimensioni la cui traiettoria è difficile da anticipare. Il sistema PANTSIR è distribuito a livello tattico e contribuisce alla copertura aerea dei BTG. Può rilevare bersagli con una superficie di 15x15 cm ed è dotato di piccoli missili a corto raggio (<7 km) per abbattere piccoli UAV tattici. La sensibilità del suo sistema radar lo rende un sistema d'arma efficace contro missili tattici come il TOCHKA-U (SS-21) o l'HIMARS.

Il sistema PANTSIR

Figura 52 - Il PANTSIR-SM è uno dei sistemi antiaerei tattico-operativi più efficaci.

Il secondo strumento anti-UAV è l'elicottero da combattimento Mi-28NM. È ottimizzato per le operazioni anti-UAV. Il suo radar NO25E lo rende una sorta di «mini-AWACS», in grado di monitorare lo spazio aereo e rilevare oggetti molto piccoli. È in grado di dare la caccia ai droni di notte. Tuttavia, il suo punto debole è la sensibilità dei suoi missili, che

non riescono ad agganciare i piccoli droni con una firma termica insuffi-
ciente. È integrato nei sistemi di controllo della RUK, il che consente una
risposta rapida alle esigenze delle truppe di terra.

Il Mi-28NM

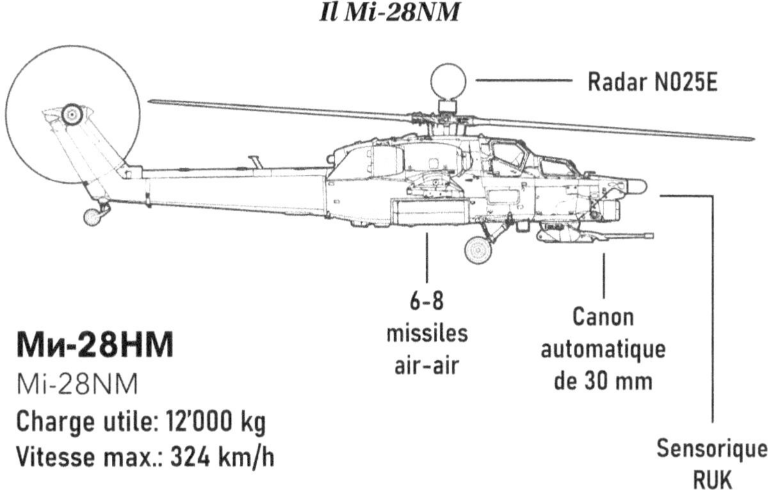

*Figura 53 - Il Mi-28NM è stato appositamente progettato per combattere i droni,
soprattutto di notte.*

L'elemento più importante dell'arsenale russo contro i droni e gli attacchi
missilistici aerei (missili balistici, HIMARS o da crociera) è l'insieme delle
misure elettroniche. I russi hanno sviluppato una serie di sistemi che
formano una difesa a più livelli, da quello strategico a quello tattico.

Questi sistemi funzionano in una grande varietà di modi. Il più comune
è il disturbo del segnale GPS. Secondo la rivista americana *Forbes*, la
Russia è in grado di abbattere il 90% dei droni ucraini con i suoi sistemi
elettromagnetici[579].

È importante capire che questi sistemi «a strati» significano che la
granularità dell'intercettazione aumenta man mano che ci si avvicina
all'obiettivo dell'attacco, come una ragnatela. Questo spiega perché i
droni ucraini di medie dimensioni sono riusciti a penetrare lo spazio
aereo russo e sono stati intercettati solo in prossimità dei loro obiettivi.

---

579. David Axe, "Le truppe russe di guerra elettronica hanno messo fuori uso il 90% dei droni
ucraini", *Forbes*, 24 dicembre 2022 (https://www.forbes.com/sites/davidaxe/2022/12/24/russia-
electronic-warfare-troops-knocked-out-90-percent-of-ukraines-drones/?sh=2b8c98a9575c).

I russi hanno introdotto sistemi di disturbo tattici su larga scala, noti come sistemi di «disturbo di trincea», come lo STRIJ, che sopprime i droni in modalità automatica. Il sistema permette al drone di avvicinarsi, poi si attiva automaticamente, disturbando il segnale e prendendo il controllo.

Sistema antidrone STRIJ

Figura 54 - I russi hanno sviluppato un'intera gamma di sistemi elettronici per neutralizzare i droni prima che diventino una minaccia. Lo STRIJ è uno di questi sistemi, che può essere utilizzato per proteggere le unità tattiche.

Il problema dei droni è che spesso sono troppo piccoli per essere rilevati e combattuti efficacemente dalle difese antiaeree. La soluzione è l'EW, che neutralizza i droni. Secondo il *Royal United Services Institute* del Regno Unito, i russi neutralizzano circa 10.000 droni ucraini al mese[580]. Per loro stessa ammissione, entro marzo 2023, gli ucraini avrebbero perso 10-15 droni al giorno e hanno sbloccato un credito di 800 milioni di euro[581] per l'acquisto di droni[582].

I russi sembrano essere in grado di decriptare in tempo reale i sistemi di crittografia Motorola a 256 bit utilizzati per guidare i piccoli droni[583]. Quando un drone DJI perde il contatto radio con il suo operatore, a causa

580. https://static.rusi.org/403-SR-Russian-Tactics-web-final.pdf

581. https://youtu.be/qQ2kCDBYY6I

582. https://t.me/dsszzi_official/5621

583. Jack Watling e Nick Reynolds, "Meatgrinder: Russian Tactics in the Second Year of Its Invasion of Ukraine", *Royal United Services Institute for Defence and Security Studies* (*RUSI*), 19 maggio 2023 (https://static.rusi.org/403-SR-Russian-Tactics-web-final.pdf).

di interferenze o altre cause, cerca di tornare all'ultimo luogo conosciuto in cui è stato in grado di comunicare. Se non è possibile ristabilire la comunicazione, si attiva la funzione «*Failsafe Return-to-Home*» e il drone torna automaticamente al punto di partenza. Se la navigazione GPS è bloccata – come spesso accade su gran parte del fronte – e il drone non può tornare a casa, atterrerà dolcemente ovunque si trovi[584].

I russi hanno anche i mezzi per disturbare i segnali GPS e quindi interrompere l'uso di droni e missili guidati. Secondo la rivista americana *Forbes*, la Russia è in grado di abbattere il 90% dei droni ucraini con i suoi sistemi elettromagnetici[585].

6.2.4. Le Wunderwaffen

Alla fine della Seconda guerra mondiale, con l'esercito tedesco in ritirata su tutti i fronti, Hitler e il suo staff personale continuarono a credere che la situazione potesse essere ribaltata attraverso l'uso di nuove armi. La Germania era all'avanguardia nello sviluppo di nuove tecnologie e nuove armi, che si pensava potessero «cambiare la partita». Aerei a reazione, missili, nuovi veicoli corazzati: queste furono poi chiamate *Wunderwaffen* («*armi miracolose*»). Ma l'industria tedesca, sottoposta a bombardamenti, non era più in grado di garantire una produzione regolare, mentre le risorse umane si riducevano. Le *Wunderwaffen* non impedirono la sconfitta del Terzo Reich. 80 anni dopo, l'Ucraina sta vivendo la stessa esperienza di questi maestri del pensiero.

A partire dal marzo 2022, con l'avanzata delle forze della coalizione russa in Ucraina, la narrazione occidentale è stata che la Russia stava perdendo la guerra. Le nuove armi dispiegate dalle forze russe, in particolare i missili ipersonici, sono state soprannominate *Wunderwaffen* dalla stampa propagandistica estremista occidentale, per presentarle come l'ultima risorsa della Russia di fronte all'inevitabile sconfitta[586].

---

584. David Hambling, "Nuovo rapporto: le perdite di droni in Ucraina sono '10.000 al mese'", *Forbes*, 22 maggio 2023 (https://www.forbes.com/sites/davidhambling/2023/05/22/ukraine-drones-losses-are-10000-per-month/?sh=799a1320384a)

585. David Axe, "Le truppe russe di guerra elettronica hanno messo fuori uso il 90% dei droni ucraini", *Forbes*, 24 dicembre 2022 (https://www.forbes.com/sites/davidaxe/2022/12/24/russia-electronic-warfare-troops-knocked-out-90-percent-of-ukraines-drones/?sh=2b8c98a9575c).

586. Volker Pabst, "Moskau zeigt auf seine 'Wunderwaffen'", *Neue Zürcher Zeitung*, 20 marzo 2022 (https://www.nzz.ch/international/russlands-wunderwaffe-erster-kampfeinsatz-von-hyper-schall-rakete-ld.1675519)

Di fatto, nel maggio-giugno 2022, l'Ucraina era stata letteralmente «smilitarizzata» e l'obiettivo dichiarato di Vladimir Putin era stato raggiunto. L'Ucraina ha scambiato un promettente piano di pace con gli aiuti occidentali «per tutto il *tempo necessario*». Inizialmente, la preoccupazione principale era il numero di armi. Ecco perché alcune armi stanno letteralmente diventando delle *Wunderwaffen,* come il missile JAVELIN, la cui efficacia sarà rapidamente ridotta dalle contromisure russe.

«*Armi miracolose» in senso letterale e figurato*

Figura 55 - San Giavellotto, che divenne letteralmente un'icona per gli ucraini nelle prime ore dell'operazione russa. Il quadro dimostra che, fin dall'inizio dell'SVO, gli ucraini dipendevano dalle armi occidentali, che tendevano a contraddire i ripetuti discorsi di una vittoria ucraina. Testimonia anche la natura «miracolosa» degli aiuti occidentali, visti come l'unico rimedio contro una sconfitta annunciata (... da commentatori onesti!).

Da parte loro, i russi stanno cercando di sfruttare meglio i punti di forza dei loro vari sistemi d'arma, compresi quelli che sembrano obsoleti, come vedremo. Armi considerate «miracolose», come il JAVELIN, l'HIMARS, il PATRIOT o lo STORM SHADOW, stanno perdendo la loro efficacia di fronte all'adattabilità dei tecnici russi, che trovano il modo di contrastarle e di portarle rapidamente sul campo di battaglia.

6.2.5. Armi ipersoniche

I russi dispongono di un'intera gamma di missili che la difesa aerea ucraina ha ancora difficoltà a fermare. Tra questi, i missili 9M723 ISKANDER-M e Kh22 BOURYA. Secondo Yuriy Ignat, portavoce dell'aeronautica militare ucraina, questo è uno dei motivi per cui l'Ucraina vorrebbe avere degli F-16 per combattere i Kh-22[587].

I missili ipersonici sono entrati di prepotenza nel conflitto ucraino. Il loro significato operativo nel teatro ucraino è inferiore al cambiamento che annunciano nell'equilibrio strategico delle forze tra Russia e Occidente. In fase di sperimentazione dal dicembre 2017, il missile Kh-47M2 KINJAL è stato impiegato per la prima volta in combattimento il 18 marzo 2022, per colpire i siti logistici ucraini. L'obiettivo era probabilmente quello di effettuare un primo test in condizioni di combattimento e di inviare un segnale all'Occidente.

Non si conoscono con precisione tutte le caratteristiche di questi missili. Tuttavia, sembrano rappresentare una sfida importante per i sistemi di difesa aerea occidentali, come l'americano MIM-104 PATRIOT, il norvegese NASAMS e il tedesco IRIS-T SLM. L'8 maggio 2023, la *RTS ha* annunciato che l'Ucraina è riuscita per la prima volta ad abbattere un missile ipersonico il 4 maggio[588]. Tuttavia, tre giorni prima, il portavoce dell'aeronautica ucraina[589] aveva dichiarato a un media ucraino che l'Ucraina non aveva abbattuto tale missile[590].

Utilizzato principalmente dagli aerei MiG-31K e MiG-31I, il KINJAL può essere utilizzato anche sulla piattaforma Su-34. Il vantaggio di questa diversificazione è che può liberare i MiG-31 per ingaggiare missili da crociera, che il suo radar può combattere efficacemente. Il vantaggio di questa diversificazione è che può liberare i MiG-31 per ingaggiare missili da crociera, che il suo radar può combattere efficacemente.

---

587. Joseph P Chacko, "Ecco una lista di missili russi troppo potenti per essere abbattuti dalle difese aeree ucraine", *Frontier India*, 7 marzo 2023 (https://frontierindia.com/here-is-a-list-of-russian-missiles-that-are-too-powerful-for-ukrainian-air-defences-to-shoot-down/).

588. https://www.rts.ch/info/monde/13999930-le-chef-de-wagner-dit-avoir-eu-la-promesse-de-moscou-de-recevoir-les-munitions-demandees.html#timeline-anchor-1683373528352

589. "L'aeronautica ucraina smentisce il missile balistico abbattuto su Kiev il 4 maggio", *The Kyiv Independent*, 5 maggio 2023 (https://kyivindependent.com/ukraines-air-force-denies-ballistic-missile-shot-down-over-kyiv-on-may-4/)

590. Olena Bohdanyok, "Повітряні Сили спростували збиття над Києвом гіперзвукової ракети «Кинжал» вночі 4 травня Ексклюзивно", *suspilne media*, 5 maggio 2023 (https://suspilne.media/466841-ci-bula-zbita-nad-kievom-giperzvukova-raketa-vnoci-4-travna-so-pro-ce-vidomo/)

Figura 56 - Il missile ipersonico KINJAL, impiegato principalmente dagli aerei MiG-31K.

Mentre i nostri media affermano costantemente che la Russia non ha capacità di sviluppo tecnologico, è riuscita a sviluppare un'intera gamma di missili ipersonici (con velocità comprese tra 10.000 e 30.000 km/h). La Russia ha iniziato a schierare i missili ipersonici ZIRCON sulle sue navi[591].

Essendo difficili da intercettare, questi missili rappresentano una minaccia considerevole per le portaerei statunitensi, in altre parole per la capacità di proiezione di forza degli Stati Uniti. L'importanza geostrategica di queste nuove armi non sembra ancora essere compresa dall'Occidente, che rimane intrappolato nella propria narrazione. Ma Vladimir Putin ne parla già da diversi anni, riferendosi ad armi di nuova tecnologia che sono – di fatto – avanti di diversi anni rispetto all'Occidente[592]. Gli Stati Uniti non sono ancora riusciti a sviluppare sistemi equivalenti.

---

591. Brad Lendon & Anna Chernova, "Putin schiera la nave da guerra russa con il missile ipersonico Zircon, dice la TASS", *CNN*, 5 gennaio 2023 (https://edition.cnn.com/2023/01/05/europe/russia-warship-hypersonic-missile-deployed-intl-hnk-ml/index.html)

592. Nick Mordowanec, "Putin si vanta che le nuove armi sono 'decenni' avanti a quelle del resto del mondo", *Newsweek*, 15 agosto 2022 (https://www.newsweek.com/vladimir-putin-brags-russian-new-weapons-decades-ahead-other-countries-1733754)

6.3. Veicoli blindati

6.3.1. L'equilibrio delle forze

All'inizio della SVO, le due parti avevano più o meno lo stesso numero di carri armati. L'Ucraina aveva circa 800 carri armati T-64 e un centinaio di T-72. La Russia, con circa 80 BTG secondo il Pentagono[593], aveva circa 800-1.000 carri armati. C'era quindi un certo equilibrio.

Dal 24 febbraio 2022, se si deve credere ai nostri media e ai brillanti «esperti» militari, i russi hanno perso solo carri armati. L'Ucraina, invece, si dice che ne abbia catturati centinaia[594], a cui vanno aggiunti quelli ricevuti dall'Occidente nel 2022-2023, portando il totale a circa 2.700 carri armati. Tuttavia, come vedremo durante la controffensiva del 2023, gli ucraini sono a corto di carri armati e devono fare affidamento sugli aiuti occidentali.

6.3.2. Carri armati russi contro carri armati occidentali

La narrazione occidentale enfatizza lo sforzo per aiutare l'Ucraina e la qualità di gran lunga superiore delle attrezzature fornite, mentre i russi sembrano combattere con oggetti d'antiquariato. Tuttavia, il corso degli eventi sembra smentire i nostri esperti e altri disinformatori. I russi sono più bravi degli ucraini a trarre il meglio dai loro rottami o i nostri esperti mentono? È la seconda.

I nostri «esperti» televisivi sembrano essersi trasformati in bugiardi (più «bugiardi» che «bugiardi», in realtà), esaltando i meriti dei carri armati occidentali rispetto a quelli russi, che sono mal progettati, obsoleti e mal utilizzati da soldati mal addestrati e demotivati. Per quanto riguarda i carri armati moderni, secondo l'«esperto» Alexandre Vautravers, essi hanno avuto solo una «*presenza campione*», e i russi non hanno la capacità di produrne di nuovi[595].

Siamo abituati a sentire che le attrezzature russe sono di qualità inferiore a quelle occidentali. Questo non è del tutto vero. I russi, come

---

593. "Alto funzionario della Difesa tiene un briefing di base, 18 aprile 2022", *defense.gov*, 18 aprile 2022 (https://www.defense.gov/News/Transcripts/Transcript/Article/3002867/senior-defense-official-holds-a-background-briefing-april-18-2022/)

594. "Attacco all'Europa: documentare le perdite di equipaggiamento russo durante l'invasione russa dell'Ucraina del 2022", *Oryx*, 24 febbraio 2022 (https://www.oryxspioenkop.com/2022/02/attack-on-europe-documenting-equipment.html).

595. https://www.club-44.ch/mediatheque/

i sovietici, hanno una filosofia diversa da quella occidentale quando si tratta di modernizzare le loro forze armate.

I sistemi d'arma in Occidente sono estremamente costosi e si sforzano di incorporare le tecnologie più recenti e persino quelle emergenti. Il risultato è che le nostre attrezzature sono tecnologicamente avanzate, ma arrivano sul campo di battaglia con relativa lentezza.

Al contrario, i russi (e in passato i sovietici) preferiscono impiegare tecnologie collaudate. Lavorano più che in Occidente su «famiglie» di dispositivi, che utilizzano molti componenti comuni. In altre parole, il divario tra le generazioni di armi è più breve in Russia che in Occidente e le loro attrezzature sono meno costose. Come durante la Guerra Fredda, il numero di generazioni dei loro principali equipaggiamenti è più alto che in Occidente. Di conseguenza, il livello tecnologico medio dei loro sistemi è più alto che in Occidente, a un costo inferiore.

Questo spiega perché, dopo aver dato all'Ucraina equipaggiamenti di recente produzione, l'Occidente ha dovuto ripiegare su equipaggiamenti degli anni Sessanta. Da parte russa, le attrezzature distrutte possono essere facilmente sostituite da quelle della generazione precedente, con aggiornamenti poco costosi.

6.3.2.1. Serbatoi obsoleti e inutilizzabili

Anche un'analisi sommaria mostra che ciò che abbiamo consegnato all'Ucraina non si avvicina neanche lontanamente al livello di ciò che hanno i russi. Perché in realtà l'Occidente non ci ha dato il suo equipaggiamento migliore, ma la sua spazzatura. In una riunione dell'aprile 2023 nella base di Ramstein, in Germania, uno degli aiutanti del generale Zaloujny ha detto ai suoi partner americani[596]:

> *Ci dispiace, ma alcuni dei veicoli che abbiamo ricevuto non sono adatti al combattimento... I BRADLEY e i LEOPARD hanno i cingoli rotti o mancanti. La radio manca nei veicoli da combattimento tedeschi MARDER, che non sono altro che scatole di ferro con cingoli.*

596. Alona Mazurenko, "Gli Stati Uniti e l'Occidente insistono sulla controffensiva mirata dell'Ucraina per tagliare fuori la Russia dalla Crimea", *Ukrainska Pravda*, 4 dicembre 2023 (https:// www.pravda.com.ua/eng/news/2023/12/4/7431593/).

Le armi fornite all'Ucraina sono state una scelta politica più che operativa. È il caso degli AMX-10RC che la Francia ha deciso di inviare nel gennaio 2023, poco prima della conferenza di Ramstein[597]. Non si tratta di per sé di un cattivo equipaggiamento, ma è stato progettato per un uso, un periodo e un terreno diversi. A luglio, l'esercito ucraino ha dichiarato che non era adatto all'attuale controffensiva[598]. L'AMX-10 RC è un veicolo da ricognizione, ma l'esercito ucraino non aveva davvero bisogno di un veicolo da ricognizione le cui funzioni potevano essere svolte da veicoli più semplici e meno vulnerabili, o addirittura da droni. A novembre, la prima serie di veicoli inviati dalla Francia è stata distrutta. Tuttavia, sembra che l'Ucraina sia in attesa di ricevere una nuova serie[599]. In effetti, a novembre, dopo che l'attenzione del mondo si è concentrata su Israele e Palestina, l'Ucraina si è sentita – probabilmente a ragione – dimenticata. Gli ucraini hanno quindi preferito vantarsi dell'equipaggiamento che stavano ricevendo, anche se questo non avrebbe portato alla vittoria, ma avrebbe solo prolungato il conflitto.

Nel settembre 2023, Annalena Baerbock, ministro degli Esteri tedesco, ha confessato alla *CNN*[600] che le armi fornite da Berlino *erano «obsolete e inutilizzabili»*[601]. Pochi giorni prima, l'Ucraina aveva semplicemente rifiutato 10 carri armati LEOPARD 1A5 offerti dalla Germania, che erano inutilizzabili, mentre 10 carri armati dello stesso tipo forniti a luglio soffrivano degli stessi problemi[602]. La stampa ucraina riferisce

---

597. "L'invio di carri armati leggeri AMX-10RC da parte della Francia all'Ucraina è una decisione importante prima della prossima riunione di Ramstein", *La Nuova Voce dell'Ucraina*, 5 gennaio 2023 (https://english.nv.ua/nation/france-s-sending-amx-10rc-light-tanks-to-ukraine-is-an-important-decision-before-next-ramstein-meet-50295680.html)

598. "Comandante ucraino avverte che i carri armati francesi sono inadeguati per la controffensiva", *Euronews / AFP*, 2 luglio 2023 (https://www.euronews.com/2023/07/02/ukrainian-commander-warns-french-tanks-are-inadequate-for-counteroffensive)

599. David Axe, "I Marines ucraini hanno quasi sprecato il loro primo lotto di veicoli da esplorazione francesi AMX-10RC. Ora ne riceveranno un secondo lotto", *Forbes*, 1 novembre 2023 (https://www.forbes.com/sites/davidaxe/2023/11/01/ukrainian-marines-almost-wasted-their-first-batch-of-french-amx-10rc-scout-vehicles-now-theyre-getting-a-second-batch/?sh=77d-5525048da).

600. https://edition.cnn.com/videos/tv/2023/09/25/amanpour-annalena-baerbock-ukraine-unga.cnn

601. Dinara Khalilova, "Il ministro degli Esteri tedesco riconosce che alcune armi di Berlino sono obsolete e non operative", *The Kyiv Independent*, 26 settembre 2023 (https://kyivindependent.com/german-foreign-minister-acknowledges-issues-with-weapons-delivered-to-ukraine/).

602. Martin Fornusek, "L'Ucraina ha rifiutato 10 carri armati Leopard 1 dalla Germania a causa delle cattive condizioni", *The Kyiv Independent*, 19 settembre 2023 (https://kyivindependent.com/media-ukraine-refused-10-leopard-1-tanks-from-germany-due-to-poor-condition/)

che anche i LEOPARD 1A5 offerti dalla Danimarca presentano gli stessi difetti[603].

La rivista americana *Forbes* riporta addirittura che per addestrare gli equipaggi dei carri armati ucraini LEOPARD, la Danimarca ha dovuto addirittura richiamare i carri armati dai musei[604]! Il problema è che la nostra narrazione era che stavamo facendo del nostro meglio per dare all'Ucraina armi moderne che le avrebbero permesso di vincere. Ma sapevamo, compresi i nostri brillanti «esperti» militari, che questo non era vero.

Il LEOPARD 1A5 è un carro armato progettato negli anni '50 con un cannone da 105 mm. Durante la Guerra Fredda, questo carro armato è stato adattato agli standard dell'epoca in termini di armamento, protezione e mobilità. Dagli anni '90, il calibro da 120 mm è diventato la norma, con una protezione corrispondente. Con questi carri armati, gli ucraini rimarranno indietro di una generazione.

Confronto tra l'età dei carri armati russi e quelli forniti all'Ucraina (2023)

Russia		Ucrainia	
Tipo	*Età (anni)*	*Tipo*	*Età (anni)*
T-72B/BA	27	M-55S	14
T-72B3	8	M1A1 ABRAMS	38
T-72B3 obr. 2016	3	LEOPARD 1A5	36
T-80BV/U	20	LEOPARD 2A4	38
T-80BVM	4	LEOPARD 2A6	22
T-90A	20	Strv 122A	25
T-90M	3	LEOPARD 2PL	35
Età media	13,4	Età media	29,7

Figura 57 - Una leggenda metropolitana, diffusa da alcuni cosiddetti «esperti» militari, è che i russi non abbiano attrezzature moderne. In realtà, le attrezzature russe sono generalmente moderne ed efficienti.

---

603. Dinara Khalilova, "I carri armati danesi Leopard 1 donati all'Ucraina hanno dei difetti", *The Kyiv Independent*, 22 settembre 2022 (https://kyivindependent.com/media-danish-leopard-1-tanks-donated-to-ukraine-have-defects/)

604. David Axe, "Per addestrare le truppe ucraine, l'esercito danese ha dovuto prendere in prestito i carri armati Leopard 1 da tre musei", *Forbes*, 8 settembre 2023 (https://www.forbes.com/sites/davidaxe/2023/09/08/to-train-ukrainian-troops-the-danish-military-had-to-borrow-leopard-1-tanks-from-three-museums/)

Le attrezzature occidentali arrivano quindi con grossi limiti logistici. Alcuni sistemi sono obsoleti in Occidente e alcuni pezzi di ricambio non vengono più prodotti, come nel caso del carro armato LEOPARD 2A4. Per altri, come il carro armato antiaereo tedesco GEPARD, le munizioni sono difficili da ottenere.

Tuttavia, la logistica ucraina e la sua base industriale erano organizzate intorno alle armi di origine sovietica e russa. La fornitura di migliaia di veicoli occidentali di varia provenienza nel giro di pochi mesi non ha permesso a questa base industriale di adattarsi, soprattutto sotto i colpi russi. Lungi dal rendere la vita più facile agli ucraini, l'Occidente l'ha resa più complicata e ancora più vulnerabile[605].

La logistica dei combattimenti può essere effettuata con relativa facilità scambiando moduli, come il blocco motore o il cambio, ad esempio. Ma le riparazioni più complesse possono essere effettuate solo da personale specializzato proveniente dai Paesi della NATO. Ciò significa creare centri di riparazione al di fuori del territorio ucraino, facendo entrare i Paesi «riparatori» nella catena logistica operativa dell'Ucraina (e quindi come co-belligeranti).

Per quanto riguarda i veicoli blindati su ruote STRYKER, i documenti ucraini trapelati mostrano che il 76% è inutilizzabile a causa di frequenti guasti!

6.3.2.2. I carri armati russi sono concettualmente peggiori?

Innanzitutto, va ricordato che non esiste un'arma assoluta e che la perfezione in termini di carri armati è illusoria. I carri armati sono progettati per soddisfare esigenze specifiche, difficilmente replicabili da un Paese all'altro. Per questo motivo ogni Paese utilizzatore adatta lo stesso tipo di carro armato alle proprie condizioni specifiche.

Un esempio è il numero di membri dell'equipaggio, di cui alcuni «esperti» sembrano fare una nuova questione. In realtà, si tratta di un dibattito che va avanti da oltre 60 anni. La maggior parte dei carri armati occidentali ha un equipaggio di 4 persone (comandante, caricatore, artigliere, pilota), mentre i carri armati russi hanno un equipaggio di 3

---

605. David Axe, "Il problema dell'Ucraina nel 2024: come riparare migliaia di veicoli da combattimento di fabbricazione occidentale", *Forbes*, 5 settembre 2023 (https://www.forbes.com/sites/davidaxe/2023/09/05/ukraines-2024-problem-how-to-repair-thousands-of-western-made-combat-vehicles/).

persone (comandante, artigliere, pilota). Un equipaggio di 4 persone ha alcuni vantaggi, soprattutto se uno dei membri dell'equipaggio ha un problema. Ma un equipaggio di 3 persone permette di stipare più elettronica e armamenti nello stesso spazio o, come nel progetto russo, di ridurre la silhouette del carro armato e quindi la sua vulnerabilità.

All'inizio degli anni '70, il progetto tedesco-americano MBT-70/Kpz-70 (da cui sono derivati l'M1 ABRAMS e il LEOPARD 2) aveva un equipaggio di 3 persone (tutte situate nella torretta). I futuri progetti di carri armati occidentali, come il PL-01 polacco, l'M1 ABRAMS X o il KF-51 tedesco, nonché il nuovo carro armato russo T-14 ARMATA, sono tutti progettati per equipaggi di 3 persone. Nonostante questi inconvenienti, questa sembra essere la soluzione del futuro.

In realtà, stiamo assistendo allo stesso fenomeno che si è verificato durante la Guerra Fredda. I carri armati occidentali sono spesso tecnologicamente più avanzati, ma appaiono sul campo di battaglia a un ritmo molto lento. I carri armati russi, invece, sono generalmente soluzioni tecnologicamente più semplici, ma arrivano più rapidamente sul campo di battaglia. Inoltre, utilizzano piattaforme standardizzate che possono essere facilmente aggiornate su base continuativa, anche in caso di guerra, come nel caso dell'Ucraina.

6.3.2.3. Carri armati occidentali progettati per un ambiente operativo diverso

I carri armati occidentali sono progettati per l'uso in Europa centrale, dove il terreno è irregolare e richiede che il carro armato sia abbastanza alto da poter sparare beneficiando della protezione naturale del terreno. I carri armati russi, progettati per terreni molto più pianeggianti, hanno una sagoma più bassa, che sarebbe uno svantaggio in Europa centrale, in quanto richiederebbe che il carro armato sia più esposto al fuoco. Non esiste quindi una soluzione universalmente perfetta, ma solo soluzioni più o meno adatte al contesto operativo.

Veicoli in gran parte obsoleti per questo conflitto, come la porta truppe americana M113, il VAB francese o l'M2/3 BRADLEY americano, il cui sviluppo fu così caotico da essere trasformato in un film comico (*The Pentagon Wars*[606]), riapparvero vicino alla linea del fronte.

---

606. https://en.wikipedia.org/wiki/The_Pentagon_Wars

Serbatoi progettati per ambienti diversi

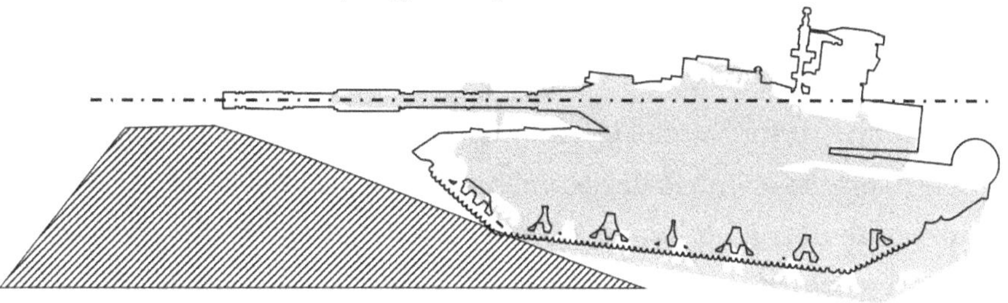

Figura 58 - Confronto tra le sagome di un carro armato russo T-90 (in grigio) e di un carro armato tedesco LEOPARD 2A6 (in nero). I carri armati occidentali sono generalmente progettati per combattere in Europa centrale, dove il terreno è leggermente collinare. Sono quindi più alti per consentire al cannone di avere un raggio di movimento più ampio, in modo da poter sparare ad alta velocità. I carri armati russi sono progettati per operare sul territorio russo, che è molto più pianeggiante, e sono quindi generalmente più bassi. In Ucraina, ciò significa che i carri armati occidentali sono bersagli più facili da colpire e quindi più vulnerabili delle loro controparti russe.

Sul terreno, come ha osservato la rivista *Forbes*, l'Ucraina sta perdendo il suo equipaggiamento[607]. Gli AMX-10 RC forniti dalla Francia, che sono essenzialmente veicoli da ricognizione progettati negli anni '70, non sono adatti alla guerra in Ucraina[608]. I veicoli da combattimento di fanteria M2/3 Bradley, compresa la versione M2A2 ODS-SA, ritenuti invincibili, stanno cadendo come mosche[609]. Senza contare gli M113, che vengono distrutti da quasi tutte le armi da fanteria.

In realtà, gli occidentali si sono liberati delle loro vecchie attrezzature regalandole agli ucraini. È il caso, ad esempio, dei MRAP MaxxPRO, progettati per la guerra in Iraq. Molto alti, sono facili bersagli per i missili anticarro a grande distanza e non sono progettati per i terreni fangosi. Molti di loro sono rimasti bloccati nel fango, rendendoli facili bersagli per i russi[610].

---

607. https://www.forbes.com/sites/davidaxe/2023/06/13/as-losses-pile-up-ukraine-needs-a-lot-more-tanks-and-fighting-vehicles/
608. https://www.forbes.com/sites/davidaxe/2023/06/14/the-ukrainian-marine-corps-amx-10rc-recon-vehicles-didnt-last-long-in-a-frontal-assault-on-russian-defenses/?sh=41f2c254103f
609. https://youtu.be/vP6NdM5hEPk
610. Jack Watling e Nick Reynolds, "Stormbreak: Fighting Through Russian Defences in Ukraine's 2023 Offensive", *RUSI*, settembre 2023 (https://ik.imagekit.io/po8th4g4eqj/prod/Stormbreak-Special-Report-web-final_0.pdf).

In effetti, sembra che gli ucraini preferiscano impegnare i loro carri armati in coppia a sostegno dei plotoni di fanteria piuttosto che in duelli tra carri armati[611].

I carri armati forniti dall'Occidente provengono in genere da riserve messe in disuso all'inizio degli anni Novanta e ormai deteriorate. Queste attrezzature devono quindi essere sottoposte a una revisione completa prima di essere inviate in Ucraina.

Nell'ottobre 2023, è stato riferito che i LEOPARD 2 *«cadevano come mosche»*. In realtà, anche se obsoleto, questo equipaggiamento è ancora molto valido, a patto che sia nelle mani di equipaggi esperti[612]. Ma non è questo il punto cruciale. In realtà, la propaganda che circonda la consegna dei carri armati occidentali li ha resi un simbolo e una priorità per l'esercito russo. Anche in questo caso, la narrazione occidentale è stata dannosa per l'efficacia dell'esercito ucraino.

Secondo *Ukrainska Pravda*, i distaccamenti di caccia (*okhotniki*) nelle zone di sorveglianza (o zona di copertura) avrebbero ricevuto un bonus di 5 milioni di rubli per il primo carro armato M1 ABRAMS o LEOPARD distrutto e di 500.000 rubli per quelli successivi[613]. Questi bonus rendevano i LEOPARD e i CHALLENGER obiettivi prioritari. Per questo motivo i comandanti ucraini sono riluttanti a usarli. La rivista tedesca *Der Spiegel* riporta addirittura che gli equipaggi dei LEOPARD 2 inventano problemi per i loro carri armati per evitare di entrare in combattimento[614], o addirittura li abbandonano prima ancora di essere impegnati in battaglia.

Se confrontiamo le sagome dei veicoli forniti dall'Occidente con quelli utilizzati dalle forze russe, vediamo che sono generalmente inadatti a un conflitto convenzionale su terreno pianeggiante. Troppo massicci, sono rapidamente individuabili e hanno difficoltà a sfuggire alla stretta

---

611. Michael Kofman e Rob Lee, "Perseveranza e adattamento: la controffensiva dell'Ucraina a tre mesi", *War On The Rocks*, 4 settembre 2023 (https://warontherocks.com/2023/09/perseverance-and-adaptation-ukraines-counteroffensive-at-three-months/).
612. Clément Poursain, «Les chars Leopard 2 ukrainiens tombent comme des mouches, et c'est encore à cause des drones», *korii.fr*, 31 ottobre 2023 (https://korii.slate.fr/et-caetera/chars-leopard-2-ukraine-tombent-comme-mouches-drones-fpv-kamikazes-pertes-vehicules-blindes-guerre-russie)
613. https://www.pravda.com.ua/eng/news/2023/01/30/7387083/
614. https://www.spiegel.de/international/world/on-the-front-in-ukraine-going-into-battle-in-a-leopard-2-tank-a-9baffb53-1e5b-4a18-8ec5-173d067721af

traiettoria dei carri armati russi, che a quanto pare riescono a distruggere i carri armati ucraini da una distanza di 7.370 m[615]!

Veicoli progettati per usi diversi

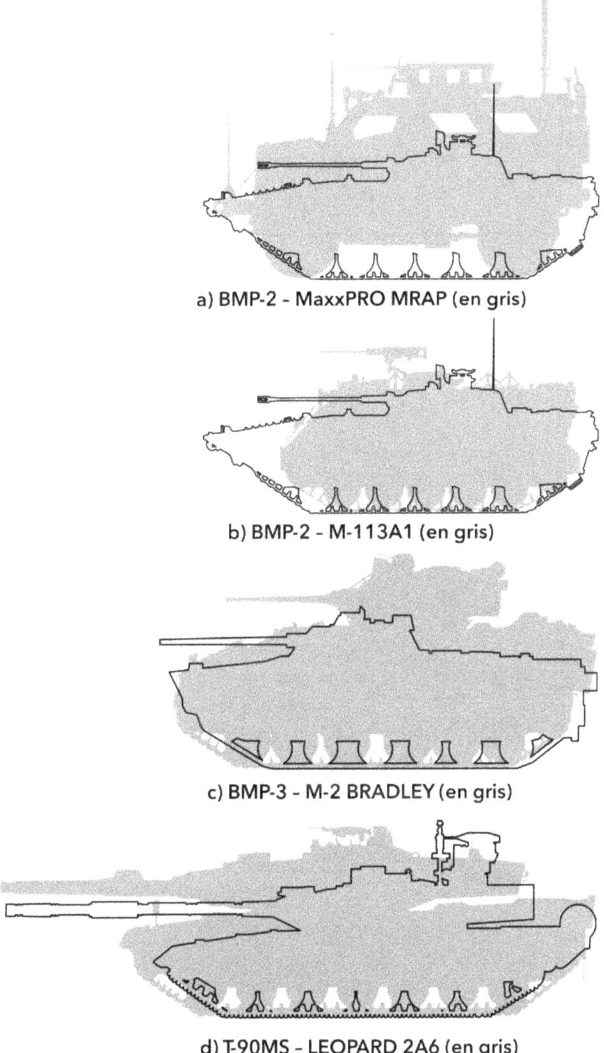

Figura 59 - I veicoli corazzati russi hanno generalmente una forma più affusolata rispetto alle loro controparti occidentali. Ciò è dovuto al fatto che sono stati progettati per operare nelle ampie pianure della Russia, mentre i veicoli della NATO sono stati progettati per il più accidentato teatro operativo europeo. Inoltre, veicoli come il MaxxPRO sono stati progettati per un ambiente di contro-insurrezione in cui è necessario un terreno più alto.

---

615. https://www.bitchute.com/video/MLqVGHxfxnED/

Consegna dei carri armati LEOPARD 2 all'Ucraina
(stato: agosto 2023)

Paese fornitore	Tipo	Numero
Germania	LEOPARD 2A6	18
Canada	LEOPARD 2A4	8
Spagna	LEOPARD 2A4	10
Norvegia	LEOPARD 2A4	8
Polonia	LEOPARD 2PL	30
Portogallo	LEOPARD 2A6	3
Svezia	Strv 122A	10
Totale		87

Figura 60 - Quando si parla dei LEOPARD ricevuti dall'Ucraina, i nostri media evitano di menzionare i problemi associati all'integrazione di sistemi simili ma con capacità operative e requisiti logistici diversi. Eppure questo fa parte delle difficoltà che gli ucraini incontrano nell'impegnare le loro forze.

Confronto tra i principali carri armati occidentali consegnati all'Ucraina

M1A1 ABRAMS

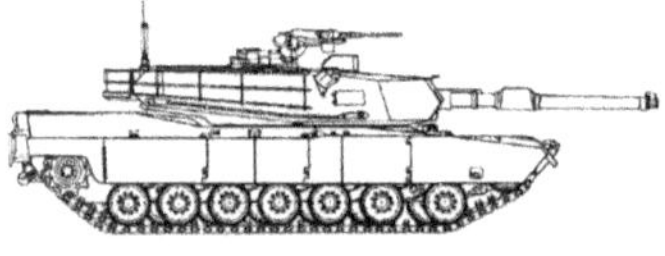

Année de mise en service: **1980**
Armement principal: **Rheinmetall 120 mm (âme lisse)**
Masse en ordre de combat : **57 t**
Puissance spécifique: **20.05 kW/t**
Autonomie (terrain): **150-200 km**

LEOPARD 2A4

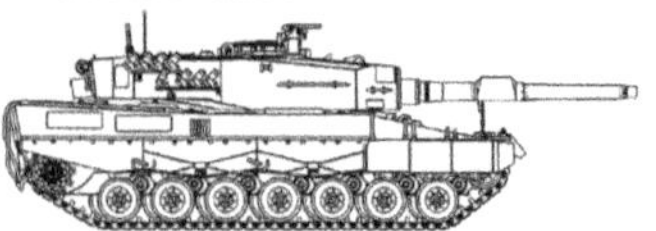

Année de mise en service: **1985**
Armement principal: **Rheinmetall 120 mm (âme lisse)**
Masse en ordre de combat : **62 t**
Puissance spécifique: **17,7 kW/t**
Autonomie (terrain): **220 km**

LEOPARD 2A6

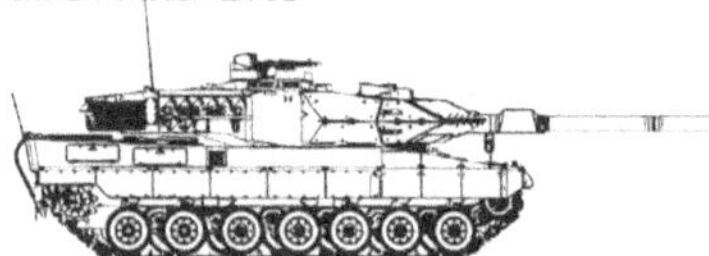

Année de mise en service: **2001**
Armement principal: **Rheinmetall 120 mm (âme lisse)**
Masse en ordre de combat : **62 t**
Puissance spécifique: **17,7 kW/t**
Autonomie (terrain): **550 km (route)**

Figura 61 - Carri armati principali forniti all'Ucraina. Tutti sono macchine eccellenti, ma la loro diversità li rende poco adatti alle attuali esigenze dell'Ucraina. Inoltre, sebbene i carri armati possano sembrare molto simili, le differenze principali sono nell'elettronica, nell'optronica e nei sistemi di controllo del fuoco. Questi elementi sono fondamentali per fare la differenza sul campo di battaglia.

L'esame dei tipi di serbatoi forniti dall'Occidente porta ad alcune conclusioni. In primo luogo, si può notare che le attrezzature fornite non sono di ultima generazione. Ad esempio, esiste una differenza significativa tra il LEOPARD 2A6 e il LEOPARD 2A4. La versione A6 è dotata di un sistema che le consente di essere integrata in un sistema di gestione del campo di battaglia (BMS), mentre la versione A4 non ne è dotata. Inoltre, le loro munizioni sono apparentemente inefficaci contro i T-90 russi[616].

6.3.2.4. Il mito occidentale messo in discussione

I carri armati LEOPARD 2 sono stati catturati dai russi, che potranno studiarli in dettaglio[617]. Per evitare questa situazione, i britannici hanno imposto condizioni così rigide sull'uso dei loro CHALLENGER 2[618] che gli ucraini sono quasi impossibilitati a usarli!

Gli inglesi temevano che la corazza *Chobham dei* loro carri armati CHALLENGER 2 potesse interessare ai russi. Dopo lunghe discussioni, il governo accettò di consegnarne 14, a condizione che gli ucraini facessero tutto il possibile per impedire ai russi di catturarli. Per questo motivo, gli ucraini furono costretti a rispettare dei vincoli. Ad esempio, i CHALLENGER 2 non potevano essere utilizzati in un settore in cui la linea del fronte rischiava di essere sfondata dai russi[619]. Come descritto da un ufficiale britannico[620]:

Il primo passo consiste nell'addestrare e lavorare con i pianificatori
delle missioni per garantire che i CHALLENGER non vengano

616. Thorsten Jungholt, "Bundeswehr-Kampfpanzern fehlt wirksame Munition", *Die Welt am Sonntag*, 26 aprile 2015 (https://www.welt.de/politik/deutschland/article140083741/Bundeswehr-Kampfpanzern-fehlt-wirksame-Munition.html)

617. https://www.thedrive.com/the-war-zone/russian-capture-of-ukrainian-leopard-tank-bradleys-seen-in-video

618. Inder Singh Bisht, "Il Regno Unito sta pianificando di evitare che il carro armato Challenger cada nelle mani dei russi", *The Defense Post*, 30 gennaio 2023 (https://www.thedefensepost.com/2023/01/30/uk-challenger-tank-russian/).

619. Inder Singh Bisht, "Il Regno Unito sta pianificando di evitare che il carro armato Challenger cada nelle mani dei russi", *The Defense Post*, 30 gennaio 2023 (https://www.thedefensepost.com/2023/01/30/uk-challenger-tank-russian/).

620. Jerome Starkey, "SHOCK & ROLL L'esercito sta mettendo a punto un piano d'emergenza per tenere le mani di Putin lontane dai blindati britannici top secret se i carri armati vengono danneggiati in Ucraina", *The Sun*, 27 gennaio 2023 (https://www.thesun.co.uk/news/21191872/army-emergency-secret-british-armour-tanks-war-ukraine/).

utilizzati in scenari in cui si pensa che il collasso sia una possibilità realistica.

Il secondo passo è garantire, a livello tattico, che gli ucraini siano addestrati a recuperare un carro armato sotto il fuoco nemico. Il coraggio non manca di certo.

Si stanno valutando altre opzioni estreme, tra cui l'uso di appaltatori militari privati per recuperare i carri armati danneggiati.

Per questo motivo l'Ucraina ha ricevuto i veicoli blindati americani M-88, appositamente progettati per il traino in combattimento[621]. Non solo questo equipaggiamento richiede una logistica per la quale l'Ucraina non è preparata, ma ogni pezzo di equipaggiamento richiede una propria catena logistica, con l'ulteriore requisito di evitare che queste armi cadano in possesso dei russi!

Fin dai primi impegni, le immagini dei CHALLENGER in fiamme, colpiti dai missili anticarro russi, non solo fecero il giro del mondo, ma minarono la loro reputazione di invincibilità. Ma come avevano già fatto con i carri armati LEOPARD 2A4 appena ricevuti, gli ucraini si misero a rinforzare la corazza dei CHALLENGER[622]…

Ecco perché gli M-1 ABRAMS, arrivati ufficialmente nel teatro ucraino il 25 settembre 2023[623], potrebbero essere utilizzati con maggiore parsimonia. Kyrylo Boudanov, capo dell'intelligence militare, osserva che questi carri armati arrivano nel momento sbagliato e che, senza una potenza di fuoco notevolmente maggiore, saranno solo dei bersagli sul campo di battaglia[624].

---

621. Christopher Woody & Jake Epstein, "L'Ucraina sta ricevendo un nuovo veicolo blindato pesante per trasportare i suoi carri armati danneggiati fuori dal campo di battaglia, dicono i funzionari statunitensi", *Business Insider*, 25 gennaio 2023 (https://www.businessinsider.com/ukraine-getting-m88-armored-recovery-vehicles-along-with-abrams-tanks-2023-1?r=US&IR=T)
622. Alia Shoaib, "L'Ucraina sta modificando i carri armati britannici Challenger 2 per proteggere un 'noto' punto debole, secondo un rapporto", *Business Insider*, 30 settembre 2023 (https://www.businessinsider.com/ukraine-modifying-challenger-2-tanks-to-address-weakness-report-2023-9?r=US&IR=T).
623. https://www.reuters.com/world/europe/abrams-tanks-arrive-ukraine-zelenskiy-2023-09-25/
624. Howard Altman, "Intervista esclusiva con il capo delle spie ucraine dalla sua stanza d'albergo a Washington", *The Drive*, 22 settembre 2023 (https://www.thedrive.com/the-war-zone/exclusive-interview-with-ukraines-spy-boss-from-his-dc-hotel-room)

L'arte della guerra russa

6.3.2.5. L'Ucraina come banco di prova

L'arrivo di attrezzature occidentali sul TVD ucraino ha permesso alla Russia di testare e migliorare le proprie attrezzature. Un esempio è il carro armato T-14 ARMATA, di cui sono stati visti brevemente alcuni esemplari sul TVD ucraino. Gli scarsi numeri sono stati interpretati dai nostri «esperti» come l'incapacità della Russia di produrre e schierare questo nuovo carro armato, i cui prototipi erano già stati mostrati alle parate militari del maggio 2015 e 2016.

In realtà, il T-14 è un carro armato completamente nuovo, ancora in fase di sviluppo. È stato schierato in Ucraina solo a scopo di valutazione. I nostri pseudo-esperti militari in genere dimenticano che in Occidente ci vogliono 10-15 anni per sviluppare un carro armato di concezione tradizionale. È il caso del carro armato LECLERC (sviluppato dal 1977 al 1992) e del LEOPARD 2 (1967-1979).

Il sistema ARMATA

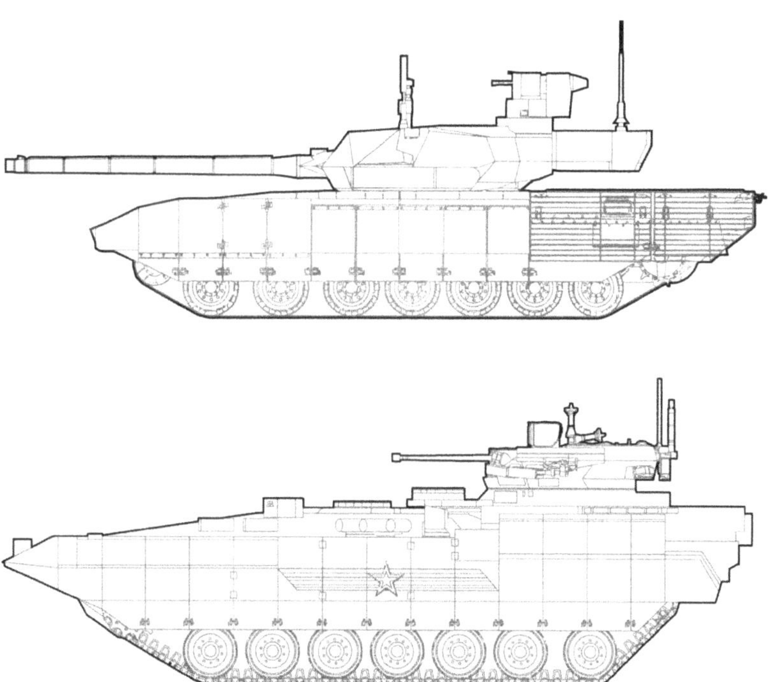

Figura 62 - Il sistema ARMATA è una famiglia di veicoli da combattimento, di cui il T-14 (in alto) è la versione carro armato e il T-15 (in basso) è un veicolo da combattimento per la fanteria.

6. Una guerra tecnologica

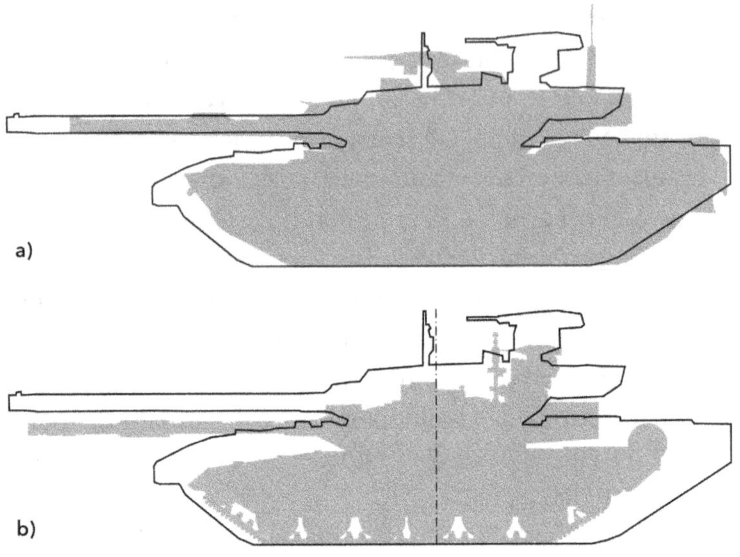

Figura 63 - Confronto tra il T-14 e l'M-1 ABRAMS (a) e il T-90 (b). Si può notare che, a parità di volume, il T-14 pesa quasi 13 tonnellate in meno del carro armato americano. D'altra parte, è notevolmente più grande del T-90, a parità di massa. Ciò suggerisce una minore pressione al suolo e quindi una maggiore mobilità su terreni difficili.

Il concetto generale del T-14 ARMATA

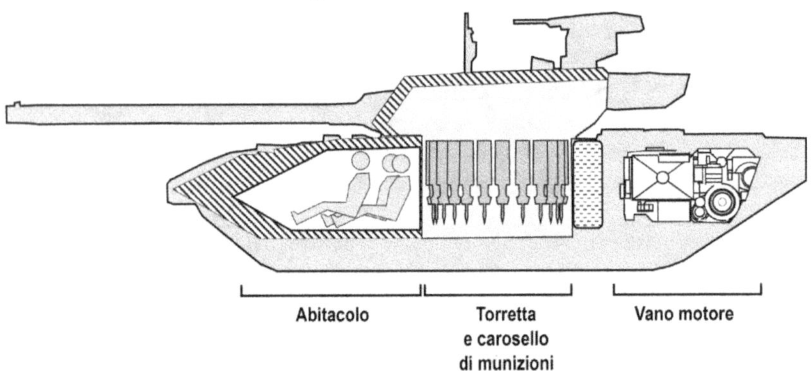

Figura 64 - Il T-14 è stato progettato per la sopravvivenza dell'equipaggio.

Tradizionalmente, i carri armati russi, progettati per combattere su terreni pianeggianti (e non per i terreni collinari dell'Europa centrale!), sono molto compatti e quindi offrono una superficie più piccola. Tuttavia, la silhouette e il volume dell'ARMATA sono più vicini alle sue controparti occidentali che ai suoi predecessori.

L'ARMATA è unico nel suo genere in quanto colloca l'equipaggio e le munizioni nella parte più protetta del carro armato, mentre i carri armati tradizionali li collocano nella parte più vulnerabile: la torretta. Ciò significa che tutte le funzioni della torretta sono controllate a distanza dal corpo del carro armato. In caso di inoperatività della torretta, la sopravvivenza dell'equipaggio sarebbe sicuramente migliore rispetto a quella di un carro armato tradizionale.

Volumi per il carro armato americano M1 ABRAMS e per il russo T-14 ARMATA

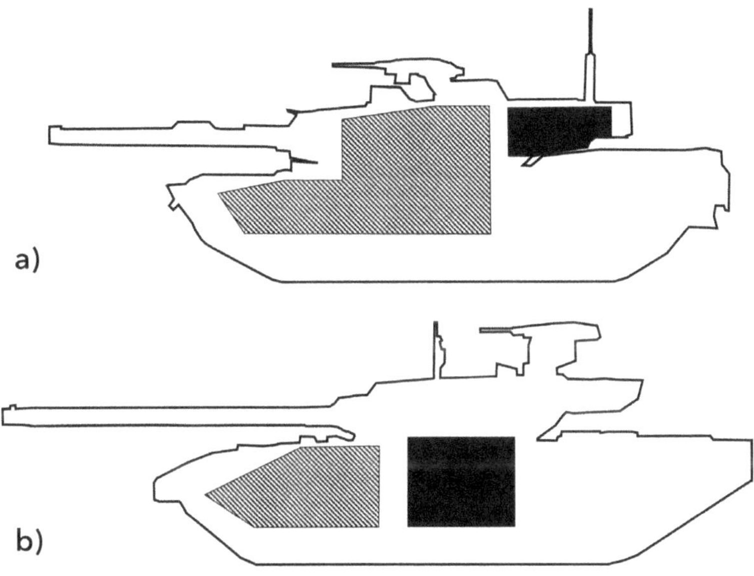

Figura 65 - Confronto tra il carro armato americano M1 ABRAMS e il carro armato russo T-14 ARMATA. Come si può notare per una silhouette simile (a), la disposizione interna è radicalmente diversa. Il compartimento dell'equipaggio (tratteggiato) è essenzialmente situato nella torretta per un carro armato convenzionale come l'M1 o il LEOPARD 2 (b), mentre è completamente protetto nel corpo del carro armato dell'ARMATA (c). Allo stesso modo, il vano munizioni (in nero) è situato nella torretta per i carri convenzionali e al centro del carro, nella posizione meno vulnerabile, per l'ARMATA. Nei carri armati occidentali moderni (ABRAMS o LEOPARD 2), il vano munizioni è separato dal vano passeggeri da una paratia destinata a proteggere l'equipaggio.

6.3.2.6. Lo sviluppo di nuovi concetti

I veicoli da combattimento di fanteria sovietici del tipo BMP-1 sono stati progettati per il combattimento meccanizzato nella difesa del territorio sovietico. Per questo motivo erano equipaggiati con un cannone da 73 mm e missili anticarro. In Afghanistan il problema era diverso: si trattava di combattere la fanteria in quota. Per questo motivo il BMP-2 era dotato di un cannone a tiro rapido da 30 mm, con un'elevazione maggiore rispetto al BMP-1. Per quanto riguarda il missile anticarro, è diventato «opzionale».

Il TERMINATORE BMPT-2

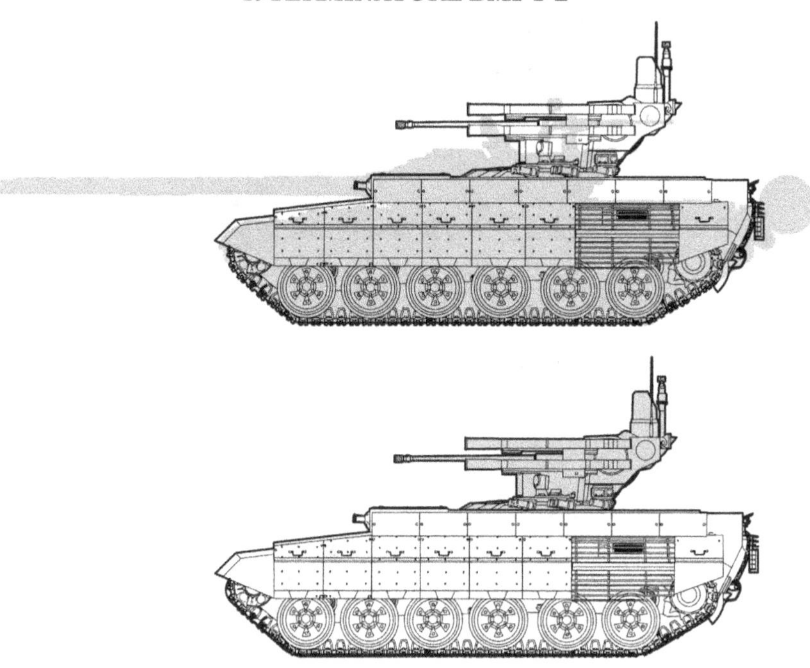

Figura 66 - In alto: confronto tra la sagoma del T-72 (in grigio) e del BMPT TERMINATOR. Come si può notare, il BMPT è più alto, perché le sue armi hanno un'elevazione che gli permette di combattere obiettivi situati in cima agli edifici, come si vede in Ucraina. Sotto: l'equipaggio è protetto all'interno del corpo del veicolo e la torretta contiene solo le armi e il controllo del fuoco.

Durante la guerra in Cecenia, le forze russe dovettero intervenire contro un nemico solidamente protetto da edifici. Ciò richiedeva una maggiore potenza di fuoco, di cui all'epoca disponevano solo i carri armati. Ma i carri armati sono molto vulnerabili in ambiente urbano e le perdite di carri armati erano ingenti. I russi iniziarono quindi a progettare un veicolo di scorta della fanteria per terreni misti, sufficientemente protetto contro gli impatti diretti e con una potenza di fuoco sufficiente per combattere bersagli in altezza e a grandi distanze.

Da qui è nato il concetto di BMPT, i cui prototipi sono stati testati sul TVD Siria. Il veicolo è basato sul telaio di un carro armato T-72 ed è dotato di una torretta con armamento telecomandato. L'intero equipaggio è alloggiato all'interno del corpo del veicolo, mentre la torretta contiene solo le armi e il sistema di controllo del fuoco.

La principale minaccia per i carri armati sul campo di battaglia proviene dai droni controllati a distanza, o dai droni che individuano e selezionano i propri obiettivi utilizzando moduli di intelligenza artificiale. La protezione contro questa minaccia può assumere varie forme. La più semplice è un «parasole» in rete metallica posto sopra la torretta, che fa esplodere prematuramente la carica (simile agli «*Schürzen*» che i tedeschi usavano sui loro carri armati durante la Seconda guerra mondiale). Più sofisticati, i russi hanno sviluppato la munizione 3VD35, che disperde un aerosol che acceca i sistemi optronici, termici ed elettromagnetici.

6.3.2.7. *Riciclaggio di vecchi serbatoi*

Nel febbraio-marzo 2023, sui social network circolavano video di carri armati T-54/55 e T-62 trasportati per ferrovia in Russia. Sul canale televisivo francese *LCI*, il giornalista Jean Quatremer conclude che la Russia non è più in grado di produrre carri armati[625]. L'«esperto» militare svizzero Alexandre Vautravers si riferisce ironicamente a questi carri armati come «collezionisti» e afferma che i carri armati moderni hanno solo una presenza «*campione*» nell'esercito russo, perché non può più permettersi di acquistarli[626]. Nella *NZZ*, Marcus Keupp, un «esperto» militare del Politecnico federale di Zurigo, calcola il tasso di logoramento dei carri armati dell'esercito russo e conclude che questo

---

625. https://youtu.be/7bh1ZX0H0E4?t=460
626. https://www.club-44.ch/mediatheque/

li esaurirà entro l'ottobre 2023[627] e che questo porterà alla sconfitta della Russia[628].

È con esperti del genere che perdiamo le guerre! Innanzitutto, i nostri pseudo-esperti sono stati smentiti dall'*Economist*, che un mese prima aveva affermato che i russi producevano 20 nuovi carri armati e ne aggiornavano 90 al mese[629], il che corrispondeva alle stime del *Wall Street Journal*[630].

In realtà, i nostri «esperti» prevedevano un drastico calo della produzione di carri armati a causa dell'embargo su alcuni componenti provenienti dall'Europa. In effetti, nel 2018 c'è stata una piccola situazione di crisi dovuta all'indisponibilità dei cannocchiali da puntamento SOSNA-U, il cui modulo di visione termica prodotto da Thales, in Francia, era sotto embargo[631]. Ma secondo la rivista *Forbes*, i russi hanno deciso di produrre loro stessi questo componente in un nuovo cannocchiale da puntamento denominato PNM-T[632].

Inoltre, i nostri «esperti» non hanno evidentemente notato che dall'agosto 2022 gli ucraini sono a corto di carri armati e hanno iniziato a rimettere sul campo di battaglia una versione modernizzata del T-55, prodotta in Slovenia con la designazione M-55S[633].

Per i russi il problema è diverso: non hanno carenza di carri armati e la loro capacità produttiva è intatta, come abbiamo visto. L'arrivo di

627. Thomas Zaugg & Benedict Neff, "Deswegen sage ich: Russland wird den Krieg im Oktober verloren haben", *NZZ*, 27 marzo 2023 (https://www.nzz.ch/feuilleton/marcus-keupp-deswegen-sage-ich-russland-wird-den-krieg-im-oktober-verloren-haben-ld.1731488?reduced=true&mktcval=Twitter&mktcid=smsh)

628. «Guerra in Ucraina: «L'esercito di Putin sarà sconfitto al massimo entro ottobre»», *La Libre*, 4 aprile 2023 (https://www.lalibre.be/international/europe/guerre-ukraine-russie/2023/04/04/guerre-en-ukraine-larmee-de-poutine-sera-vaincue-au-plus-tard-en-octobre-B252W43RBBG-DPB5YSCBUNFDY7Y/).

629. https://www.economist.com/the-economist-explains/2023/02/27/how-quickly-can-russia-rebuild-its-tank-fleet

630. Daniel Michaels e Matthew Luxmoore, "La prossima linea del fronte dell'esercito russo: sostituire le attrezzature da campo distrutte in Ucraina", *The Wall Street Journal*, 25 aprile 2022 (https://www.wsj.com/articles/russian-militarys-next-front-line-replacing-battlefield-equipment-destroyed-in-ukraine-11650879002).

631. David Axe, "Una carenza di ottiche frenava la produzione di carri armati russi. That Shortage May Have Ended", *Forbes*, 7 agosto 2023 (https://www.forbes.com/sites/davidaxe/2023/08/07/a-shortage-of-optics-was-holding-back-russian-tank-production-that-shortage-may-have-ended/)

632. https://crib-blog.blogspot.com/2021/04/a-new-sight-for-modernized-t-90.html?m=1

633. Oleg Danylov, "Il carro armato M-55S: una profonda modernizzazione del T-55 sovietico per le Forze Armate", *Mezha*, 20 settembre 2022 (https://mezha.media/en/2022/09/20/the-m-55s-tank-a-deep-modernization-of-the-soviet-t-55-for-the-armed-forces/)

carri armati T-54/55/62 ristrutturati sul TVD ucraino non ha nulla a che vedere con le perdite subite, ma con la natura dei combattimenti in Ucraina.

Tradizionalmente, i carri armati sono progettati per combattere altri carri armati. È una battaglia a duello, combattuta a distanze comprese tra 1.500 e 3.000 metri. È necessario essere in grado di neutralizzare il carro armato avversario al primo colpo. Ciò significa un'alta probabilità di essere colpiti e distrutti in un solo colpo. Per questo motivo i carri armati sono dotati di sofisticati sistemi di controllo del fuoco e di proiettili con una traiettoria molto stretta, che garantisce un'alta probabilità di essere colpiti. Si tratta di frecce solide di tungsteno di 2-3 cm di diametro e 80-100 cm di lunghezza, proiettate a una velocità di 1.600-1.800 m/s e stabilizzate da alette. Denominati APFSDS[634], questi proiettili non esplosivi forniscono all'impatto un'energia sufficiente a perforare anche le armature più spesse.

Il problema è che i russi hanno capito che in Ucraina non ci sono veri duelli tra carri armati, per due motivi:
- Gli ucraini non hanno più carri armati.
- Gli ucraini usano i loro carri armati in coppia per sostenere gli assalti della fanteria.

In secondo luogo, hanno osservato che, poiché la maggior parte delle battaglie sono di fanteria, il ruolo dell'armatura non è tanto quello di combattere i carri armati avversari quanto quello di sostenere gli assalti della fanteria. I cannoni a canna liscia utilizzati per i proiettili APFSDS sono molto meno efficaci nel lanciare proiettili esplosivi (HE) contro le posizioni protette della fanteria a lunga distanza.

Era quindi necessario trovare un tipo di artiglieria mobile che svolgesse la funzione dei «cannoni d'assalto» (*samokhodnaya ustanovka*) della Seconda Guerra Mondiale. Così, come nota il *Royal United Services Institute (RUSI)* di Londra, i russi non usano i carri armati T-54/55/62 per combattere i carri armati ucraini, ma per sostenere la fanteria con proiettili esplosivi (HE) contro postazioni ucraine protette o fortificate,

---

634. APFSDS: *aletta perforante stabilizzata, sabot di scarto.*

fino a una distanza di 4.000 metri[635]. Questi carri armati «collettori» hanno quindi fornito una notevole potenza di fuoco alla fanteria nelle periferie delle aree urbane a basso costo, ad esempio per sparare su posizioni protette negli edifici.

L'uso di vecchi carri armati T-54/55/62 da parte dell'esercito russo in Ucraina

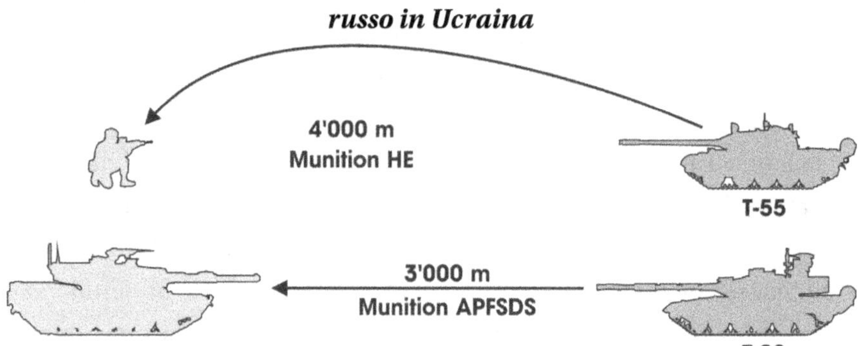

Figura 67 - Sebbene obsoleti per i duelli tra carri armati, i T-54/55 possono benissimo assumere il ruolo di «cannoni d'assalto» per fornire supporto di fuoco alla fanteria con proiettili esplosivi (HE). I carri armati più moderni (T-72, T-80 e T-90) possono quindi essere riservati ai combattimenti contro i carri armati da battaglia ucraini.

6.4. L'artiglieria

6.4.1. Artiglieria russa

La Russia ha sempre mantenuto un forte sistema di artiglieria. Già durante la Seconda Guerra Mondiale, i famosi KATIOUCHA, gli antenati degli attuali TORNADO-S, avevano acquisito una pessima reputazione tra le forze tedesche.

In Afghanistan, i russi hanno compreso i vantaggi dell'integrazione dell'artiglieria in sistemi di controllo altamente reattivi. Il fuoco è l'elemento che si muove più velocemente sul campo di battaglia. Tuttavia, deve ricevere le designazioni dei bersagli e gli ordini abbastanza rapidamente. Ecco perché i russi sono interessati a collegare in rete le loro

---

635. Jack Watling e Nick Reynolds, "Meatgrinder: Russian Tactics in the Second Year of Its Invasion of Ukraine", *Royal United Services Institute for Defence and Security Studies* (RUSI), 19 maggio 2023 (https://static.rusi.org/403-SR-Russian-Tactics-web-final.pdf).

artiglierie. Questi sono i sistemi ROK/RUK visti sopra, che hanno potuto testare in Siria.

Confronto dell'artiglieria di grosso calibro in Ucraina

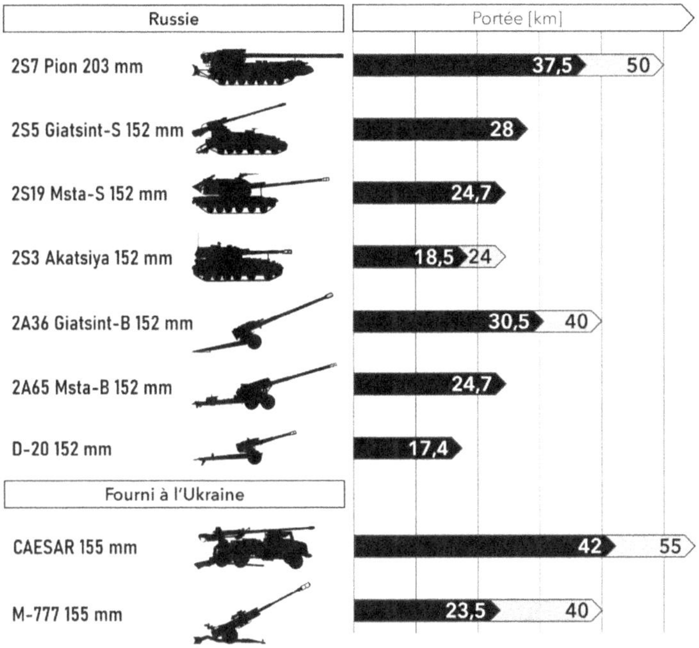

Figura 68 - Confronto tra le gittate dei pezzi di artiglieria di grosso calibro (152-203 mm). In nero la gittata con munizioni convenzionali e in grigio quella con munizioni a propulsione assistita da razzo (RAP). La disponibilità di proiettili RAP è chiaramente a vantaggio della Russia.

I russi riconoscono ancora le debolezze dei loro sistemi di comando, in particolare la mancanza di sistemi di sorveglianza satellitare e di UAV strategici, che fornirebbero una migliore visibilità del teatro delle operazioni.

I russi hanno bisogno di 2 minuti tra il rilevamento del fuoco ucraino e l'attivazione del fuoco di controbatteria[636]. Tuttavia, lo spostamento di un obice M-777 richiede 2-3 minuti per un equipaggio addestrato in condizioni ottimali[637]. In teoria, questo significa non solo che un pezzo d'artiglieria ucraino può sparare un solo colpo in ogni posizione di tiro, ma

---

636. https://eng.mil.ru/en/special_operation/news/more.htm?id=12449739@egNews
637. http://www.military-today.com/artillery/m777.htm

271

che può essere distrutto ogni volta prima ancora di potersi muovere. Oltre al fuoco di controbatteria, gli M-777 sono particolarmente vulnerabili ai droni russi LANCET 1 e 3, che secondo lo Stato Maggiore ucraino hanno distrutto o danneggiato circa 200 pezzi d'artiglieria, tra cui molti M777.

In confronto, i russi hanno ancora circa 750 2S19 MSTA-B…

Detto questo, sebbene i russi siano riusciti ad adattare i loro sistemi di contro-batteria e di difesa aerea per combattere i missili HIMARS, non hanno ancora la capacità di tracciare i lanciatori, che possono effettuare una sorta di «*mordi e fuggi*» e sparare missili prima che i russi possano agire sul lanciatore.

La superiorità di 10 a 1 di cui gode l'artiglieria russa contribuisce certamente a spiegare la differenza di perdite tra Russia e Ucraina. Tuttavia, anche se la Russia avesse sparato circa 12 milioni di proiettili entro il 2022 e ne avesse prodotti 2,5 milioni al mese, secondo *RUSI*[638], è probabile che ciò rappresenterebbe un notevole onere logistico. Questo spiega senza dubbio il passaggio all'artiglieria di precisione, con un uso crescente di proiettili a guida laser come i KRASNOPOL-M e KRASNOPOL-M2 da 152 mm, la cui produzione aumenterà di 25 volte entro il 2024[639].

Munizioni per artiglieria guidata

2K25 Краснополь-M

2K25 Krasnopol-M
Calibre: 152 mm
Portée: 26 km
Guidage: Laser

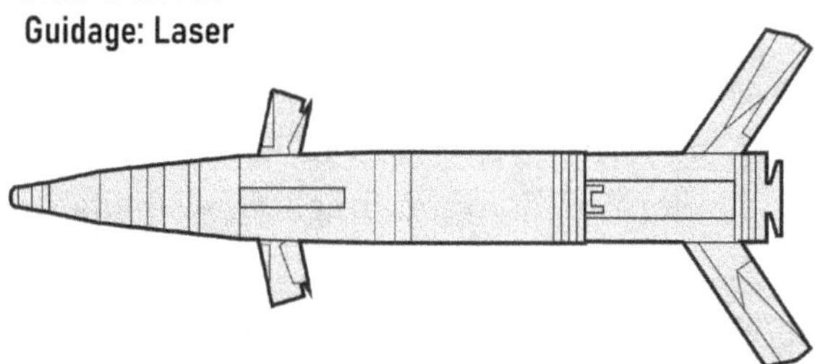

Figura 69 - Munizioni guidate russe da 152 mm KRASNOPOL-M.

---

638. Jack Watling e Nick Reynolds, "Meatgrinder: Russian Tactics in the Second Year of Its Invasion of Ukraine", *Royal United Services Institute*, 19 maggio 2023 (https://rusi.org/explore-our-research/publications/special-resources/meatgrinder-russian-tactics-second-year-its-invasion-ukraine).
639. Inder Singh Bisht, "La Russia aumenterà di 25 volte la produzione di proiettili d'artiglieria aggiornati", *The Defense Post*, 24 agosto 2023 (https://www.thedefensepost.com/2023/08/24/russia-increased-artillery-shell-production/?expand_article=1).

Questa tendenza è visibile anche con la crescente integrazione di UAV e artiglieria. *La RUSI* osserva che i russi stanno «*migliorando attivamente*» i loro equipaggiamenti e che la complessità, la densità e la diversità degli UAV stanno aumentando in modo «preoccupante»[640]. Questo è chiaramente molto lontano dai «microprocessori recuperati dalle lavatrici» di Ursula von der Leyen!

L'evoluzione della potenza di fuoco verso la precisione è accompagnata – logicamente – da quella dei sistemi di controllo. L'uso estensivo di ROK/RUK, e con gli UAV per il rilevamento dei bersagli, ha creato una capacità di sfruttare l'uso di munizioni di artiglieria di precisione. I russi hanno capito che non basta avere armi di precisione, ma che queste devono essere integrate in sistemi di controllo che consentano di rispondere rapidamente e di assegnare il bersaglio giusto al proiettile giusto. Ciò significa sistemi di controllo in rete.

Produzione annuale russa di munizioni d'artiglieria da 152 mm

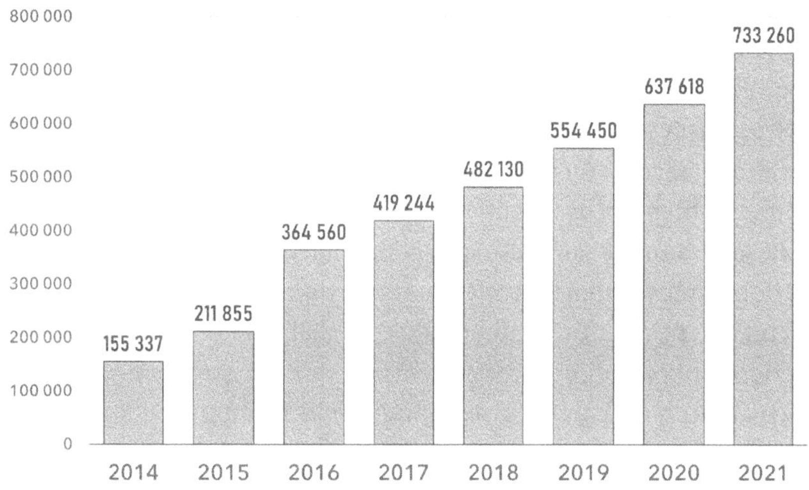

Figura 70 - Stima della produzione di munizioni da 152 mm da parte della Russia tra il 2014 e il 2021, secondo la Jamestown Foundation, un'istituzione americana molto contraria alla Russia. Queste cifre, che cercano di dimostrare che la Russia non ha i mezzi per produrre le sue munizioni, riescono tuttavia a dimostrare che la capacità russa era più di quattro volte superiore a quella degli Stati Uniti.

---

640. Jack Watling & Nick Reynolds, "Stormbreak: Fighting Through Russian Defences in Ukraine's 2023 Offensive", *RUSI*, settembre 2023, pag. 22 (https://ik.imagekit.io/po8th4g4eqj/prod/Stormbreak-Special-Report-web-final_0.pdf).

Gli occidentali tendono a proiettare le debolezze ucraine sulla Russia, perché non è assolutamente provato che i russi siano a corto di munizioni. Uno studio della *Jamestown Foundation* mostra che nel 2021 la loro produzione annuale di proiettili d'artiglieria era quattro volte superiore a quella degli americani[641]!

6.4.2. Artiglieria ucraina

6.4.2.1. Il mito del vantaggio ucraino

All'inizio del giugno 2022, l'Ucraina aveva perso la maggior parte del suo potenziale militare. L'artiglieria da 152 mm di origine sovietica era stata distrutta o aveva esaurito le munizioni. L'Ucraina dipendeva quindi dalle forniture occidentali e doveva fare affidamento sull'artiglieria da 155 mm fornita dai Paesi della NATO.

Per sostenere la speranza di successo della controffensiva, i nostri media cercano di dimostrare che l'artiglieria ucraina è migliore di quella russa. Non c'è dubbio che equipaggiamenti come il CAESAR francese o l'M-142 HIMARS americano siano validi. Ma confrontare le capacità dei due protagonisti sulla base delle prestazioni della loro artiglieria[642] è un po' semplicistico.

Come abbiamo visto, l'artiglieria russa è notevolmente potente. Sebbene il confronto tra pezzi di artiglieria come il CAESAR e quelli utilizzati dalla Russia sembrerebbe dare all'Ucraina un vantaggio in termini di gittata, non dobbiamo dimenticare la quantità di questo equipaggiamento. Rispetto alle poche decine di pezzi forniti dall'Occidente, la Russia può schierare centinaia di pezzi di portata equivalente. Inoltre, è abbastanza raro che le armi vengano sparate al limite della loro gittata massima.

Da un punto di vista tecnico, i sistemi occidentali presentano debolezze derivanti dal contesto ucraino: l'altissima intensità degli scambi di artiglieria, catene logistiche molto lunghe e personale poco avvezzo al loro utilizzo. Poche settimane dopo il loro arrivo in Ucraina, i CAESAR si sono dimostrati incapaci di tenere il passo con gli alti ratei di fuoco imposti dai russi.

641. Hlib Parfonov, "La Russia lotta per mantenere le scorte di munizioni (seconda parte)", *The Jamestown Foundation, Eurasia Daily Monitor*, volume 19, n. 186 (https://jamestown.org/program/russia-struggles-to-maintain-munition-stocks-part-two/).
642. https://youtu.be/sgY0k4eZJXI

Il problema non è quindi tanto la qualità delle armi, quanto il contesto in cui vengono utilizzate. Le armi fornite dall'Occidente non sono progettate per questo tipo di guerra. A partire dagli anni '90, i «grandi» eserciti occidentali sono stati equipaggiati per condurre guerre di tipo coloniale contro avversari con scarso equipaggiamento pesante. L'Ucraina si trova quindi in bilico tra due diversi concetti di artiglieria: quello tradizionale russo, basato sul fuoco massiccio, e quello più tattico occidentale, basato sull'*artiglieria di precisione*. L'idea è quella di ridurre il numero di colpi necessari per distruggere un obiettivo, e quindi il carico logistico.

Progettati per essere utilizzati con maggiore parsimonia rispetto alle loro controparti russe, i sistemi occidentali sono anche più fragili, il che rende molto difficile la loro manutenzione. Senza una logistica adeguata, questi sistemi devono essere riportati nella vicina Polonia per essere revisionati in officine vicine al confine. Nel quotidiano spagnolo *El Pais*, un soldato ucraino osserva che la precisione degli obici M-109 PALADIN da 155 mm forniti dagli Stati Uniti è scesa da 7 a 70 metri a causa dell'usura dei tubi[643]. I russi, invece, possono sostituire i tubi usurati direttamente sul campo di battaglia, il che è molto più semplice ed evita che le armi vengano utilizzate fino alla loro rottura. Già nel 2022, la Francia prevede di dislocare un'officina vicino al confine ucraino per le riparazioni, come riporta il sito militare ucraino *Militarnyi*[644]. Per quanto riguarda gli obici americani M777, secondo il generale di brigata Volodymyr Karpenko, capo della logistica delle forze terrestri ucraine, sono soggetti a frequenti guasti e il 30% deve essere sistematicamente ritirato per le riparazioni dopo essere stato schierato[645].

Gli ucraini ricevettero un gran numero di sistemi di artiglieria da tutta Europa. Ma i più pubblicizzati sono stati i 190 obici M-777 da 155 mm forniti da Australia, Canada e Stati Uniti e i 49 sistemi CAESAR (30 in versione 6x6 dalla Francia e 19 in 8x8 dalla Danimarca). Presentati come

---

643. Cristian Segura, «Nell'assedio al frente ucranio di Avdiivka: "I russi sono più preparati alla guerra e alla morte"», *El Pais*, 13 novembre 2023 (https://elpais.com/internacional/2023-11-13/en-el-asedio-al-frente-ucranio-de-avdiivka-los-rusos-estan-mas-preparados-para-la-guerra-y-para-morir.html).
644. https://mil.in.ua/en/news/the-ministry-of-defense-wants-to-create-a-service-center-for-caesar-self-propelled-howitzers/
645. Stew Magnuson, "L'Ucraina all'industria della difesa statunitense: abbiamo bisogno di armi di precisione a lungo raggio", *National Defense Magazine*, 5 giugno 2022 (https://www.national-defensemagazine.org/articles/2022/6/15/ukraine-to-us-defense-industry-we-need-long-range-precision-weapons).

«game changer», sono stati celebrati dai nostri media. Ma questo ha posto anche un problema all'Ucraina. Ora deve fare i conti con le munizioni occidentali da 105 e 155 mm, oltre a quelle «tradizionali» da 122 e 152 mm di origine sovietica.

Le apparecchiature occidentali sono innegabilmente valide. Ma la loro diversità rende molto difficile integrarli in un sistema di controllo compatto e coerente. Le munizioni di precisione EXCALIBUR da 155 mm[646] raggiungono la loro piena efficacia solo con sistemi di controllo integrati. Inoltre, il loro raggio d'azione è davvero superiore solo con le munizioni a *potenza assistita*[647], che gli ucraini hanno ricevuto solo in piccole quantità. Da parte russa, invece, queste munizioni sembrano essere ampiamente disponibili. Quindi il vantaggio che le prestazioni di un sistema d'arma possono portare è controbilanciato dal numero ridotto di sistemi disponibili. Inoltre, come ha rivelato la rivista americana *Forbes*, il loro sistema di guida può essere inceppato da sistemi come il POLYE-21[648].

Contrariamente a quanto sostiene la narrazione ufficiale, l'Occidente – nonostante i suoi sforzi – non ha dato all'Ucraina la superiorità in termini di artiglieria.

6.4.2.2. Il problema delle munizioni

Ma alla fine del 2022, l'Ucraina era a corto di munizioni e l'Occidente aveva difficoltà a fornirle.

In Afghanistan, gli Stati Uniti hanno sparato circa 300 proiettili al giorno[649]. Logicamente, la loro capacità produttiva è adeguata a questo consumo. Alla fine del 2022, Christine Wormuth, segretario dell'esercito americano, ha dichiarato che si trattava di 500 proiettili al giorno, ovvero circa 14.000 proiettili da 155 mm al mese[650].

---

646. "L'Ucraina riceverà dagli USA nuovi proiettili di artiglieria da 155 mm a guida di precisione", *Centro militare ucraino*, 9 luglio 2022 (https://mil.in.ua/en/news/ukraine-to-receive-new-precision-guided-155-mm-artillery-rounds-from-usa/).
647. RAP: Proiettile assistito da razzo.
648. https://www.forbes.com/sites/vikrammittal/2023/11/19/new-technologies-could-help-resolve-ukraines-artillery-challenges/?sh=89747f638d68
649. Steven Erlanger & Lara Jakes, "U.S. and NATO Scramble to Arm Ukraine and Refill Their Own Arsenals", *The New York Times*, 26 novembre 2022 (aggiornato al 29 novembre 2022) (https://www.nytimes.com/2022/11/26/world/europe/nato-weapons-shortage-ukraine.html)
650. "La spesa per i proiettili d'artiglieria dell'Ucraina supera la produzione degli Stati Uniti", *La Nuova Voce dell'Ucraina*, 24 dicembre 2022 (https://english.nv.ua/nation/ukraine-s-artillery-shell-expenditure-outstrips-us-production-war-news-50293094.html)

Secondo il *New York Times*, le forze ucraine sparano 2.000-4.000 granate al giorno[651]. Il *Kyiv Post* parla addirittura di 6.000-7.000 proiettili al giorno[652]. Secondo documenti riservati trapelati nell'aprile 2023, gli ucraini sparano in media 3.500 proiettili da 155 mm al giorno[653]. In altre parole, gli ucraini sparano in 2-7 giorni l'equivalente della produzione mensile americana! Gli ucraini ammettono che il loro consumo di proiettili di artiglieria supera la capacità produttiva degli Stati Uniti[654]!

In realtà, è l'Occidente che fatica a trovare le munizioni che consentano all'Ucraina di tenere il passo. Il 20 marzo 2023, l'UE ha deciso di finanziare la produzione di 1 milione di proiettili nell'arco di 12 mesi[655]. A tal fine, è riuscita a raccogliere 2 miliardi di euro, di cui uno sarà utilizzato per compensare i Paesi che hanno attinto alle loro scorte per venire in aiuto dell'Ucraina. Il restante miliardo sarà utilizzato per finanziare la produzione di granate. Il problema è che questa capacità produttiva in realtà non esiste nell'UE, e dovremo rivolgerci a una fonte esterna: la Turchia[656]. Non sorprende che questo scateni le ire di Francia, Grecia e Cipro, che mettono i piedi contro il muro. La Francia vuole che il denaro rimanga all'interno dell'UE, mentre Grecia e Cipro si rifiutano di finanziare l'industria della difesa turca[657]. Infine, in ottobre, *Bloomberg* e *Ukrainska Pravda* hanno riferito che l'UE è stata in grado di raggiungere solo il 30% dei suoi obiettivi[658].

---

651. John Ismay & Thomas Gibbons-Neff, "L'artiglieria si rompe in Ucraina. Sta diventando un problema per il Pentagono", *The New York Times*, 25 novembre 2022 (https://www.nytimes.com/2022/11/25/us/ukraine-artillery-breakdown.html).

652. https://www.kyivpost.com/post/51

653. Stato maggiore russo/ucraino J3/4/5 Aggiornamento giornaliero (D+369) (28 febbraio 2023) (SECRET/NO FORN)

654. Oleksandr Syrskyi, "La spesa ucraina per i proiettili d'artiglieria supera la produzione statunitense", *La Nuova Voce dell'Ucraina*, 23 dicembre 2022 (https://english.nv.ua/nation/ukraine-s-artillery-shell-expenditure-outstrips-us-production-war-news-50293094.html).

655. "Боррель уточнив деталі 'історичного рішення' ЄС про закупівлю боєприпасів Україні", Європейська правда, 20 marzo 2023 (https://www.eurointegration.com.ua/news/2023/03/20/7158323/)

656. "L'UE non riesce a trovare un accordo su come spendere 1 miliardo di euro in munizioni per l'Ucraina", *Ukraïnska Pravda*, 5 aprile 2023 (https://www.pravda.com.ua/eng/news/2023/04/5/7396641/).

657. "Cipro teme che la sovvenzione dell'UE per le munizioni per l'Ucraina possa finire all'industria delle armi turca", *In-Cyprus*, 7 aprile 2023 (https://in-cyprus.philenews.com/news/local/cyprus-worried-eus-ukraine-ammunition-grant-could-end-up-in-turkish-arms-industry/).

658. "L'UE è in ritardo nella fornitura di granate all'Ucraina", *Ukrainska Pravda*, 26 ottobre 2023 (https://www.pravda.com.ua/eng/news/2023/10/26/7425770/).

La capacità produttiva occidentale di munizioni d'artiglieria da 155 mm non è in grado di tenere il passo della Russia. Oggi, la capacità produttiva totale dell'Occidente al mese equivale a quanto la Russia spara in un solo giorno! Gli esplosivi prodotti negli Stati Uniti non sono più sufficienti a tenere il passo con la produzione di proiettili d'artiglieria, quindi dobbiamo acquistarli dal Giappone[659]. L'Occidente è allo stremo...

Artiglieria occidentale in Ucraina

Figura 71 - L'Occidente ha fornito all'Ucraina un'intera gamma di artiglierie, molte delle quali provenienti da vecchie scorte dei Paesi dell'Europa orientale. I più importanti sono stati l'M-777 americano e il CAESAR francese. Il loro principale vantaggio è che possono essere dispiegati rapidamente e sono abbastanza precisi da non richiedere il tiro in gruppo. Le gittate indicate possono essere ampliate con l'uso di munizioni guidate.

---

659. https://euromaidanpress.com/2023/06/02/japan-will-supply-tnt-explosives-to-the-us-to-increase-the-155mm-artillery-shells-production/

I nostri media le hanno presentate come «armi miracolose», ma in realtà queste armi non hanno l'effetto desiderato, perché non possono essere utilizzate nel modo in cui sono state progettate[660]. Nonostante l'enorme assistenza dei Paesi occidentali, queste armi non possono essere integrate nei sistemi di gestione del campo di battaglia e sono quindi utilizzate in modo inefficiente.

6.4.3. Lanciarazzi multipli

Con la distruzione del potenziale di artiglieria dell'Ucraina nella primavera del 2022, l'Occidente è stato costretto a fornire lanciamissili multipli. Le loro prestazioni non sono radicalmente diverse da quelle dei loro equivalenti russi.

L'efficacia dell'M-142 HIMARS deriva principalmente dai suoi missili GMLRS da 227 mm, che hanno una traiettoria non balistica, rendendoli difficili da combattere. Gli americani hanno fornito all'Ucraina solo missili M-31, che hanno una gittata di 70 km[661]. Presentati come «armi miracolose», non hanno cambiato radicalmente la situazione. I russi hanno imparato rapidamente a decentrare i loro depositi di munizioni. Inoltre, sembra che gli ucraini abbiano venduto ai russi un sistema che consente loro di adattare il software dei loro sistemi antiaerei per rispondere efficacemente a questi missili. Come ha osservato il sito web *ucraino Military Pages* nel luglio 2023[662]:

> *I russi sembrano avere un buon livello di intelligence (ISR) sul campo di battaglia. Non hanno avuto bisogno di schierare riserve operative per respingere gli attacchi ucraini. Ci sono anche prove che l'efficacia degli attacchi HIMARS è stata ridotta da efficaci contromisure russe.*

660. Alex Hollings & Sandboxx News, "Le truppe ucraine sono state molto efficaci con l'obice M777, ma le truppe statunitensi possono trasformarlo in un 'fucile da cecchino gigante'", *Business Insider*, 18 settembre 2022 (https://www.businessinsider.com/us-targeting-system-makes-m777-howitzer-highly-accurate-2022-9)
661. Howard Altman, "Ci sono abbastanza razzi guidati per gli HIMARS per tenere il passo con la domanda di guerra in Ucraina?", *The War Zone*, 27 luglio 2022 (https://www.thedrive.com/the-war-zone/are-there-enough-guided-rockets-for-himars-to-keep-up-with-ukraine-war-demand).
662. https://www.ukrmilitary.com/2023/07/analysis-of-ukraines-counteroffensive-from-the-front.html

L'M-142 HIMARS (come l'M-270 MLRS) può anche sparare la bomba volante GBU-39 GLSDB, utilizzando un propulsore[663]. I radar dei sistemi antiaerei russi S-300 e S-400 sono in grado di rilevare un missile HIMARS a 80 km di distanza e un GLSDB a 30-40 km, date le sue dimensioni inferiori. Tuttavia, la velocità di un GLSDB è tre volte inferiore a quella di un missile HIMARS, rendendolo più facile da intercettare. Il 28 marzo 2023, la prima bomba GBU-39 lanciata sul territorio russo è stata intercettata dal sistema di difesa antiaerea.

Documenti americani classificati trapelati nell'aprile 2023 indicano che alla fine di febbraio gli ucraini sparavano solo 17 missili al giorno. All'epoca, l'Ucraina aveva ricevuto 38 sistemi[664], il che suggerisce che la maggior parte degli M-142 o gran parte delle munizioni erano state distrutte, confermando le dichiarazioni dello Stato Maggiore russo.

Bomba GBU-39 a piccolo diametro lanciata da terra (GLSDB)

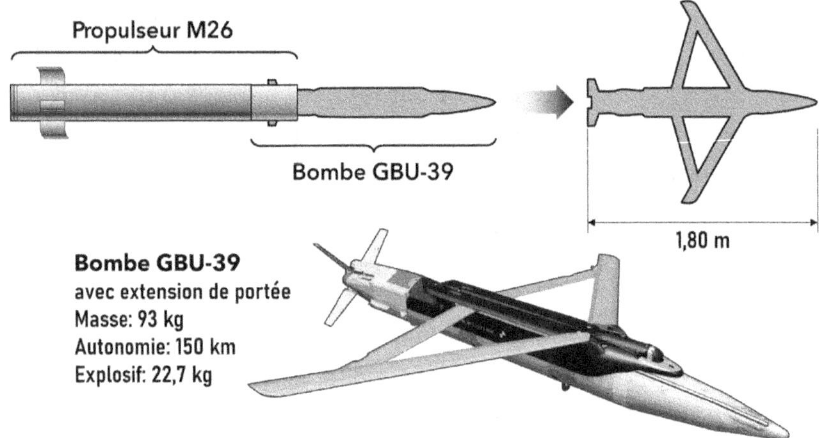

Figura 72 - Il GLSDB di Boeing e Saab è ancora in fase di sviluppo. Tuttavia, secondo le autorità russe, è già stato schierato nel teatro ucraino nel marzo 2023. Il booster M26 spinge la bomba per 32 km, dopodiché si stacca e plana per una distanza totale di 150 km.

663. David Axe, "Le nuove bombe a razzo dell'Ucraina possono invertire la rotta e colpire obiettivi sul retro delle colline, a 90 miglia di distanza", *Forbes*, 3 febbraio 2023 (https://www.forbes.com/sites/davidaxe/2023/02/03/ukraines-new-rocket-boosted-glide-bombs-can-turn-around-and-hit-targets-on-the-backs-of-hills-90-miles-away/)
664. "U.S. Security Cooperation with Ukraine - Fact Sheet", *Bureau of Political-Military Affairs, Dipartimento di Stato*, 19 aprile 2023 (https://www.state.gov/u-s-security-cooperation-with-ukraine/).

Figura 73 - L'M142 HIMARS americano e il 9K515 TORNADO-S russo. Sebbene il sistema americano sia stato celebrato dai nostri media, il TORNADO-S è l'ultimo lanciarazzi multiplo russo e ha caratteristiche superiori. Spara missili da 300 mm, che hanno una gittata nominale di 120 km, ma sono stati testati con una gittata di 200 km.

Gli M-142 e M-270 sono forse più sofisticati degli equivalenti sistemi russi. Come il resto delle armi occidentali prodotte dalla fine degli anni '90, sono stati progettati per operazioni proiettate. Sono modulari e possono essere adattati a diversi requisiti operativi, ma sono molto costosi e complessi da produrre. Oggi Lockheed-Martin produce 10.000 missili GMLRS all'anno. Con ulteriori investimenti, raggiungerà le 14.000 unità entro il 2024, ma non riuscirà a raddoppiare la produzione prima del 2026[665]. In effetti, gli

---

665. Sam Skove, "Perché è difficile raddoppiare la produzione di GMLRS", *Defense One*, 30 marzo 2023 (https://www.defenseone.com/business/2023/03/why-its-hard-double-gmlrs-production/384646/).

Stati Uniti semplicemente non hanno la capacità materiale e di personale per aumentare la produzione e soddisfare le esigenze dell'Ucraina e degli altri clienti.

I sistemi russi equivalenti sono più numerosi, ma più semplici e quindi meno costosi da produrre. Ecco perché la Russia può facilmente aumentare la sua produzione e incrementare la densità dei sistemi dispiegati sul campo.

L'equivalente russo dell'M-142 HIMARS è il 9K515 TORNADO-S. Come i suoi predecessori, il BM-21, il BM-24 e il BM-27, può sparare munizioni a raffica. Ma i suoi missili possono anche essere programmati in modo indipendente e possono colpire obiettivi separati grazie al sistema di navigazione GLONASS. L'allestimento della batteria richiede solo pochi minuti e i missili vengono sparati con un telecomando per evitare di esporre i serventi al fuoco di controbatteria. I TORNADO-S cambiano posizione ogni 7 minuti per ridurre questo rischio.

6.4.4. Sistemi di controbatteria

Il conflitto in Ucraina sembra talvolta essere diventato una battaglia di artiglieria.

I russi hanno sviluppato capacità di fuoco di controbatteria particolarmente efficaci e sono in grado di distruggere le attrezzature occidentali non appena arrivano nel teatro delle operazioni.

I russi hanno bisogno di 2 minuti tra il rilevamento di un colpo ucraino e la trasmissione delle sue coordinate per attivare il fuoco di controbatteria[666]. Da parte ucraina, lo spostamento di un obice americano M777 da 155 mm richiede 2-3 minuti per un equipaggio addestrato in condizioni ottimali[667]. In teoria, questo significa non solo che un pezzo d'artiglieria ucraino può sparare un solo colpo in ogni posizione di tiro, ma che può essere distrutto ogni volta prima ancora di potersi muovere.

Questa capacità di lanciare istantaneamente il fuoco di controbatteria ha limitato notevolmente la capacità dell'artiglieria ucraina. Con la graduale avanzata delle truppe russe, l'artiglieria ucraina non è quasi più in grado di raggiungere la città di Donetsk. Ciò che l'Occidente non è riuscito a fermare con i negoziati, i russi lo hanno ottenuto con la forza.

---

666. https://eng.mil.ru/en/special_operation/news/more.htm?id=12449739@egNews
667. http://www.military-today.com/artillery/m777.htm

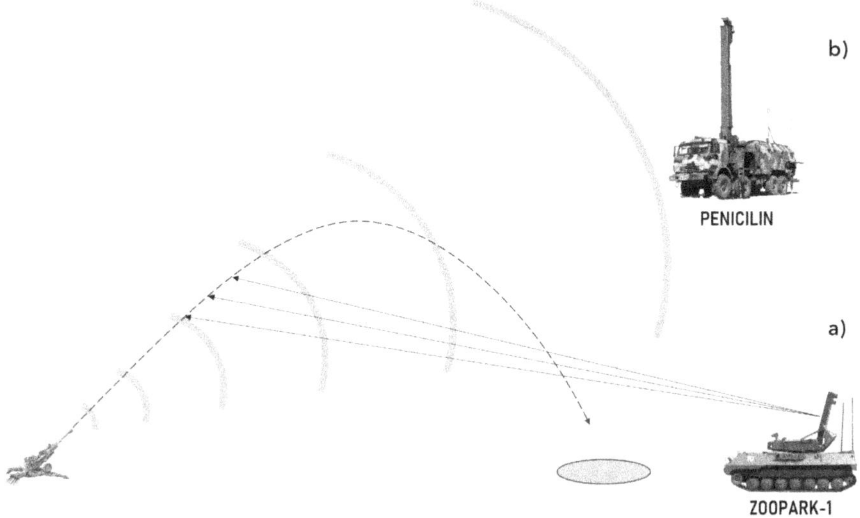

Figura 74 - I russi utilizzano diversi sistemi di controbatteria. L'obiettivo è rilevare la posizione del fuoco nemico per rispondere il più rapidamente possibile. Esistono sistemi attivi, come il radar d'artiglieria ZOOPARK-1 (a) che rileva un proiettile e lo segue calcolandone la traiettoria, e sistemi passivi, che rilevano il fuoco attraverso una combinazione di segnali termici e acustici, come il sistema PENICILIN (b). I primi sono facili da individuare, mentre i secondi sono impercettibili per il nemico.

6.4.5. Munizioni a grappolo

Il 7 luglio 2023, Mykhailo Podolyak, consigliere di Volodymyr Zelensky, ha twittato[668]:

> *[...] il numero di armi conta. Quindi armi, ancora armi e sempre armi, comprese le munizioni a grappolo. [...]*

Le munizioni a grappolo sono letteralmente contenitori proiettati da proiettili d'artiglieria o razzi che si aprono sopra il loro bersaglio per rilasciare diverse decine di piccoli ordigni esplosivi. Queste submunizioni possono essere esplosivi antiuomo, anticarro o una combinazione dei due. Possono esplodere sopra il bersaglio o a contatto con esso, agendo come piccole granate o cariche sagomate in grado di perforare la parte

---

668. https://twitter.com/Podolyak_M/status/1677253680880336897

superiore della corazza dei veicoli blindati. Possono anche essere mine antiuomo, come la famigerata mina sovietica PFM-1.

La mina antiuomo PFM-1

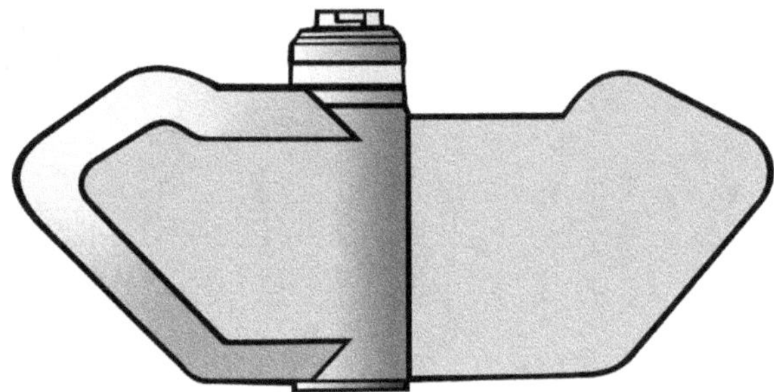

Figura 75 - La mina PFM-1 è la copia sovietica della mina americana BLU-43 DRAGONTOOTH, ampiamente diffusa in Laos durante la guerra del Vietnam. Utilizzata dall'esercito sovietico in Afghanistan, è stata all'origine di un manuale di sminamento che ho scritto per Ahmed Shah Massoud durante la guerra contro i sovietici e del mio impegno nella lotta contro le mine antiuomo.

La mina PFM-1 contiene solo 37 grammi di esplosivo, sufficienti a ferire gravemente una persona. Sia la Russia che l'Ucraina ne dispongono. A differenza della Russia, l'Ucraina ha aderito alla Convenzione di Ottawa sulla proibizione delle armi antiuomo. Il 27 luglio 2022, migliaia di queste mine sono state disseminate in un'area abitata di Donetsk, nella zona russa[669]. Ma nessun Paese occidentale o media ha espresso la propria disapprovazione.

Questo tipo di munizioni è stato sviluppato alla fine degli anni '70 nell'ambito del progetto ASSAULT BREAKER, che mirava a sviluppare tecnologie per combattere i *Gruppi di Manovra Operativa* (OMG) sovietici nelle profondità del sistema NATO.

In un'epoca in cui era necessario del tempo per regolare il fuoco dell'artiglieria, i proiettili sub-muniti permettevano di dispiegare una grande quantità di ordigni esplosivi molto rapidamente contro un avversario in

---

669. David Hambling, "Chi ha lanciato migliaia di mine antiuomo 'a farfalla' su Donetsk? (AGGIORNAMENTO: il Regno Unito incolpa la Russia)", *Forbes*, 4 agosto 2022 (https://www.forbes.com/sites/davidhambling/2022/08/04/who-dropped-thousands-of-antipersonnel-butterfly-mines-on-donetsk/).

movimento. In proporzione, era l'equivalente della mitragliatrice contro la fanteria nella Prima Guerra Mondiale.

Il problema di queste armi è che le submunizioni sono prodotte a basso costo e lasciano un numero molto elevato di «duds» che possono esplodere in qualsiasi momento. Secondo l'*RTS*, il tasso di esplosione è del 2%[670], ma in Israele raggiunge il 40%[671]. Per questo motivo sono considerate un pericolo per le popolazioni civili e 111 Paesi hanno firmato la *Convenzione sulle munizioni a grappolo* (CCM)[672]. Né la Russia, né l'Ucraina, né gli Stati Uniti sono parti della CCM.

Bombe a grappolo

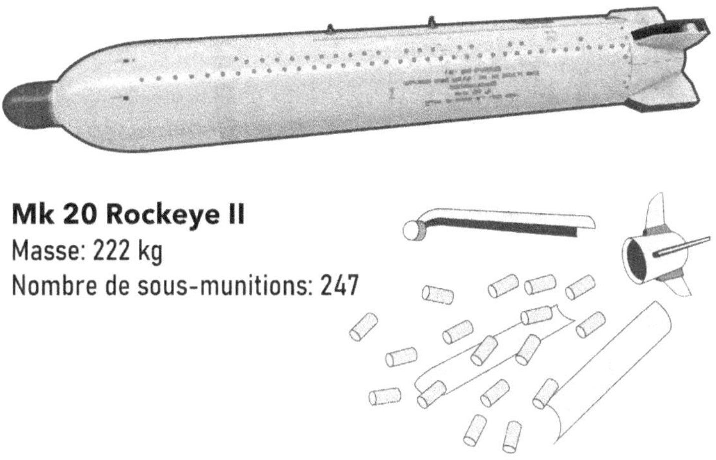

Figura 76 - La bomba a grappolo Mk 20 Rockeye II è uno dei tipi di bomba richiesti dall'Ucraina agli Stati Uniti.

Detto questo, si tratta di armi progettate per consentire a un difensore di combattere un attaccante, non a un attaccante di attaccare un difensore. Ciò significa che sono armi che vengono utilizzate in aree che non si vogliono occupare rapidamente. Ecco perché l'Ucraina le ha utilizzate

670. https://www.rts.ch/play/tv/redirect/detail/14160304
671. http://www.haaretz.com/news/idf-commander-we-fired-more-than-a-million-cluster-bombs-in-lebanon-1.197099
672. https://www.clusterconvention.org/

nel 2014 e nel 2022 nelle regioni di Donetsk[673], Kharkov[674] o Izioum[675], ma ha accusato la Russia... senza fornire alcuna prova).

La Russia ha due ragioni per non usare tali armi all'inizio dell'SVO: in primo luogo, sta operando a beneficio di una popolazione che sta cercando di proteggere e, in secondo luogo, si trova nella posizione dell'attaccante che metterebbe a rischio le proprie truppe.

Ma le condizioni cambiano nel 2023: mentre gli Stati Uniti forniscono all'Ucraina munizioni a grappolo per la sua controffensiva, i russi sono i difensori[676]. La scusa era che queste munizioni sarebbero state utili per sloggiare i russi dalle loro trincee o per bonificare le mine (!). In realtà, questa decisione è dovuta al fatto che gli americani non hanno più alternative, avendo esaurito le munizioni[677]. Ma il suo effetto è quello di legittimare l'uso di questo stesso tipo di munizioni per spezzare la controffensiva ucraina.

Questo è il motivo per cui gli americani hanno specificato il 13 luglio[678]:

Il governo ucraino ci ha fornito garanzie scritte sull'uso responsabile di queste armi, in particolare che non le utilizzerà in aree urbane popolate da civili.

Ma, come al solito, il governo ucraino non ha mantenuto la parola data: una delle prime applicazioni di queste nuove munizioni è stata... in un'area civile, uccidendo un giornalista[679].

---

673. Andrew Roth, "L'Ucraina ha usato bombe a grappolo, le prove indicano", *The New York Times*, 20 ottobre 2014 (https://www.nytimes.com/2014/10/21/world/ukraine-used-cluster-bombs-report-charges.html).
674. Thomas Gibbons-Neff & John Ismay, "Per respingere i russi, gli ucraini colpiscono un villaggio con munizioni a grappolo", *The New York Times*, 20 aprile 2022 (https://www.nytimes.com/2022/04/18/world/europe/ukraine-forces-cluster-munitions.html)
675. https://theintercept.com/2023/07/05/ukraine-cluster-bombs-biden/
676. Eric Schmitt, "L'Ucraina inizia a usare munizioni a grappolo di fabbricazione americana nella sua controffensiva, dicono i funzionari statunitensi", *The New York Times*, 20 luglio 2023 (https://www.nytimes.com/2023/07/20/world/europe/ukraine-cluster-munitions.html).
677. Mark F. Cancian, "Munizioni a grappolo: cosa sono e perché gli Stati Uniti le inviano in Ucraina?", *Center for Strategic and International Studies*, 10 luglio 2023 (https://www.csis.org/analysis/cluster-munitions-what-are-they-and-why-united-states-sending-them-ukraine).
678. «Le munizioni a grappolo possono disperdere diverse centinaia di piccole cariche esplosive», *Euronews / AFP*, 8 luglio 2023 (https://fr.euronews.com/2023/07/08/armes-a-sous-munitions-en-ukraine-quel-danger-pour-les-civils)
679. "La morte di un reporter di guerra suscita l'indignazione russa per il presunto uso di bombe a grappolo da parte dell'Ucraina", *Reuters*, 22 luglio 2023 (https://www.reuters.com/world/russian-journalist-killed-three-wounded-near-ukraine-frontline-2023-07-22/)

Quindi non solo questa consegna da parte degli americani è letteralmente «contro il tempo», ma legittima anche l'uso di tali armi da parte della Russia per combattere la controffensiva ucraina. A volte si ha l'impressione che l'Occidente stia facendo di tutto per far fallire gli ucraini!…

6.5. Missili a lungo raggio

Nell'estate del 2023, con la controffensiva bloccata, l'Ucraina iniziò ad attaccare obiettivi a lungo raggio sul territorio russo o nel Mar Nero e chiese missili a lungo raggio. Fino ad allora, l'Occidente si era rifiutato di fornire armi che potessero raggiungere il territorio russo, poiché la Crimea non era considerata parte del territorio russo. I britannici stanno fornendo missili da crociera STORM SHADOW. La Francia ha seguito l'esempio con la fornitura di missili SCALP, simili agli STORM SHADOW britannici, anche se alcune fonti sostengono che abbiano una gittata leggermente superiore.

I lanciamissili americani possono lanciare diversi missili *Guided Multiple Launch Rocket Systems* (GMLRS) di piccolo calibro o un missile *Army Tactical Missile System* (ATACMS) di calibro maggiore. L'ATACMS ha una gittata di 300 km e una carica esplosiva di 200 kg e potrebbe consentire all'Ucraina di colpire obiettivi in territorio russo con un'elevata capacità distruttiva. Tuttavia, gli americani sono inizialmente riluttanti a fornire all'Ucraina i missili ATACMS, temendo un'escalation[680]. Infatti, secondo il *Wall Street Journal*[681] e *The Hill*[682], gli HIMARS consegnati all'Ucraina sono stati addirittura modificati segretamente in modo da non poter sparare missili a lungo raggio in grado di raggiungere il territorio russo.

680. John Ismay, "Il missile che l'Ucraina vuole è quello di cui gli Stati Uniti dicono di non avere bisogno", *The New York Times*, 6 ottobre 2023 (https://www.nytimes.com/2022/10/06/us/ukraine-war-missile.html)

681. Michael R. Gordon & Gordon Lubold, "U.S. Altered Himars Rocket Launchers to Keep Ukraine From Firing Missiles Into Russia", *The Wall Street Journal*, 5 dicembre 2022 (https://www.wsj.com/articles/u-s-altered-himars-rocket-launchers-to-keep-ukraine-from-firing-missiles-in-to-russia-11670214338).

682. Brad Dress, "Gli Stati Uniti hanno segretamente modificato gli HIMARS per l'Ucraina per impedire a Kiev di sparare missili a lungo raggio verso la Russia", *The Hill*, 5 dicembre 2022 (https://thehill.com/policy/defense/3762042-us-secretly-modified-himars-for-ukraine-to-prevent-kyiv-from-shooting-long-range-missiles-into-russia/).

Missili a lungo raggio

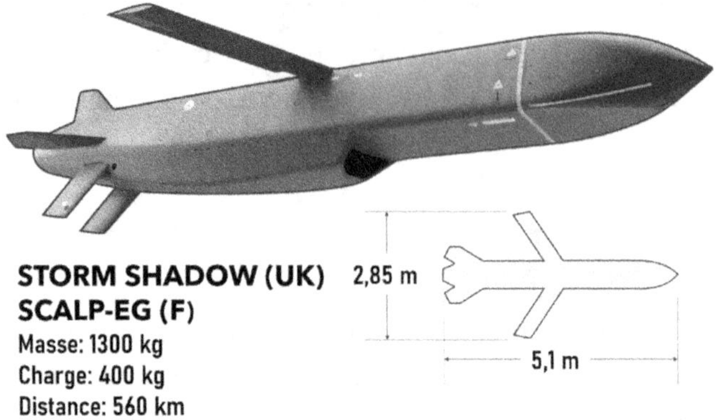

Figura 77 - I missili britannici STORM SHADOW e la loro versione francese SCALP-EG sono prodotti dall'azienda tedesca MBDA. La loro gittata consente di raggiungere il territorio russo. Questo dimostra che gli europei non cercano di risolvere il conflitto, ma di prolungarlo, cosa che possono permettersi di fare perché non pagano il prezzo del sangue.

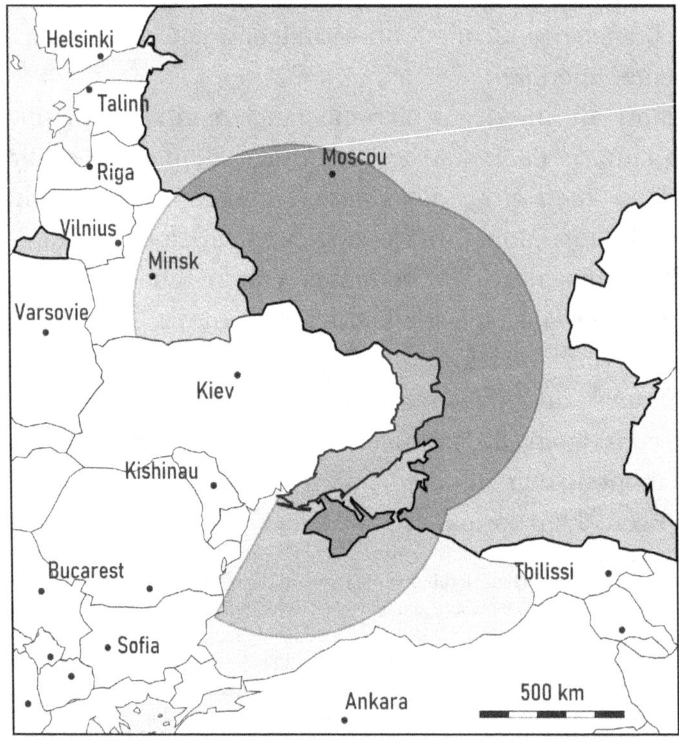

Figura 78 - Portata del missile da crociera SCALP-EG fornito all'Ucraina dalla Francia. Gli Stati Uniti non hanno voluto fornire missili a lungo raggio per evitare che la guerra si estendesse al territorio russo. I francesi non si sono fatti scrupoli. È proprio per questo che gli africani non li vogliono più sul loro territorio!

Il 22 settembre 2023, l'Ucraina colpisce con missili da crociera il quartier generale della Flotta del Mar Nero a Sebastopoli. Gli ucraini hanno lanciato una prima raffica di esche.

6.6. Bombe guidate

Dal dicembre 2022, gli Stati Uniti forniscono all'Ucraina bombe guidate JDAM-ER, che hanno una gittata di 80 km e utilizzano un segnale GPS per dirigersi verso il bersaglio. Ma i documenti segreti trapelati nell'aprile 2023 dimostrano che queste bombe funzionano male e sono suscettibili di essere disturbate dai russi[683]. Inoltre, queste bombe si librano a una velocità relativamente modesta e sono vulnerabili ai sistemi antiaerei russi PANTSIR-SM, che possono colpire bersagli molto piccoli come droni o missili HIMARS.

Da parte loro, i russi hanno sviluppato una serie di sistemi equivalenti a quelli consegnati all'Ucraina. È il caso del GROM, che è l'equivalente del JDAM-ER.

Bomba aliante russa GROM

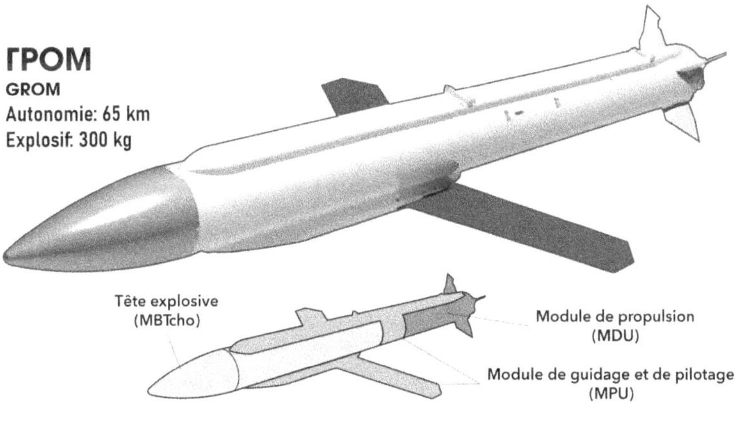

Figura 79 - La bomba GROM è l'equivalente russo della bomba americana JDAM-ER. È una bomba a gravità con ali retrattili e un meccanismo di guida.

---

683. Ellie Cook, "Russian Glider Bombs Spark New Air Defence Woes for Ukraine", *Newsweek*, 13 aprile 2023 (https://www.newsweek.com/russia-glider-bombs-ukraine-air-defense-jdams-1794155)

I russi hanno scoperto che le bombe d'aviazione sono più efficaci (e probabilmente meno costose) dei missili per combattere gli obiettivi terrestri. A tal fine, hanno sviluppato un'intera gamma di bombe plananti «intelligenti», che possono essere dirette autonomamente verso il loro obiettivo.

Questo spiega l'apparente riduzione del fuoco dell'artiglieria russa nel Donbass dal marzo 2023. L'aviazione russa ha molta più libertà di movimento per ingaggiare le sue bombe FAB-500[684] e, soprattutto, le sue bombe plananti UPAB-500B e UPAB-1500B. Introdotta per la prima volta nel 2019, la UPAB-1500B può essere ingaggiata da una distanza di 40 km, fuori dalla portata dei sistemi antiaerei tattici ucraini. Migliorate dopo i combattimenti a Mariupol per combattere obiettivi protetti, queste bombe sono state utilizzate ad Avdiivka e Bakhmut e sono ampiamente utilizzate per combattere la controffensiva ucraina nel settore di Zaporijia.

Bombe guidate UPAB-500B e UPAB-1500B

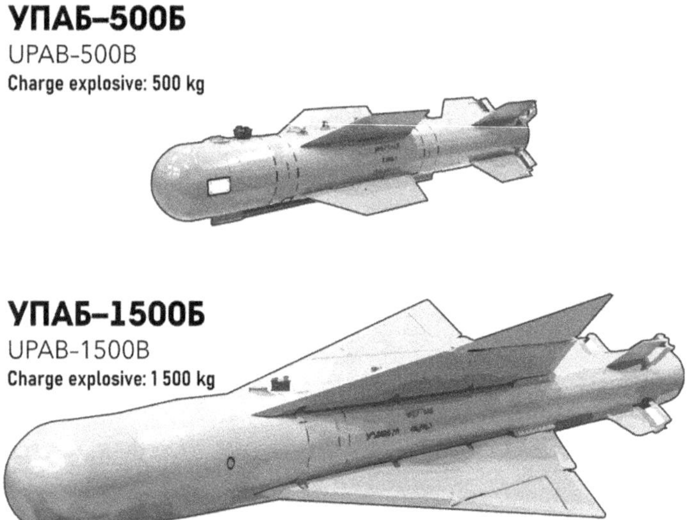

УПАБ–500Б
UPAB-500B
Charge explosive: 500 kg

УПАБ–1500Б
UPAB-1500B
Charge explosive: 1 500 kg

Figura 80 - Progettate per combattere la fanteria pesantemente protetta, le bombe UPAB-500B e UPAB-1500B possono essere sganciate oltre il raggio d'azione delle difese antiaeree ucraine e possono essere dirette autonomamente e con precisione verso il loro obiettivo.

---

684. Andrew Stanton, "L'Ucraina lancia un avvertimento sulle nuove bombe aeree russe FAB-500 modificate", *Newsweek*, 8 aprile 2023 (https://www.newsweek.com/ukraine-issues-warning-about-new-modified-russian-fab-500-aerial-bombs-1793298).

6.7. Difesa aerea

Lo scopo delle forze armate russe è la difesa del Paese. Questo spiega perché, negli ultimi trent'anni circa, mentre i Paesi occidentali hanno cercato soluzioni alle loro guerre all'estero, i russi hanno concentrato i loro sforzi sulle esigenze della difesa nazionale. Questo vale per la difesa aerea, che è una delle più avanzate al mondo, anche se rimane imperfetta.

Un problema è la proliferazione di droni che operano come mini missili da crociera, volando a bassa quota e venendo rilevati dai radar solo in una fase avanzata. Questo spiega il successo degli attacchi ucraini contro Sebastopoli nel settembre 2023.

L'A-50U MAINSTAY, di stanza all'aeroporto militare di Matchoulichtchy, vicino a Minsk, è una parte essenziale del sistema di guerra aerea della Russia. Ma a quanto pare i russi non ne avevano abbastanza per monitorare l'intero spazio aereo, in particolare intorno alla Crimea. Una nuova versione dell'A-50U è stata ottimizzata per rilevare «nuovi tipi di velivoli», ovviamente droni.

A-50 MAINSTAY

Figura 81 - Aereo di allarme rapido A-50 MAINSTAY. È l'equivalente russo degli AWACS utilizzati dai Paesi NATO in Romania e Polonia. Può rilevare ed elaborare simultaneamente circa 150 bersagli fino a una distanza di 650 km in aria e fino a 300 km a terra.

6.8. Droni e armi robotiche

L'uso dei droni in combattimento non è nuovo. Il primo prototipo di
«siluro aereo» risale al 1918 (Kettering Bug) e l'uso di piccoli droni da
diporto per osservare o lanciare granate è stato ampiamente visto in Siria,
ad esempio. L'uso dei droni sul campo di battaglia non è una novità. Fin
dall'inizio dell'SVO, l'Ucraina ha impiegato droni BAYRAKTAR di fabbricazione turca, che sembravano essere un'»arma miracolosa», ma che
non sono sfuggiti alla formidabile difesa antiaerea della Russia e sono
stati rapidamente dimenticati dai nostri media.

La novità sta piuttosto nella distribuzione del loro uso a tutti i livelli
di comando, da quello tattico inferiore a quello strategico. Ora abbiamo
capacità di ricognizione e/o di attacco aereo a tutti questi livelli, il che
aumenta significativamente l'insicurezza sul campo di battaglia. Le
testimonianze dei soldati ucraini, stanchi di questa costante minaccia
dall'alto, testimoniano la natura ansiogena di questi velivoli.

Fin dall'inizio dell'offensiva russa, i droni sono diventati parte integrante del campo di battaglia. Gli ucraini hanno capito subito il loro
potenziale per migliorare le loro capacità di ricognizione tattica. Ma il
loro uso si è rapidamente evoluto. Ispirati dalle tecniche sviluppate in
Siria dallo Stato Islamico, i piccoli droni commerciali modificati per trasportare una piccola carica esplosiva o una granata forniscono capacità di
attacco fino al livello tattico più basso. Piccoli e relativamente economici,
possono essere dispiegati in sciami, una delle rivelazioni tecnologiche
di questo conflitto. Ampiamente utilizzati dalle truppe ucraine all'inizio
del conflitto, il loro uso si è ridotto a causa delle difficoltà di approvvigio-
namento (in parte a causa delle sanzioni applicate dagli Stati Uniti alla
Cina su queste attrezzature) e soprattutto per la rapida proliferazione dei
sistemi di disturbo russi.

I principali UAV nel teatro ucraino

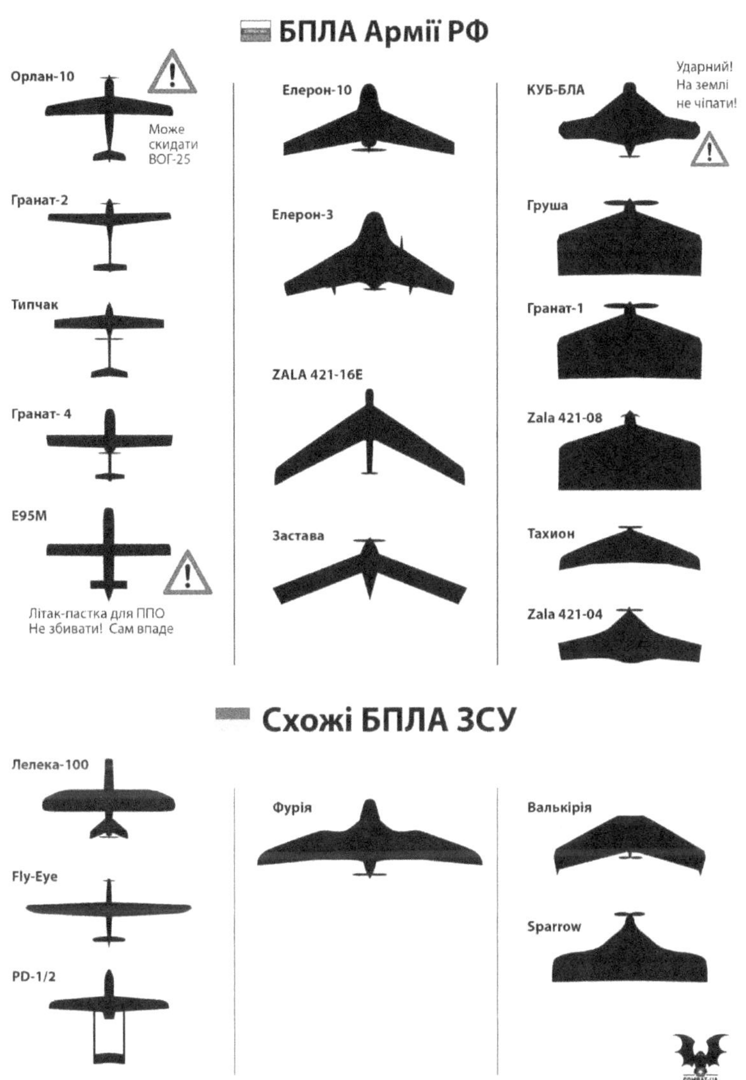

Figura 82 - La proliferazione dei droni nel teatro delle operazioni ha reso necessaria la distribuzione di una carta di identificazione per i soldati ucraini. [Fonte: https://en.defence-ua. com/weapon_and_tech/how_to_distinguish_between_russian_and_ukrainian_uavs_in_the_ sky_photo_comparison-3180.html, giugno 2022].

6. Una guerra tecnologica

6.8.1. Occupazione degli ucraini

6.8.1.1. Droni aerei

Il conflitto in Ucraina ha visto l'uso smodato di droni per ogni scopo possibile. La novità non sta tanto nell'uso dei droni, e nemmeno nell'inventiva che ne deriva, quanto nel loro numero.

Gli ucraini utilizzano tre categorie di droni:

- TB-2 BAYRAKTAR e UAV operativi equivalenti forniti dall'Occidente. Possono svolgere missioni di osservazione e sorveglianza o di attacco. Molto efficaci nelle mani dell'Azerbaigian contro l'Armenia, che aveva solo difese antiaeree rudimentali, i TB-2 sono stati rapidamente eliminati dalle difese antiaeree russe.
- Droni progettati o modificati per attacchi a lungo raggio. Si tratta dei droni operativi Tu-141 STRIZH, risalenti all'era sovietica e progettati per la ricognizione aerea, ma convertiti dall'Ucraina in missili da crociera improvvisati. Uno di questi velivoli si è schiantato in Croazia nel marzo 2022 e altri sono stati lanciati contro il territorio russo. Per lo stesso ruolo, ma con un design più moderno, gli ucraini hanno ingaggiato il BOBER a guida GPS, che si è distinto negli attacchi alla città di Mosca.
- Droni commerciali modificati in Ucraina per missioni di ricognizione o di combattimento. Vengono guidati con occhiali FPV (*First Person View*), che permettono di osservare i dintorni prima di un attacco o di dirigere il fuoco dell'artiglieria. Questi includono i leggeri droni DJI MAVIC 3, convertiti per trasportare una granata o una piccola carica esplosiva. Niente di nuovo, è quello che lo Stato Islamico ha fatto su scala quasi industriale in Siria nel 2015-2016.

I droni sono ampiamente utilizzati a livelli tattici e operativi superiori per monitorare il campo di battaglia e coordinare le azioni sul terreno. Ma il *RUSI* del Regno Unito ha scoperto che i rapidi cambiamenti di leadership hanno fatto sì che i comandanti operativi non sempre si fidino dei rapporti dei comandanti subordinati e vogliano avere il controllo visivo dell'azione in prima persona. Ciò ha portato a una riduzione dell'uso di munizioni fumogene per coprire il movimento dei fanti verso le linee russe. I comandanti hanno preferito la propria visione del campo di battaglia alla copertura di fumo per nascondere i movimenti delle loro truppe. L'uso di munizioni fumogene ha rappresentato solo il 3% delle missioni di fuoco[685].

Se da un lato possiamo applaudire la flessibilità e l'ingegno degli ucraini, dall'altro l'efficacia militare di questi sistemi rimane molto incerta. Ad esempio, per rilevare il DJI MAVIC 3, i russi utilizzano la piattaforma DJI AeroScope, che può rilevare le comunicazioni tra il drone e l'unità di controllo in tempo reale e quindi neutralizzarle[686].

Il drone ucraino BOBER

Figura 83 - Il drone BOBER è uno sviluppo locale. Di concezione molto semplice, è progettato per trasportare una carica esplosiva. Droni di questo tipo sono stati utilizzati per attaccare Mosca nel luglio-agosto 2023.

6.8.1.2. UAV navali

Una semi-novità è l'uso di droni navali contro navi e installazioni russe nel Mar Nero. In realtà, mentre la soluzione tecnologica è nuova, il concetto non lo è. Durante la Seconda guerra mondiale, gli *Incursori* italiani della famosa unità *Xa Flottiglia MAS* utilizzavano siluri con equipaggio contro le navi britanniche. L'idea è stata ripresa da altri, l'esempio più recente è quello dell'unità *Sea Black Tigers* delle *Tigri di Liberazione del Tamil Eelam* (LTTE).

---

685. Jack Watling & Nick Reynolds, "Stormbreak: Fighting Through Russian Defences in Ukraine's 2023 Offensive", *RUSI*, settembre 2023, pag. 22 (https://ik.imagekit.io/po8th4g4eqj/prod/Stormbreak-Special-Report-web-final_0.pdf).
686. https://www.bbc.com/news/world-europe-62090791

Erroneamente chiamati «barche suicide», erano ordigni esplosivi, ma i loro equipaggi non si sacrificavano: saltavano dalla barca prima dell'impatto. La differenza principale con i dispositivi ucraini è che oggi il GPS ha sostituito il pilota.

Gli ucraini hanno sviluppato un'intera gamma di questi droni, alcuni dei quali sono diventati famosi per i loro attacchi, tra cui l'attacco al ponte di Kerch nel luglio 2023. L'attacco è stato effettuato da un dispositivo autonomo di tipo SEA BABY che trasportava 860 kg di esplosivo, contro uno dei pilastri del ponte.

Il 24 agosto 2023, Il Presidente Volodymyr Zelensky ha formalizzato la creazione della *345ª Brigata indipendente di sistemi navali senza equipaggio della Marina ucraina* (385-ï окремоï бригади морських безпілотних комплексів Військово-Морських сил ЗСУ)[687]. Come sottolinea Vasyl Maliuk, il suo capo, si tratta di un progetto pilotato dal *Servizio di sicurezza dell'Ucraina* (SBU)[688], che è anche dietro lo sviluppo dei droni e la loro produzione in laboratori sotterranei segreti[689].

Drone navale «Микола-3»

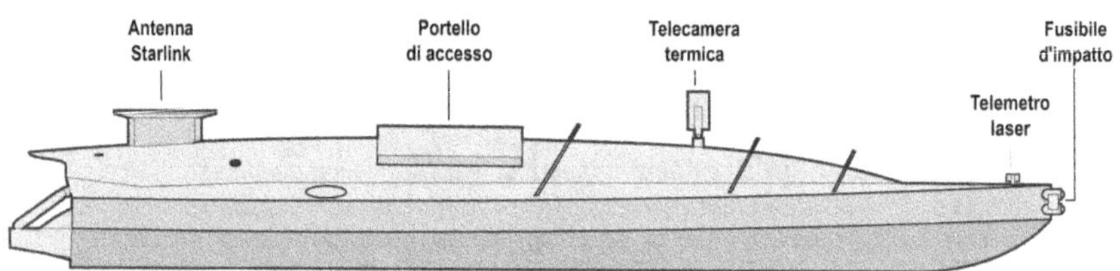

Drone navale «SEA BABY»

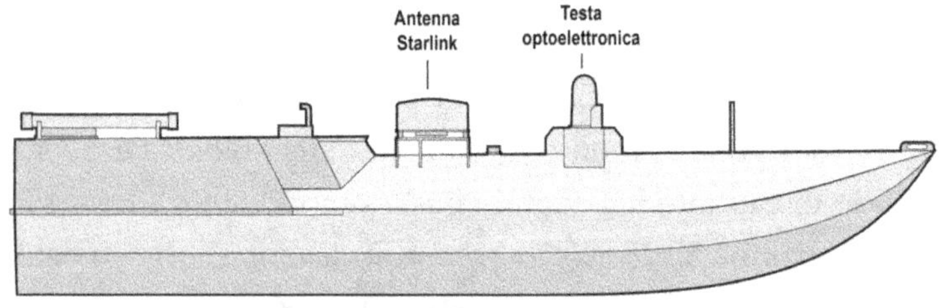

Figura 84 - Droni navali ucrainiln alto: Il Mykola-3, utilizzato negli attacchi al porto di Sebastopoli in Crimea e alle navi russe che monitorano il gasdotto TURKSTREAM nel Mar Nero, dopo l'incidente di NORD STREAM nel settembre 2022. Sotto: la SEA BABY impegnata contro il ponte di Kerch durante l'attacco del 17 luglio 2023.

687. https://novynarnia.com/2023/08/24/385-brygada/
688. https://youtu.be/UoHACsoQBxM
689. https://ssu.gov.ua/novyny/morski-drony-unikalna-rozrobka-sbu-vasyl-maliuk-rozkryv-detali-rezonansnykh-spetsoperatsii-sluzhby-bezpeky-ukrainy

I droni subacquei sembrano essere una nuova arma nell'arsenale ucraino. Il TOLOKA 1K-150, presentato nell'aprile 2023, è uno degli sviluppi proposti dai giovani ingegneri ucraini[690]. Si tratta di una sorta di siluro guidato le cui prestazioni non sono ancora note. Tuttavia, l'utilità di queste armi, che non possono avere un effetto decisivo sul corso del conflitto, è discutibile.

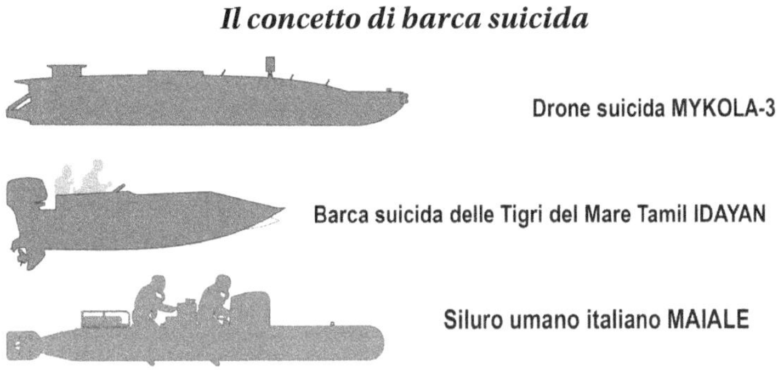

Il concetto di barca suicida

Figura 85 - Confronto tra le dimensioni dei droni ucraini MYKOLA-3, delle imbarcazioni suicide IDAYAN delle Tigri Tamil e dei MAIALE degli Incursori italiani della Seconda Guerra Mondiale.

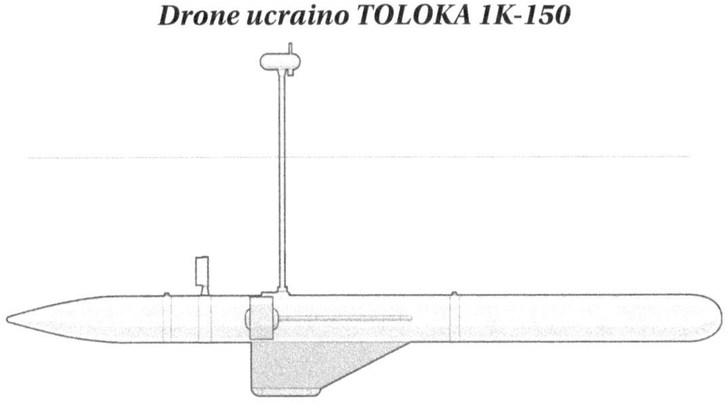

Drone ucraino TOLOKA 1K-150

Figura 86 - Il drone subacqueo TOLOKA 1K-150, progettato dal gruppo ucraino BRAVE1, è lungo 1,5 metri. Opera appena sotto la superficie del mare, grazie alla sua telecamera posta sopra un albero, e può coprire una distanza fino a 1.200 km.

---

690. "Il drone marittimo subacqueo 'Toloka' dell'Ucraina è un nuovo ‹grattacapo› per i russi nel Mar Nero", *Defense Express*, 27 aprile 2023 (https://en.defence-ua.com/weapon_and_tech/ukraines_toloka_underwater_maritime_drone_is_a_new_headache_for_russians_in_the_black_sea-6531.html)

6.8.2. Occupazione dei russi

6.8.2.1. Droni aerei

Uno sviluppo particolarmente importante è l'uso sistematico di droni piccoli e poco costosi, che possono essere dispiegati in massa per sopraffare le difese nemiche e che funzionano come mini missili da crociera. Questi sono noti come «droni suicidi». I russi utilizzano il GERAN-2 di fabbricazione iraniana e il LANCET-3 di fabbricazione russa.

Il GERAN-2 è originario dell'Iran, dove viene prodotto con il nome di SHAHEED-136. La sua adozione da parte della Russia ha alimentato la narrazione di un'«*industria a pezzi*»[691] e ha fornito un nuovo pretesto per applicare nuove sanzioni all'Iran[692]. In realtà, il GERAN-2 è prodotto su licenza in Russia, dove ha subito una serie di modifiche: il suo sistema di navigazione è stato irrobustito e funziona con il sistema satellitare russo GLONASS. Le sue ultime versioni sono derivate dallo SHAHED-131, ma sono alimentate da un turbogetto che le rende più silenziose[693]. È quindi altamente resistente alle contromisure elettroniche ed è difficile da rilevare per i radar grazie al suo scafo in fibra di vetro. È una sorta di «mini missile da crociera», che può essere utilizzato in grandi quantità su obiettivi poco protetti fino a una distanza di 2.500 km.

Realizzato in gran parte con componenti commerciali, il GERAN-2 è estremamente economico da produrre e molto costoso da distruggere, il che lo rende un'arma di logoramento per eccellenza. Il suo costo di produzione è stimato in circa 20.000 dollari, mentre gli ucraini devono combatterli con missili S-300 di origine sovietica, il cui costo unitario è stimato in 130.000 dollari, o con missili americani NASAMS a 500.000

---

691. https://youtu.be/R9n3s3CyZ9o

692. «La Suisse sanctionne la livraison de drones iraniens à la Russie», *Gouvernement suisse*, 2 novembre 2022 (https://www.admin.ch/gov/fr/accueil/documentation/communiques.msg-id-91102.html) ; Daphne Psaledakis & Arshad Mohammed, «New U.S. sanctions target of supply of Iranian drones to Russia», *Reuters*, 6 gennaio 2023 (https://www.reuters.com/business/aerospace-defense/us-targets-supply-iranian-drones-russia-new-sanctions-2023-01-06/).

693. Maksim Panasovskyi, "Il drone kamikaze Shahed-136 ha un motore a turbogetto al posto dell'MD550 a pistoni e ora non ronza più come uno scooter", *gadget.com*, 27 settembre 2023 (https://gagadget.com/en/uav/323974-the-shahed-136-kamikaze-drone-got-a-turbojet-engine-instead-of-the-piston-powered-md550-and-now-it-wont-buzz-like-a-s/)

dollari l'uno. Un pilota ucraino ha persino sacrificato un MiG-29 per abbattere un GERAN-2[694]!

Drone GERAN-2

Figura 87 - L'UAV GERAN-2 (Geranium) è la versione russa dello SHAHEED-136 prodotto dall'Iran. Il suo sistema di guida è stato modificato per renderlo invulnerabile alle contromisure elettroniche.

Il LANCET-3 è l'ultima iterazione di una linea di droni apparsa nel 2018 e testata in Siria a partire dal 2020. Il LANCET-1, il suo predecessore, aveva una massa di 5 kg e una carica esplosiva di 1 kg, sufficiente contro le truppe, ma non contro obiettivi «duri», come i veicoli blindati.

La sua ala cruciforme gli conferisce un'eccellente manovrabilità e può essere utilizzata per missioni di ricognizione, sorveglianza o attacco. Può monitorare un'area, cercare, trovare e selezionare un bersaglio e distruggerlo autonomamente. Il suo «cervello» è di origine commerciale[695] e utilizza il JETSON TX2 di NVIDIA, un'unità di elaborazione grafica (GPU) utilizzata nelle console di gioco. È un dispositivo di intelligenza artificiale

---

694. Girish Linganna, "Storico! Un drone kamikaze abbatte un caccia, il MiG-29 ucraino si schianta cercando di sparare a un drone iraniano Shahed-136", *Frontier India*, 13 ottobre 2022 (https://frontierindia.com/historic-a-kamikaze-drone-downs-a-fighter-aircraft-ukrainian-mig-29-crashes-trying-to-shoot-an-iranian-shahed-136-drone/)
695. David Hambling, "L'arma più intelligente della Russia potrebbe avere un cervello americano", *Forbes*, 28 marzo 2023 (https://www.forbes.com/sites/davidhambling/2023/03/28/does-russias-smartest-weapon-have-an-american-brain/)

molto veloce e uno dei più efficienti dal punto di vista energetico sul mercato. È disponibile in abbondanza sul mercato e si può ottenere facilmente a un prezzo modesto. Può svolgere missioni pre-programmate o autonome grazie all'intelligenza artificiale di bordo.

È un'arma versatile e intelligente, particolarmente efficace contro bersagli in movimento. Ha una testata modulare e diversi sistemi di guida che ne consentono l'utilizzo in diverse configurazioni: come drone FPV (*First Person View*) guidato da visori, per la marcatura laser dei bersagli e la trasmissione di immagini per la *valutazione dei danni in battaglia* (BDA). Utilizza un modulo di trasmissione criptato ed è resistente alle contromisure elettroniche. Nell'ottobre 2023, la rivista statunitense *Forbes ha* riferito che i droni FPV russi sono sempre più dotati di telecamere termiche, che li rendono particolarmente devastanti[696].

Drone suicida russo LANCET-3

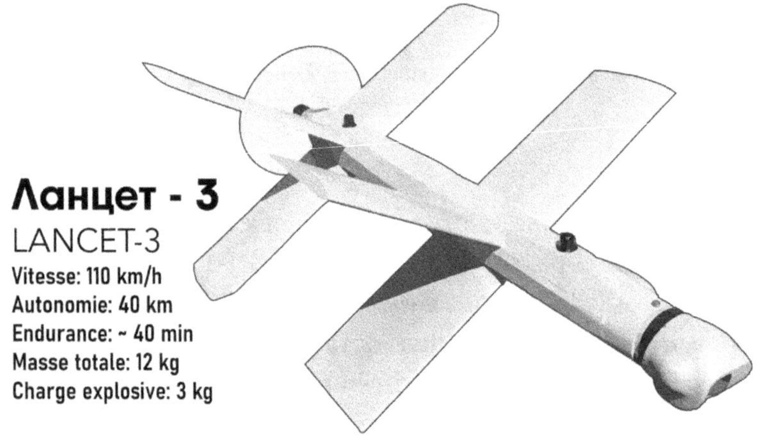

Figura 88 - Uno dei droni più efficaci della campagna ucraina. Prodotto da Kalashnikov, il Lancet è un drone suicida a basso costo che può fornire informazioni prima di cadere sul bersaglio e distruggerlo con i suoi 5-6 kg di esplosivo.

La *RUSI* ha sottolineato il valore di questo tipo di arma, la sua versatilità e la velocità con cui i russi sono in grado di implementare miglioramenti

696. David Hambling, "La Russia aggiunge le immagini termiche ai droni kamikaze FPV", *Forbes*, 11 ottobre 2023 (https://www.forbes.com/sites/davidhambling/2023/10/11/russia-adds-thermal-imaging-to-fpv-kamikaze-drones/)

al prodotto. È così efficace che il produttore russo, ZALA, sostiene di aver aumentato la produzione di 50 volte.

Nella sua configurazione «suicida», può essere utilizzato in rete con altri UAV per rilevare obiettivi. È quindi diventato un componente importante della ROK/RUK. A quanto pare, secondo lo Stato Maggiore ucraino, i droni russi LANCET 1 e 3 hanno distrutto o danneggiato circa 200 pezzi di artiglieria, principalmente M777. Silenziosi, piccoli e difficili da individuare, sono particolarmente efficaci di notte.

Dal novembre 2023, le forze russe ricevono lo SCALPEL, che ha più o meno le stesse caratteristiche e prestazioni del LANCET-3, con un'ala cruciforme, ma è meno costoso da produrre[697].

Drone suicida KUB-BLA

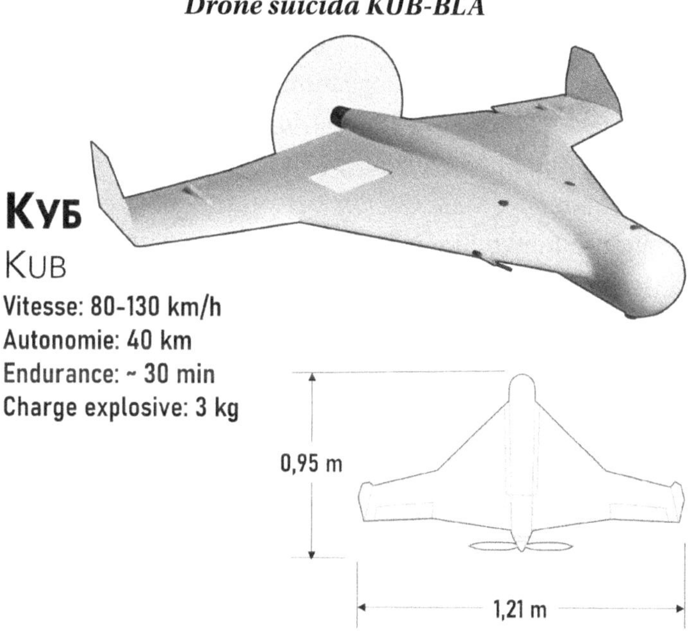

Figura 89 - Il drone KUB-BLA è un drone utilizzato per il Reconnaissance Strike Complex (RUK).

Il KUB-BLA[698] è un drone d'attacco sviluppato dall'azienda russa ZALA. Presentato per la prima volta nel 2019, è stato testato sul TVD Siria. Di

697. https://bulgarianmilitary.com/amp/2023/11/18/russian-army-received-15-scalpel-uavs-this-is-the-new-lancet/
698. BLA: Беспилотный Летательный Аппарат o «Unmanned Flying Apparatus».

piccole dimensioni (1,210 m x 0,95 m x 0,165 m) e alimentato da un piccolo motore elettrico che lo rende molto silenzioso, è molto discreto. È dotato di un software che gli consente di operare in uno sciame con altri dispositivi simili.

Utilizza la tecnologia AIVI (Artificial Intelligence Visual Identification) per riconoscere e classificare i bersagli in tempo reale. L'entrata in servizio è prevista per l'agosto 2022.

Detto questo, stiamo assistendo a una rinascita dell'uso di piccoli droni FPV commerciali a livello tattico. Leggeri, economici, facili da usare e altamente flessibili, offrono una soluzione altrettanto efficace dei LANCET-3, ma più efficiente.

In termini operativi, i russi hanno messo in servizio il drone ORION, paragonabile all'americano MQ-1 PREDATOR o all'MQ-9 REAPER. Con una durata di 24 ore e un raggio d'azione di 1.400 km, può effettuare missioni di sorveglianza e ricognizione aerea. Può lanciare bombe a gravità da 50 kg (KAB-50 e FAB-50) o bombe guidate (UPAB-50) in missioni combinate di ricognizione e attacco. È stato schierato sul TVD dell'Ucraina almeno dal marzo 2022. Tuttavia, la sua altezza di 7.500 metri lo rende vulnerabile ai missili antiaerei S-300 ucraini.

Il drone ORION

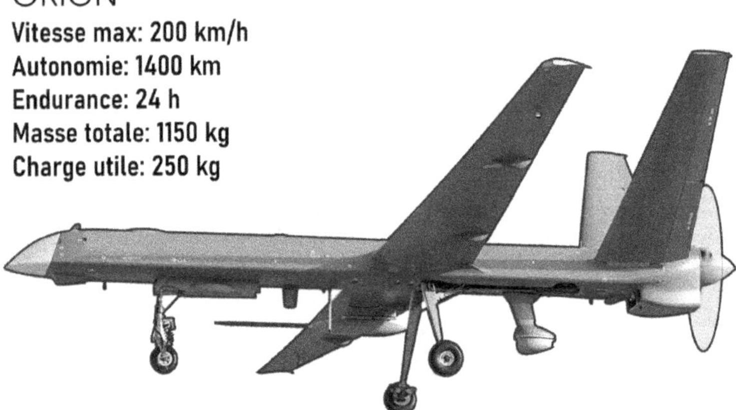

Figura 90 - L'UAV ORION è uno dei più recenti UAV operativi della Russia. È stato testato in Siria nel 2019 ed è stato schierato sul TVD dell'Ucraina dal marzo 2022.

L'ultimo sviluppo dei droni russi è la comparsa di droni «trasparenti». Realizzati con materiali non metallici, sono invisibili alle onde radar e possono quindi eludere ampiamente i sistemi di rilevamento[699].

6.8.2.2. Armi robotiche

L'idea di robotizzare il campo di battaglia risale a molto tempo fa. I russi hanno diversi progetti, alcuni dei quali operativi, come i sistemi PLATFORMA-M e NEREKHTA, utilizzati per missioni di sorveglianza in alcune basi russe. Questi sistemi sono stati testati in Siria, insieme a sistemi da combattimento come l'URAN-9[700].

Quest'ultimo è stato testato durante le manovre ZAPAD-2021 ed è stato schierato nel Donbass, ma più per convalidare le soluzioni software e il collegamento in rete di queste armi nel quadro della ROK/RUK che per gli impegni operativi.

Il veicolo robotico da combattimento URAN-9

Figura 91 - L'URAN-9 è un sistema di combattimento in grado di agire autonomamente contro i carri armati. L'uso di tali sistemi sta iniziando a far parte di un corpo di dottrina costruito dall'esperienza in Ucraina.

---

699. Boyko Nikolov, "La Russia svela un UAV FPV in foamplast con massima trasparenza radio-fonica", *Bulgarian Military*, 15 ottobre 2023 (https://bulgarianmilitary.com/amp/2023/10/15/russia-unveils-foamplast-fpv-uav-with-max-radio-transparency/)
700. https://youtu.be/d0qG64xao6s

Non si conoscono i risultati di questi scontri, ma a quanto pare l'idea di un veicolo da combattimento in grado di agire autonomamente sul campo di battaglia è ancora una prospettiva lontana.

Le macchine PLATFORMA-M e NEREKHTA sono sistemi più semplici in grado di eseguire azioni programmate in un contesto più semplice rispetto a URAN-9.

Figura 92 - Il PLATFORMA-M e il NEREKHTA sono sistemi in grado di trasportare sistemi anticarro.

7. La guerra dell'informazione

7.1. Guerra cibernetica

La guerra cibernetica è generalmente considerata la guerra del XXI secolo e già nel 2021 i nostri «esperti» prevedevano una guerra cibernetica russa contro l'Ucraina, che avrebbe neutralizzato l'economia o addirittura l'avrebbe distrutta a tal punto da non rendere necessario un intervento militare. Ma uno studio del *Centro per gli studi sulla sicurezza* (CSS) del Politecnico federale di Zurigo ci ha riportato alla realtà. Intitolato «Farewell to cyberwar: Ukraine's reality check» (Addio alla guerra cibernetica: la realtà dell'Ucraina), dimostra che la guerra cibernetica ha giocato solo un ruolo minore nel conflitto ucraino[701]:

> *Sosteniamo che gli esperti che credono che la guerra cibernetica sia una realtà continuano a sottovalutare i limiti pratici degli attacchi cibernetici (noti anche come operazioni con effetti cibernetici) e, di conseguenza, a sopravvalutare la loro importanza strategica - nonostante un'ampia evidenza empirica dimostri che gli attacchi cibernetici non sono molto efficaci nel realizzare azioni coercitive e distruttive.*

Il CSS conclude:

---

701. Lennart Maschmeyer & Myriam Dunn Cavelty, "Addio guerra informatica: Ukraine as Reality Check", *Politecnico di Zurigo - Centro per gli studi sulla sicurezza,* maggio 2023 (https://css.ethz. ch/content/dam/ethz/special-interest/gess/cis/center-for-securities-studies/pdfs/PP10-3_2022-EN.pdf).

Nel complesso, non ci sono prove che le operazioni sponsorizzate dalla Russia, o in realtà tutte le operazioni relative a questo conflitto (comprese quelle dei vari «eserciti» hacktivisti che sono emersi), abbiano avuto un impatto misurabile sul corso del conflitto, abbiano fornito vantaggi tattici osservabili – come il sabotaggio di attrezzature militari o l'interruzione delle comunicazioni nemiche in combattimento – o abbiano generato un vantaggio strategico.

Il vero problema della guerra nel cyberspazio è che non siamo in grado di determinare con certezza l'origine degli attacchi. Le cosiddette società di cybersicurezza non sono materialmente in grado di farlo e le loro opinioni sui nostri media provengono quasi esclusivamente da fonti terze. È chiaro che queste forme sono il più delle volte parte del problema.

Nel dicembre 2016, *CrowdStrike* ha affermato che l'entità hacker FANCY BEAR (presumibilmente associata all'intelligence militare russa) era penetrata nella rete di controllo del fuoco dell'artiglieria ucraina per piazzare un malware, causando gravi perdite[702]. L'informazione è un po' «grossa», ma alcuni media tradizionali, guidati più dalla russofobia che dall'interesse per un'informazione onesta, come la *Radiotelevisione svizzera*[703] e il quotidiano *Libération*[704], l'hanno diffusa lo stesso. Si è scoperto che l'informazione era completamente falsa[705].

In realtà, dall'inizio degli anni 2000, quella che chiamiamo «guerra informatica» è stata più una guerra tra «*troll*» che un mezzo per destabilizzare i Paesi, come previsto da Hollywood. I nostri media sono soliti amplificare gli eventi informatici e approfittare del fatto che i loro autori sono difficili da identificare per attribuirli alla Russia. Inoltre, se è certo che gli attacchi provengono dalla Russia, ciò non significa che il governo sia coinvolto.

---

702. "Uso del malware androide FANCY BEAR nel tracciamento delle unità di artiglieria da campo ucraine", *CrowdStrike*, 22 dicembre 2016.

703. «Gli hacker del Partito Democratico Russo hanno preso di mira l'esercito ucraino», *rts.ch*, 22 dicembre 2016.

704. Amaelle Guiton, «Les Russes donnent des sueurs froides sur le front numérique», *liberation.fr*, 30 dicembre 2016

705. Il vecchio rapporto è stato pubblicato il 22 dicembre 2016 e quello corretto il 23 marzo 2017 (Oleksiy Kuzmenko & Pete Cobus, «Cyber Firm Rewrites Part of Disputed Russian Hacking Report», *Voice of America [VOA]*, 24 marzo 2017).

Ad esempio, quando l'Estonia è stata attaccata il 27 aprile 2007, i nostri media hanno immediatamente accusato la Russia[706], sostenendo che anche se il governo non era direttamente coinvolto, l'azione non avrebbe potuto aver luogo senza l'approvazione del Cremlino! Alcuni sollevano addirittura lo spettro dell'articolo 5 della NATO[707]! La *Radio-Télévision Suisse* ha denunciato senza mezzi termini la responsabilità del governo russo[708]. Tuttavia, dei 3.700 indirizzi IP che hanno scatenato l'attacco, 2.900 erano russi, 200 ucraini, 130 lettoni e 95 tedeschi[709]. Secondo Mikko Hyppönen, esperto della società finlandese di sicurezza informatica *F-Secure*:

> *In pratica, esiste un solo indirizzo IP che conduce a un computer governativo. 710È ovviamente possibile che un attacco sia stato lanciato anche da lì, ma la persona coinvolta potrebbe essere chiunque, dal custode di un dipartimento governativo al più anziano.*

Quindi non ne sappiamo nulla. Non ci sono prove del coinvolgimento di organismi ufficiali russi[711] e tutto fa pensare a un'azione della società civile. Inoltre, né la Commissione europea né la NATO[712] confermano il coinvolgimento della Russia. Alla fine è stato identificato un solo colpevole: un giovane attivista russo del movimento giovanile «Nachi» – un'organizzazione patriottica russa che lotta contro «*oligarchi, antise-miti, nazisti e liberali*» – che ha agito in modo indipendente. È chiaro che i nostri giornalisti sostengono sempre le stesse persone!

---

706. Sylviane Pasquier, «Estonie : la main de Moscou», *L'Express*, 16 maggio 2007; Kertu Ruus, «Cyber War I: Estonia attaccata dalla Russia», *European Affairs*, volume IX, n. 1-2, inverno/primavera, 2008; Benoît Vitkine, «L'Estonie, première cybervictime de Moscou», *Le Monde*, 14 marzo 2017.
707. James A. Lewis, "The 'Korean' Cyber Attacks and Their Implications for Cyber Conflict", *Center for Strategic and International Studies*, ottobre 2009.
708. «Une cyberguerre russo-estonienne déclenchée», *rts.ch*, 6 agosto 2007 (aggiornato il 31 gennaio 2013)
709. Santeri Taskinen, Mari Nikkarinen e Shankar Lal, «La guerra informatica estone», 21 aprile 2017 (https://mycourses.aalto.fi/pluginfile.php/457047/mod_folder/content/0/Kyber%20Crystal.pdf?forcedownload=1)
710. Nate Anderson, "Attacchi DDoS massicci contro l'Estonia; la Russia è accusata", *arstechnica.com*, 14 maggio 2007.
711. Sean Michael Kerner, "Estonia sotto attacco informatico russo?", *internetnews.com*, 18 maggio 2007.
712. Les cyberattaques - repères chronologiques (https://www.nato.int/docu/review/2013/Cyber/timeline/FR/index.htm) (consultato il 1 ottobre 2019)

Uno studio dell'Università di Adelaide (Australia) sulle attività informatiche dell'inizio del 2022 in Ucraina mostra che gli ucraini erano chiaramente preparati a un'intensificazione delle operazioni militari. Già il 24 febbraio, l'attività informatica dei *bot* ucraini è stata immediatamente ad un livello molto alto, e solo pochi giorni dopo è iniziata l'attività informatica russa[713]. Ciò indica che le reti ucraine avevano già preparato i loro attacchi informatici prima del 24 febbraio ed erano pronte a lanciarli molto rapidamente quel giorno.

Attività informatiche all'inizio dell'operazione militare speciale russa

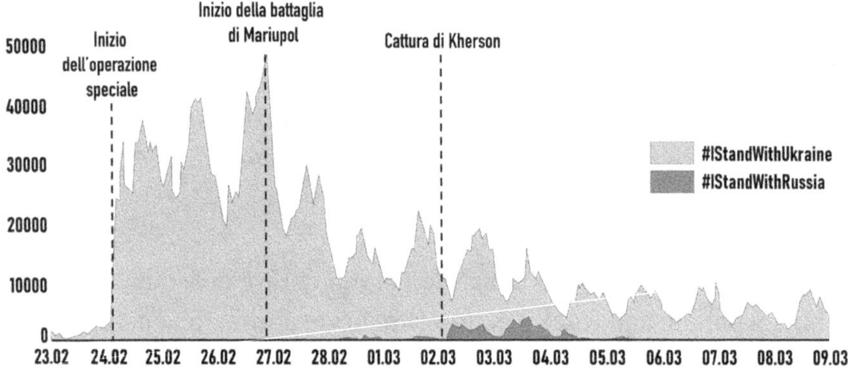

Figura 93 - Fonte: Bridget Smart, Joshua Watt, Sara Benedetti, Lewis Mitchell & Matthew Roughan, "#IStandWithPutin versus #IStandWithUkraine: The interaction of bots and humans in discussion of the Russia/Ukraine war", The University of Adelaide, 15 agosto 2022 (https://arxiv.org/abs/2208.07038)

Come abbiamo visto con *TV5 MONDE*, per quanto riguarda quella che chiamano «guerra ibrida», i nostri media e i nostri esperti fanno discendere da eventi che nessuno è in grado di conoscere con precisione, una responsabilità della Russia. Tecnicamente parlando, si tratta di cospirazionismo, ossia la creazione di una narrazione a partire da elementi spesso reali, legati da una logica arbitraria, con un presunto scopo malevolo.

---

713. Bridget Smart, Joshua Watt, Sara Benedetti, Lewis Mitchell & Matthew Roughan, "#IStandWithPutin versus #IStandWithUkraine: The interaction of bots and humans in discussion of the Russia/Ukraine war", *The University of Adelaide*, 15 agosto 2022 (aggiornato al 20 agosto 2022) (https://arxiv.org/abs/2208.07038)

Secondo il CSS, la stragrande maggioranza degli eventi noti attribuiti alla Russia (di solito senza alcuna prova) ha avuto solo effetti limitati e localizzati, con un impatto minimo o nullo sul conflitto. È sicuro che molti degli eventi attribuiti alla guerra informatica sono in realtà problemi di gestione del software di installazione (come abbiamo visto negli Stati Uniti, dove le società di fornitura di energia elettrica nascondono i loro problemi di gestione dietro i cosiddetti attacchi russi).

Anche in questo caso, la narrazione ufficiale di questi attacchi russi, amplificando artificialmente il loro impatto a fini propagandistici, contribuisce a sminuire le capacità della Russia in questo settore.

7.2. Propaganda e disinformazione

Propaganda e disinformazione sono due termini usati indistintamente dai nostri media. Eppure rappresentano attività distinte.

La propaganda è letteralmente: «ciò che vale la pena diffondere». In genere enfatizza i nostri punti positivi (come in un messaggio pubblicitario) o i punti deboli del nostro avversario. Ma le informazioni in sé non sono (generalmente) false. Questa era la strategia dominante dell'URSS durante la Guerra Fredda. Oggi vediamo la stessa filosofia.

La disinformazione è l'atto di ingannare deliberatamente un avversario per mezzo di informazioni false. A differenza dei nostri media, che vedono la disinformazione come un fine in sé, i russi la intendono come un mezzo all'interno di una determinata strategia.

In generale, in un conflitto, il difensore enfatizza la propaganda per evidenziare le proprie capacità difensive a scopo di deterrenza. L'attaccante, invece, si concentra sulla disinformazione per nascondere le proprie intenzioni. Ma in questo conflitto è letteralmente il contrario.

7.2.1. *Propaganda e disinformazione dall'Occidente e dall'Ucraina*

La narrazione ufficiale è al centro della strategia occidentale e ucraina. L'obiettivo non è solo quello di infondere fiducia nella popolazione ucraina, ma anche e soprattutto quello di destabilizzare la popolazione russa e il sostegno che essa dà al suo governo. Ma la sua funzione principale è quella di mantenere il sostegno materiale dell'Occidente.

All'inizio di novembre 2023, Oleksei Arestovitch, ex consigliere di Zelensky, ha confessato di aver mentito ai suoi concittadini per promuovere una narrazione[714]:

> *Gran parte della responsabilità di aver creato la fede del cittadino medio nella nostra rapida e magnifica vittoria ricade su di me personalmente. All'epoca, ho creato questa illusione perché potessimo sopravvivere. Oggi la sto distruggendo perché noi possiamo sopravvivere.*

Non c'è nulla di veramente nuovo qui, perché molte delle informazioni che ho già fornito nei miei libri precedenti sono state ora confermate. Per quanto riguarda l'Ucraina, era indubbiamente lecito diffondere disinformazione, ma è stato immorale e criminale amplificare queste menzogne nei nostri Paesi e incoraggiare così consapevolmente lo sviluppo di una forma di russofobia. Non c'è dubbio che i nostri giornalisti debbano rispondere di fronte ai tribunali per aver deliberatamente incitato all'odio.

Con un certo infantilismo, l'Occidente ha intrapreso una guerra alle narrazioni, pensando che ciò sarebbe stato sufficiente a provocare un cambiamento politico in Russia. Soprattutto in Europa, ciò ha portato alla totale esclusione delle informazioni che si discostano dalla narrazione occidentale. Chi si avventura fuori dai sentieri battuti viene accusato di «trasmettere il discorso del Cremlino» e quindi di essere «agente delle reti di Vladimir Putin». Questo accade anche quando si trasmettono informazioni che provengono dall'Ucraina ma che contraddicono la narrazione occidentale…

Quello che dicono i russi viene invariabilmente descritto come «propaganda», mentre quando gli ucraini diffondono informazioni false, è più probabile che vengano descritti come «narrazione»[715]!

In numerose occasioni, i nostri media hanno immediatamente accusato i russi di aver deliberatamente preso di mira i civili in Ucraina, quando lo schema degli incidenti dimostrava che potevano essere stati causati da missili antiaerei ucraini che avevano mancato il bersaglio.

714. https://twitter.com/djuric_zlatko/status/1720923003742036309
715. https://youtu.be/bEv4-IJsl9k?t=270

Così, invece di mostrare un po' di moderazione, i nostri media hanno cercato di aggiungere benzina al fuoco.

Il 6 settembre 2023, un missile ha colpito un mercato a Konstantinovka. La *RTS* ha immediatamente riferito che il governo svizzero «*ha condannato il raid russo*», sottolineando che «*gli attacchi ai civili sono vietati dal diritto umanitario internazionale*»[716]. Tuttavia, meno di quindici giorni dopo, il *New York Times* ha riportato[717]:

> *Ma le prove raccolte e analizzate dal New York Times, tra cui frammenti di missili, immagini satellitari, testimonianze e post sui social media, suggeriscono fortemente che l'attacco catastrofico è stato il risultato di un missile di difesa aerea ucraino errante sparato da un sistema BUK.*

Questo è uno dei tanti esempi di come i nostri media e i nostri governi accusino deliberatamente la Russia prima di attendere informazioni più sostanziali. Si tratta infatti di una pratica comune in Occidente, che permette di lanciare false accuse senza bisogno di giustificazioni. È un problema che ho individuato quando lavoravo alla dottrina per la protezione dei civili alle Nazioni Unite. Ho notato che questa pratica tende a incoraggiare i crimini contro i civili (azione sotto falsa bandiera). Questo è un esempio di come i governi e i media incoraggino i crimini contro i civili.

Come ha osservato la rivista americana *Newsweek* in un articolo intitolato «*Cosa ha imparato l'Ucraina dallo Stato Islamico*»[718] (il titolo è stato cambiato poche ore dopo in «*Come l'Ucraina sta applicando lo scenario dello Stato Islamico*»), l'Ucraina sta adottando le tecniche di comunicazione dello Stato Islamico[719]:

---

716. https://www.rts.ch/info/monde/14293014-les-dix-premiers-chars-leopard-1-arrivent-en-ukraine.html#timeline-anchor-1694033722199
717. https://www.nytimes.com/2023/09/18/world/europe/ukraine-missile-kostiantynivka-market.html
718. Isabel van Brugen, "Cosa ha imparato l'Ucraina dall'ISIS", *Newsweek*, 31 maggio 2023 (https://web.archive.org/web/20230531073952/https://www.newsweek.com/what-ukraine-russia-war-learned-isis-surveillance-drones-strikes-videos-1803199)
719. Isabel van Brugen, "How Ukraine Followed the ISIS Playbook", *Newsweek*, 31 maggio 2023 (https://www.newsweek.com/what-ukraine-russia-war-learned-isis-surveillance-drones-strikes-videos-1803199)

> *Per l'Ucraina, il motivo che spinge a creare video raffinati di scene*
> *di battaglia è quello di attirare un numero sufficiente di spettatori*
> *in tutto il mondo per garantire che la lotta del Paese contro la Russia*
> *non venga dimenticata e per dimostrare che il sostegno finanziario*
> *e militare dell'Occidente a Kiev non è stato e non sarà vano.*

L'obiettivo della comunicazione occidentale è la popolazione russa. Non si tratta di sostenere il popolo ucraino (in effetti, nessuno dei nostri media tradizionali si è espresso contro il fatto che Kiev stia sparando sulla sua stessa popolazione dal 2014), ma di provocare una crisi politica in Russia. Ecco perché i nostri media non ci informano sulla situazione così com'è, ma come vorremmo che i russi la percepissero.

Ad esempio, il 13 aprile 2023, la *RTS*[720] ha parlato di «*capacità militari convenzionali degradate*» della Russia. Tuttavia, meno di due settimane dopo, il generale Christopher Cavoli, comandante in capo del *Comando europeo degli Stati Uniti* (SACEUR), ha dichiarato a una commissione congressuale statunitense che «*le capacità aeree, navali, spaziali, digitali e strategiche della Russia non hanno subito un degrado significativo durante questa guerra*»[721].

Quindi non solo i nostri media mentono a noi, ma anche agli stessi ucraini. Ad esempio, i prigionieri di guerra ucraini hanno spiegato di essere stati spinti a combattere perché gli era stato detto che «*i russi erano deboli, mal equipaggiati e stanchi*»[722]. Come ha detto un sergente della 32ª Brigata meccanizzata indipendente ucraina: «*Tutto è diverso da quello che si legge nei comunicati stampa quotidiani e nei media*»[723].

Dei media europei che ho consultato per i miei libri, praticamente nessuno ha tentato di fornire informazioni obiettive sul conflitto. Si ammette che un conflitto ha sempre una componente emotiva e che un certo grado di soggettività è inevitabile. Come ho dimostrato nei miei libri, i media che hanno sistematicamente minimizzato le capacità della

---

720. https://www.rts.ch/info/monde/13940354-des-documents-classifies-decrivent-des-luttes-intestines-dans-les-cercles-de-pouvoir-russes.html
721. https://armedservices.house.gov/sites/republicans.armedservices.house.gov/files/04.26.23 Dichiarazione di Cavoli v2.pdf
722. https://twitter.com/MyLordBebo/status/1672196798297899010
723. Igor Kossov, "Una nuova brigata subisce il peso dell'attacco russo nella regione di Kharkiv", *The Kyiv Independent*, 1 settembre 2023 (https://kyivindependent.com/new-brigade-bears-heavy-brunt-of-russias-onslaught-in-kharkiv-oblast/).

Russia sono: *RTBF* (Belgio), *LCI, TF1, BFM TV* e *France 5* (Francia), *RTS, SRF, Le Temps, Neue Zürcher Zeitung* e il tabloid *Blick* (Svizzera). I nostri media vivono del sangue degli altri. È quindi logico – se non accettabile – che cerchino di infiammare le tensioni piuttosto che calmarle.

Ancora più preoccupanti sono i loro esperti militari nominati (Nicolas Gosset in Belgio; Pierre Servent, Michel Yakovlev, Michel Goya e Dominique Trinquand in Francia; Alexandre Vautravers in Svizzera). Rappresentano una forma di dispotismo non illuminato, dove si analizza senza sapere e si giudica senza conoscere. Il soldato deve avere un'immagine realistica del suo avversario e non farne un'entità immaginaria. Un soldato che crede che il suo avversario sia debole lo teme.

Questo discorso porta a dei paradossi. Mentre la Russia è stata sconfitta dall'Ucraina, è allo stremo e «*la sua industria è a pezzi*»[724], è vista come la principale minaccia per l'Europa[725]. Come vedremo in questo libro, i media ucraini, sotto pressione e pesantemente controllati, riescono comunque a darci informazioni più obiettive rispetto ai media occidentali. Ciò sottolinea l'importanza della narrazione nella comunicazione occidentale e spiega perché questa narrazione deve essere soggetta a una rigida censura.

Nell'ottobre 2023, sulla testata ucraina *Strana*, un comandante di battaglione ha dichiarato[726]:

> [...] *All'inizio della guerra, tutti gli ucraini erano pronti a difendere il Paese e c'erano molti volontari. Ma dopo il ritiro delle truppe russe dall'area di Kiev, la situazione è cambiata.*
> *Subito dopo ho notato che i media trasmettevano teorie secondo cui stavamo combattendo con dei barboni, che l'esercito russo non sapeva combattere, che in linea di principio la vittoria sarebbe arrivata in una o due settimane, un mese al massimo. Che in primavera, poi in estate, poi in autunno, poi in inverno, senza specificare quale, saremmo entrati in Crimea. Che la guerra era in*

---

724. https://youtu.be/R9n3s3CyZ9o
725. Stefan Grobe, «La Russia è la 'principale e più diretta minaccia alla sicurezza dell'Alleanza'», *Euronews*, 1 luglio 2022 (https://fr.euronews.com/my-europe/2022/07/01/la-russie-est-la-menace-principale-et-la-plus-directe-pour-la-securite-de-lalliance)
726. https://strana.news/news/449257-kombat-vooruzhjonnykh-sil-schitaet-chto-stratehicheski-ukraina-proihryvaet-rossii.html

linea di principio vittoriosa. Così le persone sono state messe in un bagno caldo. Abbiamo avuto una rottura nella nostra visione della realtà. Ma in Russia non era così. I russi cominciarono a capire che la guerra non sarebbe stata facile per loro. Capirono che avrebbero dovuto combattere a lungo.

Come ho detto nei miei libri precedenti, il punto di svolta è stato l'errata interpretazione da parte dell'Ucraina e dell'Occidente del ritiro russo da Kiev. Si è trattato di un *ritiro,* non di una *ritirata,* ma i nostri media, ansiosi di vedere una sconfitta russa, hanno alimentato una narrazione che oggi pesa sull'Ucraina. Oltre a indebolire la volontà di difesa in Ucraina, la disinformazione occidentale ha l'effetto di stimolare l'odio. A metà ottobre 2023, la *RTS* ha accusato la Russia di aver cercato di influenzare le elezioni parlamentari, sulla base di un video postato su X (Twitter) che mostrava un uomo di colore che urinava su un marciapiede. L'accusa sarebbe giustificata dal fatto che «*gli account che hanno diffuso questo video sono molto probabilmente falsi e 'influenzati dalla Russia'*». In altre parole, non ne sappiamo assolutamente nulla e l'espressione «influenza russa» non implica in alcun modo il coinvolgimento del governo russo, senza nemmeno menzionare il fatto che questo tipo di video sta proliferando sui social network. In questo caso, *RTS* sta creando una cospirazione dal nulla sulla base di sospetti ed elementi che non sappiamo essere collegati. Si tratta di una teorizzazione tecnicamente e letteralmente complottista, volta sia a fomentare l'odio contro la Russia sia a influenzare un processo democratico in Svizzera. A difesa dei media, un rapporto confidenziale dei servizi segreti svizzeri sarebbe alla base di questa fantastica accusa[727].

7.2.2. Propaganda e disinformazione russa

La principale debolezza dell'Occidente nel complesso mondo di oggi è che percepisce le situazioni solo attraverso i propri pregiudizi. Dalla Guerra Fredda, tutto ciò che proviene dalla Russia (e prima ancora dall'URSS) viene presentato in Occidente come propaganda o disinformazione (che sono sinonimi nella mente dei nostri giornalisti). Il

---

727. «Selon un document du SRC, la Russie tenterait d'influencer les élections en Suisse», *rts.ch,* 15 ottobre 2023

problema dell'analisi della propaganda e della disinformazione russa è che non ci raggiunge. L'Occidente ha eretto così tante barriere e censure che siamo ridotti a credere che esistano, senza poterlo dimostrare.

Nel bel mezzo del conflitto ucraino, per convincerci che la Russia ci sta disinformando, il giornalista svizzero Jean-Philippe Schaller non ha trovato esempio migliore dell'operazione INFEKTION del KGB, risalente al... 1985[728]! Ammessa dagli stessi sovietici nell'agosto 1987[729], l'operazione aveva lo scopo di attribuire agli Stati Uniti la creazione del virus dell'AIDS[730]. È sintomatico che il nostro «giornalista» si sia ridotto a tornare agli anni '80 per dimostrare la disinformazione russa di oggi. La sua scelta dimostra che gli esempi di disinformazione sovietica (o russa) sono rari, mentre il giornalista svizzero inserisce nel suo programma in media 1 informazione falsa ogni 3'20"!

Così, il *trolling* sui social network che ha origine in Russia viene automaticamente attribuito al governo russo e classificato come disinformazione. D'altra parte, gli esempi di disinformazione occidentale sono apparentemente poco plausibili («Putin farebbe un bagno di sangue»). Ciò che viene descritto come «disinformazione» per la Russia diventa «*storytelling*» per l'Ucraina[731]!

Le informazioni che si possono trovare sui siti web russi mostrano che la Russia non attribuisce molta importanza al controllo mentale nella conduzione delle sue operazioni. Anzi, è vero il contrario. I russi cercano di convincere con i fatti. A differenza degli ucraini, hanno acquisito una solida reputazione di trattare bene i loro prigionieri. Di conseguenza, le unità ucraine si arrendono in gran numero senza nemmeno combattere. Al contrario, i russi hanno paura di arrendersi a causa del trattamento riservato ai prigionieri di guerra. Di conseguenza, gli ucraini non avevano abbastanza prigionieri da scambiare con i russi[732]. Il maltrattamento dei prigionieri di guerra russi è noto da tempo, ma i nostri media, come *RTS* in Svizzera e *LCI* in Francia, sorvolano su questi temi per non compro-

---

728. https://youtu.be/bEv4-IJsl9k?t=1337
729. Thomas Boghardt, "Operazione INFEKTION - L'intelligence del blocco sovietico e il suo AIDS", *Studies in Intelligence*, vol. 53, n. 4, CIA, dicembre 2009.
730. https://cia.gov/resources/csi/studies-in-intelligence/volume-53-no-4/soviet-bloc-intelligence-and-its-aids-disinformation-campaign/
731. https://youtu.be/bEv4-IJsl9k?t=285
732. https://svidomi.in.ua/en/page/ukraine-has-problems-with-the-exchange-fund-ukraines-ombudsman

mettere la narrazione ufficiale. Il 20 marzo 2022, sul canale *Ukraïna 24*, il dottor Gennadiy Druzenko ha dichiarato di aver dato l'ordine di castrare tutti i russi «*perché sono scarafaggi e non uomini*»[733]. Questa informazione non è stata commentata né condannata dai media che sostengono le idee neonaziste. Detto questo, questo tipo di propaganda tende a incoraggiare i russi a non arrendersi. Anche in questo caso abbiamo gli effetti asimmetrici delle narrazioni occidentali e ucraine.

Perché i russi non si arrendono

Figura 94 - *Maltrattamenti. Il 20 marzo 2022, il dottor Gennadiy Druzenko dichiarò a Ukraïna 24: «Sono sempre stato un grande umanista e ho detto che un uomo ferito non è più un nemico, ma un paziente, ma ho dato l'ordine preciso di castrare tutti gli uomini perché sono scarafaggi e non uomini». Un'osservazione molto simile a quella di Heinrich Himmler: «Noi tedeschi, che siamo gli unici al mondo ad avere un atteggiamento decente nei confronti degli animali, adotteremo un atteggiamento decente anche nei confronti di questi animali umani.» [Fonti: Daily Mail; https ://www.jewishvirtuallibrary.org/remarks-by-himmler]*

Possiamo notare che le comunicazioni russe si attengono ai fatti, probabilmente per evitare di essere troppo facilmente individuate dai media occidentali. La tecnologia utilizzata per geolocalizzare le comunicazioni sui social network mostra una buona correlazione tra gli annunci del Ministero della Difesa e la situazione reale sul campo. Questo è un

---

733. Will Stewart, "Il medico ucraino racconta all'intervistatore televisivo di aver ordinato al suo staff di CASTRARE i soldati russi perché sono 'scarafaggi'", *Daily Mail*, 21 marzo 2022 (aggiornato al 22 marzo 2022) (https://www.dailymail.co.uk/news/article-10636597/Ukrainian-doctor-tells-TV-interviewer-ordered-staff-CASTRATE-Russian-soldiers.html)

altro argomento per sostenere che i nostri media parlano a vanvera dei successi ucraini, ad esempio. Mentre le perdite materiali annunciate dalla Russia possono essere relativamente ben verificate, non è così per le perdite umane.

Detto questo, per gli ucraini come per i russi, il conteggio delle vittime è a volte complicato e le cifre annunciate non sono necessariamente disinformazione. Ad esempio, quando un veicolo viene preso di mira da due diversi tiratori, ognuno di essi riporterà un solo colpo. Per questo motivo siti come *Oryx*[734] sono inaffidabili, in quanto spesso riportano le stesse vittime più volte, fotografate da angolazioni diverse o in un contesto diverso, ma i nostri media prendono questo sito come fonte principale per le vittime russe[735]. Questo è probabilmente il motivo per cui il sito chiuderà all'inizio di ottobre 2023!

La logica della comunicazione russa è diametralmente opposta a quella dell'Ucraina. Mentre quest'ultima ha emesso una serie di comunicati vittoriosi, la Russia non ha cercato di magnificare i suoi successi. Ad esempio, la spinta su Avdievka, che le forze russe stanno lentamente ma inesorabilmente portando avanti dalla fine dell'estate 2023, non è stata oggetto di alcun comunicato stampa. I nostri media non ne hanno parlato. Nel novembre 2023 abbiamo scoperto che, contrariamente a quanto affermato dai nostri media, tutte le offensive ucraine erano fallite, compresa la folle operazione anfibia attraverso il Dnieper. Su una nota più seria, ci saremmo aspettati che la Russia sminuisse le proprie capacità e cercasse di applicare il principio enunciato dallo stratega cinese Sun Tzu oltre 2.000 anni fa: «*Apparire deboli quando si è forti*».

Tuttavia, quest'opera di disinformazione non è stata condotta dalla Russia stessa, ma dall'Occidente! Subito dopo lo scoppio dell'SVO, è stato dichiarato che la Russia aveva già perso la guerra[736]! La sistematica sottovalutazione delle capacità russe da parte dei nostri media (in francese: *LCI*, *BFM TV*, *Le Monde*, *RTBF*, *RTS*, *Le Temps*, ecc.) ha portato gli ucraini a sopravvalutare le proprie capacità. Si sono impegnati in un conflitto che era stato promesso loro di essere breve e vinto in anticipo.

---

734. https://www.oryxspioenkop.com/2022/02/attack-on-europe-documenting-equipment.html
735. https://www.rts.ch/info/monde/13492719-en-ukraine-de-plus-en-plus-dhelicopteres-russes-sont-abattus.html
736. https://legrandcontinent.eu/fr/2022/02/27/pourquoi-poutine-a-deja-perdu-la-guerre/

La narrazione occidentale darà un contributo essenziale alla distruzione dell'Ucraina in due modi: minimizzando le capacità della Russia e spingendo l'Ucraina a mantenere il suo territorio. Significativamente, i nostri media amano parlare dei metri quadrati riconquistati, ma ignorano sistematicamente il costo umano di questi «guadagni» e i metri quadrati persi pochi giorni dopo. Ci viene data l'impressione che l'esercito ucraino stia solo avanzando, mentre in realtà sta complessivamente arretrando, come ha mostrato il *New York Times* alla fine di settembre 2023, quando era in corso la «controffensiva»[737].

Le informazioni diffuse dai media russi, come *RT* e *Sputnik*, si concentrano – come è logico che sia – sugli elementi che lavorano contro l'Ucraina. Ma le informazioni fornite sono molto spesso accurate, a differenza di quelle ufficiali ucraine, che molto spesso sono false. Paradossalmente, la Russia tende a privilegiare la propaganda, mentre l'Ucraina utilizza la disinformazione.

7.3. Perdite

Fin dall'inizio dell'intervento russo, la narrazione occidentale ha ruotato intorno alla sconfitta russa, all'inaspettata resistenza dell'Ucraina e all'incapacità di Vladimir Putin di valutare razionalmente i rischi. Va detto che i russi stanno perdendo più uomini degli ucraini in questa operazione. Le perdite umane diventano quindi uno dei principali indicatori di successo e quindi un elemento centrale della narrazione. Mentre entrambe le parti hanno rilasciato dichiarazioni sulle perdite subite dall'altra parte, in Ucraina queste cifre hanno un significato politico centrale. Lo dimostra la proiezione del numero di morti russi (100.000) su uno degli edifici più alti di Kiev[738] riportata da *Newsweek* alla fine di dicembre 2022[739].

---

737. Josh Holder, "Chi sta guadagnando terreno in Ucraina? Quest'anno, nessuno", *The New York Times*, 28 settembre 2023 (https://www.nytimes.com/interactive/2023/09/28/world/europe/russia-ukraine-war-map-front-line.html)
738. https://t.me/tymoshenko_kyrylo/3160
739. https://www.newsweek.com/ukraine-marks-russian-100000-troop-death-milestone-100k-light-projection-kyiv-library-building-1769193

I nostri media cercano di nascondere i loro pregiudizi dietro luoghi comuni come «l'*Ucraina e la Russia stanno sovrastimando il numero di morti della parte avversa*»[740]. Apparentemente «studi» scientifici cercano di dare credibilità alle stime delle vittime russe, senza mettere in discussione le cifre fornite per l'Ucraina[741]. La totale assenza di ricerche serie sulla mortalità delle forze ucraine sembra essere dovuta al timore che le cifre reali distruggano la narrazione ufficiale. Da quel momento in poi, le stime diventano fatti e i fatti diventano linguaggio.

Detto questo, questa guerra di informazioni è possibile solo perché le cifre reali sono sconosciute e i due Paesi interessati – Russia e Ucraina – non le condividono. Va notato, tuttavia, che né i russi né gli ucraini possono sapere esattamente quante persone sono morte in tempo reale. Si tratta della cosiddetta «nebbia di guerra»: possono passare ore o addirittura giorni tra un evento (la morte di un soldato) e la sua considerazione a livello di comando. La situazione si complica quando ci sono disertori, come nel caso dell'Ucraina.

In generale, ci sono pochi modi per contare con precisione il numero di morti da entrambe le parti. I due principali sono il monitoraggio dell'evoluzione dei cimiteri militari tramite immagini satellitari e il controllo degli annunci mortuari sui media e sui social network.

7.3.1. *Perdite russe: la disinformazione come linea editoriale*

La prima cosa da fare è sapere cosa contare. Si distingue tra «*vittime*», termine generico che include morti, feriti e dispersi, e «*morti*». I nostri media fanno deliberatamente una confusione permanente tra questi due termini, che usano come sinonimi.

Il 22 agosto 2022, la *Radio-Télévision Suisse (RTS)* ha dichiarato[742]:

La Russia, in particolare, ha ammesso un numero molto basso di vittime dall'inizio della sua invasione (1.300 morti, l'ultima cifra stabilita a marzo), mentre gli Stati Uniti stimano le perdite russe

---

740. «L'Ucraina e la Russia sostengono i morti del campo avverso, secondo uno studio», *Le Temps*, 15 agosto 2023 (https://www.letemps.ch/monde/russie-12-morts-dans-une-explosion-dans-une-station-service-au-daguestan).
741. David Laitin (ed.) *et al*, "Estimating conflict losses and reporting biases", *PNAS*, Vol. 20, No. 34, *Stanford University*, Stanford, CA, 14 Agosto 2023 (https://doi.org/10.1073/pnas.2307372120)
742. https://www.rts.ch/info/monde/13323492-larmee-ukrainienne-concede-9000-morts-en-six-mois-dinvasion-russe.html

a circa 80.000 tra morti e feriti, ha ricordato l'alto funzionario francese Cyrille Bret al programma Tout un monde. «Tra 80.000 e 1.300, possiamo vedere l'entità delle possibili manipolazioni» da entrambe le parti, ha sottolineato.

I media statali svizzeri manipolano le cifre e barano su tre aspetti: tempo, fonti e natura delle cifre:

- La cifra di 1.300 deriva dal bilancio pubblicato a marzo dal Ministero della Difesa russo, che in realtà è di 1.351[743] (e quindi superiore a quanto sostiene la *RTS*!), mentre la stima di 80.000 è stata pubblicata nell'agosto 2022, cinque mesi dopo[744]. I media svizzeri sono già disonesti quando si tratta di tempo.
- La cifra di 80.000 viene dal Pentagono, sulla base di informazioni ucraine, secondo il sito americano *military.com*[745]. Dettaglio significativo: mentre i media anglosassoni parlano di un range di 70.000-80.000 morti, *RTS* prende automaticamente la cifra più alta. Un altro esempio di disonestà.
- La cifra di 1.351 pubblicata dalla Russia rappresenta i «morti», mentre quella di 80.000 rappresenta le «perdite» («morti + feriti + dispersi»). Quindi la *RTS* sta confrontando mele e pere. CQFD!

Un modo per contarli è seguire la scia dei decessi sui social network e sui media russi. È quanto sta facendo il media russo di opposizione *Mediazona,* che ha unito le forze con la *BBC* all'inizio dell'SVO, per stimare il numero di morti russi in Ucraina. Poiché il media è ferocemente anti-Putin, possiamo immaginare che le sue cifre siano sovrastimate e che siano piuttosto sfavorevoli ai russi. Ma la sua metodologia sembra affidabile, a differenza dei nostri media, che non ne hanno alcuna.

Detto questo, possiamo notare che, almeno in Francia, i filo-ucraini e i filo-russi hanno la stessa difficoltà a basare le loro informazioni su dati

743. "Circa 1.351 truppe russe uccise dall'inizio dell'operazione speciale in Ucraina - vertici dell'esercito", *Tass*, 25 marzo 2022 (https://tass.com/politics/1427515)
744. Caroline Anders: "La Russia ha perso fino a 80.000 soldati in Ucraina. O 75.000. O sono 60.000?", *The Washington Post*, 9 agosto 2022 (https://www.washingtonpost.com/politics/2022/08/09/russia-has-lost-up-80000-troops-ukraine-or-75000-or-is-it-60000/)
745. Travis Tritten, "La Russia ha subito fino a 80.000 perdite militari in Ucraina, dice il Pentagono", *military.com*, 8 agosto 2022 (https://www.military.com/daily-news/2022/08/08/russia-has-suffered-80000-military-casualties-ukraine-pentagon-says.html).

che loro stessi hanno ricercato e verificato. Ad esempio, sul sito dell'*Institut des Libertés*, che mira a ristabilire un'informazione onesta, Jacques Sapir afferma che *Mediazona ha* annunciato 60.000 morti russi all'inizio di agosto 2023[746]. Tuttavia, alla fine di ottobre, il sito ha annunciato un numero di vittime pari a 34.857 (al 20 ottobre). Anche tenendo conto del fatto che si tratta di morti, il nostro esperto raddoppia ingiustificatamente il numero di vittime russe, che ad agosto era di poco superiore a 30.000. Come si vede, c'è una profonda mancanza di rigore nel nostro approccio a questo conflitto.

Il sito web di *Mediazona* è ben noto, ma i nostri media evitano di farvi riferimento perché le cifre che fornisce sono molto più basse delle loro. Per il 22 agosto, *Mediazona* e la *BBC* indicano un bilancio di 5.185 morti (al 29 luglio)[747].

In realtà, il Ministero della Difesa russo ha annunciato ufficialmente il numero di morti solo due volte: il 25 marzo (1.351 morti) e il 21 settembre 2022 (5.937 morti)[748]. Nei comunicati successivi non ha fatto altri riferimenti ai morti russi. Le cifre annunciate dal Ministero della Difesa ucraino sono state 15.000 morti russi il 24 marzo 2022[749] e 55.510 morti il 22 settembre[750].

Tuttavia, nelle date degli annunci ufficiali russi, il sito web *Mediazona* ha annunciato cifre di 1.316 e 6.219 morti (al 9 settembre 2022)[751]. Esiste quindi una discreta correlazione tra le cifre ufficiali e quelle dell'opposizione.

Supponendo che *Mediazona* faccia un lavoro serio, ci sono due ovvie conclusioni:

- Le cifre fornite dal Ministero della Difesa russo erano molto probabilmente corrette;
- Gli ucraini (e quindi i nostri media) tendono a riportare perdite russe dieci volte superiori alla realtà.

---

746. https://youtu.be/89vMt9tsPxQ?t=434
747. https://zona.media/casualties
748. https://meduza.io/en/news/2022/09/21/shoigu-says-5-937-russian-soldiers-have-died-in-ukraine
749. https://www.reuters.com/technology/ukraine-uses-facial-recognition-identify-dead-russian-soldiers-minister-says-2022-03-23/
750. https://kyivindependent.com/general-staff-russia-has-lost-55-510-troops-in-ukraine-since-feb-24/
751. https://web.archive.org/web/20220921032116/https://en.zona.media/article/2022/05/20/casualties_eng

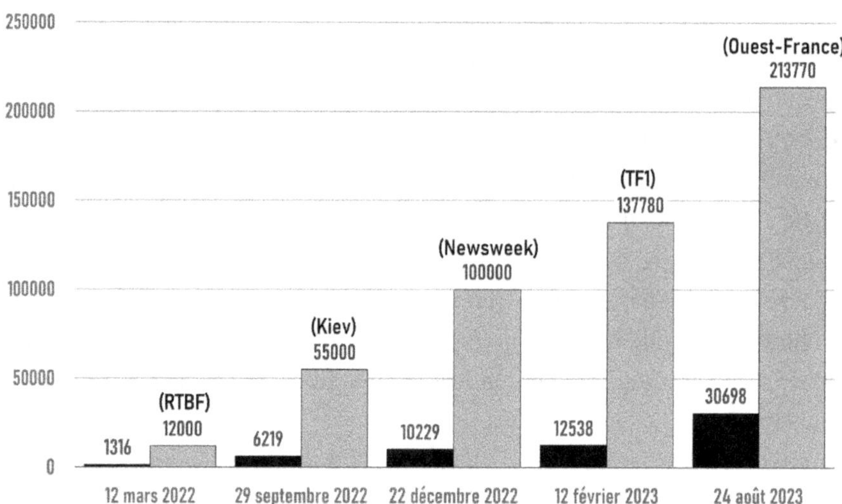

Figura 95 - Confronto tra le cifre fornite da vari media (in grigio) e dal media di opposizione russo Mediazona *in collaborazione con la* BBC *britannica (in nero). I nostri media ci forniscono cifre che provengono direttamente dalla propaganda ucraina, senza alcuna verifica. Anzi, confermano le loro cifre con informazioni provenienti da altri media. Si tratta quindi di informazioni che girano in tondo. In termini tecnici, non basano il loro prodotto su informazioni indipendenti. [Fonti:* Mediazona[752]*,* RTBF[753]*,* Libération[754]*,* Newsweek[755]*,* TF1[756]*, Ouest-France[757]].*

Per quanto riguarda il rapporto tra morti russi e ucraini, esso si basa in gran parte su speculazioni. Nel marzo 2023, secondo un «funzionario» della NATO, le perdite ucraine ammonterebbero a 1 ucraino ogni 5 russi

---

752. https://en.zona.media/article/2022/05/20/casualties_eng

753. https://www.rtbf.be/article/la-guerre-en-ukraine-est-aussi-une-guerre-des-chiffres-mos-cou-et-kiev-ne-saccordent-pas-sur-le-nombre-de-morts-10953528

754. https://www.liberation.fr/checknews/guerre-en-ukraine-y-a-t-il-eu-6000-morts-russes-comme-laffirme-moscou-ou-55000-comme-le-revendique-kiev-20220923_AL4JKOEZ4BFQD-JWMEKPJSFZYEI/

755. https://www.newsweek.com/ukraine-marks-russian-100000-troop-death-milestone-100k-light-projection-kyiv-library-building-1769193

756. https://www.tf1info.fr/international/guerre-ukraine-russie-avec-plus-800-morts-par-jour-en-moyenne-les-pertes-russes-au-plus-haut-en-fevrier-2023-2247923.html

757. https://www.ouest-france.fr/europe/ukraine/guerre-en-ukraine-la-contre-offensive-com-mentee-lourdes-pertes-russes-le-point-sur-la-nuit-34004d91-be82-45b4-a577-2c2bf8776bd5

uccisi o feriti, mentre Oleksiy Danilov, segretario del Consiglio di sicurezza e difesa ucraino, valuta il rapporto a 1:7[758].

Osservando le cifre delle perdite russe, possiamo notare che l'Ucraina applica sistematicamente la tecnica della «proiezione» o del «rispecchiamento» per comunicare. In questo modo, i numeri annunciati dall'Ucraina sulle perdite di ciascuna parte devono essere invertiti per fornire un quadro più vicino alla realtà.

Numero di morti a settimana nelle forze armate russe secondo **Mediazona**

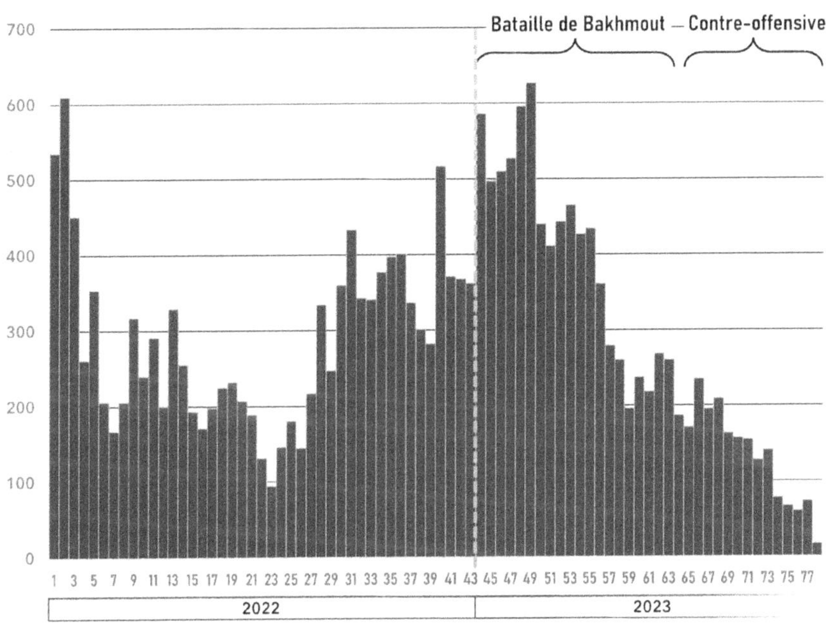

Figura 96 - Numero di morti delle forze della coalizione russa per settimana, secondo i media dell'opposizione Mediazona e la BBC britannica. È difficile individuare le fluttuazioni di queste cifre. Possiamo riconoscere l'impatto della battaglia di Bakhmut all'inizio del 2023, ma possiamo anche notare che le perdite russe stanno diminuendo durante la controffensiva ucraina. Sull'asse delle ascisse, il numero della settimana di conflitto.

758. Roman Olearchyk, Ben Hall & John Paul Rathbone, "Bakhmut: le perdite ucraine possono limitare la capacità di contrattacco", *The Irish Times/The Financial Times*, 9 marzo 2023 (https://www.irishtimes.com/world/europe/2023/03/09/bakhmut-analysis-ukrainian-losses-may-limit-capacity-for-counter-attack/).

Il 30 settembre 2023, i media *Ukrinform* riportano che, secondo lo Stato Maggiore ucraino, il numero di morti nelle file dell'esercito russo in Ucraina era di circa 278.130[759]. Alla stessa data, il sito web *Mediazona* riporta una cifra totale di 32.656 morti da parte russa (conteggio al 22 settembre 2023)[760]. Questa cifra comprende principalmente le truppe da combattimento, ma anche i morti del personale delle formazioni specializzate[761]:

Decessi nelle unità specializzate russe

Troupe	Numero
Forze aeree	1872
Fanteria di marina	720
Distaccamenti speciali della Guardia Nazionale	486
GRU Spetsnaz	345
Piloti militari	178
Ufficiali dell'FSB	55
Totale	**3656**

Figura 97 - Tabella dei decessi per formazione specialistica.
[Fonte: BBC News, 4 agosto 2023]

Nel giugno 2023, l'»esperto» Alexandre Vautravers affermò che la forza delle forze aviotrasportate russe era scesa da 15.000 a 5.000, e che quindi avevano perso il 60% dei loro effettivi[762]. In realtà, i loro effettivi erano tra i 45.000 e i 60.000[763] e in agosto *BBC News ha* riportato perdite di 1.872 uomini, pari a circa il 4%. La stima è quindi sbagliata di 15 volte.

---

759. https://www.ukrinform.net/rubric-ato/3767984-russian-military-death-toll-in-ukraine-ris-es-to-about-278130.html
760. https://en.zona.media/article/2022/05/20/casualties_eng
761. https://www.bbc.com/russian/features-66401153
762. https://www.lemanbleu.ch/fr/Emissions/189661-Geneve-a-Chaud.html
763. https://en.wikipedia.org/wiki/Russian_Airborne_Forces

7.3.2. Perdite in Ucraina

7.3.2.1. Perdite militari

Il numero dei soldati ucraini morti è sconosciuto. Temendo – giustamente – che se l'opinione pubblica occidentale conoscesse il numero dei morti, si opporrebbe al sostegno dei suoi governi alla guerra, l'Ucraina non fornisce cifre.

Le osservazioni sul campo e le testimonianze dei volontari occidentali rientrati tendono a confermare che le forze ucraine stanno subendo perdite notevolmente superiori a quelle dei russi. Significativamente, mentre i nostri media hanno cercato di stimare le perdite russe, non lo fanno per gli ucraini e citano i rapporti ufficiali ucraini: senza dubbio hanno troppa paura di ciò che scoprirebbero.

La strategia ucraina di difendere ad oltranza ogni metro quadrato di territorio porta solo alla distruzione delle proprie forze. È quello che hanno fatto i francesi e i tedeschi nel 1914-1918. Ma questa volta i russi sono mobili. Per usare un paragone storico, abbiamo quindi una situazione simile a quella di una difesa del 1914 e di un attaccante del 1940. Il risultato: nell'estate del 2022, il potenziale militare dell'Ucraina è distrutto.

L'Occidente si spaventò e iniziò a rifornire l'Ucraina di armi, nella speranza di ribaltare la situazione. I russi si resero conto che l'Occidente non avrebbe permesso agli ucraini di negoziare e avrebbe cercato di prolungare il conflitto fino all'esaurimento della Russia. Così cambiarono approccio: se non potevano fermare il flusso di armi, avrebbero dovuto distruggere coloro che le usavano.

Questo fu l'inizio di un'altra forma di guerra. L'obiettivo è ancora il potenziale militare, ma invece di distruggere le armi, distruggiamo le persone che le usano. All'inizio del giugno 2022, il presidente Zelensky parlava di perdite giornaliere di 60-100 uomini[764]. Il 9 giugno, Mykhailo Podoliak, consigliere di Zelensky, ha dichiarato alla *BBC* che le forze ucraine stavano perdendo dai 100 ai 200 uomini al giorno[765]. A metà giugno, David Arakhamia, capo negoziatore e stretto consigliere di

764. Mazurenko Alona, « Подоляк: Щодня гине 100-200 українських захисників », *Ukrainska Pravda*, 9 juin 2022 (https://www.pravda.com.ua/news/2022/06/9/7351600/)
765. « У війні гине 100 - 200 українських військових щодня - Офіс президента », *BBC News*, 9 juin 2022 (https://www.bbc.com/ukrainian/news-61752749)

Zelensky, ha parlato di 200-500 morti al giorno e ha stimato le perdite totali (morti, feriti, catturati, disertori) in 1.000 uomini al giorno[766]. Secondo Business Insider, l'Ucraina ha perso l'equivalente dell'intera fanteria britannica, ovvero più di 18.000 uomini[767].

Non è chiaro se queste cifre siano accurate. Da un lato, gli esperti vicini ai servizi di intelligence ritengono che queste cifre siano molto inferiori alla realtà. Dall'altro lato, le cifre ucraine sono più alte delle stime fornite dall'esercito russo. Alcuni sostengono che le forze ucraine abbiano subito 60.000 morti e 50.000 dispersi. Nel giugno 2022, l'ex generale statunitense Stephen Twitty stimava le perdite dell'esercito ucraino a 200.000 uomini[768].

Nel settembre 2022, secondo quanto riportato da un soldato ucraino al Washington Post, i russi avrebbero perso un uomo ogni cinque ucraini[769]. Questo è esattamente il contrario di quello che ci dice la NATO, come abbiamo visto.

Il 30 novembre 2022, Ursula von der Leyen, Presidente della Commissione europea, ha dichiarato[770] che «ad oggi sono stati uccisi più di 20.000 civili e più di 100.000 soldati ucraini[771]». Ciò ha immediatamente suscitato le ire di Kiev, che ha chiesto di ritirare questa cifra. Ciò è stato fatto immediatamente[772]. Ma questo indica diverse cose. In primo luogo, la sensibilità del numero di morti per la stabilità interna dell'Ucraina. In secondo luogo, la signora von der Leyen non ha certo inventato questa cifra, che probabilmente circola in modo riservato nelle cancellerie occidentali. In terzo luogo, data la tendenza della signora von

766. Dave Lawler, «Ukraine suffering up to 1,000 casualties per day in Donbas, official says», *Axios*, 15 juin 2022 (https://www.axios.com/2022/06/15/ukraine-1000-casualties-day-donbasarakhamia)

767. Katie Anthony, «Ukraine has lost more troops during the Russian invasion than there are infantry in the British army, defense expert says», *Business Insider*, 28 juin 2022 (https://www.businessinsider.com/ukraine-has-lost-more-troops-than-there-are-in-the-british-army-expert-2022-6)

768. «US-General verwundert: "200.000 ukrainische Soldaten verschwunden"», *Exxpress.at*, 8 juin 2022 (https://exxpress.at/us-general-verwundert-200-000-ukrainische-soldaten-verschwunden/)

769. John Hudson, «Wounded Ukrainian soldiers reveal steep toll of Kherson offensive», *The Washington Post*, 7 septembre 2022 (https://www.washingtonpost.com/world/2022/09/07/ukraine-kherson-offensive-casualties-ammunition/)

770. https://t.me/wartearsorg/79

771. https://twitter.com/AZgeopolitics/status/1597913370023579648

772. «Von der Leyen statement about death of 100,000 Ukrainian soldiers cut from speech», *The New Voice of Ukraine*, 30 novembre 2022 (https://english.nv.ua/nation/von-der-leyen-statementabout-death-of-100-000-ukrainian-soldiers-cut-from-speech-50287771.html)

der Leyen a minimizzare le perdite ucraine, la cifra di 100.000 morti è probabilmente sottostimata.

Questa ipotesi sembra essere confermata dalle stime del Mossad israeliano pubblicate alla fine di gennaio 2023 dal media turco *Hürseda Haber*[773], che stima in 157.000 i morti ucraini. Inverificabile, ma realistico.

L'artiglieria è una delle principali cause di morte sul campo di battaglia e rappresenta il 65-75% delle vittime[774]. Il numero di proiettili sparati è quindi probabilmente un buon indicatore del rapporto di perdite su entrambi i lati della linea del fronte. Secondo funzionari militari ucraini e occidentali, gli ucraini sparano circa 2.000-4.000 proiettili al giorno e i russi circa 40.000-50.000, un rapporto che varia da 1:10 a 1:25. Se si deve credere al quotidiano spagnolo *El Pais*, il rapporto è di 1 a 10[775], quindi possiamo stimare che gli ucraini abbiano un numero di morti da 10 a 11 volte superiore a quello dei russi. Per il febbraio 2023, il calcolo darebbe tra i 140.000 e i 350.000 morti da parte ucraina. Difficile da confermare, ma più probabile delle cifre inverosimili diffuse dai nostri media senza alcuna giustificazione.

Le cifre delle vittime russe annunciate dall'Ucraina – e quindi dai nostri media – sono sistematicamente 10-11 volte superiori a quelle fornite da *Mediazona*. È probabile che l'Ucraina stia gonfiando artificialmente le cifre in modo che siano superiori alle proprie perdite. Ciò significa che, se accettiamo la cifra di 14.000 morti annunciata dal sito per la Russia nel febbraio 2023, non è incongruo stimare il numero di morti ucraini a più di 150.000 uomini. Ciò confermerebbe la cifra menzionata dal Mossad israeliano alla fine di gennaio.

Resta il fatto che queste cifre sono ancora stime. Tuttavia, a dispetto di quanto ci raccontano i nostri media (senza mai dimostrare nulla), le testimonianze dei soldati ucraini sembrano confermare perdite notevolmente superiori da parte ucraina.

All'inizio del 2023, un ex volontario americano in forza all'Ucraina ha dichiarato alla rivista *Newsweek* che l'aspettativa di vita degli ucraini

---

773. « İddia: MOSSAD'a göre Ukrayna ve Rusya kayıpları », *Hürseda Haber*, 25 janvier 2023 (https://perma.cc/FD7T-LQU8)

774. https://matthew.krupczak.org/2021/04/10/medical-department-u-s-army-wound-ballistics-causative-agents-of-battle-casualties-in-wwii/

775. https://english.elpais.com/international/2023-03-01/ukraine-outgunned-10-to-1-in-massive-artillery-battle-with-russia.html

a Bakhmut era di circa 4 ore[776]. Nel marzo 2023, un soldato ucraino ha dichiarato che le sue forze stavano perdendo 1-2 compagnie al giorno e circa un battaglione alla settimana[777]. Nel marzo 2023, il *Washington Post* ha citato la testimonianza di un comandante della 46a brigata ucraina di paracadutisti a Bakhmut, che ha detto di essere l'unico sopravvissuto della sua unità originale e che ora era composta da nuovi coscritti inesperti[778]. È stato congedato tre giorni dopo[779].

Il 17 luglio 2023, Roman Revedjuk, un famoso giornalista ucraino, ha rivelato sul suo account Facebook che l'esercito ucraino aveva ucciso più di 310.000 persone[780]. Difficile da verificare, ma ciò corrisponde a circa 11 volte il totale di 28.652 morti menzionato da *Mediazona* per la Russia il 28 luglio 2023[781]. Il sito ucraino *Wartears.org* fa un lavoro simile a quello di *Mediazona*, ma per le forze ucraine, utilizzando un modello matematico per completare i dati mancanti. Alla fine di settembre 2023, ha stimato 285.000 morti[782].

Nel settembre 2023, il *Times* di Londra ha dipinto un quadro tragico della situazione intorno al villaggio di Rabotino, dove le perdite sarebbero arrivate al 90%. Si tratta senza dubbio di un'esagerazione, anche se uno degli ufficiali intervistati ammise di aver perso il 75% dei suoi uomini[783]. Tuttavia, questo dà un'idea del livello delle perdite ucraine, che i nostri media minimizzano per incoraggiare l'Ucraina a continuare a combattere.

Queste sono solo cifre, naturalmente, ma un rapporto dell'*Istituto Internazionale di Sociologia di Kiev* del 29 giugno mostra che il 63% degli

---

776. Anna Skinner, «Bakhmut Life Expectancy Near Four Hours on Frontlines, Fighter Warns», *Newsweek*, 20 février 2023 (https://www.newsweek.com/bakhmut-life-expectancy-near-fourhours-frontlines-ukraine-russia-1782496)

777. https://www.bitchute.com/video/WFZMB0E15Yl7/

778. Isabelle Khurshudyan, Paul Sonne & Karen DeYoung, «Ukraine short of skilled troops and munitions as losses, pessimism grow», *The Washington Post*, 13 mars 2023 (https://www.washingtonpost.com/world/2023/03/13/ukraine-casualties-pessimism-ammunition-shortage/)

779. Olga Kyrylenko & Olena Roshchina, «Battalion commander of 46th Brigade demoted after Washington Post interview and resigns», *Ukrainska Pravda*, 26 mars 2023 (https://www.pravda.com.ua/eng/news/2023/03/16/7393733/)

780. https://youtu.be/0uAh19aQF58

781. https://web.archive.org/web/20230801021222/https://en.zona.media/article/2022/05/20/casualties_eng

782. https://wartears.org/posts/math-model/

783. Anthony Loyd, «Ukraine counteroffensive: 'I'm ready to die... 90% of the guys here will die too'», *The Times*, 5 septembre 2023 (https://archive.ph/IGjVe#selection-851.0-915.25)

ucraini conosce almeno 3 persone che sono state uccise nei combattimenti e il 78% conosce almeno 7 persone che sono state uccise o ferite[784].

Quella che viene pomposamente definita "OSINT" (*open source intelligence*) si è ampiamente sviluppata con il conflitto ucraino. Ma la metodologia e la professionalità di questi "analisti" dilettanti lasciano spesso molto a desiderare, ed è per questo che le loro cifre dovrebbero essere trattate con cautela. È forse perché la finzione non è riuscita a superare i fatti che il sito *Oryx* cesserà le sue attività il 1° ottobre 2023[785]...

Inoltre, va notato che nessuna organizzazione occidentale ha tentato di fare lo stesso lavoro della *BBC* e di *Mediazona* nel valutare il numero di ucraini morti... Le testimonianze dei soldati ucraini sono sistematicamente ignorate per non compromettere la narrazione occidentale e il mezzo sostegno militare e finanziario all'Ucraina. Questo indica che le cifre fornite dai nostri media sono molto probabilmente sottostimate, perché i media stanno facendo tutto il possibile per far sì che gli ucraini continuino a combattere... e a farsi uccidere.

La *BBC* ha citato un soldato ucraino che ha detto che i «marines» arrivati di recente per rinforzare la loro testa di ponte a Krinky sul Dnieper non sapevano nemmeno nuotare[786]!

In fin dei conti, l'Ucraina si trova in una situazione in cui la mobilitazione di nuovi combattenti rischia di influire sulla vita economica del Paese. In altre parole, la decisione di Zelensky nel marzo 2022 di abbandonare la sua stessa proposta di risoluzione del conflitto si scontra ora con i limiti fisici della sua popolazione, che gli aiuti materiali occidentali non possono compensare. Con la sua decisione, Zelensky ha reso Putin il padrone degli orologi[787].

7.3.2.2. *Vittime civili*

Il 22 marzo 2022, sul set della *RTS*, Gennady Gatilov, l'ambasciatore russo, ha spiegato che la Russia stava cercando di condurre l'SVO "con delicatezza" e di minimizzare i danni collaterali. Ma Philippe Revaz, il

---

784. https://www.kiis.com.ua/?lang=eng&cat=reports&id=1254&page=1&y=2023&m=6

785. https://twitter.com/oryxspioenkop/status/1670723829713215489

786. James Waterhouse, «Ukraine war: Soldier tells BBC of front-line 'hell'», *BBC News*, 4 décembre 2023 (https://www.bbc.com/news/world-europe-67565508)

787. Robert Clark, «Ukraine's army is running out of men to recruit, and time to win», *The Telegraph*, 22 août 2023 (https://www.telegraph.co.uk/news/2023/08/22/ukraines-army-is-running-out-of-men-to-recruit/)

giornalista svizzero che lo ha intervistato, ha accusato i soldati russi di aver massacrato donne e bambini[788] (senza fornire alcuna prova a sostegno!).

Eppure lo stesso giorno, sulla rivista americana *Newsweek*, un analista della *Defense Intelligence Agency* (DIA) ha dichiarato[789]:

> *So che è difficile da digerire che il disastro e la distruzione potrebbero essere molto peggiori di quanto non siano in realtà. [Ma questo è ciò che mostrano i fatti. Mi suggerisce, in ogni caso, che Pou-tine non stia attaccando intenzionalmente i civili, che forse è consapevole di dover limitare i danni per preservare una via d'uscita per i negoziati.*
>
> *[...] Il cuore di Kiev è stato appena sfiorato. E quasi tutti gli attacchi a lungo raggio sono stati diretti contro obiettivi militari.*

Nel gennaio 2023, Olekseï Arestovitch, allora ex consigliere personale di Vo-lodymyr Zelensky, intervistato dal media ucraino Mriya, usò quasi le stesse parole dell'ambasciatore Gatilov per descrivere l'intervento russo[790]:

> *Loro [i russi] non volevano uccidere nessuno (...) Hanno cercato di condurre una guerra intelligente... Un'operazione speciale elegante, bella, veloce come un fulmine, dove persone educate, senza causare alcun danno al gattino o al bambino, liquidavano i pochi resistenti. E non addirittura eliminati, ma offerti di arrendersi, di disertare, di capire, e così via. Non volevano uccidere nessuno. Bastava che firmassero una rinuncia.*

Philippe Revaz sta quindi facendo disinformazione e contraddicendo le dichiarazioni fatte dagli stessi ucraini sulla base di informazioni non verificate.

L'obiettivo dei russi non è distruggere o occupare il Paese, ma distruggere la sua potenziale minaccia per il Donbass. Per questo motivo non

---

788. https://www.rts.ch/play/tv/redirect/detail/12960214

789. William M. Arkin, « Putin's Bombers Could Devastate Ukraine But He's Holding Back. Here's Why », *Newsweek*, 22 mars 2022 (https://www.newsweek.com/putins-bombers-could-devasta-teukraine-hes-holding-back-heres-why-1690494)

790. https://en.mriya.news/58331-they-didnt-want-to-kill-anyone-arestovich-spoke-about-the-beginning-of-the-nwo

hanno accompagnato la loro avanzata con bombardamenti massicci che potessero colpire la popolazione, come ha fatto l'Occidente in Iraq o in Afghanistan[791]:

> *[...] In 24 giorni di conflitto, la Russia ha effettuato circa 1.400 attacchi e lanciato quasi 1.000 missili (a titolo di paragone, gli Stati Uniti hanno effettuato più attacchi e lanciato più missili nel primo giorno della guerra in Iraq nel 2003).*

Per gli ucraini la situazione è molto diversa. Chi è al potere e chi gli sta intorno ha un problema con le minoranze, che considera inferiori. I combattimenti nelle aree russofone non sono un vero problema. Ecco perché le forze ucraine non si fanno scrupoli a mettere in pericolo la loro popolazione, che non è etnicamente ucraina[792]. Tra il 2014 e il 2022, il governo ucraino ha combattuto la sua stessa popolazione, spingendola a organizzare milizie.

Il 18 ottobre, su *TV5 Monde*, Pascal Boniface, direttore di IRIS, ha cercato di paragonare gli attacchi della Russia in Ucraina e quelli di Israele a Gaza[793]. La risposta israeliana all'operazione di Hamas lanciata il 7 ottobre 2023 ci fornisce una base di confronto sulla questione della protezione dei civili. Tra il 24 febbraio 2022 e l'8 ottobre 2023, cioè in 591 giorni, in Ucraina hanno perso la vita 9.806 civili, tra cui 560 bambini e 7.649 nel territorio controllato da Kiev, cioè una media di 13 al giorno[794]. A Gaza, tra il 7 e il 31 ottobre 2023, Israele ha ucciso 8.525 palestinesi. Poiché non è specificata la natura civile o combattente di questi palestinesi, terremo conto della morte di donne e bambini, secondo l'Ufficio delle Nazioni Unite per il coordinamento degli affari umanitari (OCHA). Sembra che durante questi 25 giorni, circa 5.729 (67%) fossero donne e bambini, e almeno 3.542 erano bambini[795], cioè 379 al giorno[796].

---

791. William M. Arkin, «Putin's Bombers Could Devastate Ukraine But He's Holding Back. Here's Why», *Newsweek*, 22 mars 2022 (https://www.newsweek.com/putins-bombers-could-devasta-teukraine-hes-holding-back-heres-why-1690494)
792. https://www.amnesty.org/en/latest/news/2022/08/ukraine-ukrainian-fighting-tactics-en-danger-civilians/
793. https://youtu.be/0pleiz2H4T4
794. https://ukraine.un.org/en/248799-ukraine-civilian-casualties-8-october-2023
795. https://www.ochaopt.org/content/hostilities-gaza-strip-and-israel-reported-impact-day-25
796. https://ochaopt.org/content/hostilities-gaza-strip-and-israel-flash-update-13

Quindi i russi (e gli ucraini) hanno causato la morte di 0,94 bambini al giorno, mentre Israele ne ha uccisi 141,7 al giorno. Al di là delle cifre, ciò indica politiche di attacco fondamentalmente diverse. Il dato dell'Ucraina tende a indicare un danno collaterale, mentre per Gaza si tratta piuttosto di una politica deliberata, confermata dai funzionari israeliani che hanno dichiarato di preferire *"danni e distruzione"* a colpi precisi[797].

Oltre a questi morti, però, ci sono quelli accumulati tra il 2014 e il 2022, che avrebbero potuto essere evitati se l'Ucraina, la Francia e la Germania avessero accettato di applicare gli accordi di Minsk e se la Gran Bretagna e gli Stati Uniti avessero rispettato il mandato del Consiglio di Sicurezza delle Nazioni Unite. Inoltre, se Gran Bretagna, Stati Uniti e Francia avessero lasciato che Zelensky negoziasse la sua proposta di metà marzo 2022, tutte queste vittime non ci sarebbero state...

---

797. James Rothwell, «Israel abandons precision bombing in favour of 'damage and destruction'», *The Telegraph*, 11 octobre 2023 (https://www.telegraph.co.uk/world-news/2023/10/11/israel-abandon-precision-bombing-eliminate-hamas-officials/)

8. Conclusioni

L'Ucraina e l'Occidente hanno affrontato il conflitto ucraino come un pedone che, sano di mente, attraversa la strada senza guardare.

Nonostante le argomentazioni speciose dei nostri politici e di altri idraulici, l'Occidente è in guerra con la Russia. È un conflitto che dovrebbe servire innanzitutto gli interessi degli Stati Uniti. Ecco perché l'Occidente non ha fatto nulla per attuare gli accordi di Minsk e si è opposto a tutte le soluzioni negoziali proposte dall'Ucraina nel febbraio[798], marzo[799] e agosto 2022[800].

L'Occidente ha spinto l'Ucraina a continuare a combattere, promettendo aiuti *«per tutto il tempo necessario»*. Convinto dalla propria narrazione, ha sopravvalutato i punti di forza dell'Ucraina e sottovalutato quelli della Russia. Questo ha portato l'Occidente a prevedere un rapido collasso della Russia. Ecco perché Zelensky ha accettato di provocare la Russia.

La Russia, da parte sua, stava senza dubbio pensando di effettuare un'operazione militare a breve termine. Ma a differenza dell'Occidente, la Russia ha raggiunto i suoi obiettivi in poche settimane: il 25 febbraio l'Ucraina era pronta a negoziare. Ma su insistenza degli europei, i negoziati sono stati interrotti pochi giorni dopo. A metà marzo 2022, Zelensky è tornato con una proposta. In sostanza, la Russia si ritirava dall'Ucraina e l'Ucraina accettava di non entrare nella NATO. A questo

---

798. Maïa de La Baume & Jacopo Barigazzi, "L'UE accetta di dare 500 milioni di euro in armi, aiuti all'esercito ucraino in una mossa "spartiacque"", *Politico*, 27 febbraio 2022 (https://www.politico. eu/article/eu-ukraine-russia-funding-weapons-budget-military-aid/).

799. https://www.pravda.com.ua/eng/news/2022/05/5/7344206/

800. Tom Balmforth & Andrea Shalal, "Il britannico Boris Johnson, a Kiev, mette in guardia da un piano 'inconsistente' per i colloqui con la Russia", *Reuters*, 24 agosto 2022 (https://www. reuters.com/world/europe/uks-johnson-kyiv-warns-against-flimsy-plan-talks-with-russia-2022-08-24/).

punto, la Russia aveva raggiunto i suoi due obiettivi: la denazificazione (ottenuta il 28 marzo) e la smilitarizzazione (con la proposta di Zelensky). L'intervento della Gran Bretagna e dell'Unione Europea nel dialogo bilaterale tra Ucraina e Russia rovinerà gli sforzi di Zelensky e rimanderà il raggiungimento dell'obiettivo della smilitarizzazione. È stato raggiunto alla fine di maggio, quando l'Ucraina aveva ormai perso la maggior parte delle sue risorse e dipendeva dall'Occidente. La smilitarizzazione, che avrebbe potuto essere raggiunta con i negoziati alla fine di marzo, è stata raggiunta con la forza alla fine di maggio.

Ma la Russia è più resistente del previsto e non sta crollando. L'Ucraina è continuamente rifornita dai suoi alleati occidentali, il che significa che la Russia non sta più smilitarizzando solo l'Ucraina, ma anche la NATO! Perché lentamente l'Occidente non è più in grado di sostenere il suo sforzo: le sue risorse sono esaurite.

Il problema è che sapevamo di essere in un vicolo cieco. I servizi di intelligence e alcuni commentatori onesti avevano analizzato la situazione e individuato le debolezze del discorso occidentale fin dall'inizio dell'SVO. Sono stati i nostri media a respingere sistematicamente qualsiasi informazione che indicasse che questi analisti avevano ragione, al fine di mantenere la pressione sull'Ucraina.

Il coinvolgimento dell'Occidente è diventato una trappola per se stesso, perché dopo aver chiesto a Zelensky di ritirare il suo piano di pace del marzo 2022 facendo balenare la prospettiva di una vittoria che sapevamo essere illusoria (perché l'obiettivo non era vincere, ma destabilizzare la Russia), oggi lo abbiamo messo in una situazione molto peggiore. Come ho sottolineato nel mio libro *Ukraine entre guerre et paix*, l'Ucraina e l'Occidente sono prigionieri della teoria dei *«costi sommersi»*[801]. Come sappiamo dalla pratica comune, perseverare in un progetto sbagliato solo per giustificare gli investimenti già fatti è una porta aperta al disastro[802]. Questo è ciò che stiamo vedendo oggi in Ucraina.

Non si può vincere una guerra con i pregiudizi: la si perde. Questi pregiudizi sono stati alimentati dai nostri media. Perché i nostri politici, come abbiamo visto con l'esempio del Parlamento canadese, sono

---

801. https://youtu.be/GCmfXMMhRzk
802. Caeleigh MacNeil, «Costi sommersi: una trappola che influenza le nostre decisioni?», *asana. com*, 10 gennaio 2022 (https://asana.com/fr/resources/sunk-cost-fallacy)

generalmente poco istruiti, poco informati, più attaccati alle loro carriere che al benessere delle persone che rappresentano, e sono quindi vulnerabili alle informazioni non verificate e tendenziose, come quelle che ci vengono costantemente propinate dai nostri media.

Come ha detto il deputato ucraino Gerachenko al *Washington Post* nell'ottobre 2023[803]:

> *Tutti vogliamo tutto. Ma questo è il mondo reale e dobbiamo prendere decisioni basate su opzioni reali. Non abbiamo tempo illimitato o un numero illimitato di cittadini.*

Mentre le mie analisi del conflitto che mostravano le debolezze dell'Ucraina venivano descritte come *«disinformazione russa»* e irrimediabilmente liquidate, nel novembre 2023 il generale Zaloujny ha confermato queste analisi quasi parola per parola[804].

Ecco perché noi (cioè i nostri media e i nostri politici) siamo diventati – *volens nolens* – i principali artefici della disfatta ucraina che sta prendendo forma. Paradossalmente, è probabilmente a causa di alcuni sedicenti esperti e strateghi occasionali sui nostri schermi televisivi che l'Ucraina si trova oggi in questa situazione!

8.1. Le ragioni del successo russo

Alla fine di settembre 2023, la Russia è chiaramente sulla strada del successo: gli obiettivi fissati da Vladimir Putin nel febbraio 2022 sono stati raggiunti, mentre l'Ucraina vive di aiuti occidentali che si indeboliscono di giorno in giorno. Usiamo qui la parola «successo», non «vittoria», perché i termini di quest'ultima sono ancora sconosciuti. Tuttavia, anche coloro che erano ferocemente contrari alla Russia cominciano a parlare di una vittoria russa. A dicembre, il quotidiano britannico *The Telegraph*

803. David Ignatius, "Una scelta difficile si prospetta in Ucraina, ma solo gli ucraini possono farla", *The Washington Post*, 5 ottobre 2023 (https://www.washingtonpost.com/opinions/2023/10/05/ukraine-kyiv-russia-war-united-states-support/)
804. "Il comandante in capo dell'Ucraina sulla svolta di cui ha bisogno per battere la Russia", *The Economist*, 1 novembre 2023 (https://www.economist.com/europe/2023/11/01/ukraines-commander-in-chief-on-the-breakthrough-he-needs-to-beat-russia)

ha titolato «La Russia di Putin si avvicina a una vittoria devastante. Le fondamenta dell'Europa tremano»[805].

La ragione principale del successo della Russia è che la conosciamo solo grazie ai pregiudizi e alla cecità in cui le nostre «élite» e i nostri giornalisti ci hanno imprigionato.

Il 7 dicembre 2022, davanti a una commissione del Senato, il generale Bruno Clermont analizzò il conflitto e fece riferimento a un'*analisi* *«totalmente errata da parte dei russi su tre punti»*[806]:

- *«Il primo è l'esistenza di una nazione ucraina»*. Questo non è vero. A differenza del nostro generale, i russi hanno una conoscenza approfondita della situazione in Ucraina. È infatti la politica dell'Ucraina nei confronti delle sue minoranze che ha fatto sì che i russofoni (e i magiari) non si sentano più ucraini. Il punto di partenza dell'autonomismo del Donbass è stata l'abrogazione della legge Kivalov-Kolesnichenko sulle lingue ufficiali, il 23 febbraio 2014. Una politica ultra-nazionalista ampliata dalla legge sui diritti delle popolazioni indigene del 1° luglio 2021, che equivale in qualche modo alle leggi di Norimberga del 1935, dando diritti diversi ai cittadini a seconda della loro origine etnica[807]. È questo che ha spinto Vladimir Putin a scrivere un articolo il 12 luglio 2021 in cui invita l'Ucraina a considerare i russofoni come parte della nazione ucraina e a non fare discriminazioni come proposto dalla nuova legge. Inoltre, il nostro generale dovrebbe notare che non c'è alcuna resistenza popolare nelle aree occupate dai russi. È significativo che, come riportato dal media americano *Forbes*, nell'oblast' di Kherson occupato dai russi, la lingua ucraina sia stata mantenuta come lingua ufficiale, mentre nella parte ucraina il russo ha perso questo status[808].

---

805. Daniel Hannan, "La Russia di Putin si avvicina a una vittoria devastante. Le fondamenta dell'Europa tremano", *The Telegraph*, 9 dicembre 2023 (https://www.yahoo.com/news/putin-russia-closing-devastating-victory-170326959.html)

806. «Guerra in Ucraina: "Questa è una guerra del 20° secolo"», *Public Sénat/YouTube*, 7 dicembre 2022 (https://youtu.be/kIJtZmzK1mc)

807. «Нардеп від "Слуги народу" Семінський заявив про "позбавлення конституційних прав росян, які проживають в Україні"», *AP News*, 2 luglio 2021 (https://apnews.com.ua/ua/news/nardep-vid-slugi-narodu-seminskii-zayaviv-pro-pozbavlennya-konstitutciinikh-prav-rosiyan-yaki-prozhivaiut-v-ukraini/)

808. https://www.forbes.ru/society/490766-vlasti-hersonskoj-oblasti-priznali-ukrainskij-azyk-oficial-nym-naradu-s-russkim

- *«Il secondo è la sopravvalutazione della potenza dell'esercito russo»*. Anche in questo caso, il nostro generale basa il suo pensiero su pregiudizi. Abbiamo attribuito alla Russia obiettivi che non ha mai cercato di raggiungere. Ad esempio, non ha mai cercato di «conquistare» l'Ucraina. In realtà, gli obiettivi russi sono stati raggiunti molto rapidamente: il 25 febbraio 2022, l'Ucraina era già pronta a negoziare; il 28 marzo, l'obiettivo della «denazificazione» è stato raggiunto e all'inizio di giugno 2022, anche l'obiettivo della «smilitarizzazione» è stato de *facto* raggiunto. Dal giugno 2022, l'intervento occidentale ha prolungato il conflitto. La Russia aveva probabilmente sottovalutato la determinazione dell'Occidente a sacrificare l'esercito ucraino per soddisfare i propri obiettivi.

- *«Il terzo è la sottovalutazione della forza dell'esercito ucraino»*. Ancora una volta, questo è falso. È stato proprio perché l'esercito ucraino stava rafforzando la propria forza nel Donbass in vista dell'attuazione del decreto di Volodymyr Zelensky del 24 marzo 2021 per la riconquista della Crimea e del sud del Paese che i russi hanno attaccato. Per ammissione dello stesso generale, i russi non erano del tutto preparati a questo conflitto, il che dimostra chiaramente che sono stati spinti ad agire. In secondo luogo, le capacità materiali dell'Ucraina sono state distrutte nel maggio-giugno 2022 e ora dipende dall'Occidente, mentre le sue capacità personali si esauriranno a dicembre. Ciò che i russi hanno probabilmente sottovalutato è la determinazione dell'Occidente a mantenere attivo il conflitto, nonostante la mancanza di risorse umane e materiali dell'Ucraina, che l'ha prosciugata.

Il nostro Generale è una perfetta illustrazione del motivo per cui gli occidentali perdono le guerre: giudicano gli avversari sulla base dei loro pregiudizi, non dei fatti. Il nostro Generale sta ripetendo lo stesso errore del suo predecessore, il Generale Gamelin, il 23 agosto 1939: scambiare i suoi desideri per la realtà. Un vero soldato sa che il peggior errore che si possa fare in guerra è sottovalutare l'avversario.

I nostri «esperti» fanno sistematicamente riferimento a ciò che le forze della NATO avrebbero fatto in una situazione simile. Il problema è che i russi non pensano alla guerra nello stesso modo. Gli occidentali sono

incapaci di pensare fuori dagli schemi. Questo spiega i loro ripetuti fallimenti in Nord Africa e in Medio Oriente.

Nel dicembre 2022, l'esercito ucraino del febbraio 2022 non esiste più.
Era stato sostituito da forze meno esperte e il suo equipaggiamento principale era in gran parte di origine occidentale.

L'Occidente ha visto gli episodi di Kharkov (settembre 2022) e Kherson
(ottobre 2022) come un indicatore della debolezza e dell'incapacità
della Russia di rigenerare le proprie forze. La disinformazione russa non
avrebbe potuto fare un lavoro migliore. Grazie ad analisi dettate dalla
propaganda e ossessionate da una chimerica vittoria ucraina, l'Occidente ha concentrato le forniture di armi su equipaggiamenti offensivi
(blindati e artiglieria) e sta trascurando la fornitura di equipaggiamenti
di difesa.

La natura degli obiettivi russi è essenzialmente qualitativa, quindi
non possono essere rappresentati su una mappa, né possono essere
utilizzati per determinare dove le forze russe termineranno le loro azioni
di combattimento. Lo stato finale a cui mirano è inizialmente una serie
di garanzie di sicurezza per le popolazioni russe dell'Ucraina e per la
sicurezza della Russia. Questo obiettivo avrebbe potuto essere raggiunto
senza intervento, se l'Ucraina e i Paesi occidentali avessero rispettato i
loro impegni. Avrebbe potuto essere raggiunto anche nel marzo 2022, se
l'Occidente non avesse esercitato pressioni su Zelensky affinché ritirasse
la sua proposta di risoluzione del conflitto. Questa reazione ha dimostrato a Vladimir Putin che l'Occidente non vuole una soluzione politica. È
quindi probabile che il conflitto finisca solo quando la minaccia militare
sarà fisicamente neutralizzata, sia riducendo la sua presenza territoriale,
sia quando non avrà più risorse umane. Dal marzo 2022, queste risorse
sono state gradualmente erose, mentre l'accordo proposto da Zelensky
avrebbe potuto preservarle, perché la Russia non è intervenuta per ottenere guadagni territoriali.

Un altro fattore che ha contribuito al successo della Russia è stata la
coerenza strategica con cui ha condotto l'operazione. Grazie alle sanzioni
cui era sottoposta dal 2014, la Russia aveva costruito un ambiente che
la rendeva meno dipendente dall'Occidente. Questa forma di solidità
economica ha avuto un effetto decisivo nel rendere il processo decisionale indipendente da influenze esterne.

Al contrario, i Paesi europei hanno un'indipendenza decisionale limitata, poiché sono soggetti a vincoli politici ed economici. Pertanto, spingendo la Russia a consolidare la propria economia e aumentando al contempo la pressione sulla popolazione del Donbass, l'Occidente ha creato una situazione di perdita.

Il vero problema è l'immagine che gli occidentali hanno della Russia: sottovalutare l'avversario è la ricetta migliore per perdere. Possiamo discutere sulla natura della democrazia russa, ma se facciamo riferimento al *Democracy Perception Index 2023,* vediamo che il divario tra le aspettative di democrazia e la realtà della sua applicazione supera i nostri pregiudizi[809]. Questo divario, noto come «deficit democratico», è dell'11% in Svizzera, del 18% in Russia (come in Svezia, Danimarca e Canada), del 29% in Belgio e del 32% in Francia. Certo, le aspettative sono più basse in Russia che in Francia o in Belgio, ma questo dimostra che il sistema è adattato alle aspettative della popolazione.

In altre parole, invece di preoccuparci di migliorare la governance degli altri, dovremmo innanzitutto occuparci dei nostri problemi.

8.2. Le ragioni della sconfitta ucraina

La ragione principale del fallimento ucraino è che Zelensky ha svolto il ruolo di comandante in capo e ha condotto le operazioni in prima persona. Ha svolto il ruolo di comandante-combattente in tenuta militare, che i nostri media gli hanno assegnato. Si è quindi esposto in prima persona, invece di affidarsi ai suoi soldati. Ma è evidente che non ha le capacità per guidare le operazioni militari, creando tensioni con le forze armate. Dalla fine del 2022, le truppe hanno perso fiducia nel loro comando. L'insistenza di Zelensky nel voler mantenere Bakhmut contro il parere del suo staff è stata disastrosa[810]. È divertente notare che, come *The Kyiv Independent,* avevo già evidenziato questo problema nei miei

---

809. https://www.allianceofdemocracies.org/initiatives/the-copenhagen-democracy-summit/dpi-2023/
810. Kate Tsurkan, "Zelensky, Zaluzhnyi hanno opinioni contrastanti su Bakhmut", *The Kyiv Independent,* 6 marzo 2023 (https://kyivindependent.com/bild-zaluzhnyi-and-zelensky-have-conflicting-views-on-bakhmut/)

precedenti lavori, ma questo è stato etichettato come «complotto» dai nostri media!

In altre parole, era perfettamente chiaro che c'erano problemi con la leadership ucraina e che questo poteva portare al fallimento. All'inizio di dicembre 2023, l'organo di informazione ucraino *Strana* ha fatto riferimento alla responsabilità di Zelensky per il disastro dell'operazione di attraversamento del Dnieper a Krinky e ha citato il *Financial Times* dicendo che Zelensky vedeva la realtà attraverso occhiali rosa[811].

In termini militari, ha sofferto di un cambiamento dottrinale che ha creato un divario tra le diverse generazioni di leader militari. Il passaggio da una dottrina di ispirazione sovietica a una dottrina di ispirazione NATO ha creato una vulnerabilità. Ad esempio, la nozione di superiorità, un fattore determinante nei concetti della NATO, non è mai stata pienamente applicata dall'Ucraina.

Come ha riportato *Ukrainska Pravda* nel dicembre 2023[812]:

> *Secondo un alto funzionario militare ucraino, i giochi di guerra «non funzionano». La guerra combattuta dai soldati ucraini è diversa da qualsiasi altra che le forze della NATO hanno affrontato. È un grande conflitto convenzionale senza la superiorità aerea di cui le forze armate statunitensi hanno goduto in ogni recente conflitto in cui sono state coinvolte. Le trincee della Prima Guerra Mondiale sono bloccate da droni onnipresenti e altri strumenti futuristici.*

Il problema è che *tutti* i nostri «esperti» televisivi sono stati incapaci di pensare in modo diverso. In Francia, i giornalisti sono diventati «esperti» militari e i militari sono diventati commentatori politici. Nessuno dei due ha applicato con rigore i principi della propria professione: durante tutta la crisi ucraina, entrambi hanno dato l'immagine di dilettanti la cui incompetenza si è rivelata fatale per l'Ucraina.

Le audizioni di questi «esperti» davanti ai rappresentanti del parlamento francese illustrano due debolezze concettuali che riguardano gli

811. https://strana.today/news/452665-itohi-656-dnja-vojny-v-ukraine.html

812. Alona Mazurenko, "Gli Stati Uniti e l'Occidente insistono sulla controffensiva mirata dell'Ucraina per tagliare fuori la Russia dalla Crimea", *Ukrainska Pravda*, 4 dicembre 2023 (https://www.pravda.com.ua/eng/news/2023/12/4/7431593/).

eserciti della NATO – e quindi anche l'esercito ucraino – nel modo in cui conducono le operazioni:

- La tendenza a ignorare l'avversario nella pianificazione tattica. Questo può sorprendere, ma deriva dal fatto che per trent'anni i nostri eserciti hanno combattuto con una superiorità schiacciante, rendendo insignificanti le reazioni dell'avversario.
- L'incapacità di pensare al successo operativo come al prodotto di sinergie operative. I nostri generali continuano a vedere il successo operativo/strategico come la somma dei successi tattici.
- L'incapacità di sviluppare strategie reali, che deriva dalle altre due debolezze.

Il fattore principale del fallimento dell'Ucraina è stato il ruolo predominante della politica e della comunicazione nel processo decisionale militare. Come abbiamo visto, l'Ucraina pensava di essere impegnata in un conflitto a breve termine con un massiccio coinvolgimento della NATO. Il discorso e il ruolo della politica sono stati quindi decisivi a Kiev. Il problema è che questa retorica era autosufficiente. I nostri giornalisti l'hanno trasmessa senza nemmeno chiedersi se fosse realistica o meno. Ovviamente, fornire sostegno materiale a un giocatore vincente è molto diverso dall'aiutare un perdente. All'inizio del 2023, la Francia ha deciso di raddoppiare il suo sostegno all'Ucraina e di fornire 2.000 proiettili da 155 mm al mese. Nel novembre 2023, il generale Zaloujny ha chiesto a Lloyd Austin, segretario alla Difesa degli Stati Uniti, 17 milioni di proiettili e 350-400 miliardi di dollari in aiuti[813]! Questo dimostra quanto i nostri militari e i nostri politici siano lontani dalla realtà sul campo e conferma le mie osservazioni dopo le mediocri audizioni di «esperti» da parte dei parlamentari francesi.

Ma l'Occidente non è stato all'altezza delle aspettative ucraine.

All'inizio di dicembre del 2023, il *Washington Post* ha rilevato ciò che avevo già annunciato nei miei precedenti lavori, ovvero che l'Occidente aveva notevolmente sottovalutato le capacità russe. Lo stesso giorno, la *BBC* riportava le parole dei soldati ucraini coinvolti nel tentativo di sfon-

---

813. Alona Mazurenko, "Il comandante in capo Zaluzhnyi ha chiesto al capo del Pentagono 17 milioni di munizioni", *Ukrainska Pravda*, 4 dicembre 2023 (https://www.pravda.com.ua/eng/news/2023/12/4/7431543/).

damento a Krinky, sul Dnieper. Essi hanno rivelato di non aver previsto grandi risorse logistiche, poiché pensavano che i russi sarebbero fuggiti non appena si fossero avvicinati[814].

Sottovalutando l'avversario e influenzando le nostre politiche, i nostri media sono indubbiamente diventati gli artefici della sconfitta ucraina. Già nel febbraio 2022 si poteva notare che gli obiettivi occidentali e ucraini oscillavano tra desiderio e realtà. Ma a prescindere dai meriti dell'SVO, era chiaro che l'Ucraina non aveva alcun interesse a prolungare i combattimenti. Il problema era stato identificato già nel febbraio 2022 (e menzionato nei miei libri precedenti), ma ossessionato dalla propria narrativa e dall'odio per i russi, l'Occidente ha deliberatamente lasciato che l'Ucraina fallisse.

È ovviamente più facile fare la guerra con il sangue degli altri, al sicuro nella comodità di un giornale a Parigi, Bruxelles o Ginevra!

I russi hanno capito perfettamente che una guerra non si combatte esclusivamente sul campo di battaglia, ma può essere combattuta anche sul campo diplomatico. Ecco perché ci hanno provato nel settembre 2014, nel febbraio 2015, nel dicembre 2021, nel febbraio, marzo e agosto 2022. Ogni volta sono stati i nostri media e i nostri politici a opporsi a una soluzione. Lo stesso Josep Borrell, capo della politica estera dell'UE, ha detto che «*questa guerra deve essere vinta sul campo di battaglia[815]*»... Probabilmente lo sarà.

Il 25 settembre 2023, Vyacheslav Volodin, presidente del Parlamento russo (Duma), ha dichiarato che il conflitto sarebbe terminato o con «*la resa del regime di Kiev alle condizioni della Federazione Russa, o [con] la fine dell'esistenza dell'Ucraina come Stato*»[816].

Alla fine di novembre 2023, le posizioni possono essere riassunte come segue:

- Zelensky e il suo entourage probabilmente sanno che la loro sopravvivenza politica (e probabilmente anche fisica) è legata al proseguimento della lotta e quindi non cercano altro che la resa incondizionata delle forze russe;

---

814. "Guerra in Ucraina: Un soldato racconta alla BBC il suo 'inferno' in prima linea", *BBC News*, 4 dicembre 2023 (https://www.bbc.com/news/world-europe-67565508)
815. https://www.courrierinternational.com/article/vu-de-russie-l-ue-veut-balayer-la-diplo-matie-au-profit-de-la-guerre-estime-moscou
816. http://duma.gov.ru/en/news/57887/

- Gli americani cercarono un «congelamento» del conflitto e solleci-
tarono Zelensky ad aprire un dialogo con i russi, ma rifiutarono di
scendere a compromessi;
- I russi si sono resi conto che il congelamento del conflitto è solo un
modo per prendersi una pausa che permetterà all'Ucraina di riar-
marsi, senza risolvere nessuno dei problemi che hanno portato allo
scontro in primo luogo.

Gli ucraini cominciano a capire di essere in un vicolo cieco e di non
essersi dati una via d'uscita. Il fatto che non abbiano definito cosa possa
costituire una «vittoria» apre delle opzioni, ma nessuno a Kiev sembra
avere il coraggio politico di coglierle. Le dichiarazioni di David Arakhamia
ai media ucraini *1+1*, che dimostrano che c'era una soluzione nel marzo
2022[817] e che Zelensky l'ha accantonata per poi trovarsi in una situazione
peggiore un anno e mezzo dopo, sono una notizia bomba. È interessante
notare che nessuno dei nostri media ha coperto questa intervista in
Europa. Tuttavia, è stata ripresa dal media russo di opposizione *Meduza*,
che ha aggiunto la testimonianza di Oleksei Arestovitch, ex consigliere
di Zelensky, il quale conferma che la guerra sarebbe potuta terminare
all'inizio di aprile 2022 e quindi *«avrebbe risparmiato la vita a diverse
centinaia di migliaia di ucraini»*[818]. Da notare le «centinaia di migliaia» di
vite che l'Occidente ha sprecato.

Stanno semplicemente dicendo ciò che ho menzionato nel mio libro
Operazione Z e che un professore dell'Université Libre de Bruxelles, un
cosiddetto «esperto» di Ucraina, ha considerato una menzogna durante
un dibattito nel giugno 2023.

Al fronte, i comandanti ucraini cominciarono a rifiutare gli ordini di
Zelensky di avanzare[819]. Le critiche scambiate tra Zelensky e il generale
Zaloujny, suo comandante in capo, sembrano trasformarsi in una lotta di

---

817. "Intervista a David Arakhamia, capo della delegazione ucraina ai colloqui di pace", *1+1*, 25
novembre 2023 (https://youtu.be/0G_j-7gLnWU)
818. "Un negoziatore ucraino ha detto che Mosca ha offerto la pace in cambio della rinuncia di
Kiev alla candidatura alla NATO. I propagandisti russi erano entusiasti", *Meduza*, 28 novembre
2023 (https://meduza.io/en/feature/2023/11/28/we-had-to-buy-time)
819. Matthew Dooley, "Gli alti comandanti dell'Ucraina rifiutano l'ordine di avanzare contro Putin in un duro colpo per Zelensky", *Express*, 2 novembre 2023 (https://www.express.co.uk/news/
world/1830656/ukraine-refuse-zelensky-vladimir-putin-russia)

potere. L'attacco a uno degli aiutanti di campo del generale Zaloujny[820], seguito dall'attacco alla moglie del capo dell'intelligence militare (GUR)[821], sembrano essere manifestazioni di questa lotta.

Da un lato, Zelensky continua a escludere qualsiasi strategia contro la Russia diversa dal combattimento, senza definire realmente l'obiettivo desiderato. Egli critica aspramente il generale Zaloujny per la situazione catastrofica sul terreno[822], nonostante il fatto che la guerra sia stata condotta più politicamente che militarmente da parte ucraina. L'esercito ucraino era a corto di personale e le donne dovevano essere inviate al fronte, mentre si moltiplicavano le voci di un'imminente mobilitazione generale. Sul campo, i soldati hanno perso fiducia nella leadership politica del Paese.

D'altra parte, il generale Zaloujny confessa ora che condurre una guerra di logoramento contro la Russia è stato un errore[823] e che «*un conflitto prolungato va a vantaggio del nemico piuttosto che [dell'Ucraina]*»[824]. È critico nei confronti del suo Presidente e sembra avere la fiducia dei militari e degli americani.

Ora ci troviamo in una situazione di stallo: Zelensky è al potere, ma non può licenziare il suo generale a causa della sua grande popolarità tra i militari. A differenza degli europei, gli americani si sono resi conto di aver raggiunto un'impasse con l'Ucraina. Nel novembre 2023, un anno dopo aver nominato Zelensky «uomo dell'anno», la *rivista TIME*

---

820. Veronika Melkozerova, "L'aiutante del generale più importante dell'Ucraina è stato ucciso dall'esplosivo contenuto nel regalo di compleanno", *Politico*, 6 novembre 2023 (https://www.po-litico.eu/article/aide-to-ukrainian-armed-forces-commander-killed-by-explosive-in-birthday-present/).

821. Luke Harding, "La moglie del capo delle spie ucraine si sta riprendendo dopo essere stata av-velenata", *The Guardian*, 28 novembre 2023 (https://www.theguardian.com/world/2023/nov/28/ukraine-spy-chiefs-wife-recovering-after-being-poisoned)

822. Dinara Khalilova, "Il funzionario dell'amministrazione di Zelensky critica i commenti del comandante in capo Zaluzhnyi sulla stampa", *The Kyiv Independent*, 4 novembre 2023 (https://ky-ivindependent.com/presidential-office-on-zaluzhnyis-article-military-should-refrain-from-dis-closing-front-line-situation/).

823. "È stato un errore sperare nell'esaurimento della Federazione Russa, la situazione ha raggiunto un vicolo cieco, - Zaluzhnyi", *Censor.NET*, 2 novembre 2023 (https://censor.net/en/news/3453121/it_was_mistake_to_hope_for_exhaustion_of_russian_federation_situation_reached_dead_end_zaluzhnyi)

824. "È stato un mio errore": il comandante in capo ucraino sulla controffensiva e sulla "polvere da sparo" per la vittoria", *RBC-Ucraina*, 2 novembre 2023 (https://newsukraine.rbc.ua/news/it-was-my-mistake-commander-in-chief-on-counteroffensive-1698929719.html).

lo definì «*messianico*» e «*delirante*»[825]... gli stessi termini usati per Vladimir Putin[826].

Per quanto riguarda la situazione sul terreno, il fatto che la linea del fronte non si stia muovendo molto non significa che siamo in una situazione di stallo, come sostengono i nostri «esperti». Significa semplicemente che la Russia sta avanzando con cautela. Perché, a differenza dell'Ucraina, ha le risorse materiali, umane ed economiche per continuare a combattere. Come dice l'*Economist*: «*La guerra non è in stallo. La Russia è chiaramente in vantaggio perché è libera di manovrare lungo tutta la linea del fronte e di attaccare dove vuole*»[827].

Il problema è che Volodymyr Zelensky non ha un quadro realistico dello stato finale che desidera. È comprensibile il suo desiderio di vedere i russi ritirarsi e ristabilire così la sovranità ucraina sull'intero territorio. Ma allo stato attuale delle cose, è difficile capire come questo possa essere raggiunto. L'idea di una vittoria totale sulla Russia che i nostri media, il suo entourage e lui stesso continuano a evocare sembra remota e irrealistica. Il calo della sua popolarità alla fine del 2023 è commisurato ai successi che gli sono stati attribuiti finora. La Rupe Tarpea è vicina al Campidoglio. Zelensky si starà mordendo le dita per non aver colto ogni occasione per migliorare la situazione da quando è salito al potere. Ora si trova nella peggiore situazione possibile, con un avversario vittorioso che non è più interessato a negoziare con lui, perché i russi hanno capito che non ha il controllo delle sue decisioni.

Confrontati troppo tardi con la prospettiva di non essere vincitori, l'Occidente e gli ucraini non hanno cercato di definire un'immagine chiara, concreta e realistica di ciò che potrebbe costituire una vittoria. Il ministro degli Esteri Dmytro Kuleba ha posto la domanda «*se l'Occidente non può*

---

825. Simon Shuster, ""Nessuno crede nella nostra vittoria come me". Inside Volodymyr Zelensky's Struggle to Keep Ukraine in the Fight", *TIME Magazine*, 30 ottobre 2023 (https://time.com/6329188/ukraine-volodymyr-zelensky-interview/)

826. Taras Kuzio, "Putin arma la storia con un nuovo libro di testo che giustifica l'invasione dell'Ucraina", *The Atlantic Council*, 22 agosto 2023 (https://www.atlanticcouncil.org/blogs/ukrainealert/putin-weaponizes-history-with-new-textbook-justifying-ukraine-invasion/)

827. "Il comandante in capo dell'Ucraina sulla svolta di cui ha bisogno per battere la Russia", *The Economist*, 1 novembre 2023 (https://www.economist.com/europe/2023/11/01/ukraines-commander-in-chief-on-the-breakthrough-he-needs-to-beat-russia)

vincere questa guerra, chi può farlo?», ammettendo così che l'Ucraina stava combattendo per l'Occidente[828].

Quello che gli ucraini non sembrano aver capito (o non vogliono ammettere) è che l'Occidente non stava cercando di aiutarli, ma di indebolire la Russia. Per questo il Congresso dubita dell'utilità di continuare a investire in questo conflitto. Nel dicembre 2023, Zelensky si è recato negli Stati Uniti per convincere il Congresso a sbloccare i 61 miliardi di dollari promessi da Joe Biden. Ma invece di rispondere alle preoccupazioni dei parlamentari su come sarebbero stati utilizzati i soldi o sulla strategia che intendeva usare per raggiungere la vittoria, li ha accusati di sostenere Vladimir Putin con la loro indecisione[829]. Non è sicuro che chiamare i suoi alleati traditori sia la migliore strategia diplomatica possibile...

Detto questo, possiamo capire l'amarezza di Zelensky per essere stato costretto a rinunciare alla pace in cambio di aiuti che dovevano essere «per tutto il tempo necessario», ma che sono diventati «per tutto il tempo possibile» nel dicembre 2023[830].

In Ucraina, il momento è maturo per le domande. Dopo l'euforia della vittoria promessa, la realtà sta colpendo duramente la società ucraina. Gli assassinii politici sono in aumento, con l'ex deputato socialista Ilya Kiva (che aveva affermato che i massacri di Boucha erano stati inscenati dall'SBU e dall'MI6 britannico) assassinato dai servizi ucraini, secondo *NBC News*[831].

Il 14 dicembre 2023, Vladimir Putin ha partecipato a una sessione di domande e risposte di quattro ore a Mosca. Olekseï Arestovitch, ex consigliere di Zelensky, ha commentato su Twitter:

Putin tiene una conferenza stampa su uno sfondo giallo-blu. Se Zelensky avesse parlato su uno sfondo bianco-blu-rosso, sarebbe già stato fritto.

828. Iryna Balachuk, "Se l'Occidente non può vincere questa guerra, allora quale guerra può vincere? - Ministro degli Esteri dell'Ucraina", *Ukrainska Pravda*, 6 novembre 2023, (https://www.pravda.com.ua/eng/news/2023/11/6/7427407/)

829. Paul McLeary, "Zelenskyy dice che Putin è 'ispirato' dallo stallo di Capitol Hill sull'Ucraina", *Politico*, 11 dicembre 2023 (https://www.politico.com/news/2023/12/11/zelenskyy-says-putin-is-inspired-by-capitol-hill-deadlock-on-ukraine-00131145)

830. https://www.whitehouse.gov/briefing-room/speeches-remarks/2023/12/13/remarks-by-president-biden-and-president-zelenskyy-of-ukraine-in-joint-press-conference-2/

831. https://www.nbcnews.com/news/world/ukraine-assassinated-ilya-kiva-moscow-traitors-russia-rcna128479

Putin ci chiama fratelli e popolo unito, e noi li chiamiamo maiali e orchi.

Sullo schermo, Putin si confronta con le domande imbarazzanti dei russi.

Secondo voi chi è in vantaggio: noi o loro?

- Путин дает пресс-конференция на желто-синем фоне.

Если бы Зеленский выступил на бело-сине-красном, его бы уже сожгли.

Путин называет нас братьями и единым народом, а мы их – свиньями и орками.

На экране у Путина – неудобные вопросы от россиян.

Как вы думаете – у кого преимущество:

- у нас, или у них?..

Translate post

11:38 AM · Dec 14, 2023 · **206.1K** Views

Figura 98 - Tweet di Olekseï Arestovitch - Le opinioni cominciano a cambiare in Ucraina... [Fonte: https://twitter.com/arestovych/status/1735247972252664208]

L'Occidente continua a parlare di una possibile vittoria, ma è ancora credibile?

Questa crisi ha dimostrato non solo che l'Europa ha perso la sua leadership politica e industriale globale, ma anche che è profondamente divisa su un gran numero di questioni. Di fatto, l'unica cosa che unisce l'Europa è la russofobia.

Alla fine della Guerra Fredda, la nostra industria degli armamenti si è ridisegnata intorno a un approccio più cooperativo alla sicurezza internazionale, in cui la diplomazia ha riacquistato il posto che le spetta. Scambiando un ordine internazionale basato sul diritto con uno basato sulle regole, abbiamo creato un ambiente più conflittuale per il quale questa industria non è più adatta.

La mediocrità dei nostri giornalisti e politici è nota da tempo. Ora abbiamo scoperto la mediocrità dei nostri militari. La mancanza di coraggio, di immaginazione, l'incapacità di comprendere l'avversario o la mancanza di empatia sembrano essere diventati i tratti distintivi degli ufficiali moderni... Al punto da dare agli ucraini un addestramento inadeguato alla guerra che stavano combattendo. A tutte queste qualità si è aggiunta una profonda stupidità. Ricordiamo che nella sua strategia dell'aprile 2019 per il governo degli Stati Uniti per indebolire la Russia usando l'Ucraina, la *RAND Corporation ha avvertito* che questo potrebbe:

> *avrebbe un costo significativo per l'Ucraina e per il prestigio e la credibilità degli Stati Uniti. Potrebbe comportare perdite umane e territoriali sproporzionate per l'Ucraina, nonché flussi di rifugiati. Potrebbe anche portare l'Ucraina a una pace svantaggiosa[832].*

Lo sapevamo ed eccoci qui.

Un manipolo di politici e giornalisti occidentali fanatici ha deliberatamente sacrificato l'Ucraina...

---

832. James Dobbins, Raphael S. Cohen, Nathan Chandler, Bryan Frederick, Edward Geist, Paul DeLuca, Forrest E. Morgan, Howard J. Shatz, Brent Williams, "Extending Russia: Competing from Advantageous Ground", *RAND Corporation*, 2019 (p. 100)

Indice dei contenuti

www.ingramcontent.com/pod-product-compliance
Lightning Source LLC
La Vergne TN
LVHW060106060726
842525LV00010B/2902